Dezentrale Arzneimittelrabattvereinbarungen

Schriften zum Handels- und Wirtschaftsrecht

Herausgegeben von Michael Kling, Herbert Leßmann
und Ralph Backhaus

Band 25

PL ACADEMIC RESEARCH

Christian Matthias Moers

Dezentrale Arzneimittelrabatt-vereinbarungen

Der Selektivvertrag zwischen markt- und staatsförmigen Allokationsmechanismen

PL ACADEMIC RESEARCH

Bibliografische Information der Deutschen Nationalbibliothek
Die Deutsche Nationalbibliothek verzeichnet diese Publikation in der Deutschen Nationalbibliografie; detaillierte bibliografische Daten sind im Internet über http://dnb.d-nb.de abrufbar.

Zugl.: Marburg, Univ., Diss., 2012

Umschlaggestaltung:
© Olaf Glöckler, Atelier Platen, Friedberg

Gedruckt auf alterungsbeständigem,
säurefreiem Papier.

D 4
ISSN 1439-4189
ISBN 978-3-631-64278-8 (Print)
E-ISBN 978-3-653-03110-2 (E-Book)
DOI 10.3726/978-3-653-03110-2

PL Academic Research ist ein Imprint der Peter Lang GmbH.

Peter Lang – Frankfurt am Main · Bern · Bruxelles · New York · Oxford · Warszawa · Wien

www.peterlang.de

Vorwort

Die von kreativen Diskussionen geprägte Betreuung der Doktorarbeit übernahm Prof. Dr. Elmar Mand, LL.M. Yale. Prof. Dr. Michael Kling erstattete rasch das Zweitgutachten und gab daneben wertvolle Hinweise. Beiden spreche ich, auch für die Zeit, während der ich an ihren Lehrstühlen forschen und arbeiten durfte, meinen herzlichen Dank aus.

Besonderen Dank schulde ich auch RA Jens Panknin, ohne den die Arbeit erheblich weniger „leserfreundlich“ geworden wäre.

Nicht zuletzt danke ich meiner Lebensgefährtin und meinen Eltern, sowie allen „guten Geistern“, die mir während der Niederschrift stets zur Seite gestanden haben. Ihnen widme ich diese Arbeit.

Christian M. Moers

Düsseldorf, Oktober 2012

Inhaltsverzeichnis

Schrifttumsverzeichnis

Akerlof, George, The Market for „Lemons": Quality Uncertainty and the Market Mechanism, The Quaterly Journal of Economics, Vol. 84, No. 3, 1970, 488-500.

Arzneimittelkommission der deutschen Ärzteschaft, Fachausschuss der Bundesärztekammer, Stellungnahme zu „Cost-Sharing-Initiativen" und „Risk-Share-Verträgen" zwischen pharmazeutischen Herstellern und Krankenkassen bzw. Kliniken, Berlin, den 08.05.2008, www.akdae.de.

Backes, Uwe, Politische Extreme, Eine Wort- und Begriffsgeschichte von der Antike bis zur Gegenwart, Göttingen 2006.

Bähr, Otto, Der Rechtsstaat: eine publizistische Studie (1864), Nachdruck Darmstadt 1963.

Barnett, Randy E., The Sound of Silence: Default Rules and Contractual Consent, Virginia Law Review, 1992.

Baudisch, Ilja, Zum Unternehmensbegriff des EG-Wettbewerbsrecht, Fenin ./. Kommission der Europäischen Gemeinschaften, EuGH vom 11. Juli 2006, C-205/03P, ELR 2007, 20-23.

Bechtold, Rainer/Otting, Olaf, Kartellgesetz, Gesetz gegen Wettbewerbsbeschränkungen, Kommentar, 6. Aufl., München 2010.

Becker, Arend, Die Steuerung der Arzneimittelversorgung im Recht der GKV, 1. Aufl., Baden-Baden 2006.

Becker, Ulrich, Wettbewerb zwischen den öffentlichen Versicherungen in der gesetzlichen Krankenversicherung, Zeitschrift für soziale Sicherheit (ZfS) 2000, 329-352.

Becker, Ulrich/Kingreen, Thorsten (Hrsg.), SGB V, Gesetzliche Krankenversicherung, Kommentar, München 2012.

Behrens, Peter, Rechtliche Grundlagen der europäischen und deutschen Wettbewerbsordnung, Zeitschrift für soziale Sicherheit (ZfS) 2000, 284-297.

Binder, Jens-Hinrich, Effektiver Rechtsschutz und neues Vergaberecht - Überlegungen zur Verfassungsmäßigkeit der Differenzierung nach Schwellenwerten in §§ 97 ff. GWB, in: ZZP Zeitschrift für Zivilprozeß, 2000, 195-217.

Blome, Constantin, Öffentliches Beschaffungsmarketing. Ein Kennzahlensystem für das Vergabemanagement, Diss. TU Berlin, Wiesbaden 2007.

Breyer, Friedrich/Zweifel, Peter S./Kifmann, Mathias, Gesundheitsökonomie, 5. Aufl., Berlin u.a. 2005.

Brixius, Kerstin/Esch, Oliver, Rabattverträge im Lichte des Vergaberechts, Frankfurt 2007.

Burgi, Martin, Hilfsmittelverträge und Arzneimittel-Rabattverträge als öffentliche Lieferaufträge?, NZBau 2008, 480-486.

Byok, Jan, Auftragsvergabe im Gesundheitssektor, GesR 2007, 553-557.

Byok, Jan, Das Gesetz zur Modernisierung des Vergaberechts, NVwZ 2009, 551-557.

Byok, Jan/Jäger, Wolfgang (Hrsg.), Kommentar zum Vergaberecht, 3. Aufl., Frankfurt am Main 2011.

Byok, Jan/Jansen, Nicola, Die Stellung der gesetzlichen Krankenkassen als öffentlicher Auftraggeber, NVwZ 2005, 53-56.

Calabresi, Guido/Bobbit, Philip, Tragic Choices, The conflicts society confronts in the allocation of tragically scarce resources, New York, London 1978.

Calliess, Christian/Ruffert, Matthias (Hrsg.), Das Verfassungsrecht der Europäischen Union mit Europäischer Grundrechtecharta, 4. Aufl., München 2011.

Cassel, Dieter, Arzneimittel-Innovationen im Visier der Kostendämpfungspolitik - Das AMNOG: seine Chance, Risiken und Nebenwirkungen, GGW 2011, 15-24.

Cassel, Dieter/Ebsen, Ingwer/Greß, Stefan/Jacobs, Klaus/Schulze, Sabine/ Wasem, Jürgen (Hrsg.), Vertragswettbewerb in der GKV, Möglichkeiten und Grenzen vor und nach der Gesundheitsreform der Großen Koalition, Wissenschaftliches Institut der AOK (WIdO), Bonn 2008.

Cassel, Dieter/Ebsen, Ingwer/Greß, Stefan/Jacobs, Klaus/Schulze, Sabine/Wasem, Jürgen (Hrsg.), Weiterentwicklung des Vertragswettbewerbs in der gesetzlichen Krankenversicherung, Vorschläge für kurzfristig umsetzbare Reformschritte, Gutachten im Auftrag des AOK-Bundesverbandes, 2006.

Cassel, Dieter/Wille, Eberhard, Markt- und wettbewerbstheoretische Analyse der Regulierung des GKV Arzneimittelmarktes, S. 388 ff., in: Steuerung der Arzneimittelausgaben und Stärkung des Forschungsstandortes für die pharmazeutische Industrie, Gutachten für das Bundesministerium für Gesundheit, Berlin, 2. Juni 2006. Abrufbar unter: http://www.bmg.bund.de/cln_160/nn_1168258/SharedDocs/Publikationen/DE/Berichte/Pharmagutachten.html?__nnn=true.

Christiansen, Arndt, Die „Ökonomisierung" der EU-Fusionskontrolle - Mehr Kosten als Nutzen?, WuW 2005, 285-293.

Colneric, Ninon, Dienstleistung von allgemeinem Interesse in der neueren Rechtsprechung des EuGH, in: Europa und seine Verfassung, Festschrift für Manfred Zuleeg, Baden-Baden 2005, S. 439-455.

Csaki, Alexander/Freundt, Anja, Keine Ausschreibungspflicht für Verträge über hausarztzentrierte Leistungen? - Besprechung der Entscheidung des Landessozialgerichts Nordrhein-Westfalen vom 03.11.2010, NZS 2011, 766-772.

De Gooijer, Win, Trends in EU Health Care Systems, 2007.

Deppe, Hans-Ulrich, Krankheit ist ohne Politik nicht heilbar: zur Kritik der Gesundheitspolitik, Frankfurt a. M. 1987.

Dettling, Heinz-Uwe, Grundstrukturen des Rechtsverhältnisses zwischen Leistungserbringern und gesetzlich Versicherten, VSSR 2006, 1-23.

Dettling, Heinz-Uwe, Rabattverträge gemäß § 130a Abs. 8 SGB V - Kartell- oder grundrechtlicher Ansatz? -, MedR 2008, 349-355.

Deutsch, Erwin/Spickhoff, Andreas, Medizinrecht, 6. Aufl., Berlin u. Heidelberg 2008.

Dieners, Peter, Rabattverträge nach § 130a Abs. 8 SGB V – Inhalt und Grenzen, in: Iuri Pharmaceutico, Festschrift für Axel Sander zum 65. Geburtstag, Frankfurt 2008.

Dieners, Peter/Reese, Ulrich (Hrsg.), Handbuch des Pharmarechts, 1. Aufl. 2010.

Dietz, Ulrich, Kurze Geschichte der Arzneimittel Rabattverträge und Mutmaßungen über die weitere Entwicklung, Gesundheits- und Sozialpolitik (G+S) 2008, 41-47.

Dörr, Oliver, Das deutsche Vergaberecht unter dem Einfluss von Art. 19 Abs. 4 GG, DÖV 2001, 1014-1024.

Dreher, Meinrad, Öffentlich-rechtliche Anstalten und Körperschaften im Kartellvergaberecht, NZBau 2005, 297-304.

Dreher, Meinrad, Vergaberechtsschutz unterhalb der Schwellenwerte, NZBau 2002, 419-430.

Dreher, Meinrad/Hoffmann, Jens, Der Auftragsbegriff nach § 99 GWB und die Tätigkeit der gesetzlichen Krankenkassen, NZBau 2009, 273-282.

Dreher, Meinrad/Hoffmann, Jens, Die Informations- und Wartepflicht sowie die Unwirksamkeitsfolge nach dem neuen §§ 101a und 101b GWB, NZBau 2009, 216-219.

Dreher, Meinrad/Hoffmann, Jens, Die schwebende Wirksamkeit nach § 101 b I GWB, NZBau 2010, 201-206.

Ebsen, Ingwer, Das selektive Vertragshandeln der Krankenkassen und Leistungserbringer im Lichte europäischen Vergaberechts, in: Europa und seine Verfassung, Festschrift für Manfred Zuleeg, Baden-Baden 2005, S. 439-455.

Ebsen, Ingwer, Der Behandlungsanspruch des Versicherten in der gesetzlichen Krankenversicherung und das Leistungserbringungsrecht: Festschrift für Otto Ernst Krasney zum 75. Geburtstag, München 1997, S. 81 ff.

Ebsen, Ingwer, Kartell- und vergaberechtliche Aspekte des vertraglichen Handelns der Krankenkassen, KrV 2004, 95-100.

Ebsen, Ingwer, Öffentlich-rechtliches Handeln von Krankenkassen als Gegenstand des Wettbewerbsrechts? Probleme materiell-rechtlicher und kompetenzrechtlicher Koordinierung, Zeitschrift für soziale Sicherheit (ZfS) 2000, 298-314.

Ebsen, Ingwer, Vertragsbeziehungen zwischen Krankenkassen und Leistungserbringern. Rechtsfragen des europäischen Wettbewerbs- und Vergaberechts, in: Sodan, Helge (Hrsg.), Die sozial-marktwirtschaftliche Zukunft der Krankenversicherung, Schriften zum Gesundheitsrecht, Bd. 4, Berlin 2005, S. 59-82.

Ehlers, Alexander P. F./Rybak, Christian, Essentials aus dem Pharma- und Sozialrecht, PharmInd 2008, 1365-1367.

Ehlers, Alexander/Bitter, Horst, Bedeutungszuwachs der freiwilligen Rabattvereinbarung nach § 130a Absatz 8 SGB V aufgrund des AVWG, PharmInd 2006, 721.

Engelmann, Klaus, Sozialrechtsweg in Streitigkeiten zwischen Institutionen der gesetzlichen Krankenversicherung und Leistungserbringern bei wettbewerbs- und kartellrechtlichen Bezug, NZS 2000, S. 213-222.

Eucken, Walter, Grundsätze der Wirtschaftspolitik, Bern 1952.

Europäische Kommission, Generaldirektion Wettbewerb, Pharmaczeutical Sector Inquiry. Prelimininary Report, DG Competition Staff Working Paper, 28.11.2008.

Fastabend, Katrin, Der Begriff der notwendigen Krankenbehandlung im SGB V, NZS 2002, 299-307.

Frenz, Walter, Handbuch Europarecht, Berlin u.a. 2006/2007, Band 1: Grundfreiheiten, Band 2: Europäisches Kartellrecht, Band 3: Beihilfe und Vergaberecht.

Friske, Jan Eckard, Mehr Markt und Wettbewerb in der deutschen Arzneimittelversorgung? Eine gesundheitsökonomische Untersuchung im Spiegel amerikanischer Markterfahrungen, Schriften zur Gesundheitsökonomie, Diss., Bayreuth 2003.

Fritsch, Michael/Wein, Thomas/Ewers, Hans-Jürgen, Marktversagen und Wirtschaftspolitik, 7. Aufl., München 2007.

Fuerst, Anna-Miria, Preisbildung von Arzneimitteln zwischen öffentlichen Kostendruck und privater Wettbewerbsfreiheit, GesR 2010, 183-188.

Gabriel, Marc, Die Vergaberechtsreform 2009 und die Neufassung des vierten Teils des GWB, NJW 2009, 2011-2016.

Gabriel, Marc, Vom Festbetrag zum Rabatt: Gilt die Ausschreibungspflicht von Rabattverträgen auch im innovativen Bereich patentgeschützter Arzneimittel?, NZS 2008, 455–460.

Gabriel, Marc, Zur vergaberechtlichen Behandlung von Rabattverträgen der gesetzlichen Krankenkassen - gleichzeitig eine Anmerkung zum Beschluss des LSG Stuttgart vom 23.01.2009, VergR 2009, 465 (467)

Gassner, Ulrich M., Kartellrechtliche Re-Regulierung des GKV-Leistungsmarkts, NZS 2007, 281-286.

Glassen, Helmut (Hrsg.), Frankfurter Kommentar zum Kartellrecht, Loseblatt, Köln 2012.

Gneist, Rudolf, Der Rechtsstaat und die Verwaltungsgerichte in Deutschland, 2. Aufl. v. 1879, Nachdruck, Darmstadt 1966.

Grabitz, Eberhard (Begr.)/Hilf, Meinhard (Hrsg.), Das Recht der Europäischen Union, Loseblatt, München 2008.

Greß, Stefan/Klaucke, Lena/Kötting, Cosima/May, Uwe/Wasem, Jürgen, Preisregulierung von verschreibungspflichtigen Arzneimitteln in der gesetzlichen Krankenversicherung nach dem GKV-Wettbewerbsstärkungsgesetz, Campus Essen, Nr. 170, September 2008.

Großmann, A., Mehr Kassenwettbewerb durch Arzneimittel-Rabattverträge?, Die BKK 2007, 446-448.

Grunert, Gordon, Arzneimittelpreisrecht/Heilmittelwerberecht: Barrabattgewährung nach dem AVWG, PharmR 2006, 264-271.

Haak, Sandra/Degen, Stephan, Rahmenvereinbarungen nach dem neuen Vergaberecht, VergabeR 2005, 164-170.

Habl, Claudia/Leopold, Christine/Vogler, Sabine, Erstattungsentscheidungen für neue Arzneimittel in den EU-Ländern, Die Krankenversicherung 2008, S. 76-79.

Hajen, Leonhard/Paetow, Holger/Schumacher, Harald, Gesundheitsökonomie: Strukturen, Methoden, Praxisbeispiele, 5. Aufl., Stuttgart 2010.

Hamm, Walter, Wettbewerb in der Krankenhauswirtschaft, Gerlingen 1985.

Haratsch, Andreas/Koenig, Christian/Pechstein, Matthias, Europarecht, 6. Aufl., Tübingen 2009.

Hase, Friedhelm, Die Rabatte der pharmazeutischen Unternehmer nach § 130a SGB V, Preisregulierung durch Sozialversicherungsrecht als verfassungsrechtliches Problem, in: Organisation und Verfahren im sozialen Rechtsstaat, Festschrift für Friedrich E. Schnapp zum 70. Geburtstag, Berlin 2008.

Hauck, Karl/Noftz, Wolfgang (Hrsg.), Gesamtkommentar Sozialgesetzbuch, Loseblatt, 2012.

Havemann, R. H., Public Choice and Public Economics: The Case of Collective Failure in U.S. Water Quality Policy, in: Roskamp, Public Choice and Public Finance, S. 137-154.

Heidelmann, Ulrike, Rabattgewährung beim Vertrieb apothekenpflichtiger Arzneimittel, PharmInd 2004, 418-422.

Heiermann, Wolfgang/Zeiss, Christopher/Kullack, Andrea Maria/Blaufuß, Jörg (Hrsg.), juris Praxiskommentar Vergaberecht, 2. Aufl., Saarbrücken 2008.

Henke, Klaus-Dirk, The funding and purchasing of health care – a book with seven seals, Journal of Public Health 2006.

Herder-Dornreich, Ordnungspolitik des Gesundheitswesens, eine analytische Grundlegung, in: Gäfgen (Hrsg.): Ökonomie des Gesundheitswesens. Schriften des Vereins für Socialpolitik, N.F. Bd. 159, S. 55-70.

Hesshaus, Matthias, Ausschreibung und Vergabe von Rabattverträgen – Spezialfragen im Zusammenhang mit dem Abschluss von Rabattverträgen nach § 130a Abs. 8 SGB V. Rechtsgutachten, PharmR 2007, 334-336.

Hölz, Josef/Eichler, Jochen, Rechtsweg für die Überprüfung der Vergabe von Rabattverträgen – Alea iacta est: Der Gesetzgeber hat gewürfelt, NVwZ 2009, 27-32.

Holzmüller, Tobias, Kartellrecht in der GKV nach dem AMNOG - Praktische Auswirkungen und erste Erfahrungen, NZS 2011, 485.

Hoppmann, Erich, Wirtschaftsordnung und Wettbewerb, Baden-Baden 1988.

Immenga, Ulrich, Gefordertes Kartellrecht – 50 Jahre GWB, ZWeR 2008, 3-19.

Immenga, Ulrich/Mestmäcker, Ernst-Joachim (Hrsg.), Wettbewerbsrecht, Band 1. EG/Teil 1 und 2, Kommentar zum Europäischen Kartellrecht, 4. Aufl., München 2007.

Immenga, Ulrich/Mestmäcker, Ernst-Joachim (Hrsg.), Wettbewerbsrecht, Band I und II, EG-Wettbewerbsrecht, 1.-3. Aufl., München 1997-2001.

Immenga, Ulrich/Mestmäcker, Ernst-Joachim (Hrsg.), Wettbewerbsrecht, Band 2. GWB, Kommentar zum Deutschen Kartellrecht, 4. Aufl., München 2007.

Jaeger, Wolfgang, Die gesetzlichen Krankenkassen als Nachfrager im Wettbewerb, ZWeR 2005, 31-63.

Jarass, Hans D., Elemente einer Dogmatik der Grundfreiheiten II, EuR 2000, 705-723.

Kamann, Hans-Georg/Gey, Peter, Die Rabattvertragsstreitigkeiten der „zweiten Generation" – Aktuelle Fragen nach dem GKV-OrgWG, PharmR 2009, 114-122.

Kern, Hannes, Arzneimittelbeschaffung durch die gesetzlichen Krankenkassen - Eine kartellvergaberechtliche Analyse, Schriften zum Wirtschaftverwaltungs- und Vergaberecht, zugl., Mainz, Univ., Diss., 2010, Baden-Baden 2012.

Kingreen, Thorsten, Wettbewerbsrechtliche Aspekte des GKV-Modernisierungsgesetzes, MedR 2004, 188-197.

Kirchner, Hildebert/Butz, Cornelie, Abkürzungsverzeichnis der Rechtssprache, 6. Aufl., Berlin 2008.

Kling, Michael, Zur Zulässigkeit vergabefremder Regelungen im Recht der öffentlichen Auftragsvergabe, Diss., Mainz 2000.

Kling, Michael/Thomas, Stefan, Kartellrecht, München 2007.

Kluckert, Sebastian, Gesetzliche Krankenkassen als Normadressaten des Europäischen Wettbewerbsrechts, Zugleich ein Beitrag zum wettbewerbsrechtlichen Unternehmensbegriff im allgemeinen sowie im Bereich der sozialen Sicherheit, Diss., Berlin 2009.

Knispel, Ulrich, Der Streit um Arzneimittelrabattverträge. Zu den kartell- und vergaberechtlichen Fragen, Soziale Sicherheit (SozSich) 2008, 110-117.

Knispel, Ulrich, Neuregelungen im Leistungserbringerrecht der GKV durch das GKV-OrgWG, GesR 2009, 236-241.

Knorr, Carolin/Roland, Herterich, Möglichkeiten der deutschen Pharmaindustrie zur Einflussnahme auf die Neuordnung im Gesundheitswesen, PharmInd 2008, 812-816.

Koenig, Christian/Engelmann, Christina/Hentschel, Kristin, Die Anwendbarkeit des Vergaberechts auf die Leistungserbringung im Gesundheitswesen, MedR 2003, 562-569.

Koenig, Christian/Haratsch, Andreas, Grundzüge des deutschen und europäischen Vergaberechts, NJW 2003, 2637-2642.

Koenig, Christian/Klahn, Daniela/Schreiber, Kristina, Die Ausschreibungspflichtigkeit von Rabattverträgen gem. § 130a Abs. 8 SGB V nach den Vorgaben des europäischen Vergaberechts, GesR 2007, 559-569.

Koenig, Christian/Klahn, Daniela/Schreiber, Kristina, Die Kostenträger der gesetzlichen Krankenversicherung als öffentliche Auftraggeber im Sinne des europäischen Vergaberechts, Zesar 2008, 5-12.

Koenig, Christian/Kühling, Jürgen, „Totgesagte Vorschriften leben länger" – Bedeutung und Auslegung der Ausnahmeklausel des Art. 86 Abs. 2 EG, ZHR 2002, 656-684.

Korzilius, Heike, Die Rabattschlacht geht weiter, Deutsches Ärzteblatt v. 27. Februar 2009, A 416.

Krajewski, Markus/Farley, Martin, Non-economic activities in upstream and downstream markets and the scope of competition law after FENIN, European Law Review (E.L.Rev.) 2007, 111-124.

Kuchinke, Björn A./Kallfaß, Hermann H., Aktuelle Kontroversen bezüglich der ökonomischen Beurteilung von Krankenhauszusammenschlüssen in Deutschland, WuW 2006, 991-1003.

Kuhlen, Isabel, Änderung der „aut-idem-Regelung" – Fluch oder Segen?, AZR 2007, 116-117.

Kulartz, Hans-Peter/Marx, Friedhelm/Portz, Norbert/Prieß, Hans-Joachim (Hrsg.), Kommentar zu VOL/A, Köln 2007.

Kus, Alexander, Losvergabe und Ausführungskriterien, NZBau 2009, 21-24.

Langen, Eugen (Begr.)/Bunte, Hermann-Josef (Hrsg.), Kommentar zum deutschen und europäischen Kartellrecht, 1. Deutsches Kartellrecht, 11. Aufl. 2010, 2. Europäisches Kartellrecht, 11. Aufl. 2010.

Laufs, Adolfs, Zur Freiheit des Arztberufs, in: Festschrift für Erwin Deutsch zum 70. Geburtstag, Köln 1999, S. 625 ff.

Leinemann, Ralf, Die Vergabe öffentlicher Aufträge, 4. Aufl., Köln 2007.

Leitherer, Stephan (Hrsg.), Kasseler Kommentar zum Sozialversicherungsrecht, Loseblatt, München, 67. Erg. Lieferung 2010.

Lenz, Carl Otto/Borchardt, Klaus-Dieter, EUV/EGV Texte und systematische Einführung, Köln 2008.

Leutgeb, Rüdiger/Mahler, C./Laux, G./Ärztenetz Weschnetz/Szecsenyi, J., Krankenkassen-Rabattverträge: Probleme und Risiken für den Hausarzt bei der Betreuung chronisch kranker Patienten, Deutsche Medizinische Wochenschrift (DMW) 2009, 181-186.

Loewenheim, Ulrich/Meesse, Karl/Riesenkampff, Alexander (Hrsg.), Kommentar zum Kartellrecht, Band 2: GWB, München 2009.

Loewenheim, Ulrich/Messen, Karl M./Riesenkampff, Alexander (Hrsg.), Kommentar zum Kartellrecht, Band 1: Europäisches Recht, München 2009.

Lorff, Günther Joachim, Unterliegen die gesetzlichen Krankenversicherungsleistungen der EU-Ausschreibungspflicht?, ZESAR 2007, 104-110.

Löwisch, Manfred (Hrsg.), Wettbewerb, Kollektivverträge und Konfliktlösung in der Reform des Gesundheitswesens, Baden-Baden 1999.

Luthe, Ernst-Wilhelm, Erstattungsvereinbarungen mit pharmazeutischen Unternehmen, PharmR 2011, 193-208.

Lübbig, Thomas/ Klasse, Max, Kartellrechtliche Schranken beim Abschluss von Rabattverträgen, A&R 2009, 51-57.

Lübbig, Thomas/Klasse, Max, Kartellrecht im Pharma- und Gesundheitssektor, Baden-Baden 2007.

Mader, Oliver, Das neue EG-Vergaberecht, EuZW 2004, 425-429.

Mand, Elmar J., Das Rabattverbot gemäß § 7 Abs. 1 Heilmittelwerbesetz (HWG), A&R 2006, 54-59.

Mand, Elmar J., Nationales Vertriebsrecht für Arzneimittel im grenzüberschreitenden Handel, in: Schwarze/Becker Arzneimittel im Europäischen Binnenmarkt, Beiheft 2, EuR 2007, S. 59-92.

Mand, Elmar J., Working Paper: Buying Power and Section 2 of the Sherman Act, S. 1-49, http://www.uni-marburg.de/fb01/lehrstuehle/zivilrecht/mand/mand_vortraege/seminar_paper_buying_power.

Mand, Elmar J./Burk, Enno, Das Fremdbesitzverbot bei Apotheken als Funktionsvoraussetzung von Preiswettbewerb und Ausgabenbegrenzung in der GKV, A&R 2008, 107-118.

Mand, Elmar J./Könen, Annika, Widerrufsrecht des Verbrauchers beim Versandhandelskauf von Arzneimitteln und Medizinprodukten, WRP 2007, 1405-1411.

Mand, Elmar J./Münnich, Thomas, Kartellrechtliche Kontrolle der Nachfragemacht gesetzlicher Krankenkassen, in: Voit (Hrsg.), Bewerten und Verhandeln im Arzneimittelmarkt, Frankfurt 2006, S. 119-141.

Mandl, Joachim, Rabattverträge über patentgeschützte Arzneimittel, Bochumer Schriften zum Sozial- und Gesundheitsrecht, zugl., Bochum, Univ., Diss., 2011, Baden-Baden 2012.

Masuch, Peter, Rechtswegstreit durch Gesetzgeber entschieden, NZS 2009, 241-242.

Mestmäcker, Ernst-Joachim, Schnittstellen von Wettbewerb und Regulierung im europäischen Recht, in: Europa und seine Verfassung, Festschrift für Manfred Zuleeg, Baden-Baden 2005, S. 397-409.

Mestmäcker, Ernst-Joachim/Schweitzer, Heike, Europäisches Wettbewerbsrecht, 2. Aufl., München 2004.

Meyer, Hilko J., Die Neuregelung produktbezogener Rabatte im Arzneimittelbereich, A&R 2006, 60-67.

Mortelmans, K., Towards convergence in the application of the rules on free movement and competition?, CMLRev 2001, 613.

Möschel, Wernhard, Gesetzliche Krankenversicherung und das Kartellrecht, JZ 2007, 601-606.

Motheral/Teitelbaum/Toan, The 'Shoe-Box Effect'. Health Affairs. 1998, 17 (3) : 284.

Mühlhausen, Karl-Heinz, Beitragsökonomische Steuerung der Leistungserbringung durch die Krankenkassen im Lichte des nationalen Kartellrechts (GWB), SGb 2000, S. 528-531.

Müller-Wrede, Malte (Hrsg.), GWB-Vergaberecht, Kommentar, Köln 2009.

Müller-Wrede, Malte (Hrsg.), Verdingungsordnung für Leistungen, VOL/A Kommentar, 2. Aufl., Köln 2007.

Müller-Wrede, Malte (Hrsg.), Vergabe- und Vertragsordnung für Leistungen, VOL/A Kommentar, 3. Aufl., Köln 2010.

Natz, Alexander, Marktregulierung durch Arzneimittelfestbeträge, Diss., Bonn 2005.

Neumann, Volker, Der Arzt im Wettbewerb, Zeitschrift für soziale Sicherheit (ZfS) 2000, 377-389.

Niebuhr/Kulartz/Kus/Portz (Hrsg.), Kommentar zum Vergaberecht, Neuwied u.a. 2000.

Nieder, Michael, Die Patentverletzung - Materielles Recht und Verfahren, München 2004.

Oberender, Peter/Zerth, Jürgen, Gesundheitspolitik in Deutschland, 3. Aufl. 2004.

Pieroth, Bodo/Schlink, Bernhard, Grundrechte, 26. Aufl., Heidelberg u.a. 2010.

Potacs, Michael, Effet utile als Auslegungsgrundsatz, EuR 2009, 465-488.

Pünder, Hermann/Schellenberg, Martin (Hrsg.), Vergaberecht, Handkommentar, 1. Aufl. 2011.

Reese, Ulrich/Gassner, Maximilian, Bildung von Festbetragsgruppen der Stufe 2 für patentgeschützte Arzneimittel, Pharma Recht 2004, 428-432.

Rehmann, Wolfgang A., AMG Kommentar, 3. Aufl., München 2008.

Rehmann, Wolfgang, Rechtliche Rahmenbedingungen für einen effizienten Marktzugang von Generika, Arneimittel & Recht (A&R) 2008, 147-155.

Rehmann, Wolfgang/Paal, Ursel/Willenbruch, Klaus, Parallelimporte und Rabattverträge, Arzneimittel und Recht (A&R), 2011, 159-164.

Reidt, Olaf/Stickler, Thomas/Glahs, Heike (Hrsg.), Vergaberecht Kommentar, 2. Aufl., Köln 2003.

Rittner, Fritz/Dreher, Meinrad, Europäisches und deutsches Wirtschaftsrecht, 3. Aufl., Heidelberg u.a. 2008.

Rittner, Fritz/Kulka, Michael, Wettbewerbs- und Kartellrecht, 7. Aufl., Heidelberg u.a. 2008.

Rixen, Stephan, Sozialrecht als öffentliches Wirtschaftsrecht, JusPubl. Bd. 130, Tübingen 2005.

Roberts, Julian, Rabattvereinbarungen zwischen Krankenkassen und einzelnen Apotheken, PharmR 2007, 152-155.

Rolfs/Giesen/Kreikebohm/Udsching (Hrsg.), Beck'scher Online-Kommentar SGB V, Stand 2012.

Rompf, Thomas, 125 Jahre Kaiserliche Botschaft - die Entstehung und Entwicklung des Kassenarztrechts, VSSR 2007, 1-39.

Rosewitz, Bernd/Webber, Douglas, Reformversuche und Reformblockaden im deutschen Gesundheitswesen, Frankfurt a. M. 1990.

Roth, Wulf-Henning, Möglichkeiten und Grenzen eines einheitlichen Binnenmarktes für Arzneimittel, in: Schwarze/Becker Arzneimittel im Europäischen Binnenmarkt, Beiheft 2, EuR 2007, S. 9-47.

Roth, Wulf-Henning, Zum Unternehmensbegriff im europäischen Kartellrecht, in: Recht und Wettbewerb, Festschrift für Rainer Bechtold zum 65. Geburtstag, München 2006.

Rüfner, Wolfgang, Das Gesetz zur Sicherung und Strukturverbesserung der gesetzlichen Krankenversicherung (Gesundheitsstrukturgesetz), NJW 1993, 753-757.

Rürup, Bert, Gesundheitsreform: Was die Reform 2010 bringen muss, Die Krankenversicherung 2008, S. 131-134.

Sachverständigenrat zur Begutachtung der Entwicklung im Gesundheitswesen, Addendum zum Gutachten 2000/2001: Bedarfsgerechtigkeit und Wirtschaftlichkeit Band I – III: Zur Steigerung von Effizienz und Effektivität der Arzneimittelversorgung in der gesetzlichen Krankenversicherung (GKV), abrufbar unter: http://www.svr-gesundheit.de/Startseite/Startseite.htm.

Sachverständigenrat zur Begutachtung der Entwicklung im Gesundheitswesen, Koordination und Qualität im Gesundheitswesen, 2005, BT-Drs. 15/5670, abrufbar unter: http://www.svr-gesundheit.de/Startseite/Startseite.htm.

Sachverständigenrat zur Begutachtung der Entwicklung im Gesundheitswesen, Kooperation und Verantwortung, Voraussetzungen einer zielorientierten Gesundheitsversorgung, 2007, abrufbar unter: http://www.svr-gesundheit.de/Startseite/Startseite.htm.

Sachverständigenrat zur Begutachtung der Entwicklung im Gesundheitswesen, Sondergutachten 2009, Koordination und Integration – Gesundheitsversorgung in einer Gesellschaft des längeren Lebens, abrufbar unter: http://www.svr-gesundheit.de/Startseite/Startseite.htm.

Säcker, Franz Jürgen/Kaeding, Nadja, Die wettbewerbsrechtliche Kontrolle von Vereinbarungen zwischen Krankenkassen und Leistungserbringern nach Maßgabe des § 69 Abs. 2 SGB V n.F., MedR 2012, 15-24.

Salje, Peter, Wirtschaftlichkeitsgebot der Krankenversorgung und Arzneimittelpreiswettbewerb, NJW 1989, 751-755.

Schickert, Jörg, Arzneimittelerstattung und Herstellerrechte, 1. Teil: Nationale Ebene, PharmR 2004, 11-19; 2. Teil: Europäische Ebene, PharmR 2004, 47-51.

Schlegel, Rainer, Gesetzliche Krankenversicherungen im Europäischen Kontext – ein Überblick –, SGb 2007, 700-712.

Schlegel, Rainer/Engelmann, Klaus (Hrsg.), Kommentar zum SGB V – Gesetzliche Krankenversicherung, Saarbrücken 2008 und 2012.

Schmehl, Arndt/Wallrabenstein, Astrid (Hrsg.), Steuerungsinstrumente im Recht des Gesundheitswesens, Tübingen 2006, Band 1: Wettbewerb, Band 2: Kooperation, Band 3: Kontrolle.

Schmidt, Reiner/Vollmöller, Thomas, Kompendium Öffentliches Wirtschaftsrecht, 3. Aufl., Berlin u.a. 2007.

Schmidtchen, Dieter, Der "more economic approach" in der Wettbewerbspolitik, WuW 2006, 6-17.

Schulin, Betram (Hrsg.), Handbuch des Sozialversicherungsrechts, Band 1 Krankenversicherungsrecht, München 1994.

Schulte, Bernd, Soziale Daseinsvorsorge und Europäisches Gemeinschaftsrecht – Teil 2, Dienstleistungsfreiheit und gesundheitliche und soziale Dienstleistungen in der Europäischen Union, ZFSH/SGB Sozialrecht in Deutschland und Europa, S. 13-27.

Schulz, Klaus-Peter, Krankenkassen als Adressaten des Kartellrechts, NZS 1998, 269-274.

Schünemann, Wolfgang B., Die wirtschaftliche Tätigkeit der öffentlichen Hand zwischen öffentlichem und privatem Wettbewerbsrecht, WRP 2000, 1001-1008.

Schütze, Joachim, Kartellrechtliche Beurteilung von Beschaffungskooperationen im Gesundheitswesen, A&R 2006, 253-256.

Schwabe, Ulrich/Paffrath, Dieter (Hrsg.), Arzneiverordnungsreport 2009 (erscheint jährlich), Heidelberg 2008.

Schwarz, Jürgen (Hrsg.), EU-Kommentar, 2. Aufl., Baden-Baden 2009.

Schweitzer, Heike/Becker, Ulrich, Preisregulierung und Wettbewerb in der Arzneimittelversorgung der gesetzlichen Krankenversicherung (Teil 1 und 2), WRP 2012, 382-388 sowie 533-539.

Schwintowski, Hans-Peter, Der Begriff des Unternehmens im europäischen Wettbewerbsrecht, Europäischer Gerichtshof vom 17. 2. 1993, ZEuP 1994, 294 ff.

Schwintowski, Hans-Peter/Klaue, Siegfried, Wettbewerbsbeschränkungen durch Vergaberecht auf Arzneimittelmärkten, PharmR 2011, 469-478.

Seehofer, Horst, „Wir leiten Strukturreformen ein, die mittelfristig zu einer Selbststeuerung des System führen, indem Wirtschaftlichkeit und Qualität der medizinischen Versorgung Priorität haben", KrV 1993, 32-35.

Sendler, Horst, 125 Jahre Verwaltungsgerichtsbarkeit - Woher - wohin?, VBlBW 1989, 41-51.

Skouris, Wassilios, Der Einfluss des Europäischen Gemeinschaftsrechts auf die Unterscheidung zwischen Privatrecht und Öffentlichem Recht - dargestellt für das öffentliche Auftragswesen und die Privatisierung -, EuR 1998, 111-129.

Smith, Adam, An inquiry into the nature and causes of the wealth of nations; deutsch: Der Wohlstand der Nationen, London 1776.

Snell, Jukka, Free Movement of Pharmaceutical Products: An Overdose of Cheap Drugs?, EBLR 2003, 507-521.

Sodan, *Helge*, Private Krankenversicherung und Gesundheitsreform 2007. Verfassungs- und europarechtliche Probleme des GKV-Wettbewerbsstärkungsgesetzes. Schriften zum Gesundheitsrecht, Bd. 5, Berlin 2006.

Sormani-Bastian, Laura, Vergaberecht und Sozialrecht unter besondere Berücksichtigung des Leistungserbringungsrechts im SGB V (Gesetzliche Krankenversicherung), Diss., Frankfurt a. M. 2007.

Steinmeyer, *Heinz-Dietrich*, Festbeträge im System der gesetzlichen Krankenversicherung, Marburger Gespräche zum Pharmarecht Nr. 4 2002, Hrsg. Voit, Wolfgang, S. 36-52.

Stolz, Bernhard/ Kraus, Phillip, Sind Rabattverträge zwischen gesetzlichen Krankenkassen und pharmazeutischen Unternehmen öffentliche Aufträge nach § 99 GWB?, VergR 2008, 1-10.

Sträter, Burkhard/Natz, Alexander, Rabattverträge zwischen Krankenkassen und pharmazeutischen Unternehmen - Kartellrechtliche Grenzen und vergaberechtliche Vorgaben -, PharmR 2007, 7-13.

Streinz, Rudolf, Der „effet utile" in der Rechtsprechung des Gerichtshofs der Europäischen Gemeinschaften, Festschrift für Ulrich Everling, Band II, Baden-Baden 2005.

Streinz, Rudolf, Europarecht, 8. Aufl., Heidelberg u.a. 2012.

Stumpf, Christoph, Wettbewerb im Sozialrecht? Zur Anwendbarkeit des Wettbewerbsrechts auf Geschäftsbeziehungen zwischen Krankenkassen und Leistungserbringern, WRP 2008, 286-291.

Thiele, Günther, Grenzüberschreitungen – Zum neuen Verhältnis von Ökonomie und Sozialrecht, VSSR 2006, 309-332.

van den Gronden, J. W., Purchasing Care: Economic Activity or Service of General (Economic) Interest?, E.C.L.R. 2004, 87-94.

Vesting, Thomas, Rechtstheorie, München 2007.

Von der Groeben, Hans/Schwarze, Jürgen (Hrsg.), Kommentar zum Vertrag über die Europäische Union und zur Gründung der Europäischen Gemeinschaft, 6. Aufl., Baden-Baden 2003.

Von Hayek, Der Wettbewerb als Entdeckungsverfahren (1968), in: Rechtsordnung und Handelsordnung, 2003 (Hrsg. E. Streit), S. 132 ff.

Von Maydell, Bernd Baron/Ruland, Franz/Becker, Ulrich (Hrsg.), Sozialrechtshandbuch, 4. Aufl., Baden-Baden 2008.

Wannagat, Georg (Hrsg.), Sozialgesetzbuch: SGB; Kommentar zum Recht des Sozialgesetzbuchs, Gesetzliche Krankenversicherung, Loseblatt 2009.

Welti, Felix, Der sozialrechtliche Rahmen ärztlicher Therapiefreiheit, GesR 2006, 1-12.

Wenner, Ulrich, Bundesverfassungsgericht - Risikostrukturausgleich ist verfassungsgemäß, SozSich 2006, 309-314.

Wenner, Ulrich, Neue Runde im Streit um die gerichtliche Zuständigkeit für Rabattverträge von Krankenkassen, SozSich 2008, 316-318.

Wenner, Ulrich, Vertragsarztrecht nach der Gesundheitsreform, München 2008.

Weyand, Rudolf (Hrsg.), Praxiskommentar Vergaberecht, 2. Aufl., München 2007.

Wigge, Peter/Müller, Sandra C., Rechtliche Gestaltungsvorgaben für Rabattverträge nach § 130a Abs. 8 SGB V unter besonderer Berücksichtigung von „Kostensplitting-Modellen“, PharmInd 2008, 243-252.

Wille, Eberhard, Auswirkungen des Wettbewerbs auf die gesetzliche Krankenversicherung, in: Wille, E. (Hrsg.): Zur Rolle des Wettbewerbs in der gesetzlichen Krankenversicherung. Gesundheitsversorgung zwischen staatlicher Administration, korporativer Koordination und marktwirtschaftlicher Steuerung, Baden-Baden 1999, S. 95 – 156.

Wille, Eberhard, Marktversagen versus Staatsversagen, ein ideologisches Karussell? in: Ellwein, T. und Hesse (Hrsg.): Staatswissenschaften: Vergessene Disziplin oder neue Herausforderung?, Baden-Baden 1990, S. 251-277.

Wille, Marion, Arzneimittel mit Patentschutz – Vergaberechtliche Rechtfertigung eines Direktvertrages?, Arzneimittel&Recht (A&R) 2008, 164-168.

Willenbruch, Klaus, Anmerkung zu VK Baden-Württemberg, PharmR 2007, 197 f.

Willenbruch, Klaus, Rabattverträge – Schlusspunkt und Auftakt, PharmR 2009, 111-112.

Willenbruch, Klaus/Bischoff, Christina, Vergaberechtliche Anforderungen nach dem Gesetz gegen Wettbewerbsbeschränkungen GWB an den Abschluss von Rabattverträgen/Direktverträgen zwischen gesetzlichen Krankenkassen und Pharmaunternehmen gem. § 130a Abs. 8 SGB V, PharmR 2005, 477-488.

Willenbruch, Klaus/Bischoff, Kristina (Hrsg.), Kompaktkommentar Vergaberecht, Köln 2008.

Wolf, Stefanie/Jäkel, Christian, Änderungen bei Rabattverträgen durch das AMNOG, PharmR 2011, S. 1-6.

Würtenberger, Thomas, Verwaltungsprozessrecht, 2. Aufl., München 2006.

Zeiner , Ralf, Vertragswettbewerb und Modellvorhaben als strategische Optionen für Pharmaunternehmen, Teil 1, PharmInd 2008, 593-600; Teil 2, PharmInd 2008, 708-715; Teil 3, PharmInd 2008, 817-824.

Zipperer, Manfred, Wichtige strukturelle Änderungen für Ärzte, Zahnärzte und Versicherte im Gesundheitsstrukturgesetz, NZS 1993, 53-57.

Zuleeg, Manfred, Öffentliche Aufträge nach europäischem und deutschem Recht, ZEuP 2004, 636-643.

Einleitung und Gang der Untersuchung

Die deutschen gesetzlichen Krankenkassen (GKV) geben jährlich über 28 Mrd. Euro für Arzneimittel aus. Das Budget, welches den gesetzlichen Krankenkassen zur Erfüllung ihrer Aufgaben zur Verfügung steht, setzt sich zusammen aus Beiträgen, die von Arbeitnehmern und Arbeitgebern in Abhängigkeit vom Lohn anteilig bezahlt werden und anderen Zuschüssen. Steigende finanzielle Lasten der Krankenkassen drücken sich in Beitragssatzerhöhungen für die Versicherten aus. Vor allem, um daraus resultierende Steigerungen der Lohnzusatzkosten[1] zu vermeiden, ist seit den Achtzigerjahren die Beitragssatzstabilität ein im Sozialgesetzbuch festgelegtes Ziel, vgl. § 71 des fünften Teils des Sozialgesetzbuches (SGB V). Dennoch stiegen die Beitragsätze in den letzten 30 Jahren von gut 9,5 % auf bis heute 15,5 % an.[2]

Dabei wurden und werden im Ausgabenbereich und speziell bei der Arzneimittelversorgung sogenannte Wirtschaftlichkeitsreserven vermutet. Innerhalb der Leistungsausgaben kam es seit Mitte der Neunzigerjahre zu einem besonders starken Wachstum der Arzneimittelausgaben, was mittlerweile dazu geführt hat, dass dieser Ausgabenblock einen höheren Anteil einnimmt, als die Ausgaben für ärztliche Leistungen.[3] Damit trug das Wachstum der Arzneimittelausgaben zu einem erheblichen Teil zum Budgetdefizit der GKV bei.[4]

Die Geschichte der Kostendämpfung im Gesundheitswesen ist lang und kann nicht als Erfolgsgeschichte bezeichnet werden. Rabattverträge als Mittel direkter Preisverhandlungen zwischen Krankenkassen und pharmazeutischen Unternehmern sind die Speerspitze der vor einigen Jahren unternommenen Reformen, die das Ziel verfolgten, die Krankenkassen und die Unternehmer stärker als Wettbewerber herauszustellen und dadurch Kosten einzusparen.

Nachdem von der Rabattvertragsregelung zwischen den Jahren 2003 und 2007 mangels Anreizen für die pharmazeutischen Unternehmer kaum Gebrauch gemacht wurde, stieg die Zahl der abgeschlossenen Verträge nach dem Jahr 2007 drastisch an, nachdem entsprechende Anreize in das Sozialgesetzbuch implementiert wurden. Die Rabattverträge haben mittlerweile eine erhebliche wirtschaftliche Bedeutung erlangt.[5] Für die hier untersuchten Vereinbarungen

---

1 Von diesen gehen nach überwiegender Ansicht vielfältige ungewollte ökonomische Folgen für das Wirtschaftssystem, u.a. für das gesamtwirtschaftliche Gleichgewicht aus.

2 *Rürup*, Die Krankenversicherung 2008, 131 f. Vgl. für umfangreiche Daten zum Gesundheitssystem auch die regelmäßig erscheinenden Gutachten des *Sachverständigenrat* für das Gesundheitswesen (*SV-Rat* Gesundheitswesen) sowie den jährlich erscheinenden Arzneiverordnungsreport von *Schwabe/Paffrath (Hrsg.)*.

3 Vgl. *SV-Rat* Gesundheitswesen, Gutachten 2002/2003.

4 Vgl. *SV-Rat* Gesundheitswesen, Gutachten 2002/2003.

5 Für Details vgl. bspw. den Bericht „Pharmadaten 2012“ des Bundesverbands der pharmazeutischen Industrie, www.bpi.de.

über Rabatte hatte sich schnell der Begriff „Rabattvertrag“ eingebürgert, den der Gesetzgeber selbst in § 73 Abs. 8 SGB V benutzt und der auch im Folgenden verwendet wird.

Während die Einführung der Vorschrift ohne nennenswertes öffentliches Interesse erfolgte[6] und bis zum Jahre 2007 zu Recht davon ausgegangen wurde, dass die Rabattvereinbarungen mangels unmittelbaren Einflusses der Krankenkassen auf die Abgabe von Arzneimitteln „praktisch kaum relevant“ werden dürften,[7] haben diese seit dem Jahr 2007 auch eine erhebliche rechtspraktische Relevanz erlangt. Mit der wirtschaftlichen Bedeutung stieg auch die Zahl der Rechtstreitigkeiten um die Vergabe von Rabattverträgen. Hierbei war insbesondere die Norm des § 69 SGB V, die regeln soll, welche Normen auf das Verhältnis zwischen Krankenkassen und pharmazeutischen Unternehmen Anwendung finden sollen, Ausgangspunkt zahlreicher Meinungsverschiedenheiten. In diesem Zusammenhang kam es bezüglich der - ohnehin schon streitigen - Anwendung der vergaberechtlichen und kartellrechtlichen Normen, auf die § 69 SGB V als Grundnorm des Verhältnisses zwischen Krankenkassen und pharmazeutischen Unternehmern zumindest teilweise verwies, sogar zu Kompetenzstreitigkeiten zwischen den Zivil- und den Sozialgerichten.

Durch das Arzneimittelmarktneuordnungsgesetz (AMNOG[8]), welches zahlreiche Änderungen in Bezug auf Rabattvereinbarungen vornahm, wurde daher u.a. auch die erweiterte Anwendung des Kartellrechts und die Zuweisung des Rechtswegs zu den Zivilgerichten vorgenommen.

Die Untersuchung unternimmt es in Teil 1 zunächst, die Regelung und ihre Funktionsweise im Sozialversicherungssystem darzustellen. Teil 2 widmet sich der wirtschaftlich und rechtlich veränderten Stellung der Krankenkassen durch die Rabattverträge und stellt in dieser Hinsicht die Frage nach der Nachfragereigenschaft der Krankenkassen. Teil 3 stellt mit dem Europarecht, dem Vergaberecht und dem Kartellrecht die maßgeblichen Normen vor, die für die Rabattverträge Bedeutung entfalten können.

Im Hinblick auf die Verteilungsmechanismen im innerstaatlichen Gesundheitssystem macht der Verfasser Vorschläge, gängige Einordnungen des vielzitierten „Wettbewerbs im Gesundheitswesen“ und der dezentralen Arzneimittelvereinbarungen - insbesondere im Hinblick auf die Begrifflichkeiten des Vergaberechts - zu hinterfragen.

---

6 Vgl. *Dietz*, G+S 2008, 41 (42): „Die Regelung des § 130a Abs. 8 SGB V wurde ohne nennenswertes öffentliches Interesse der Vorschrift zum Herstellerabschlag angefügt.“

7 Vgl. nur *Kranig*, in: Hauck/Noftz, SGB V, § 130a Rn. 15, Stand 2005.

8 Beschlussempfehlung des Ausschusses für Gesundheit zum Gesetz zur Neuordnung des Arzneimittelmarktes in der gesetzlichen Krankenversicherung (Arzneimittelmarktneuordnungsgesetz - AMNOG), BT-Drs. 17/3698 v. 10.11.2010, BGBl. I., S. 2262.

Teil 1 Darstellung der Regelungen

Die Regelung zu den sog. Rabattverträgen wurde im Jahre 2002 durch das Beitragssatzsicherungsgesetz[9] in § 130a Abs. 8 SGB V[10] eingefügt. Die durch das AMNOG[11] geprägten Normen zu den Rabattverträgen, die Gegenstand dieser Untersuchung sind, finden sich nun in § 130a Abs. 8 SGB V und § 130c SGB V. § 130a Abs. 8 gilt als eigentliche „Grundnorm" für § 130c SGB V entsprechend.

Wurden solche Verträge abgeschlossen, erfolgt die Rabattgewährung - vereinfacht - folgendermaßen: Das vom Vertrag umfasste Arzneimittel wird durch die Apotheke an den Versicherten abgegeben. Die Abrechnungsdaten werden von der Apotheke an die jeweilige Krankenkasse, von der Krankenkasse an das jeweilige pharmazeutische Unternehmen weitergeleitet. Der Rabatt für das Arzneimittel wird dann in der vereinbarten Höhe im Wege der Rückvergütung direkt an die Krankasse gezahlt. Eine Rückvergütung ist das deswegen, weil das Unternehmen zuvor das Entgelt für das Arzneimittel vom Großhändler oder Apotheker bereits erhalten hatte.

Der wesentliche Satz der Grundnorm des § 130a Abs. 8 SGB V lautet folgendermaßen: *„Die Krankenkassen oder ihre Verbände können mit pharmazeutischen Unternehmern [...] Rabatte für die zu ihren Lasten abgegebenen Arzneimittel vereinbaren."*

Durch das ANNOG erfolgten in § 130a Abs. 8 SGB V folgende hervorzuhebende Ergänzungen: *„Dabei kann insbesondere eine mengenbezogene Staffelung des Preisnachlasses, ein jährliches Umsatzvolumen mit Ausgleich von Mehrerlösen oder eine Erstattung in Abhängigkeit von messbaren Therapieerfolgen vereinbart werden.*

---

9 Eingeführt wurden Rabattvereinbarungen gemäß § 130a Abs. 8 SGB V lt. der Gesetzesbegründung zur Stärkung des Einzelvertragsprinzips in der GKV und zur Erschließung weiterer Wirtschaftlichkeitsreserven im Rahmen der sog. Vorschaltgesetzgebung zum GMG (sogleich unten) durch das Beitragssatzsicherungsgesetz vom 23.12.2002, BGBl. I 2002, 4637, vgl. BT-Drucks. 15/28, 17 zu Abs. 8. Es ist dem Gesetz zur Modernisierung des Gesundheitssystems (GMG) vorgeschaltet gewesen und mit ihm als einheitliche Reform zu betrachten. Das GMG vom 14.11.2003, BGBl. I 2190, verwirklichte ein echte Strukturreform, was man nicht von allen Gesundheitsreformgesetzen sagen kann, vgl. *Ebsen*, in: von Maydell/Ruland/Becker, Sozialrechtshandbuch, § 15, Rn. 23.

10 Es trägt den Titel „Gesetzliche Krankenversicherung" und weist der Krankenversicherung in § 1 die Aufgabe zu, die Gesundheit der Versicherten zu erhalten, wiederherzustellen oder ihren Gesundheitszustand zu bessern. Das Gesetz ist größtenteils gem. Art. 79 Abs. 1 v. 20.12.1988 I 2477 (GRG) am 1.1.1989 in Kraft getreten.

11 Beschlussempfehlung des Ausschusses für Gesundheit zum Gesetz zur Neuordnung des Arzneimittelmarktes in der gesetzlichen Krankenversicherung (Arzneimittelmarktneuordnungsgesetz - AMNOG), BT-Drs. 17/3698 v. 10.11.2010, BGBl. I., S. 2262.

Die Sätze 6 ff. dieser Norm wurde durch die folgenden Sätze ersetzt: „*Die Vereinbarung von Rabatten nach Satz 1 soll für eine Laufzeit von zwei Jahren erfolgen. Dabei ist der Vielfalt der Anbieter Rechnung zu tragen. Verträge nach Satz 1, die nicht nach Maßgabe der Vorschriften des Vierten Teils des Gesetzes gegen Wettbewerbsbeschränkungen abgeschlossen wurden, werden mit Ablauf des 30. April 2013 unwirksam.*“

Zudem wurde in § 130c SGB V eine weitere Vorschrift über dezentrale Rabattverträge eingeführt, die sich auf Arzneimittel bezieht, für die gemäß § 130b SGB V durch eine zentrale Rabattvereinbarung ein Erstattungsbetrag[12] vereinbart wurde und mit der letztere ergänzt oder abgelöst werden können. Insofern können den zentralen Rabattvereinbarungen begrifflich die dezentralen Vereinbarungen gegenübergestellt werden, die nur von einzelnen Krankenkassen abgeschlossen werden.[13] Letztere sind Gegenstand dieser Untersuchung.

Bevor im Einzelnen auf die Vorschriften eingegangen wird, wird geschildert, wie diese in die Gesamtsystematik des SGB V und des Gesetzes über den Verkehr mit Arzneimitteln (AMG)[14] einzuordnen sind.

---

12 Näheres dazu erst im Rahmen der Erörterung der Versorgung mit Arzneimitteln im System der GKV.

13 Zu dieser Begrifflichkeit *Cassel*, GGW 2011, 15 ff.

14 In der aktuellen Fassung vom 17.07.2009. Das Gesetz wurde als Artikel 1 G v. 24.8.1976 I 2445 vom Bundestag mit Zustimmung des Bundesrates beschlossen. Die Legalabkürzung wurde eingeführt durch Art. 1 Nr. 1 G v. 30.7.2004 I 2031 m.W.v. 6.8.2004.

§ 1 Systematische Einordnung in den Kontext des SGB V und des AMG

Überschrieben ist die Vorschrift des § 130a SGB V, in dessen Absatz 8 die Rabattverträge geregelt sind, mit „Rabatte der pharmazeutischen Unternehmen". Die Durchsicht der Absätze 1-7 ergibt, dass dort weitere Rabattregelungen zu finden sind, die aber keinen vertragsähnlichen Charakter haben und Zwangsrabatte für Arzneimittel festschreiben. Sie haben verpflichtenden Charakter für die Apotheken und die pharmazeutischen Unternehmer; aber auch für die Krankenkassen als Berechtigte. Festzuhalten ist also der Gegensatz zwischen diesen Rabatten und den Rabatten durch Vereinbarung in Absatz 8 im Hinblick auf die Autonomie der Parteien. Die eigentliche Bedeutung der Vorschrift wird erst durch deren Einordnung in den „größeren Kontext" des SGB V und des AMG klar.

I. Das vierte Kapitel des SGB V und die Vorschrift des § 69 SGB V

Mehr über die Regelung verrät vor allem seine Stellung im vierten Kapitel des SGB V (§§ 69 – 140h). Es führt die Überschrift: „Beziehungen der Krankenkassen zu den Leistungserbringern". Der siebte Abschnitt dieses vierten Kapitels (§§ 129 – 131) ist schließlich mit „Beziehungen zu Apotheken und pharmazeutischen Unternehmern" betitelt und enthält die hier untersuchte Vorschrift. Sowohl die Apotheken als auch die pharmazeutischen Unternehmer sind nach dem Verständnis des SGB V also Leistungserbringer im formellen bzw. sozialrechtlichen Sinne.[15] Dabei erbringen die pharmazeutischen Unternehmer sicherlich keine direkte Gesundheitsleistung am Patienten. Die Herstellung der Medikamente ist eine Vorleistung für die Dienstleistung durch die weiteren Leistungserbringer Arzt und Apotheker. An der formellen Leistungserbringereigenschaft des pharmazeutischen Unternehmers ändert dies aber nichts.

Der Begriff des „Leistungserbringers" ist ein rechtstechnischer Begriff, der vom SGB V zur Kennzeichnung derjenigen Personen eingesetzt wird, mit deren Hilfe die Krankenkassen den Patienten gegenüber ihrer Pflicht[16] zur Erbringung von Gesundheitsleistungen nachkommen. Denn die Krankenkassen habe auf der einen Seite zwar grundsätzlich die Leistungen an die Versicherten „in natura", also als Sachleistungen zu erbringen (§ 2 Abs. 2 S. 1 SGB V), erbringen diese Leistungen aber nicht selbst, sondern schließen mit Leistungserbringern deswegen nach den Vorschriften des Vierten Kapitels Verträge ab (§ 2 Abs. 2 S. 3

15 Überwiegende Ansicht, vgl. nur *Klückmann*, in: Hauck/Noftz, SGB V, § 69 Rn. 17.

16 Gem. § 2 Abs. 1 SGB V (Leistungen) stellen die Krankenkassen den Versicherten die im dritten Kapitel genannten Leistungen unter Beachtung des Wirtschaftlichkeitsgebots zur Verfügung [...].

SGB V). Auch die Bereitstellung von Arzneimitteln, die von der Vorschrift des § 130a SGB V erwähnt wird, gehört im Rahmen der verschiedenen Leistungsarten (vgl. § 11 SGB V) zu den Leistungen, die von der Krankenkasse bereitgestellt werden müssen.

Für alle Regelungen im 4. Kapitel über die Beziehungen zwischen den Krankenkassen und den Leistungserbringern ist die ebenso häufig geänderte wie - zumindest bisher - rechtsdogmatisch und rechtspolitisch umstrittene[17] Einleitungsvorschrift des § 69 SGB V zu beachten, die bestimmt, welche Regelungen auf die Rechtsbeziehungen zwischen Krankenkassen und Leistungserbringern Anwendung finden.

Absatz 1 erwähnt die pharmazeutischen Unternehmer nicht ausdrücklich, sondern spricht von „sonstigen Leistungserbringern". Aus dieser Formulierung in Verbindung mit der Überschrift des siebten Abschnitts (Apotheker und pharmazeutische Unternehmer) ist aber, wie bereits ausgeführt, zu schließen, dass pharmazeutische Unternehmer als sonstige Leistungserbringer im Sinne des vierten Kapitels anzusehen sind. Das bedeutet, dass die Vorschrift des § 69 SGB V auch für ihre Rechtsbeziehung zu den Krankenkassen gilt, sie ausgestaltet und beschränkt.

§ 69 SGB V legt die rechtlichen Rahmenbedingungen für die Rabattverträge gem. § 130a Abs. 8 SGB V und § 130c SGB V fest: Maßgebend ist zunächst das vierte Kapitel des SGB V, was die Verträge in Verbindung mit der Vorschrift des § 130a Abs. 8 als Norm des Verwaltungsverfahrens zu sozialrechtlichen bzw. öffentlich-rechtlichen Verträgen[18] macht, zudem gelten die Vorschriften des Bürgerlichen Gesetzbuches entsprechend, soweit sie die genannten Bedingungen erfüllen.

Zudem - die damit zusammenhängenden Fragen waren vor den Reformen im Einzelnen hoch umstritten[19] - sind aber grundsätzlich sowohl die kartellrecht-

---

17 Stellvertretend für die umfangreiche Literatur zu dieser Vorschrift sei genannt (jeweils m. w. Nw.): *Kingreen*, NJW 2009, 2417 ff.; *Frenz*, Krankenkassen im Wettbewerbs- und Vergaberecht, NZS 2007, 233; *Möschel*, JZ 2007, 601 ff.; *Engelmann*, juris-Praxiskommentar, § 69 SGB V Rn. 74 ff. und 169 ff.; *Becker/Kingreen*, § 29 Rn. 1 ff.; Hess, in: Kasseler Kommentar Sozialversicherungsrecht, § 69 SGB V, Rn. 1 ff.

18 Zur früher wg. der daraus folgenden Rechtswegzuweisung umstrittenen Rechtsnatur der unter § 69 SGB V fallenden Verträge vgl. *Hess*, in: Kasseler Kommentar Sozialversicherungsrecht, § 69 SGB V, Rn. 3 ff.; zur früheren Rechtslage *Klückmann*, in Hauck/Noftz, SGB V, Rn. 20 ff. Zur früheren Rspr. vgl. *GemSOGB*, BGHZ 102, 280; SozR 1500 § 51 Nr. 39 = NJW 1988, 2297, sowie im Gegensatz dazu *BGH*, WRP 2006, 747 ff. - Blutdruckmessungen; *BSG*, Beschl. v. 22.04.2008, B 1 SF 1/08 R, NZBau 2008, 527.

19 Vgl. *GemSOGB*, BGHZ 102, 280; SozR 1500 § 51 Nr. 39 = NJW 1988, 2297; später die Aufgabe der Rspr. durch den *BGH*, WRP 2006, 747 ff. – Blutdruckmessungen. Vgl. für die Darstellung des Streitstandes auch *BSG*, Beschl. v. 22.04.2008, B 1 SF 1/08 R, NZBau 2008, 527. Für die Hintergründe und unterschiedlichen Sichtweisen vgl. außer

lichen Vorschriften („entsprechend“) als auch die so genannten kartellvergaberechtlichen Vorschriften (im „Vierten Teil“ des Gesetzes gegen Wettbewerbsbeschränkungen - GWB) anzuwenden.

Nach dem bisherigen § 69 SGB V und den entsprechenden speziellen Rechtswegzuweisungen waren die Sozialgerichte für alle Streitigkeiten zwischen Krankenkassen und Leistungserbringern zuständig.[20] Nach dem AMNOG sind dagegen nun die Zivilgerichte und Kartellbehörden für die Anwendung des Kartellrechts entsprechend zuständig (dessen Anwendung zudem auch inhaltlich auf die meisten Teile des GWB ausgeweitet wird). Auch für die Anwendung des Vergaberechts sind nun die Zivilgerichte zuständig (die Vergabebehörden waren schon zuvor zuständig[21]). Dies ergibt sich daraus, dass die entsprechenden Verweisungsnormen auf die zuständigen Gerichte und Behörden nun ins SGB V aufgenommen wurden. Zudem wurden auch die entsprechenden prozessualen Zuständigkeitsvorschriften angepasst.[22]

II. Das Rabattverbot des § 78 AMG

Die Besonderheit einer Vorschrift, die Vereinbarungen über Rabatte für Arzneimittel vorsieht, zeigt sich im Vergleich mit § 78 AMG. Diese Vorschrift ordnet zunächst (Abs. 2 S. 2) für solche Arzneimittel, die nur in Apotheken gehandelt werden dürfen (sog. apothekenpflichtige[23] Arzneimittel), die Gewährleistung eines einheitlichen Apothekenabgabepreises an.

Dabei gilt im Ausgangspunkt: Forschung und Entwicklung sowie Preissetzung des Listenpreises[24] sind grundsätzlich nicht unmittelbar gesundheitsspezifisch reglementiert. Den Listenpreis eines Arzneimittels bestimmte der pharma-

---

den zuvor genannten: *Möschel*, JZ 2007, 601 ff.; *Cassel/Ebsen/Greß/ Jacobs/Schulze/ Wasem*, Vertragswettbewerb in der GKV, S. 202; *Karsten Schmidt*, in: Immenga/ Mestmäcker, § 87 GWB, Rn. 34 ff.; *Ebsen*, ZfS 2000, 298 (306 f.) m.w.Nw. Für Einzelheiten vgl. die weiteren Ausführungen im Zusammenhang mit dem Vergaberecht und dem Kartellrecht.

20 Vgl. unten im Rahmen der Erörterung des Vergaberechts und des Kartellrechts.

21 Vgl. dazu im Einzelnen § 3, Vergaberecht.

22 Vgl. BT-Drs. 17/2413 v. 06.07.2010.

23 Apothekenpflichtigkeit bedeutet gem. § 43 Abs. 1 AMG, dass Arzneimittel für den Endverbrauch nur in Apotheken und ohne behördliche Erlaubnis nicht im Wege des Versandes in den Verkehr gebracht werden dürfen; das Nähere regelt das Apothekengesetz. Im AMG ist auch die Zulassung der Arzneimittel geregelt.

24 Vlg. sogleich das Preisverzeichnis (Liste) „Lauer-Taxe“.

zeutische Unternehmer[25] selbst und unterliegt dabei keiner Regulierung. [26] Dieser Preis wird offiziell in der sog. Lauer-Taxe gelistet.[27]

Es wirken jedoch zahlreiche Regulierungsmechanismen auf die Preisentscheidung ein, so dass die Preisentscheidung von der gesetzlichen Regulierung, insbesondere den Festbeträgen und Erstattungshöchstbeträgen bestimmt wird.[28] Faktisch besteht keine Freiheit, die Preise für verschreibungspflichtige Arzneimittel[29] festzusetzen[30], da der Unternehmer zwingend die Regulierungsinstrumente auf dem Arzneimittelmarkt beachten muss, um nicht Gefahr zu laufen, seine Produkte nicht oder kaum absetzen zu können[31]. Dies wird im Rahmen der Erläuterung der Festbeträge und der Erstattungsbeträge für Arzneimittel besonders deutlich werden. Hervorzuheben sind an dieser Stelle auch die Änderungen durch das ANMOG, durch die eine Nutzenbewertung und eine Vereinbarung von Erstattungshöchstbeträgen für *alle* neuen Arzneimittel mit neuen Wirkstoffen eingeführt wurde (§§ 35a, 130b SGB V). Der Listenpreis ist innerstaatlich nur abzüglich des vereinbarten Einheitsrabatts zu erhalten.

Für den Vertrieb des verschreibungspflichtigen Medikaments[32] an den Patienten gilt desweiteren eine umfassende Preisregulierung, die einen angestrebten Einheitspreis auf Apothekenebene herbeiführt. Der Abgabepreis in den Apotheken wird für alle Arzneimittel durch Hinzurechnen der Handelsspannen zu dem durch den pharmazeutischen Unternehmer festgesetzten Preis bestimmt, vgl. §§ 2 ff. AMPreisVO[33], so dass ein Einheitspreis für ein Präparat überall in der BRD garantiert ist.

---

25 Gemeint ist hier der herstellende pharmazeutische Unternehmer.

26 *Mand/Burk*, A&R 2008, 107 (109); *Ehlers/Rybak*, PharmInd 2008, 1365 (1367).

27 Die Lauer-Taxe oder auch ABDA-Artikelstamm (ABDA = Bundesvereinigung Deutscher Apothekerverbände) ist ein von der ABDATA (Unternehmensbereich der ABDA) geführtes Verzeichnis der in Deutschland geführten Arzneimittel, mit dessen Hilfe sich Hersteller, Preise, Packungsgrößen usw. von einzelnen Arzneimitteln feststellen lassen.

28 Vgl. dazu sogleich unten.

29 Die gesamte Regulierung gilt nur für verschreibungspflichtige Arzneimittel und in einzelnen Fällen für OTC-Präparate, d.h. für nicht verschreibungspflichtige Arzneimittel (auch OTC-Arzneimittel genannt; OTC = over the counter = über die Ladentheke).

30 *BVerfG*, Beschl. v. 13.09.2005, 2 BvF 2/03, Rn. 12 – BSSichG; ausführlich dazu *Mand*, EuR – Beiheift 2 – 2007, 59 (71).

31 Vgl. auch *BVerfG*, Beschl. v. 13.09.2005, 2 BvF 2/03, Rn. 12 – BSSichG.

32 Bei den apothekenpflichtigen Arzneimittel ist zu unterscheiden zwischen Arzneimitteln, die vom Apotheker nur bei Vorliegen einer ärztlichen, zahnärztlichen oder tierärztlichen Verschreibung an den Verbraucher abgegeben werden dürfen (sog. verschreibungspflichtige Arzneimittel, § 48 AMG) und solchen, die auch ohne eine solche Verschreibung abgegeben werden dürfen (sog. nicht verschreibungspflichtige Arzneimittel).

33 Vgl. auch *BVerfG*, Beschl. v. 13.09.2005, 2 BvF 2/03, Rn. 12 – BSSichG. Die Arzneimittelpreisverordnung bestimmt nicht die Preise für Arzneimittel, sondern Preisspan-

Die Preisregulierung wird nun durch umfangreiche Rabattverbote flankiert. Naturalrabatte für Arzneimittel sind durch § 7 Abs. 1 S. 1 Nr. 2 Heilmittelwerbegesetz (HWG) auf allen Handelsstufen verboten, die Gewährung von Barrabatten auf das durch die Arzneimittelpreisverordnung (AMPreisVO) zulässige Maß begrenzt, vgl. §§ 2, 3 AMPreisVO.[34] Durch das GKV-WSG[35] wurde ein generelles Verbot von Herstellerrabatten auf preisgebundene Arzneimittel in § 78 Abs. 3 AMG eingeführt. Dieser verpflichtet die pharmazeutischen Unternehmer für preisgebundene Arzneimittel einen einheitlichen Abgabepreis auch gegenüber ihren direkten Abnehmern sicherzustellen.[36]

Während das Einheitspreissystem früher -unstreitig- Auswirkungen auf die Endpreise für die Patienten und den Großhandel hatte und die Anwendung auf die Hersteller fraglicher war, wirkt es folglich nun, erzwungen durch das Rabattverbot in § 78 Abs. 3 AMG, auch für die Hersteller[37]. Damit verlor der pharmazeutische Unternehmer innerhalb der Vertriebskette Hersteller – Großhandel – Apotheke bei verschreibungspflichtigen Arzneimitteln weitgehend die Möglichkeit, Rabatte als Mittel der Absatzpolitik einzusetzen.[38] Diese Rabattverbote wurden gerade deswegen eingeführt, um die langjährige Rabattpraxis seitens der pharmazeutischen Unternehmen an die Apotheken zu verhindern, die nach Ansicht des Gesetzgebers weder Vorteile für die Endverbraucher noch die Kostenträger hatte.[39] Es ist festzustellen, dass die Gesetzesänderungen der letzten Jahrzehnte eine erhebliche Verschärfung für alle Beteiligten gebracht haben und der Gesetzgeber den Gestaltungsspielraum für pharmazeutische Unternehmer und Apotheker erheblich verengt hat.

---

nen. Sie stellen das Verhältnis zwischen dem Verkaufspreis und dem Einkaufspreis dar, vgl. *Heidelmann*, PharmInd 2004, 418 (419).

34 Zur Fragwürdigkeit des heilmittelwerberechtlichen Lösungsversuchs der Rabattproblematik *Mand*, A&R 2006, 54 (55ff.); *Meyer*, A&R 2006, 60 (63 ff.). Allg. vergl. *Koenig/Klahn/Schreiber*, GesR 2007, 559 (560). Kritisch *Grunert*, PharmR 2006, 264. *Ehlers/Rybak*, PharmInd 2008, 1365, beschreiben bisher drei in der Praxis favorisierte Modelle, „auf deren Grundlage es möglich sein soll, ungeachtet der bestehenden gesetzlichen Rahmenbedingungen weiterhin Rabatte zugunsten der Apotheker zu gewähren.“

35 GKV-Wettbewerbsstärkungsgesetz, BGBl. I 2007, 378; vgl. dazu allg. *Sodan*, Private Krankenversicherung und Gesundheitsreform 2007.

36 *Hess*, in: Kasseler Kommentar Sozialversicherungsrecht, § 130a SGB V, Rn. 9; *Rehmann*, AMG, § 78, Rn. 2.

37 Lediglich wenn der Hersteller parallel an den Großhandel und direkt an Apotheken vertreibt, bleibt ihm im Falle des Direktvertriebs die Großhandelshöchstspanne als Rabattspielraum erhalten, vgl. dazu und zur rechtlichen Behandlung von Skonti *Mand*, A&R 2006, 54 (56 ff.).

38 Zu weiteren Einzelheiten vgl. *Mand/Burk*, A&R 2008,107 (109), Fn. 21.

39 Vgl. dazu *Rehmann*, AMG, § 78 Rn. 2; zur früheren grundsätzlichen Zulässigkeit der Rabattgewährung *BGH*, Urt. v. 22.02.1984, NJW 1986, 1544; vgl. auch *OLG Saarbrücken*, Urt. v. 26.11.2003, PharmR 2004, 120 f.

Ausdrücklich nicht vom Verbot erfasst (vgl. § 78 AMG) sind sinngemäß Sozialleistungsträger, private Krankenversicherungen sowie deren Verbände; diese dürfen mit pharmazeutischen Unternehmern für die zu ihren Lasten abgegebenen verschreibungspflichtigen Arzneimittel Preisnachlässe auf den einheitlichen Abgabepreis des pharmazeutischen Unternehmers vereinbaren. Damit werden den genannten Institutionen Preisnachlässe in dieser Vorschrift ausdrücklich erlaubt.

Rabattverträge lassen sich mithin als Teil des gerade grob geschilderten öffentlichen Preisrechts[40] für Arzneimittel einordnen. Die sozialrechtlichen Rabattverträge modifizieren somit als Spezialregelungen das im AMG geregelte Preisrecht für Arzneimittel. Der für alle einheitliche Apothekenverkaufspreis[41] gem. § 78 Abs. 1 und 2 AMG i.V.m. § 3 AMPreisV gilt in diesen Fällen für die Krankenkassen bei Rabattverträgen nicht mehr. Die Rabatte führen gegenüber den Krankenkassen zu einer effektiven Absenkung dieses Verkaufspreises[42].

III. Zwischenergebnis

1. Die Vorschriften der §§ 130a Abs. 8 und 130c SGB V zu dezentralen Rabattverhandlungen befinden sich systematisch im Leistungserbringungsrecht des SGB V, das heißt, sie betreffen die nähere Ausgestaltung der Beziehung zwischen Krankenkassen und pharmazeutischen Unternehmern als Leistungserbringern. Die Regelung in Absatz 8 ist im Vergleich zu den restlichen Absätzen des § 130a SGB V inhaltlich verschieden, da sie kein hoheitlich-verpflichtendes Element zur Einräumung von Rabatten enthält. Die Leistung, die von § 130a Abs. 8 SGB V im Rahmen der Rabattierung erwähnt wird, ist die Bereitstellung von Arzneimitteln, die zum Leistungsumfang der gesetzlichen Krankenversicherung zählen.

---

40 Vgl. dazu *Rixen*, S. 419 ff.: Das Marktverhaltensrecht der GKV-Arzneimittelerbringer (pharmazeutische Unternehmer, Großhändler sowie Apotheken) ist im Wesentlichen ein spezifisches Vergütungs- bzw. öffentliches Preisrecht. Das „Preisproblem“ bzw. das aus ihm resultierende „Preisbildungssystem“ stehen im Vordergrund, Rixen unter Verweis auf die Enquete-Kommission „Strukturreform der gesetzlichen Krankenversicherung“, Zwischenbericht v. 31.10.1988, BT-Drucks. 11/3267, S. 251 ff.

41 Vgl. im Einzelnen zum Einheitspreissystem *Mand*, in: Schwarze/Becker, Arzneimittel im Europäischen Binnenmarkt, EuR – Beiheft 2 – 2007, 59 (69ff.): „Primäres Ziel der Preisregulierung ist es, die Arzneimittelpreise im Sinne eines funktionierenden, finanzierbaren Gesundheitssystems möglichst niedrig zu halten. Das Einheitspreissystem trägt hierzu in verschiedenster Form bei: Erstens begrenzt es die Handelsmargen von Großhändlern und Apotheken. Zweitens dient der Einheitspreis als Anknüpfungspunkt zahlreicher Kostendämpfungsmaßnahmen unterschiedlichster Form. […]“.

42 Vgl. *Mand*, in: Schwarze/Becker, Arzneimittel im Europäischen Binnenmarkt, EuR – Beiheft 2 – 2007, 59 (63).

2. Die gesetzlichen Krankenkassen können mit den pharmazeutischen Unternehmern Rabatte für die zu ihren Lasten abgegebenen Arzneimittel vereinbaren - § 78 AMG steht dem nicht entgegen. Sie können auf diesem Wege folglich die Kosten für Leistungen, die sie den Versicherten zu erbringen haben, senken. Die Rabattverträge stellen eine Besonderheit im Preisrecht für Arzneimittel dar. Hier modifizieren sie die sonst strikte Regulierung in Form von Einheitspreisen und Rabattverboten auf den Handelsstufen. Die Krankenkassen dürfen vom offiziellen Listenpreis abweichen und zahlen einen „inoffiziellen", Dritten nicht näher bekannten Preis für das Arzneimittel. Die sozialrechtlichen Rabattverträge führen gegenüber den Krankenkassen zu einer effektiven Absenkung des einheitlichen Apothekenverkaufspreises. Es existieren damit für Rabattarzneimittel zwei Preise: Offizielle Listenpreise[43] anhand der Lauer-Taxe und inoffizielle Preise zugunsten der Krankenkassen, die Rabattverträge abschließen. Zentrale Rabattvereinbarungen gemäß § 130b SGB V führen dagegen zu einem offiziellen Abweichen der Verkaufspreise von den Listenpreisen.
3. Nach der Gesetzessystematik sind die pharmazeutischen Unternehmer Leistungserbringer im Sinne des SGB V, obwohl sie keine unmittelbare Gesundheitsleistung am Patienten erbringen, sondern eher eine Vorleistung (Arzneimittelherstellung) für die dann erfolgende Dienstleistung durch Arzt und Apotheker (Diagnose und Verschreibung des Arzneimittels bzw. Abgabe des Arzneimittels). Weil die pharmazeutischen Unternehmer „sonstige Leistungserbringer" im Sinne des § 69 SGB V einzuordnen sind, gelten auch für die Rabattverträge die Vorgaben des § 69 SGB V, d. h. die grundsätzliche Anordnung der ausschließlichen Geltung öffentlich-rechtlicher Vorschriften bei gleichzeitiger Verweisung auf Teile des Zivil-, Kartell- und Vergaberechts.
4. Neu durch das AMNOG hinzugekommen ist insbesondere die gesetzliche Anordnung, dass eine Erstattung auch in Abhängigkeit von messbaren Therapieerfolgen vereinbart werden kann und dass die Vereinbarung von Rabatten für eine Laufzeit von 2 Jahren erfolgen soll.
6. Eine gewichtige AMNOG-Änderung ergibt sich auch aus der umfassenden Rechtswegzuweisung an die Zivilgerichte.

---

43 Einschränkend ist anzumerken, dass auch die Einkaufspreise der Apotheken „fiktive" Preise sind, weil die Großhändler begrenzt Rabatte geben dürfen.

§ 2 Einzelheiten zur Regelung

I. Die Vertragsparteien: Krankenkassen und pharmazeutische Unternehmer

Die Krankenkassen sind gem. § 4 Abs. 1 SGB V rechtsfähige Körperschaften des öffentlichen Rechts unter Selbstverwaltung, die als Teil der „Solidargemeinschaft Krankenversicherung" (so § 1 SGB V) den Versicherten diejenigen Leistungen (üblicherweise als Sachleistungen, § 2 Abs. 2 SGB V) zur Verfügung stellen, die der Erfüllung der in § 1 definierten Aufgabe der Krankenversicherung dienen. Der Krankenversicherung wird dort die Aufgabe zugewiesen, die Gesundheit der Versicherten zu erhalten, wiederherzustellen oder ihren Gesundheitszustand zu bessern. Dabei sind die Krankenkassen, historisch bedingt, in unterschiedliche Kassenarten gegliedert (siehe § 4 Abs. 2 SGB V). Wird hier von Krankenkassen gesprochen, so sind jeweils auch die Ersatzkassen gemeint, die eine eigene Kassenart innerhalb der Sozialversicherung bilden (§ 4 Abs. 2 a.E. SGB V). In jedem Bundesland bilden die Orts-, die Betriebs- und die Innungskrankenkassen jeweils einen sog. Landesverband (§ 207 Abs. 2 SGB V). Die Landesverbände sind wiederum Körperschaften des öffentlichen Rechts. Andere Krankenkassen können den Landesverbänden beitreten.

Wer pharmazeutischer Unternehmer ist, bestimmt sich nach § 4 Abs. 18 des Gesetzes über den Verkehr mit Arzneimitteln (AMG). Pharmazeutischer Unternehmer ist bei zulassungs- oder registrierungspflichtigen Arzneimitteln der Inhaber der Zulassung oder Registrierung. Pharmazeutischer Unternehmer ist (im Allgemeinen) auch, wer Arzneimittel unter seinem Namen in den Verkehr bringt. Zweck des AMG ist laut § 1, im Interesse einer ordnungsgemäßen Arzneimittelversorgung von Mensch und Tier für die Sicherheit im Verkehr mit Arzneimitteln, insbesondere für die Qualität, Wirksamkeit und Unbedenklichkeit der Arzneimittel zu sorgen, womit die sog. „drei Hürden" für den pharmazeutischen Unternehmer beim Inverkehrbringen von Arzneimitteln beschrieben sind. Der Arzneimittelbegriff wird in § 2 AMG näher bestimmt.

II. Rabattformen

Spricht § 130a Abs. 8 SGB V vom „jährlichen Umsatzvolumen" sowie einer „Abstaffelung von Mehrerlösen", ist von Vorschlägen auszugehen, die nicht abschließend zu verstehen sind[44]. Die Formen der Rabatte, also der Preisabschläge, können also vielfältig sein.

Das AMNOG fügt den Rabattformen die Möglichkeit hinzu „eine Erstattung in Abhängigkeit von messbaren Therapieerfolgen" zu vereinbaren. Damit sind sog. Risk-Share-Vereinbarungen gemeint.

---

44 *Dieners*, FS Sander, S. 31 (57).

Vertragsformen wie Risk-Share-Verträge, die eine Kostenerstattung bei ausbleibendem Behandlungserfolg festlegen, beeinträchtigen nach Ansicht der Arzneimittelkommission der deutschen Ärzteschaft die „ärztliche Therapiefreiheit" und helfen vermeintlich innovative und kostenintensive Arzneimittel mit einem erheblichen Risikopotenzial am Markt zu platzieren.[45] Dabei kritisiert sie das Risiko erhöhter Nebenwirkungen eines geförderten Präparates und fragt zudem, ob letztlich der Begriff des Rabattes überhaupt zutreffend sei, da letztlich höhere Kosten als für eine Standardtherapie bezahlt würden, ohne dass der Zusatznutzen der Therapie erwiesen sei.

Durch das AMNOG wird diese Vertragsart nun grundsätzlich für zulässig erklärt. Die Krankenkassen werden die genannten Gefahren zu berücksichtigen haben. Denn im Fall eines reinen Risk-Share-Vertrags wird die Erstattung von messbaren Therapieerfolgen abhängig gemacht. Würden die Krankenkassen dabei von Risiken oder mangelndem Zusatznutzen ausgehen, so dürften sie diese Verträge von vornherein nicht abschließen. Denn im ersten Fall erhöhter Nebenwirkungen käme der Vertrag einer Wette[46] darauf gleich, dass die Therapie nicht erfolgreich ist und daher die Erstattung nicht erfolgen muss. Im zweiten Fall des mangelnden Zusatznutzens hätten sie - wenn eine vergleichbare Therapie günstiger gewesen wäre - einen unwirtschaftlichen Vertrag abgeschlossen, was ebenso unzulässig wäre.

Diese Verträge können also nur unter der Prämisse abgeschlossen werden, dass die Krankenkassen, mit gewisser wissenschaftlicher Fundierung, im Rahmen einer Prognose von einem guten Nutzen-Risiko-Verhältnis ausgehen und die Wirtschaftlichkeit im Blick haben. Insofern sind solche Verträge keine echten Rabattverträge, da die Krankenkasse gerade hofft, die volle Erstattung bei Therapieerfolg zu leisten und keinen „Rabatt" zu behalten. Es geht also von der Konstruktion her weniger um einen Rabatt als vielmehr um einen Zahlungsaufschub zugunsten der Krankenkassen, bei dem die vollständige Zahlung unter der aufschiebenden Bedingung zu erfolgen hat, dass der Therapieerfolg in der gewünschten Form eintritt. Unter Zugrundelegung dieses Verständnisses wird man Risk-Share-Vereinbarungen als zulässig ansehen müssen. Risk-Share-Verträge wurden z. B. zwischen der DAK und Novartis Pharma für Aclasta abgeschlossen.[47]

Überdies kamen in der Vergangenheit unterschiedliche Vertragsmodelle bei Rabattverträgen zum Einsatz. Die AOKen[48] schrieben einzelne Wirkstoff aus, die Betriebskrankenkassen, Knappschaft und einige Ersatzkassen (z.B. Barmer,

---

45 Arzneimittelkommission d. dt. Ärzteschaft, S. 7, http://www.akdae.de/Stellungnahmen/Weitere/20080508.pdf.

46 Im untechnischen Sinn gemeint.

47 Vgl. auch bei *Fuerst*, GesR 2010, 183.

48 Allgemeinen Ortskrankenkassen, vgl. § 4 Abs. 2 SGB V.

DAK, HEK und HMK) vereinbarten in der Vergangenheit vorzugsweise „Portfolioverträge“ über das vollständige Arzneimittelsortiment eines pharmazeutischen Unternehmens und verzichteten dabei teilweise auf ein öffentliches Ausschreibungsverfahren. Auch wenn die AOK-Verträge sowohl die Diskussion in den Fachkreisen als auch in den Medien dominieren, prägten eigentlich bisher die Portfolioverträge den Rabattvertrags-Markt.[49]

III. Zu Lasten der Krankenkassen abzugebende Arzneimittel

Die Rabattverträge werden für Arzneimittel geschlossen, die zu Lasten der Krankenkasse abgegeben werden, was zunächst – der Systematik des SGB V folgend - voraussetzt, dass sie nicht von der Versorgung ausgeschlossen, also verordnungsfähig sind.[50] Für alle Leistungen der Krankenkasse, auch hinsichtlich der verordnungsfähigen Arzneimittel, gilt zudem, dass kein uneingeschränkter Anspruch besteht, sondern nur ein Anspruch auf eine ausreichende, zweckmäßige und wirtschaftliche Versorgung, die das Maß des Notwendigen nicht überschreitet.[51] Leistungen, die nicht notwendig oder unwirtschaftlich sind, können Versicherte nicht beanspruchen, dürfen die Leistungserbringer nicht bewirken und die Krankenkassen nicht bewilligen (§ 12 Abs. 1 SGB V – Wirtschaftlichkeitsgebot).

Nach § 31 SGB V haben Versicherte der gesetzlichen Krankenversicherung einen Anspruch auf die Versorgung mit apothekenpflichtigen Arzneimitteln, also solchen Arzneimitteln, die nur in Apotheken abgegeben werden dürfen.[52] § 34 SGB V schließt die Versorgung für diese wiederum unter bestimmten Voraussetzungen aus. Hier ist zu unterscheiden zwischen Arzneimitteln, die vom Apotheker nur bei Vorliegen einer ärztlichen, zahnärztlichen oder tierärztlichen Verschreibung an den Verbraucher abgegeben werden dürfen (sog. verschreibungspflichtige Arzneimittel, § 48 AMG) und solchen, die auch ohne eine sol-

---

49 Nachweise bei *Zeiner*, PharmInd 2008, 708 (710), Abb.12. Besonders die Ersatzkassen setzten statt auf Niedrigstpreise auf die Namen und das Markenvertrauen bestimmter Generikahersteller, welches sich durch Sortimentsverträge am besten nutzen lassen, um ihr „Premium-Profil“ zu schärfen, vgl. *Zeiner*, PharmInd 2008, 708 (711). Damit können solche Firmen ihre hohen Listenpreise halten. Dem begegnen die AOKen mit spezifischen Ausschreibung pro Wirkstoff und der Ermittlung einer Wirtschaftlichkeitsmaßzahl, in die ein hoher Listenpreis negativ einfließt.

50 Eine Arzneimittel muss im Rahmen der GKV verordnungsfähig sein, um (ggf. bis zu einem Höchstbetrag) erstattet werden zu können.

51 § 27 Abs. 1 Nr. 3, § 2 Abs. 1 u. 4, § 12 Abs. 1 SGB V.

52 Apothekenpflichtigkeit bedeutet gem. § 43 Abs. 1 AMG, dass Arzneimittel für den Endverbrauch nur in Apotheken und ohne behördliche Erlaubnis nicht im Wege des Versandes in den Verkehr gebracht werden dürfen; das Nähere regelt das Apothekengesetz. Im AMG ist auch die Zulassung der Arzneimittel geregelt.

che Verschreibung abgegeben werden dürfen (sog. nicht verschreibungspflichtige Arzneimittel).

1. Nicht verschreibungspflichtige Arzneimittel

Alle nicht verschreibungspflichtigen Arzneimittel (auch OTC-Arzneimittel genannt; OTC = over the counter = über die Ladentheke) sind gemäß § 34 Abs. 1 SGB V von der Versorgung nach § 31 ausgeschlossen, können also nicht zulasten der Krankenkasse abgegeben werden. Eine Ausnahme besteht nur bei Kindern und falls sie als Behandlungsstandard bei einer schwerwiegenden[53] Erkrankung gelten.[54]

2. Verschreibungspflichtige Arzneimittel

Verschreibungspflichtige Arzneimittel sind indes in der Regel Teil der Versorgung, können also grundsätzlich zu Lasten der Krankenkassen abgegeben werden. § 34 Abs. 1 SGB V schließt jedoch auch verschreibungspflichtige Arzneimittel bei Verordnung in bestimmten Anwendungsgebieten (Arzneimittel zur Anwendung bei Erkältungskrankheiten und grippalen Infekten, Mund- und Rachentherapeutika -ausgenommen bei Pilzinfektionen-, Abführmittel sowie Arzneimittel gegen Reisekrankheit) von der Erstattung aus. Außerdem sind Arzneimittel ausgeschlossen, bei deren Anwendung eine Erhöhung der Lebensqualität im Vordergrund steht.

Weiter können Arzneimittel gem. § 31 Abs. 1 SGB V vom Gemeinsamen Bundesausschuss (GBA)[55] mithilfe der Arzneimittelrichtlinien (AMR) nach § 92 Abs. 1 Satz 2 Nr. 6 SGB V bei erwiesener Unzweckmäßigkeit des Arzneimittels oder bei wirtschaftlicheren Behandlungsalternativen von der Versorgung ausgeschlossen werden. Damit unterfallen auch diese Arzneimittel nicht mehr der Er-

---

53 In den Richtlinien wird eine Erkrankung als ‚schwerwiegend' definiert, wenn sie lebensbedrohlich ist oder aufgrund der Schwere der durch sie verursachten Gesundheitsstörung die Lebensqualität auf Dauer nachhaltig beeinträchtigt. Ein Arzneimittel gilt als Therapiestandard, wenn der therapeutische Nutzen zur Behandlung der schwerwiegenden Erkrankung dem allgemein anerkannten Stand der medizinischen Erkenntnisse entspricht.

54 § 34 SGB V.

55 Gem. § 91 SGB bilden die Kassenärztlichen Bundesvereinigung, die Deutsche Krankenhausgesellschaft und der Spitzenverband Bund der Krankenkassen einen Gemeinsamen Bundesausschuss. Zur Stellung des Gemeinsamen Bundesausschusses vgl. vor allem *BSG*, Urt. v. 06.05.2009, Rn. 47 (juris) = BSGE 103, 106 ff. Der Gemeinsame Bundesausschuss ist eine organisatorisch verselbstständigte Einrichtung, die fachkundig und interessenpluralistisch besetzt ist. Er hat unter Einbeziehung der von seinen Entscheidung Betroffenen alle versorgungsrelevanten Richtlinienentscheidungen zur Konkretisierung der leistungsrechtlichen Rahmenrechte in §§ 27 ff. SGB V vorzunehmen, *BSG*, Urt. v. 06.05.2009, Rn. 47 (juris) = BSGE 103, 106 ff.

stattungspflicht. Dies kann die Krankenkasse durch den Abschluss eines Rabattvertrages aber ändern, denn bei entsprechender Kostensenkung des pharmazeutischen Unternehmens (auf den Preis der konkurrierenden und wirtschaftlichen Therapiemethode) kann das Arzneimittel wieder als „wirtschaftlich" gelten.

Wegen fehlenden Nutzennachweises kann der Verordnungsausschluss nach § 92 SGB V nicht mehr erfolgen. Die Wirksamkeit eines Arzneimittels wird durch die arzneimittelrechtliche Zulassung sichergestellt.[56]

Ein Ausschluss der Erstattungspflicht in diesen AMR bildete den ersten Anlass für den Abschluss von Rabattverträgen. Diese wurden in einer Zeit abgeschlossen, in der die Anreize für die Generikarabattierung (siehe im Folgenden unter: Motive zum Abschluss von Rabattverträgen) noch nicht vorhanden waren. Sie betrafen kurzwirksame Insulinanaloga, die laut dem Institut für Qualität und Wirtschaftlichkeit im Gesundheitswesen (IQWiG) im Verhältnis zu den Kosten einen mangelnden Nutzen im Vergleich zu Humaninsulinen aufwiesen und daher in den AMR vom Gemeinsamen Bundesausschuss von der Verordnung ausgeschlossen wurden[57]. Da jedoch Vorteile für die Patienten bei der Anwendung im Vergleich zu anderen Präparaten bestanden, schlossen die Krankenkassen mit den Herstellern Rabattverträge ab. Die Hersteller konnten damit einen zu erwartenden oder schon bestehenden Umsatzeinbruch ihrer eigentlich nicht mehr verordnungsfähigen Produkte verhindern, die durch die Rabattverträge wieder als wirtschaftlich galten.

IV. Die Unterschreitung des Festbetrags als Mindestrabatt in Abgrenzung zum sog. Erstattungsbetrag

Für die Rabattverträge gilt bezüglich der meisten Arzneimittel aber ein Mindestrabatt, der erzielt werden muss. Wird dieser unterschritten, sind die Rabattverträge unzulässig. Dieser Mindestrabatt ist die Differenz zwischen dem Preis und Festbetrag eines Arzneimittels (§ 31 Abs. 2 S. 3 SGB V).

1. Der Festbetrag

Die Krankenkassen müssen für die meisten Arzneimittel, selbst wenn sie zur Versorgung zugelassen sind, nicht den „vollen Preis" für den Versicherten bezahlen, sondern nur den „Festbetrag"[58]. Alle Arzneimittel, für die das möglich

56 *Wolf/Jäkel*, PharmR 2011, 1 (2).

57 Vgl. *Hess*, in: Kasseler Kommentar Sozialversicherungsrecht, § 130a SGB V, Rn. 17, da die Bildung eines Festbetrags nicht möglich war.

58 §§ 12 Abs. 2, 31 Abs. 2 SGB V. Abzüglich der Zuzahlungen zu Lasten der Versicherten und der Abschläge nach den §§ 130, 130a SGB V, die hier aber nicht weiter interessieren. Vgl. zur Festbetragsregelung stellv. *Natz*, Marktregulierung durch Arzneimittelfestbeträge, Diss., 2005.

ist, werden dazu durch den Gemeinsamen Bundesausschuss (GBA) nach bestimmten Kriterien (vgl. § 35 Abs. 1 S. 2 SGB V) in Gruppen eingeteilt und für diese Gruppen ein einheitlicher Betrag (Festbetrag) festgesetzt, bis zu dem die Krankenkassen die Kosten für das Arzneimittel übernehmen (§ 31 Abs. 2 S. 1 SGB V). Den überschießenden Betrag muss der Versicherte selbst zahlen.

Diese Gruppenbildung erfolgt, grob gesagt, um dem Arzt und dem Versicherten einen Wirtschaftlichkeitsvergleich zwischen Arzneimitteln zu erlauben und damit einen Preiswettbewerb zwischen den Arzneimittelherstellern zu entfachen (vgl. § 35 Abs. 5 S. 2 SGB V). Diese sollen damit dazu angehalten werden, ihre Preise zu senken. Die Arzneimittelhersteller können zwar weiterhin jeden Preis verlangen, den sie für angemessen halten. Die Nachfragemacht der Krankenkassen (bzw. der Verbraucher) verleiht den Festbeträgen faktisch aber preisregulierende Wirkung.[59] Die Hersteller begrenzen ihre Preise auf die Festbeträge, weil die die Festbeträge übersteigenden Mehrkosten von den Versicherten am Markt auf Grund ihrer Preissensibilität nicht zu erlangen sind.[60]

2. *Verpflichtung zur Zahlung des vollständigen Preises für ein Arzneimittel abzüglich des erhandelten Rabattes*

Hat die Krankenkasse mit einem pharmazeutischen Unternehmen, dass ein Festbetragsarzneimittel anbietet, einen Rabattvertrag abgeschlossen, muss die Krankenkasse gemäß § 31 Abs. 2 S. 2 SGB V auch den Differenzbetrag zwischen dem Festbetrag und dem Listenpreis des Arzneimittels selbst schultern, da sie den Apothekenverkaufspreis zahlen muss.

Um nun ein Minusgeschäft zu vereiteln, also genauer gesagt um zu verhindern, dass die Krankenkassen durch die Rabattverträge im Ergebnis höhere Preise für die Arzneimittel würden zahlen müssen, als das zuvor möglich gewesen wäre, wurde als Mindestrabatt der Differenzbetrag zwischen Festbetrag und Arzneimittelpreis festgelegt. Diese Voraussetzung wurde aufgestellt, um ein Geschäft zu Lasten der Krankenkasse durch einen Rabattvertrag zu verhindern.

Ein Rabattvertrag ist daher gemäß § 31 Abs. 2 S. 3 SGB V nur zulässig, wenn hierdurch die Mehrkosten der Überschreitung des Festbetrages überkompensiert werden. Versicherte und Apotheken sind jedoch gemäß § 31 Abs. 2 a. E. SGB V nicht verpflichtet, Mehrkosten an die Krankenkassen zurückzuzahlen, wenn die von diesen abgeschlossenen Vereinbarungen den gesetzlichen Anforderungen nicht entsprechen.

---

59 *Mrozynski*, in: Wannagat (Hrsg.) SGB, § 35 SGB V, Rn. 5 f.; *Cassel/Ebsen/Greß/Jacobs/Schulze/Wasem*, Vertragswettbewerb in der GKV, S.191.

60 *BVerfG*, Beschl. v. 13.09.2005, 2 BvF 2/03, Rn.12 – BSSichG; *Cassel/Ebsen/Greß/Jacobs/Schulze/Wasem*, Vertragswettbewerb in der GKV, S.191.

Anders formuliert, führen die Rabattverträge zu einem Wettbewerb um die größtmögliche Unterschreitung des Festbetrages seitens der pharmazeutischen Hersteller.

Diese als „Lex Sortis" bezeichnete Regelung[61] verknüpft die Rabattverträge mit den Festbeträgen im Sinne einer entweder-oder-Entscheidung. Wollen die pharmazeutischen Unternehmer ihren Absatz durch Preissenkungen erhöhen, habe sie die Wahl. Sie können entweder den Listenpreis absenken. Dies hat aber den Nachteil, dass sie eventuell auch weniger Geld in anderen europäischen Krankenversicherungssystemen für das einzelne Arzneimittel verlangen können, da dort teilweise an den Listenpreis in anderen Ländern angeknüpft wird.[62] Die andere Möglichkeit besteht nun im Abschluss eines Rabattvertrages, wobei der Rabatt ausdrücklich auf den Apothekenverkaufspreis zu gewähren ist, den die Krankenkasse (siehe oben) zahlen muss, also nicht auf den Festpreis.

Forciert wird der Wettbewerb um die größtmögliche Unterschreitung der Festbeträge durch die Rabatte, nicht jedoch der Wettbewerb um die Senkung der Listenpreise. Der Patient ist von der Zahlung des Differenzbetrages befreit.

3. Der sogenannte Erstattungsbetrag nach 130b SGB V

Keinem Festbetrag unterliegen die Arzneimittel mit Zusatznutzen gem. § 130b SGB V. Führt ein pharmazeutischer Unternehmer ein Arzneimittel mit einem neuen Wirkstoff ein, findet- durch das AMNOG eingeführt - eine Nutzenbewertung und die Festlegung eines Erstattungsbetrags ab, der als Rabatt vom Listenpreis stets abzuziehen ist (§§ 35a, 130b SGB V).[63]

Diese Erstattungsbeträge oder Rabatte werden in sog. zentralen Preisverhandlungen nach § 130b SGB V zwischen dem Spitzenverband Bund der Krankenkassen und dem pharmazeutischen Unternehmer ausgehandelt. Die Begrifflichkeit der zentralen Preisverhandlung oder des zentralen Rabattvertrags ist daher vom Begriff des dezentralen Rabattvertrags gemäß der §§ 130a Abs. 8 SGB V, 130c SGB V scharf abzugrenzen. Letzterer wird nur von einzelnen Krankenkassen abgeschlossen.

Kann bei der Nutzenbewertung kein Zusatznutzen durch den pharmazeutischen Unternehmer belegt werden, so wird das Arzneimittel einer Festbetragsgruppe mit den gerade oben beschriebenen Folgen zugeordnet. Ist eine Eingruppierung nicht möglich, wird entweder durch Vereinbarung oder im Streitfall durch die Schiedsstelle ein Erstattungsbetrag vereinbart, der nur „kleiner oder gleich" im Verhältnis zu den Jahrestherapiekosten einer ausgewählten Vergleichstherapie sein darf.

---

61 *Barth*, in: Spickhoff, Medizinrecht, § 31 Rn. 8.

62 *Barth*, a.a.O.

63 *Luthe*, PharmR 2011, 193, passim.

4. Der Zusatznutzen

Die Nutzenbewertung erfolgt durch Beschluss des G-BA auf Grundlage einer Nutzenverordnung (NutzenV). „Zusatznutzen" ist nach § 2 Abs. 4 AM-NutzenV ein Nutzen im Sinne von § 2 Abs. 3 AM-NutzenV, der quantitativ oder qualitativ höher ist als der Nutzen, den die zweckmäßige Vergleichstherapie aufweist.[64]

Wird in diesen Beschluss ein Zusatznutzen aufgeführt, vereinbart der pharmazeutische Unternehmer mit dem GKV-Spitzenverband einen Erstattungsbetrag. Ist dies nicht innerhalb von 12 Monaten geschehen, entscheidet eine zentrale Schiedsstelle mit Wirkung ab dem 13. Monat ab Markteinführung.

5. Dezentrale Rabattverträge nach § 130c SGB V

Auf diesen zentralen Erstattungsvereinbarungen, die man auch als zentrale Rabattverträge bezeichnen kann, fußen die (dezentralen) Rabattverträge nach § 130c SGB V. Durch eine solche Vereinbarung kann eine Vereinbarung nach § 130b ergänzt oder abgelöst werden. Die Norm bezieht sich nur auf § 130b und ist für die dort genannten Vereinbarungen lex specialis zu § 130a SGB V, was aus dem Wortlaut und der Gesetzesbegründung[65] hervorgeht.[66] Subsidiär ist § 130a Abs. 8 entsprechend anzuwenden.

In der Literatur wird befürchtet,[67] dass die Regelung des § 130c SGB V in der Praxis kaum eine Bedeutung entfalten wird. Dies wird damit begründet, dass die Selektivverträge erst frühestens ein Jahr nach Markteinführung (§ 35a Abs. 1 S. 2) abgeschlossen werde könnten und zeitaufwändig vereinbarte Erstattungsbeträge zu diesem Zeitpunkt bereits bestünden. Zudem seien die Verhandlungsanreize durch die gesetzlichen Bindungen an die Bewertungen nach §§ 35 a, 35b sowie die Arzneimittelrichtlinien zusätzlich geschmälert. Es wird in der Tat wie bisher wenige Rabattverträge in diesen Bereichen geben. Für die Anreize, in solchen Fällen Rabattvereinbarungen abzuschließen, sei auf § 3 III (Motive der pharmazeutischen Unternehmer) verwiesen.

V. Beauftragung von Leistungserbringern oder Dritten

Durch das AVWG hat § 130a Abs. 8 SGB V die Erweiterung erfahren, dass Leistungserbringer (z.B. Apotheken[68] und Ärzte) oder Dritte am Abschluss von Rabattverträgen beteiligt werden können oder diese mit dem Abschluss solcher Verträge beauftragt werden können. Als „Dritte" kommen z.B. Managementge-

---

64 *Axer*, in: Becker/Kingreen, § 35a Rn. 5.
65 BT-Drs. 17/2413, S. 20.
66 *Wolf/Jäkel*, PharmR 1 (3).
67 *Luthe*, PharmR 2011, 193 (196).
68 Vgl. *Roberts*, PharmR 2007, 152 (154).

sellschaften gem. § 140b Abs. 1 Nr. 5 SGB V in Betracht[69]. Die Gesetzesbegründung nennt hier „professionelle Dienstleister“[70]. Bei der Beauftragung ist zusätzlich zu beachten, dass Rabatte nach § 78 Abs. 3 S. 2 AMG nur den dort genannten Kassen gewährt werden dürfen.[71]

VI. Zwischenergebnis

1. Vereinfacht gesagt beruht die Funktionsweise der sog. Rabattverträge darauf, dass sich Krankenkassen durch den Abschluss von Rabattverträgen über bestimmte Arzneimittel einen Preisnachlass erhandeln können, der von den pharmazeutischen Unternehmern direkt an die Krankenkassen gezahlt wird, nachdem die Arzneimittel über die Apotheke an die Versicherten abgegeben wurden.
2. Die Rabattverträge entfachen vor allem einen Wettbewerb um die größtmögliche „inoffizielle“ Unterschreitung der Festbeträge, da die Festbetragsdifferenz als Mindestrabatt vorgeschrieben ist. „Inoffiziell“ sind diese Unterschreitungen, weil die Rabatte geheim sind. Einen Wettbewerb um die Senkung der Listenpreise fördern sie nicht.
3. Bei Risk-Share-Verträgen wird es den Krankenkassen nicht vordergründig um die Erzielung eines Rabattes gehen, da dies die Risk-Share-Verträge von vornherein unzulässig machen würde. Vielmehr müssen sie von der erwünschten Wirksamkeit des Arzneimittels wissenschaftlich fundiert ausgehen und nicht auf eine Nichtwirksamkeit „wetten“. Es handelt sich von der Konstruktion her nicht um einen Rabatt, sondern um einen Zahlungsaufschub zugunsten der Krankenkasse, bei dem die vollständige Zahlung unter der aufschiebenden Bedingung geleistet wird, dass der Therapieerfolg in der gewünschten Form eintritt.
4. Arzneimittel müssen verordnungsfähig sein, um von den Krankenkassen erstattet zu werden. Werden solche Arzneimittel wegen Unwirtschaftlichkeit vom Gemeinsamen Bundesausschuss von der Verordnung ausgeschlossen, so kann die Krankenkasse die Wirtschaftlichkeit der Verordnung durch einen Rabattvertrag über das Arzneimittel wieder herstellen, es also wieder verordnungsfähig machen. Ein solches Interesse haben die Krankenkassen dann, wenn bspw. die Anwendung des Arzneimittels für die Versicherten trotz mangelndem echten Zusatznutzen Erleichterungen

---

69 *Ehlers/Bitter*, PharmInd 2006, 721. Wegen des Wirtschaftlichkeitsgebots wird die Einflussmöglichkeit der Leistungserbringer auf die Arzneimittelversorgung gefordert, *Dieners*, FS Sander, S. 31 (36).

70 BT-Drucks. 16/194, S. 11. Nach *Dieners*, FS Sander, S. 31 (37) sind damit Berater im Gesundheitswesen gemeint, die für die einzelnen Zweige des Gesundheitswesens tätig werden, z.B. auch Verbände der Leistungserbringer.

71 *Dieners*, FS Sander, S. 31 (39).

bietet. Beispiele in der Vergangenheit waren leichter anwendbare aber teurere Insulinprodukte, die durch Rabattvereinbarungen wieder als wirtschaftlich gelten konnten. Dies waren die ersten Anwendungsfälle für Rabattverträge.

5. Während es zunächst nur in solchen Ausnahmefällen zu Rabattverträgen kam, hat sich durch die Änderung der Regulierung in den letzten Jahren ein Wettbewerb um Rabattverträge entwickelt, worauf im Folgenden einzugehen ist.
6. Eine Vereinbarung nach § 130b SGB V führt zu einer Beseitigung der innerstaatlichen Wirkung der Listenpreise. Sie behalten aber ihre Geltung und können Wirkung noch in Referenzpreissystemen entfalten. Die Rabattverträge entfachen vor allem einen Wettbewerb um die größtmögliche „inoffizielle" Unterschreitung der Festbeträge, da die Festbetragsdifferenz als Mindestrabatt vorgeschrieben ist. „Inoffiziell" sind diese Unterschreitungen, weil die Rabatte geheim sind. Einen Wettbewerb um die Senkung der Listenpreise fördern sie nicht.
7. Die dezentralen Rabattvereinbarungen nach § 130c SGB V fußen auf zentralen Erstattungsvereinbarungen, die man auch als zentrale Rabattverträge bezeichnen kann. Durch eine solche Vereinbarung kann eine Vereinbarung nach § 130b ergänzt oder abgelöst werden. Die Norm bezieht sich somit nur auf § 130b und ist für die dort genannten Vereinbarungen lex specialis zu § 130a SGB V, was aus dem Wortlaut und der Gesetzesbegründung hervorgeht.

§ 3 Motive zum Abschluss eines Rabattvertrages

Um die Wirkungen der Rabattverträge vor dem Hintergrund der komplizierten Regulierung im Gesundheitssystem erläutern zu können, ist zunächst darauf einzugehen, wie sich die Arzneimittelversorgung ohne Einfluss der Rabattverträge gestaltet (I). Dann wird der Einfluss der Krankenkassen durch den Abschluss der Rabattverträge, der sich seit dem Jahre 2007 vor allem in der Möglichkeit äußert, den Absatz der pharmazeutischen Unternehmen zu steigern, näher erläutert (II). Neben der Möglichkeit, den Absatz zu steigern, die nicht auf alle Rabattverträge in gleicher Weise zutrifft, können auf Seiten der pharmazeutischen Unternehmer auch andere Motive bestehen, einen Rabattvertrag abzuschließen (III). Schließlich wird noch näher auf die Motivation der Krankenkassen eingegangen (IV).

I. Der Weg des Arzneimittels zum Patienten ohne Einfluss der Rabattverträge

1. Sachleistungsprinzip

Das deutsche Sozialversicherungssystem ist geprägt vom Leistungsdreieck zwischen dem Versicherten, der einen Sach- und Dienstleistungsanspruch[72] gegen seine Krankenkasse hat, dem Leistungserbringer (z. B. Arzt und Apotheker), der die Leistung für die Krankenkasse erbringt und dafür von ihr eine Vergütung erhält,[73] und der Krankenkasse, die für die Erbringung der Leistung Verträge mit dem Leistungserbringer abzuschließen hat[74] und dadurch dem Versicherten die Leistung zur Verfügung stellt (Sachleistungsprinzip, im Gegensatz zum Kostenerstattungsprinzip).[75]

2. Vertragsärztliche Behandlung und Einwilligung

Treten bei einem gesetzlich versicherten Patienten gesundheitliche Beschwerden auf, darf[76] er einen (Haus- oder Fach-[77]) Arzt seiner Wahl[78] aufsuchen, der an

---

72 §§ 2 Abs. 2, 11 SGB V.

73 Wobei genauer betrachtet ein „Viereck" besteht, da die Ärzte ihre Vergütung nicht unmittelbar von der Krankenkasse erhalten, sondern von den Kassenärztlichen Vereinigungen, die gem. § 82 Abs. 2 SGB V die Vergütung durch Gesamtverträge mit den Landesverbänden der Krankenkassen und den Ersatzkassen regeln.

74 § 2 Abs. 2 SGB V.

75 §§ 1, 2 Abs. 1 SGB V.

76 Er hat einen Anspruch auf vertragsärztliche Versorgung, die ihm von den Krankenkassen zur Verfügung gestellt wird, §§ 2, 11, 27 SGB V.

77 Die vertragsärztliche Versorgung gliedert sich in die hausärztliche und die fachärztliche Versorgung, § 73 Abs. 1 SGB V.

der vertragsärztlichen Versorgung teilnimmt (Vertragsarzt)[79]. Die vertragsärztliche Versorgung umfasst unter anderem die ärztliche Behandlung und die Verordnung von Arzneimitteln[80]. Entscheidet sich der Vertragsarzt für die Übernahme der Behandlung[81], ist er unter anderem verpflichtet, die in diesem Rahmen notwendigen Verordnungen zu treffen, soweit die zu verordnenden Leistungen in die Leistungspflicht der gesetzlichen Krankenversicherung fallen. Weitere Plicht ist die Aufklärung über die zu treffenden Behandlungsmaßnahmen, weil nur so die notwendige wirksame Einwilligung des Patienten in die Behandlung erfolgen kann.[82] Die Einwilligung kann der Patient grundsätzlich jederzeit widerrufen und dadurch den Arzt zum Abbruch der Behandlung zwingen.

Der Vertragsarzt soll die vertragsärztlichen Leistungen nach den Regeln der ärztlichen Kunst und unter Berücksichtigung des allgemeinen Standes der medizinischen Kenntnisse erbringen sowie das Gebot der Wirtschaftlichkeit (§ 12 SGB V) beachten und hierauf seine Behandlungs- und Verordnungsweise einrichten. Die vom gemeinsamen Bundesausschuss (GBA) beschlossenen Richtlinien nach § 92 SGB V zur Sicherung einer ausreichenden, zweckmäßigen und wirtschaftlichen Versorgung sind nach § 91 Abs. 6 SGB V für den Vertragsarzt, die Krankenkassen und für den Leistungsanspruch des Versicherten verbindlich. Daneben hat der Vertragsarzt die Anforderungen für die Qualität der Leistungserbringung nach § 11 BMV-Ä[83] zu beachten.

3. *Der Verordnungsprozess als offener Interaktionsprozess*

Eine Medikamentenverordnung ist das Produkt eines Interaktionsprozesses zwischen Arzt und Patient. Patienten- und arztseitige Faktoren wirken sich aus und bedingen die individuelle Entscheidung. Neben dem Interesse an einer guten Behandlung, welches wohl bei den meisten Ärzten im Vordergrund steht, befin-

---

78 Den Versicherten steht die Wahl unter den Vertragsärzten frei, § 76 Abs. 1 SGB V.

79 § 95 Abs. 1 SGB V; § 4 BMV-Ä.

80 § 73 Abs. 2 Nr. 1 u. 7 SGB V und zwar als Teil des Anspruchs auf Krankenbehandlung, § 27 Abs. 1 Nr. 1 u. 3 SGB V. Vgl. umfassend zur wirtschaftsrechtlichen Analyse der Versorgung mit Arznei- und Verbandmittel *Rixen*, Sozialrecht als öffentliches Wirtschaftsrecht, S. 409 ff. Die vertragsärztliche Versorgung umfasst keine Leistungen, für welche die Krankenkassen nicht leistungspflichtig sind oder deren Sicherstellung anderen Leistungserbringern obliegt. Leistungen, für die eine Leistungspflicht der Krankenkassen nicht besteht, können nur im Rahmen einer Privatbehandlung erbracht werden, über die mit dem Versicherten vor Beginn der Behandlung ein schriftlicher Behandlungsvertrag abgeschlossen werden muss.

81 Wozu er, von Notfällen abgesehen, nicht verpflichtet ist.

82 Vgl. stellvertretend für die umfangreiche Literatur zu Einwilligung und Aufklärung mit umfangreichen Nachweisen, *Deutsch/Spickhoff*, Medizinrecht, S. 142 ff.

83 Kollektivvertrag zwischen den Verbänden der Krankenkassen und Ärzte.

det sich der Arzt je nach ökonomischen Umfeld möglicherweise in einem Wettbewerb um Patienten und versucht, diese an sich zu binden.[84] Obwohl die ‚rationale Verordnung' Ziel vieler Instrumente der Beeinflussung des Arztes ist (wie z.B. der Richtlinien des GBA),[85] beruht die multidimensionale Entscheidung des Arztes für oder gegen eine Arzneimittelverordnung und die Auswahl des Präparates wesentlich auch auf nichtpharmakologischen Grundlagen. So ist der ‚Griff zum Rezeptblock' – auch in seiner modernen Form als Eingaben von Computerbefehlen – eine traditionelle Geste, die eine Konsultation beendet.[86] Nicht jede Verordnung ist damit rational erklärbar. Die Entscheidung des Arztes wird von Situation und Kontext geprägt.[87]

Ein wichtiger Teilaspekt bei der Entscheidung des Arztes, ein preisgünstiges Medikament zu verschreiben, ist auch die Verfügbarkeit von Informationen über Substitutionsmöglichkeiten und Arzneimittelpreise. Des Weiteren lässt sich ein Gewohnheitseffekt beim Verordnungsverhalten feststellen, der nicht durch Arzt-, Patienten- oder Arzneimittelcharakteristika erklärt werden kann. Die Gründe, warum manche Ärzte eher preisgünstige Generika und andere eher Originalpräparate verschreiben, bleiben daher teilweise unklar.[88]

4. *Alternativen und Kosten-Nutzen-Abwägung*

Außer der Verordnung von Arzneimitteln soll der Arzt auch andere therapeutische Maßnahmen in Erwägung ziehen (z.B. diätetischer und/oder physikalischer Art), wenn dies dem allgemein anerkannten Stand der medizinischen Erkenntnisse entspricht und wirtschaftlich ist[89].

Nachdem der behandelnde Arzt sich von Zustand des Versicherten überzeugt hat[90], kann er dabei zum Schluss kommen, dass die Verordnung eines verschreibungspflichtigen Medikaments erforderlich ist.

Für die Verordnung von Arzneimitteln ist der therapeutische Nutzen gewichtiger als die Kosten.[91] Der Vertragsarzt soll bei der Verordnung von Arzneimitteln im Rahmen der Wirtschaftlichkeit aber auch den Preis des Arzneimittels berücksichtigen. Dies bedeutet nicht, dass nur preisgünstige Arzneimittel verordnet werden dürfen. Auch teurere Arzneimittel können nach ärztlichem

---

84 Vgl. *SV-Rat* Gesundheitswesen, Gutachten 2005, BT-Drs. 15/5670, S. 374.

85 -Diese werden sogleich geschildert-.

86 Vgl. *SV-Rat* Gesundheitswesen, Gutachten 2005, BT-Drs. 15/5670, S. 349.

87 A.a.O.

88 A.a.O.

89 C.10. RiLi GBA – Arzneimittelrichtlinie (AMR), abrufbar unter http://www.g-ba.de/informationen/richtlinien/3/.

90 C.11. RiLi GBA – Arzneimittelrichtlinie (AMR).

91 D.12. RiLi GBA – Arzneimittelrichtlinie; So bereits *BSG*, BSGE 22, 218, 220; BSGE 62, 24, 26.

Ermessen im Hinblick auf die Art der Erkrankung und die Umstände des Krankheitsfalls erforderlich sein.[92]

Da ein Wirtschaftlichkeitsvergleich zwischen Arzneimitteln aufgrund der Vielzahl der zu beachtenden Faktoren äußerst komplex ist, stehen dem Arzt dafür Hilfsmittel und zahlreichen Informationen zur Verfügung, die im Folgenden erörtert werden sollen, da sie in enger Wechselwirkung mit den später zu erläuternden Wirkungen der Rabattverträge stehen.

5. Die Verordnung „auf Rezept" und die Aut-idem-Regelung

Die Verordnung von Arzneimitteln liegt in der Verantwortung des Vertragsarztes. Für die Verordnung verwendet der Arzt ein Formular, das sogenannte Rezept.

Auf diesem Formular befindet sich ein mit „Aut-idem" gekennzeichnetes Feld. Diese lateinische Bezeichnung für „oder das Gleiche" steht auf Rezepten neben einem freien Kästchen[93].

Will der Arzt bei mehreren konkurrierenden Arzneimittel mit dem gleichen Wirkstoff sicherstellen, dass der Patient genau das Arzneimittel des Herstellers enthält, welches er verordnet hat (weil dies aus therapeutischen Gründen notwendig ist, etwa der Patient gegen die Hilfsstoffe der anderen Arzneimittel allergisch ist), so muss er bei der Verordnung das konkrete Arzneimittel benennen und zudem noch das Non-Aut-idem-Feld ankreuzen. Im Bereich wirkstoffgleicher Arzneimittel (aber nur dort!) muss der Apotheker nämlich in der Regel jeweils das günstigste Arzneimittel an den Versicherten abgeben, und nicht das, welches der Arzt verordnet hat (§ 129 Abs. 1 SGB V).

Will der Vertragsarzt zu einer Verordnung also ausschließen, dass die Apotheken ein preisgünstigeres wirkstoffgleiches Arzneimittel an Stelle des verordneten Mittels abgeben, hat er den Ausschluss durch Ankreuzen des Aut-idem-Feldes auf dem Verordnungsblatt deutlich zu machen (§ 73 Abs.5 S.2 SGB V)[94].

---

92 L.40. RiLi GBA – Arzneimittelrichtlinie (AMR).

93 Nach § 87 Abs. 1 S. 2 - 5 SGB V sind die Einzelheiten der Vordrucke in den Bundesmantelverträgen zu regeln. Bei der Gestaltung der Arzneiverordnungsblätter ist § 73 Abs. 5 SGB V zu beachten. Auf jeder Verordnung ist ein Feld vorzusehen, in dem der Arzt seine Entscheidung nach § 73 Abs. 5 SGB V durch Ankreuzen kenntlich machen kann. Mit dieser Entscheidung ist der Ausschluss der Ersetzung des Medikaments gemeint.

94 M.42. RiLi GBA, Arzneimittelrichtlinie, vgl. auch § 29 Abs. 2 Bundesmantelvertrag-Ärzte (BMV-Ä). Unbefangen könnte man dem Kreuz eine gegenteilige Aussage entnehmen. Durch das Arzneimittelausgaben-Begrenzungsgesetz (AABG) vom 15. Februar 2002 wurde die alte Aut-idem Regelung in § 129 Abs. 1 Nr. 1 SGB V, die vorsah, dass die Arzt die Austauschbarkeit des Arzneimittels auf dem Verordnungsblatt kenntlich machen musste, insofern umgekehrt, dass die Austauschbarkeit des Arzneimittels zur Regeln gemacht wurde, sofern es nur unter seiner Wirkstoffbezeichnung verordnet

Da wirkstoffgleich nur die Gruppe der Generika und Altoriginale sein können, ist diese Regelung nur für diese Gruppen von Bedeutung.

a) Generika und Altoriginale

Eine Bedeutung hat diese Regelung nur für Arzneimittel, die den gleichen Wirkstoff beinhalten, sich also nur hinsichtlich der Hilfsstoffe unterscheiden. Dies gilt für Generika und sog. Altoriginale. Bei den Generika bzw. Zweitanmelderpräparaten handelt es sich um Arzneimittel mit patentfreien Wirkstoffen, die mit dem internationalen Freinamen (generic name) oder mit neuem Handelsnamen als Markengenerika (branded generics) auf dem Markt erscheinen. Sie konkurrieren dort sowohl untereinander als auch mit den Originalpräparaten, die nun keinen Patentschutz mehr genießen („Altoriginale").[95] Die konkurrierenden Produkte haben dabei den gleichen Wirkstoff, sind also nur hinsichtlich der Hilfsstoffe und eventuell der Anwendungsform verschieden.

Die Aut-idem-Regelung führt zu zusätzlichen Sorgfaltspflichten des Arztes, da der Arzt die Möglichkeit der Substitution durch den Apotheker in seine Verordnungsentscheidung mit einbeziehen muss.[96] Der Arzt hat daher die Substitution auszuschließen, wenn dies aus patientenindividuellen Gründen notwendig ist. Ein Verbot des Austausches muss daher dann erfolgen, wenn ein Patient bestimmte Hilfsstoffe nicht verträgt, die dem Wirkstoff eines anderen Präparats beigegeben worden sind. Ein Extremfall wäre z. B. bei einem alkoholsüchtigen Patienten der Austausch eines Arzneimittels durch den Apotheker gegen eine solches, welches Alkohol als Hilfsstoff verwendet. Der Arzt darf die Tatsache, dass es sich um einen Alkoholiker handelt, nicht auf dem Rezept vermerken, da das gegen die ärztliche Schweigepflicht verstoßen würde, er muss die Substitution durch Ankreuzen des Feldes ausschließen. Zu einer Gefährdung der

---

oder die Ersetzung nicht ausgeschlossen wurde. Ziel der neuen Aut-idem-Regelung ist ebenso, dass innerhalb einer Gruppe mit identischen Wirkstoffen jeweils möglichst kostengünstige durch die Apotheke abgegeben werden. Der Sinn der Umkehrung der Regelung bestand in der unterschiedlichen Reaktion der Ärzte auf die verschiedenen Verfahren, die Daten aus den USA belegten. Dabei erfolgte der Ausschluss der Substitution in 41% der Fälle, bei denen dazu nur eine Unterschrift notwendig war, jedoch nur in 11% der Fälle, bei denen darüber hinaus ein weiterer schriftlicher Vermerk nötig war, vgl. SV-Rat Gesundheitswesen, Gutachten 2005, BT-Drs. 15/5670, S.322 f. Dies zeigt, welch kleine Faktoren im Ergebnis die Arzneimittelverordnung beeinflussen können.

95 Das Einsparpotenzial für die GKV resultiert insofern aus Preisunterschieden zwischen wirkstoffgleichen Generika und zwischen diesen und den entsprechenden Originalpräparaten. Die Festbeträge intensivierten im generikafähigen Marktsegment den Wettbewerb zwischen Originalpräparaten und Generika, Vgl. SV-Rat Gesundheitswesen, Gutachten 2005, BT-Drs. 15/5670, S. 47 ff.

96 Vgl. dazu *A. Becker*, S. 339.

Compliance[97] des Patienten kommt es von vornherein dann nicht, wenn der Vertragsarzt selbst ein preisgünstiges Arzneimittel verordnet,[98] was allerdings einen Preisvergleich voraussetzt, zu dem der Arzt allein aufgrund der hohen Anzahl der Präparate und der damit verbundenen Fülle an Informationen nicht immer die Zeit haben dürfte.

b) Patentarzneimittel und Analogpräparate

Keine Auswirkung hat die Regelung dagegen auf Arzneimittel, deren Wirkstoffe unter Patentschutz stehen. Denn der Apotheker darf gem. § 129 SGB nur solche Arzneimittel gegeneinander austauschen, deren Wirkstoffe identisch sind. Dies kann bei solchen Arzneimitteln aber nicht der Fall sein, weil der Wirkstoff gerade geschützt ist und nicht kopiert werden darf. Innerhalb dieser Arzneimittel wird noch einmal zwischen echten Innovationen und sog. Analogpräparaten unterschieden. Analogpräparate enthalten zwar neue Moleküle bzw. Molekülmodifikation und stellen insofern Innovationen dar. Da sie jedoch ähnliche oder gleichartige Wirkungen wie bereits vorhandene bzw. bekannte Arzneimittel entfalten, stiften sie häufig keinen größeren therapeutischen Nutzen als deutlich preiswertere vergleichbare Wirkstoffe, die schon als Generika verfügbar sind. Für sie wird auch die etwas abwertende Bezeichnung „Me-too-Präparate" verwendet.[99]

c) Zwischenergebnis

Die Regelung, nach der vom Arzt verordnete, verschreibungspflichtige Arzneimittel unter bestimmten Voraussetzungen vom Apotheker ersetzt oder nach Vorgabe des Wirkstoffs ausgesucht werden dürfen, wird als Aut-idem-Regelung bezeichnet. Setzt der Arzt das Kreuz nicht, so wie es vom Gesetzgeber als Standard vorgesehen ist, dann übernimmt der Apotheker die Auswahl des konkreten

97 „Menge und Zusammensetzung des Arzneimittelverbrauchs werden u.a. wesentlich beeinflusst durch das Verordnungsverhalten des Arztes sowie das Arzneimittelverbrauchsverhalten des Patienten, die sog. Compliance. Dass eine vom Arzt empfohlene Maßnahme vom Patienten nicht entsprechend umgesetzt wird, ist ein in der Medizin geläufiges Problem und wurde bereits von Hippokrates beschrieben. Die gesundheitlichen Folgen der Non-Compliance haben auch erheblich Auswirkungen auf die Kosten des Gesundheitswesens. So scheinen die volkswirtschaftlichen Kosten der Non-Compliance diejenigen großer Volkskrankheiten erreichen zu können. Verschlechtert also die Rabattverträge die Compliance, verschlechtert dies nicht nur den Zugang der Patienten zu Gesundheitsleistungen indem deren Gesundheit gefährdet wird, sondern erhöht dadurch auch die Kosten für alle Beitragszahler", so SV-Rat Gesundheitswesen, Gutachten 2005, BT-Drs. 15/5670, S. 346.

98 *A. Becker*, S. 338, Fn. 73.

99 *SV-Rat Gesundheitswesen*, Gutachten 2005, BT-Drs. 15/5670, S. 298 ff.

Medikaments, sofern es ein weiteres Arzneimittel des gleichen Wirkstoffs gibt. Der Arzt bestimmt in diesem zweistufigen Verordnungssystem dann nur den Wirkstoff. Der Arzt kann sich auf diesem Wege gleichzeitig - ohne Abgabe einer ärztlichen Verantwortung - von Wirtschaftlichkeitserwägungen befreien. Bei Patentarzneimitteln bzw. allen Arzneimitteln, die keine Konkurrenten mit gleichen Wirkstoffen haben, funktioniert die Aut-idem-Regelung nicht, denn der Apotheker darf die Ersetzung nur durch ein wirkstoffgleiches Arzneimittel vornehmen.

Damit dem Arzt auch hier ein Preisvergleich möglich ist, wurde eine sog. Preisvergleichsliste erstellt, die mit den bereits oben genannten Festbeträgen verknüpft wurde, um zudem einen Preiswettbewerb auszulösen.

Durch das AMNOG wurden die Informationen aus der Preisvergleichsliste in die zertifizierte Praxissoftware überführt, die den Ärzten zur Verfügung steht.

6. *Hinweise des Gemeinsamen Bundesausschusses zur wirtschaftlichen und zweckmäßigen Auswahl der Arzneimitteltherapie*

Zur wirtschaftlichen Verordnung gehört auch die Verpflichtung des Vertragsarztes, sich im Rahmen des Möglichen (Zeitproblem) über die Preise der von ihm verordneten Arzneimittel zu unterrichten,[100] er soll dazu gemäß § 73 Abs. 5 S. 1 die sog. Preisvergleichsliste nach § 92 Abs. 2 SGB V beachten.

Der Verweis ist seit dem AMNOG nicht mehr ganz korrekt. Die Verpflichtung, des Gemeinsamen Bundesausschusses, eine Preisvergleichsliste zu erstellen, wurde aufgehoben. Stattdessen hat der Gemeinsame Bundesausschuss die Ergebnisse der Bewertung nach den §§ 35a und 35b zu berücksichtigen und dem Arzt durch seine Therapiehinweise eine wirtschaftliche und zweckmäßige Auswahl von Arzneimitteln innerhalb eines Therapiegebietes zu ermöglichen. Vertragsärzte erhalten die notwendigen Angaben zu Festbeträgen und zu Arzneimittelpreisen durch die zertifizierte Praxissoftware nach § 73 Abs. 8 Satz 7 SGB V.

In dieser sind u.a. die Festbetragsgruppen aufgeführt, die auch einen Hinweis auf die therapeutische Vergleichbarkeit in Abhängigkeit von den Kosten liefern.

Für die Notwendigkeit einer solchen Information ist beispielhaft anzuführen, welchen Schwierigkeiten der Arzt bei der Verordnung von sog. Analogpräparaten ausgesetzt ist.

---

100 Die Kassenärztlichen Vereinigung, die Kassenärztliche Bundesvereinigung und die Krankenkassen und ihre Verbände habe die Vertragsärzte auch vergleichend über preisgünstige verordnungsfähige Leistungen und Bezugsquellen, einschließlich der jeweiligen Preis und Entgelte zu informieren sowie nach dem allgemeinen Stand der medizinischen Erkenntnisse Hinweise zu Indikationen und therapeutischen Nutzen zu geben (§ 73 Abs. 8 SGB V).

Für die vom Arzt geforderte wirtschaftliche Verordnung muss er die Arzneimittel miteinander vergleichen. Dies ist aber häufig schwierig, da dafür nicht nur die Tagestherapiekosten zu berücksichtigen sind, sondern auch die Menge, die der Patient braucht, um wieder gesund zu werden.

Besonders schwierig ist die Vergleichsmöglichkeit des Arztes im Bereich der sog. Analogpräparate.[101] Wie oben geschildert, enthalten Analogpräparate zwar neue Moleküle bzw. Molekülmodifikation und stellen insofern patentähnliche oder gleichartige Innovationen dar, stiften aber häufig keinen höheren Nutzen als preiswerte Generika. Die Mehrzahl der jährlich in Deutschland neu zugelassenen Präparate entspricht Präparaten ohne bzw. mit nur marginalen pharmakologischen oder klinisch-therapeutischen Vorteilen gegenüber bereits eingeführten Medikamenten. Der therapeutische Wert von Innovationen bzw. Analogpräparaten kann z.T. erst nach Markteinführung des Präparates zuverlässig beurteilt werden.[102] Eine objektive bzw. unabhängige Beurteilung des therapeutischen Nutzens von Analogpräparaten durch den einzelnen Arzt stößt in der Praxis auf erhebliche Umsetzungsprobleme.[103] Die zur Verfügung stehenden Informationsquellen (Zeitschriften, Fortbildungsveranstaltungen, etc.) sind zu einem großen Teil von den Interessen der Pharmaindustrie mit beeinflusst.[104]

Analogpräparate können bei geringgradigen Unterschieden im pharmakologischen Wirkungsspektrum erhebliche Verschiedenheit im Spektrum der Wirkungen, Nebenwirkungen und Verträglichkeit zeigen. Das Dilemma, in dem sich der verschreibende Arzt insbesondere bei neu eingeführten Wirkstoffen auf Grund des Informationsdefizits befindet, ist[105]

- sich entweder dem Vorwurf auszusetzen, eine notwendige und wirksame Behandlung, die mit einem geringeren Risiko verbunden ist, vorzuenthalten, oder
- Patienten zwar den Vorteil zugutekommen zu lassen, sie aber einem erhöhten anderen Risiko auszusetzen, oder aber
- diesen Patienten mit erhöhtem Risiko eine zusätzliche Einnahme eines anderen Präparates zu empfehlen, womit eventuell sowohl die Nachteile als auch die Vorteile des Präparates wieder zunichte gemacht werden.

Die Wirtschaftlichkeitsvergleiche werden daher durch den Gemeinsamen Bundesausschuss in vorgenommen. Die Arzneimittel werden gem. § 92 Abs. 2 SGB V so zusammengestellt, dass dem Arzt eine therapie- und preisgerechte Auswahl ermöglicht wird. Es sind dort Hinweise aufzunehmen, aus denen sich

---

101 Vgl. im Folgenden *SV-Rat Gesundheitswesen*, Gutachten 2005, BT-Drs. 15/5670, S.298 ff.

102 *SV-Rat Gesundheitswesen*, a.a.O., S. 290.

103 *SV-Rat Gesundheitswesen*, a.a.O., S. 290.

104 *SV-Rat Gesundheitswesen*, a.a.O., S. 290.

105 *SV-Rat Gesundheitswesen*, a.a.O., S. 291.

für Arzneimittel mit pharmakologisch vergleichbaren Wirkstoffen oder therapeutisch vergleichbarer Wirkung eine Bewertung des therapeutischen Nutzens auch im Verhältnis zum jeweiligen Apothekenabgabepreis und damit zur Wirtschaftlichkeit der Verordnung ergibt.

7. *Preisvergleich und Preiswettbewerb anhand von Festbeträgen und Erstattungsbeträgen*

Verordnet der Arzt ein Arzneimittel, dessen Preis den Festbetrag[106] nach § 35 SGB V oder den hier sog. Erstattungsbetrag nach den §§ 35a V überschreitet, hat er den Versicherten auf die Verpflichtung zur Übernahme der Mehrkosten hinzuweisen (§ 73 Abs. 5 S. 2 SGB V). Dies wird den Versicherten veranlassen, nach günstigeren Alternative zu frage, stimuliert also den Wettbewerb zwischen den Arzneimitteln.

a) Festbetragsgruppen

Der Gemeinsame Bundesausschuss setzt nicht nur die gerade beschriebenen Hinweise zur wirtschaftlichen und zweckmäßigen Auswahl der Arzneimitteltherapie fest, sondern fasst in diesem Zusammenhang, soweit möglich, Arzneimittel gem. § 35 Abs. 1 SGB V in Gruppen zusammen. In den Gruppen werden Arzneimittel mit 1. denselben Wirkstoffen, 2. pharmakologisch-therapeutisch vergleichbaren Wirkstoffen, insbesondere mit chemisch verwandten Stoffen, 3. mit therapeutisch vergleichbarer Wirkung, insbesondere Arzneimittelkombinationen zusammengefasst.

Für diese Gruppen wird jeweils ein Festbetrag festgesetzt. Bis zu diesem Festbetrag übernimmt die Krankenkasse nun die Kosten für die Arzneimittel in der Gruppe. Für die Arzneimittel, die über dem Festbetrag liegen, müssen die Versicherten die Mehrkosten übernehmen. Daher hat der Arzt den Patienten auf die Mehrkosten hinzuweisen. Da der Patient wiederum an einer zusätzlichen Zahlung nicht interessiert ist, wird der Arzt versuchen, den Wünschen des Patienten nachzukommen und ein günstiges Arzneimittel zu verordnen. Dadurch entsteht auf Seiten der Arzneimittelhersteller der Druck, ihre Arzneimittelpreise so weit wie möglich dem Festbetrag anzunähern oder sogar zu unterschreiten.

Dabei werden die Festbeträge vom Spitzenverband Bund möglichst so festgesetzt, dass es Arzneimittel gibt, die ohne (größere) Mehrkosten für den Patienten erhältlich sind; aber dennoch nicht so niedrig, dass alle Arzneimittel in einer Gruppe erstattet werden, weil es dann nicht zum gewünschten Preiswettbewerb käme (dieser ist ausdrücklich in § 35 Abs. 5 SGB V als Ziel normiert).

---

106 Festbeträge sind Erstattungshöchstbeträge, bis zu denen die Krankenkasse die Erstattung für Medikamente übernehmen. Allg. zu den Festbeträgen vgl. *Natz*, Marktregulierung durch Festbeträge, Diss.; Flint, in: Hauck/Noftz, SGB V, § 35.

Das Festbetragssystem dient damit u.a. der Transparenz des Arzneimittelmarktes, indem die für bestimmte Indikationen zur Verfügung stehenden Arzneimittel zusammengestellt und zugleich hinsichtlich Wirksamkeit und Wirtschaftlichkeit bewertet werden.[107]

Es ist anzumerken, dass Festbetragsgruppenbildung sogar solche Arzneimittel erfasst, die noch unter einer Patentschutzfrist stehen. Bis zum Ablauf dieser Patentschutzfrist dürfen sie allerdings nicht mit nicht patentgeschützten Präparaten in eine Gruppe einbezogen werden. Sie können aber mit anderen patentgeschützten Präparaten in einer Festbetragsgruppe zusammengefasst werden, sofern mindestens drei patentgeschützte Präparate (Parallelinnovationen) in einer Festbetragsgruppe zusammengefasst werden können (§ 35 Abs. 1a SGB V).

Zu beachten ist, dass die einfache Vergleichbarkeit in der Theorie leichter ist als in der Praxis. Einige Festbetragsgruppen sind inhomogen,[108] ein einfacher Vergleich für den Arzt ist entgegen der Intention also nicht immer möglich.

b) Ausnahmen von der Gruppenbildung und die Änderungen durch das ANMOG

Vollständig von der Festbetragsgruppenbildung ausgenommen sind auch Arzneimittel, die eine therapeutische Verbesserung bedeuten (§ 35 Abs. 1b i.V. mit Abs. 1 S. 3 SGB V).

Eine therapeutische Verbesserung liegt danach vor, wenn das Arzneimittel einen therapierelevanten höheren Nutzen als andere Arzneimittel dieser Wirkstoffgruppe hat und deshalb als zweckmäßige Therapie regelmäßig oder auch für relevante Patientengruppen oder Indikationsbereiche den anderen Arzneimitteln dieser Gruppe vorzuziehen ist. Ein solcher höherer Nutzen kann auch eine Verringerung der Häufigkeit oder des Schweregrads therapierelevanter Nebenwirkungen sein.

Da diese Arzneimittel keinen Festbetrag erhalten, sind sie somit von diesem Festpreis-Wettbewerb ausgenommen. Der Patient muss dafür generell außer den üblichen Zuzahlungen keine Mehrkosten für eine Festbetragsdifferenz tragen. Meist handelt es bei diesen Arzneimitteln um relativ teure Arzneimittel, da die Firmen ihre oft sehr hohen Forschungs- und Entwicklungskosten für die Patente amortisieren müssen und zudem Gewinn erzeugen wollen.

Der Interaktionsprozess zwischen Arzt und Versichertem ist hier vor allem durch die Frage geprägt, ob die Hoffnung auf die therapeutisch verbesserte Wirkung die Einschätzung der zu erwartenden Risiken, die bei jedem Wechsel auf ein neues Präparat vorhanden sind, überwiegt. Zwar spielen hier auch hier Wirtschaftlichkeitsaspekte eine Rolle, reine Kostenerwägungen können in dieser Si-

---

107 *BSG*, SozR 4-2500, § 35 Nr. 3 Rn. 26; *Axer*, in: Becker/Kingreen, § 35 Rn. 1; *Reese/Stallberg*, in: Dieners/Reese, § 17 Rn. 172.

108 *M. Wille*, A&R 2008, 164 (167).

tuation aber nicht den Ausschlag für oder gegen ein Arzneimittel geben, da die direkte Preisvergleichsmöglichkeit fehlt.

Anders als in den Fällen, in denen der Arzt ein Festbetragsarzneimittel verordnet, hat die Krankenkasse, wenngleich sie die Verordnung regelmäßig gegen sich gelten lassen muss (dazu sogleich), an einer solchen Verordnung kein unmittelbares Interesse. Denn sie finanziert hier ein Arzneimittel, welches sie aufgrund der hohen Kosten möglicherweise nicht allen Versicherten zur Verfügung stellen könnte; welches sie sogar bei vermehrten Verordnungen in finanzielle Schieflage bringen könnte - insbesondere falls sich später herausstellen sollte, dass sich kein echter Wirtschaftlichkeitsvorteil hinter der Innovation verbirgt.

Aus diesem Grund wurden, wie oben beschrieben, durch das AMNOG eine Nutzenbewertung für Arzneimittel mit neuen Wirkstoffen und darauf basierende zentrale Erstattungsvereinbarungen eingeführt. Die Krankenkasse müssen nach § 130b SGB V den Listenpreis abzüglich des vereinbarten Rabattes für die Arzneimittel zahlen. Direkte Auswirkungen auf den Patienten oder den Arzt hat diese Regelung aber nicht, es handelt sich hierbei im Unterschied zu den Festbeträgen nicht um Erstattungshöchstbeträge, sondern eine echte Preissetzung.

Wird bei der Nutzenbewertung kein Zusatznutzen festgestellt, dann werden die Arzneimittel in eine Festbetragsgruppe mit den oben beschriebenen Konsequenzen für Arzt und Patient eingeordnet.

Lässt sich eine solche Einordnung nicht vornehmen, dann ist - wie oben ausgeführt - nach 130b Abs. 3 ein Erstattungsbetrag nach Absatz 1 zu vereinbaren, der nicht zu höheren Jahrestherapiekosten führt als die nach § 35a Absatz 1 Satz 7 bestimmte zweckmäßige Vergleichstherapie. Auch hierbei handelt es sich nicht um einen Festbetrag. Auch diese Regelung hat somit keinen unmittelbaren Einfluss auf Arzt oder Patient.

c) Zwischenergebnis

Bei der Verordnungsentscheidung des Arztes ist zwischen solchen Arzneimitteln zu unterscheiden, bei denen durch den Arzt ein direkter Wirtschaftlichkeitsvergleich mit anderen Arzneimitteln erfolgen kann und solchen, bei denen ein solcher direkter Vergleich erheblich erschwert ist.

Ein direkter Wirtschaftlichkeitsvergleich kann in der Regel dann vorgenommen werden, wenn die Arzneimittel in eine Festbetragsgruppe eingeordnet sind (hier sog. primär preisbasierte Auswahlentscheidung). Dies gilt auch für Gruppen von Patentarzneimitteln. Sind die Gruppen dagegen inhomogen, dürfte ein direkter Vergleich in bestimmten Fällen schwerfallen.

Kein direkter Wirtschaftlichkeitsvergleich erfolgt, wenn eine echte therapeutische Verbesserung oder ein echter Zusatznutzen bei einem Arzneimittel festgestellt worden ist. Dabei handelt es sich um solche Arzneimittel, für die ein Bewertungsverfahren nach § 130b SGB V durchgeführt wurde.

Der Arzt hat sich dann nach dem Zusatznutzen zu richten und erst in zweiter Linie nach den Kosten. Diese Arzneimittel unterliegen keinem Festbetragssystem mit entsprechender Konkurrenzsituation, sondern dem Erstattungsbetragssystem gem. § 130b SGB V, und haben trotz ihrer höheren Kosten Vorrang bei der Verordnung. Man kann hier in der Regel von einer primär rein nutzenorientieren Verordnung ausgehen.

Inwieweit ein echter Wirtschaftlichkeitsvergleich bei solchen Arzneimitteln erfolgen kann, die keine Zusatznutzen haben, aber auch nicht in eine Festbetragsgruppe eingeordnet werden können, was ebenso im Bewertungsverfahren nach § 130b SGB V festzustellen ist, hängt von der Vergleichbarkeit mit anderen Arzneimittel aus Sicht des Arztes im Einzelfall ab. Entscheidend dürften hier die Bewertungen sein, die in den sog. „Hinweisen zur wirtschaftlichen und zweckmäßigen Auswahl der Arzneimitteltherapie" durch den Gemeinsamen Bundesausschuss für das Arzneimittel vorgenommen wurde und die Verwertbarkeit dieser Informationen im Einzelfall. Ob die § 35a Absatz 1 Satz 7 bestimmte zweckmäßige Vergleichstherapie eine solche Vergleichbarkeit bietet, kann nur im Einzelfall entschieden werden.

8. Beeinflussbarkeit der ärztlichen Verordnung durch die Krankenkasse

Die Krankenkasse darf die ärztliche Verordnung im Regelfall weder beeinflussen noch rückgängig machen. Ebenso darf die Krankenkasse die Verordnung von Arzneimitteln, die zum „gesetzlichen Leistungskatalog" zählen, nicht von einer Genehmigung oder ähnlichem abhängig machen.

Der Arzt muss zum einen schon deshalb einen Behandlungsspielraum haben, weil er zwar den Anspruch des Patienten zu konkretisieren hat, aber nicht zu einer differenzierten Rechtsanwendung qualifiziert ist und ihm auch im Interesse des Patienten nicht zuzumuten ist, alle einschlägigen Reglementierungen vor einer Verordnung zu überprüfen[109].

Die Krankenkassen sind nach der Rechtsprechung des Bundessozialgerichts grundsätzlich an die medizinische Erkenntnis, das heißt Diagnose und Therapie des ordnungsgemäß handelnden Kassenarztes gebunden und gehindert, in das Vertrauensverhältnis zwischen dem Versicherten und dem von ihm gewählten Vertragsarzt einzugreifen.[110] Bei medizinisch vertretbaren Behandlungsent-

---

109 Bei der Verordnung von Arzneimitteln wurde bewusst auf ein langwieriges Verwaltungsverfahren verzichtet, vgl. *A. Becker*, S. 118 ff.

110 Vgl. nur *BSG*, Urt. v. 16.09.1997, BSGE 81, 54; BSG, Urt. v. 16.12.1993, BSGE 73, 271 (282). Nach dem *Rahmenrechtskonzept* des BSG hat der Vertragsarzt die öffentlich-rechtliche Rechtsmacht, die medizinischen Voraussetzungen des Eintritts des Versicherungsfalles der Krankheit für den Versicherten festzustellen. Dem Rahmenrechtskonzept ist dann zu folgen, soweit es nicht bedeutet, dass der Vertragsarzt gegenüber der Krankenkasse verbindliche Rechtsentscheidungen über die Leistungsansprüche

scheidungen kann dem Arzt nicht entgegengehalten werden, dass eine andere Methode zweckmäßiger wäre.[111] In den Grenzen des Wirtschaftlichkeitsgebotes ist die in dem Vertrauensverhältnis von Arzt und Patient nach individueller Abwägung von Nutzen und Risiken getroffene Behandlungsentscheidung regelmäßig zu respektieren.[112]

Zusammengefasst ist ein Freiraum des Vertragsarztes gegenüber der Krankenkasse herauszustellen, der es erst möglich macht, auf die Erfordernisse des einzelnen Patienten einzugehen[113] und auch das Vertrauensverhältnis zwischen Arzt und Patient schützt.[114] Daher folgt für die Krankenkasse aus der ärztlichen Entscheidung für ein Arzneimittel ein Kontrahierungszwang mit der Apotheke, eben dieses Arzneimittel für den Versicherten zu erwerben.

Die Sinnhaftigkeit dieses Kontrahierungszwangs ergibt sich letztlich aus der Erkenntnis, dass erst das Sachleistungsprinzip in Verbindung mit einer gewissen Entscheidungsfreiheit des Arztes, die weder durch ein aufwendiges Verwaltungsverfahren noch durch eine Genehmigung beschränkt wird, den Versicherten den möglichst freien und gleichen Zugang zu Gesundheitsleistungen ermöglicht, der ein Hauptziel des Sozialversicherungssystems ist.

Diese enge Verknüpfung (aus Entscheidungsfreiheit des Arztes folgt ein Kontrahierungszwang hinsichtlich der Finanzierung des Arzneimittels durch die

---

trifft. Am Konzept wird kritisiert, dass es sich nicht nur um ein Rahmenrecht handeln könne. Diese Konzeption führe zu einer erheblichen Aufweichung der Durchsetzbarkeit von Leistungsansprüchen. Angezweifelt wird auch die Legitimation der Selbstverwaltung. Vgl. *A. Becker*, Steuerung der Arzneimittelversorgung im Recht der GKV, S. 120 ff. m.w.Nw. Die Terminologie wird teilweise als missverständlich kritisiert, sie zeigt aber auf, dass der Leistungsanspruch unterhalb der gesetzlichen Ebene konkretisiert werden muss, vgl. *Welti*, GesR 2006, 1 (5). Die Besonderheit des Sachleistungssystems gebietet es jedenfalls, das Vertrauen des Patienten auf die Notwendigkeit der Behandlung nach Rechtsscheinhaftungsgesichtspunkten zu schützen so *Fastabend*, NZS 2002, 299 (303). Ein derartiger Vertrauensschutz ist gerechtfertigt, da sich die Krankenkasse zur Erfüllung ihrer eigenen Pflichten eines Dritten bedient, vgl. allg. *A. Becker*, S.118 f. m.w.Nw.

111 *BSG*, Urt. v. 25.09.2000, SGb 2001, 639 (641), SozR 3-2500 § 13 Nr.23.

112 *A. Becker*, S.118 f. m.w.Nw.

113 *Laufs*, in: FS Deutsch, S. 625 (626).

114 Ergänzend soll angemerkt werden, dass der Arzt-Patienten-Beziehung ein erheblicher Einfluss auf die Wirksamkeit von Arzneimitteln zugeschrieben wird. „Traditionell werden mit dem so genannten Placebo-Effekt unspezifische, nicht mit einem Wirkagens hervorgerufene, aber dennoch mit diesem vergleichbare Effekte beschrieben und erklärt. Neuere Studien gehen davon aus, dass weniger das ‚Scheinmedikament' als solches als vielmehr die durch den Arzt in der Beratung geweckten Erwartungen auf Besserung die Wirkung bei fehlendem Agens erklären. Die Qualität der Beratung und die dabei erzeugte Vorstellung beim Patienten tragen somit grundsätzlich auch zur Wirksamkeit verordneter Arzneimittel bei", so *SV-Rat Gesundheitswesen* 2005, BT-Drs. 15/5670, S. 374.

Krankenkasse) von Leistungsrecht (Verhältnis Versicherter - Krankenkasse) und Leistungserbringungsrecht (Verhältnis Krankenkasse - Arzt/Apotheker)[115] ist somit letztlich Folge eines möglichst umfassenden solidarischen Systems, welches den Nutzen als vorrangig gegenüber den Kosten ansieht.

9. Kontrolle der Wirtschaftlichkeit des Verordnungsverhaltens des Arztes

Ob der Arzt sich bei seinen Verordnungen wirtschaftlich verhält, wird aber trotz mangelnden Einflusses auf die unmittelbare Arzneimittelverordnung nicht dem Zufall überlassen.

Nach § 106 Abs. 1 SGB V überwachen die Krankenkassen und die Kassenärztlichen Vereinigungen die Wirtschaftlichkeit der vertragsärztlichen Versorgung durch Beratungen und Prüfungen (Wirtschaftlichkeitsprüfungen). Das Verordnungsverhalten der Ärzte wurde vor dem ANMOG an sog. Richtgrößen gemessen, die das durchschnittliche Verordnungsverhalten für Arzneimittel in Euro je Arzt und Behandlungsfall vorgeben.

Die Richtgrößen werden in den Arzneimittelvereinbarungen zwischen Krankenkassen und kassenärztlichen Vereinigungen gem. § 84 SGB V vereinbart. Die bei zu teurer Verordnung möglichen Verordnungsregresse zwingen den Arzt dazu, aus seinem Honorar im Ergebnis die Mehrkosten seiner Verordnung zu zahlen und stellen so eine erheblich größere Belastung dar als die Rückforderung von zu viel abgerechneten Leistungen.[116] Den Belastungen kann der Arzt entgehen, wenn er häufig von der Aut-idem-Substitution Gebrauch macht, da die dort verordneten Wirkstoffe als besonders wirtschaftlich angesehen werden[117] und positiv bei der Berechnung mit einfließen.[118] Es ist daher, auch wenn die tatsächlichen Verhältnisse wesentlich komplexer sind, festzustellen, dass der Arzt durch die Wirtschaftlichkeitskontrolle prinzipiell dazu angehalten ist, die Aut-idem-Ersetzung zuzulassen, also kein Kreuz zu setzen. Insgesamt, besonders soweit die Aut-idem-Regelung nicht greift, ist er dazu angehalten, Preisvergleiche zwischen Arzneimitteln vorzunehmen, sofern ihm dies im Rahmen seiner Therapie möglich ist.

In der Selbstverwaltung besteht durch das AMNOG allerdings die Möglichkeit, die Richtgrößenprüfungen durch eine Prüfung der Wirkstoffauswahl und Mengen in den einzelnen Anwendungsgebieten abzulösen.

---

115 Hierzu m.w.Nw. *Ebsen*, in: FS Krasney, 1997, 81 ff. (93 ff.).

116 *Wenner*, S. 293.

117 Um sie gibt es einen intensiven Wettbewerb, was sie tatsächlich vergleichsweise günstig macht.

118 Dies ist allerdings eine sehr grobe Beschreibung, die die komplexe Realität bei der Regulierung des Verordnungsverhalten nicht wiedergeben kann oder will.

10. Die Einlösung des Rezeptes in der Apotheke

Der Patient hat die freie Wahl, in welcher Apotheke er das Rezept einlöst. Nimmt die Apotheke die ordnungsgemäße gültige vertragsärztliche Verordnung an, kommt dadurch nach neuerer Rechtsprechung[119] ein öffentlich-rechtlicher Vertrag zwischen der Krankenkasse und dem Apothekenbetreiber über den Kauf eines Arzneimittels zustande. Rechtsgrundlage für die Abgabe von Arzneimitteln ist danach § 129 i.V.m. den Verträgen nach Abs. 2 und Abs. 5 S. 1. Nach anderer Ansicht besteht ein privatrechtliches Vertragsverhältnis zwischen dem Versicherten und dem Apothekenbetreiber.[120] Dieser Untersuchung wird die Ansicht der Rechtsprechung zugrunde gelegt, welche auch insoweit überzeugt, dass der „Vergütungsanspruch somit nicht mehr ein individualvertraglicher und kaufrechtlicher [ist], sondern ein gesetzlich begründeter und kollektivvertraglich ausgestalteter Anspruch, der durch die Verordnung konkretisiert wird."[121]

Da, wie oben geschildert, die Krankenkasse grundsätzlich an die ärztliche Verordnung gebunden ist, besteht hier faktisch ein Kontrahierungszwang der Krankenkasse mit der vom Patienten gewählten Apotheke, wodurch die Krankenkasse zur Übernahme der Kosten für das Arzneimittel verpflichtet wird.

a) Ersetzung von Generika

Existieren wirkstoffgleiche Arzneimittel unter anderer Firma, und hat der Arzt die Aut-idem-Ersetzung ausgeschlossen und damit ein konkretes Arzneimittel verordnet, so muss die Apotheke dieses Arzneimittel abgeben.

Hat der Vertragsarzt dagegen ein Arzneimittel nur unter seiner Wirkstoffbezeichnung verordnet oder die Ersetzung eines unter seinem Produktnamen verordneten Fertigarzneimittels durch ein wirkstoffgleiches Arzneimittel nicht ausgeschlossen (Aut-idem), wählt die Apotheke unter den Voraussetzungen des § 129 SGB V ein der Verordnung entsprechendes Fertigarzneimittel nach folgenden Kriterien aus[122]:

---

119 *BSG*, SozR 4-2500, § 129 Nr. 2 Rn. 16 Rn. 15 f., die bisherige zivilrechtliche Deutung wurde Ende 1999 aufgegeben; vgl. *Axer*, in: Becker/Kingreen, § 129 Rn. 4 m.w.Nw. Für die Erörterung der Rabattverträge soll diese Ansicht zugrunde gelegt werden. Bei Vertragsschluss agieren dabei auf Seiten der Krankenkassen nur der Vertragsarzt bei der Ausstellung der Arzneimittelverordnung (als Vertreter der Krankenkasse) und der Versicherte (ebenfalls als Vertreter der Krankenkasse bei der Auswahl der Apotheke, im Übrigen als Bote), vgl. auch *LSG Baden-Württemberg*, Beschl. v. 23.01.2009, L 11 W B 5971/08,VergR 2009, 452 ff. Rn. 15 f., dort auch zu den Gründen für die Aufgabe der bisherigen Rspr.

120 *Mand/Könen*, WRP 2006, 841 (842 f.) m.w.Nw; *Dettling*, VSSR 2006, 1-23.

121 So *Axer*, in: Becker/Kingreen, § 129 Rn. 11 m.w.Nw.

122 Vgl. § 129 Abs. 1 SGB V i.V. mit den Rahmenverträgen nach 129 Abs. 2 SGB V zwischen dem Spitzenverband Bund der Krankenkassen und dem Deutschen Apothekerverband e.V., hier zugrunde gelegt in der Fassung vom 15. Juni 2012. Rechtlich lässt

a) gleicher Wirkstoff,
b) gleiche Wirkstärke,
c) gleiche Packungsgröße,
d) gleiche oder austauschbare Darreichungsform,
e) gleiches Anwendungsgebiet[123] bzw. gleicher Indikationsbereich (im Falle der Aut-idem-Ersetzung, also wenn der Arzt unter einem Produktnamen verordnet hat)
f) keine einer Ersetzung des verordneten Arzneimittels entgegenstehenden betäubungsmittelrechtlichen Vorschriften.

Diese Kriterien sind § 129 SGB V in Verbindung mit dem kollektiven Rahmenvertrag zwischen dem Spitzenverband Bund der Krankenkassen und dem Deutschen Apothekerverband e.V. zu entnehmen, in denen das Nähere zur Vorschrift des § 129 Abs. 1 SGB V geregelt wird.

Nach Abs. 1 S. 1 Nr. 2 hat die Apotheke unter den dort genannten Voraussetzungen nach Maßgabe des Rahmenvertrages auch preisgünstige importierte Arzneimittel abzugeben.[124] Der Import von Arzneimitteln erfolgt auf der Grundlage einer eigenen Zulassung, auch wenn das importierte Arzneimittel identisch ist mit einem im Inland bereits zugelassenem Arzneimittel.[125]

Der Apotheker selbst bezieht die Arzneimittel wiederum vom Pharmagroßhandel oder direkt von den pharmazeutischen Unternehmen.

Außerhalb der gesetzlichen Ausnahmen darf sich der Apotheker gem. § 10 des Gesetzes über das Apothekenwesen[126] nicht verpflichten, bestimmte Arzneimittel ausschließlich oder bevorzugt anzubieten oder abzugeben oder anderweitig die Auswahl der von ihm abzugebenden Arzneimittel auf das Angebot bestimmter Hersteller oder Händler oder von Gruppen von solchen zu beschränken.

Für die Auswahlentscheidung im Rahmen einer Aut-idem-Verordnung – falls er eine Auswahl hat und nicht nur ein Arzneimittel rabattiert ist - trägt der Apotheker die rechtliche Verantwortung[127], da er in einer eigenständigen Rechtsbeziehung zu den Krankenkassen (in Erfüllung der diesen obliegenden Gewährung der Arzneimittelversorgung als Sachleistung) tätig wird. Die Verantwortung des Arztes für die Auswahl des Wirkstoffes, der Wirkstärke und Pa-

---

sich der Rahmenvertrag als Mantelvertrag einordnen, der als Bundesvertrag die Krankenkassen bindet. Nur Apotheken, für die dieser Rahmenvertrag bindend ist, dürfen an der Arzneimittelversorgung der gesetzlich Versicherten teilnehmen, vgl. *Joussen*, BeckOK SGB V, § 129.

123 Zu Problemen dieser Regelung vgl. *Wolf/Jäckel*, PharmR 2011, 1 (4).

124 Zu den Folgen für Patentarzneimittel sogleich unten, vgl. allgemein *Axer*, in: Becker/Kingreen, § 129 Rn. 22.

125 *Hess*, in: Kasseler Kommentar Sozialversicherungsrecht, § 129 SGB V, Rn. 9.

126 BGBl. I 1980, 1993.

127 *Hess*, in: Kasseler Kommentar Sozialversicherungsrecht, § 129 SGB V, Rn. 8.

ckungsgröße sowie (bei Nicht-Austauschbarkeit) der Darreichungsform bleibt bestehen. Falls der Arzt ein Arzneimittel unter seinem Firmennamen verordnet und der Apotheker dieses abgibt, haftet der Arzt auch für die Wirtschaftlichkeit seiner Verordnung, da diese Art der Verordnung die Abgabe des von ihm bestimmten Arzneimittels durch den Apotheker ausdrücklich abdeckt.[128]

b) Ersetzung von sonstigen Arzneimitteln

Hat der Arzt ein Patentarzneimittel bzw. Analogpräparat verordnet, so gibt die Apotheke dieses Arzneimittel ab. Denn eine Ersetzung durch ein wirkstoffverschiedenes Arzneimittel ist dem Apotheker grundsätzlich untersagt.

Durch die Möglichkeit, ein Präparat direkt nach der Herstellung zu exportieren und unter anderer Zulassung zu reimportieren, um die Gewinnspanne durch die unterschiedlichen Preissysteme abzuschöpfen[129], kann aber eine Ersetzung durch ein Importarzneimittel erfolgen, wenn ein solches auf dem Markt verfügbar ist. Der Hersteller konkurriert insoweit mit seinem eigenen Produkt. Die Pflicht zur Ersetzung durch den Apotheker besteht zunächst[130] bei Vorliegen der gesetzlich definierten Preisgünstigkeit nach S. 1 Nr. 2.[131]

11. Finanzieller Beitrag des Patienten

Obwohl die Krankenkasse im Rahmen ihrer Sachleistungspflicht das Arzneimittel für den Patienten erwirbt, muss auch dieser bei der Abgabe des Arzneimittels an ihn meist etwas bezahlen. Versicherte, die das achtzehnte Lebensjahr vollendet haben, leisten an die Apotheke zu jedem zu Lasten der gesetzlichen Krankenversicherung verordneten Arzneimittel eine Zuzahlung.[132] Darüber hinaus müssen die Versicherten noch ggf. die Differenz zwischen dem Festbetrag und

---

128 § 4 Abs. 3 Rahmenvertrag nach 129 Abs. 2 SGB V zwischen dem Spitzenverband Bund der Krankenkassen und dem Deutschen Apothekerverband e.V., hier zugrunde gelegt in der Fassung vom 15. Juni 2012.

129 Dazu mehr im Rahmen der Motive für pharmazeutischen Unternehmer, Rabattverträge abzuschließen.

130 Weiteres sogleich bei den Modifizierungen durch die Rabattvertragsregelungen.

131 *Hess*, in: Kasseler Kommentar Sozialversicherungsrecht, § 129 SGB V, Rn. 9.

132 Vgl. § 31 Abs. 3 SGB V. Zuzahlungen sollen die überflüssige Inanspruchnahme von Leistungen reduzieren und die Kostenträger im Gesundheitswesen fiskalisch entlasten. Während dieses Regulierungsinstrument theoretisch am ehesten einen marktkonformen Zustand herstellt, da der Bedarfsträger die Kosten auferlegt bekommt und so nach persönlichen Bedürfnis über die Werthaltigkeit des Gutes entscheiden kann, ergeben sich Probleme bei der Verteilungsgerechtigkeit. Nach Auskunft des Sachverständigengutachtens von 2005 deuteten erste Zahlen an, dass sozial schwächer gestellte Patienten die Zahl ihrer Arztbesuche stärker einschränken als Mitglieder anderer Gruppen. Ein Verschleppen von Erkrankungen könnte aber zu höheren Kosten der Gesundheitsversorgung führen, vgl. SV-Gutachten 2005, BT-Drs. 15/5670, S. 374.

dem Preis des Arzneimittels entrichten. Der Festbetrag ist der für das Arzneimittel vom Gemeinsamen Bundesausschuss festgesetzte Betrag,[133] bis zu dem die Krankenkassen die Kosten für ein Arzneimittel übernehmen, §§ 12 Abs. 2, 31 Abs. 2 SGB V. Der Patient wird also schon beim Arzt auf einen möglichst geringen finanziellen Beitrag, also auf die Verordnung eines günstigen Arzneimittels hinwirken, wenn der Arzt ihn auf das Bestehen eines Festbetrages hinweist, wozu er verpflichtet ist.

12. Zwischenergebnis zur Arzneimittelversorgung ohne Einfluss der Rabattverträge

1. Nach Diagnose und Entscheidung für eine medikamentöse Therapie hat der Arzt unter den für die Versorgung notwendigen Arzneimitteln sich auch, aber nicht vorrangig, an den Preisen der Arzneimittel zu orientieren. Über solche günstigen Arzneimittel wird der Arzt von den Kassenärztlichen Vereinigungen und durch eine Verordnungssoftware informiert, die wiederum auf Informationen des Gemeinsamen Bundesausschusses, ein korporativ besetztes Gremium, zurückgreift. Der Arzt hat den Patienten über die verschiedenen Preise und Versorgungsmöglichkeiten zu informieren.
2. Dem Patienten ist dabei an einer guten, aber auch günstigen Versorgungsmöglichkeit gelegen, und er ist deswegen daran interessiert, einen möglichst geringen finanziellen Beitrag zur Verordnung zu leisten. Da der Arzt die Einwilligung des Patienten für die Behandlung benötigt, er meist selbst unter Druck steht, keine Patienten zu verlieren und sich jede Verordnungsentscheidung letztlich aus der Interaktion im Arzt-Patientenverhältnis ergibt, kann bei festbetragsgebundenen Arzneimitteln (mit drohender Zuzahlung) von einem gewissen Einfluss des Patienten auf den Arzt ausgegangen werden, günstige Arzneimittel zu verschreiben. Nicht zuletzt hat der Arzt aufgrund der Wirtschaftlichkeitsprüfung auch selbst ein Interesse daran, günstig zu verordnen.

a) Im Bereich wirkstoffgleicher Arzneimittel kann vom Arzt eine wirtschaftliche Verordnung relativ leicht vorgenommen werden. Durch die Aut-idem-Regelung wird hier jeweils das günstigste Arzneimittel durch die Apotheke abgegeben. Die Apotheke orientiert sich hier an den Festbetragsgruppen für wirkstoffgleiche Arzneimittel. Die Apotheke wird dabei das günstigste Arzneimittel auswählen. Dieses belastet den Versicherten auch mit den geringsten Zuzahlungen und entspricht seinem Interesse, weil es dem Festbetrag am nächsten kommt oder ihn unterschreitet. Denn jede Überschreitung des Festbetrags muss vom Patienten bezahlt werden.

133 §§ 35, 35a SGB V.

b) Im Bereich nur ähnlicher, nicht aber wirkstoffgleicher Arzneimittel darf in der Apotheke keine Ersetzung vorgenommen werden. Der Arzt muss somit selbst die Entscheidung treffen, welche Arzneimittel miteinander vergleichbar und jeweils wirtschaftlicher sind.
Die dabei zu treffende Entscheidung, welche Arzneimittel wirksam und gleichzeitig günstig sind, ist dem Arzt alleine kaum möglich, auch weil bezüglich der Arzneimittel häufig noch keine längeren Erfahrungswerte vorliegen. Daher werden vom Gemeinsamen Bundesausschuss auch vergleichbare wirkstoffähnliche Arzneimittel in Preisvergleichsgruppen eingeteilt. Hier ist der Arzt also dazu angehalten, Vergleiche anzustellen. Da der Patient wiederum von ihm über die verschiedene Verordnungsmöglichkeiten zu informieren ist, wird es bei der therapeutischen Vergleichbarkeit der Arzneimittel aus Sicht des Arztes wieder zu einer Verordnung kommen, die den Patienten am geringsten mit der Festbetragsdifferenz belastet. Auch Patentarzneimittel (mindestens 3) können in Festbetragsgruppen eingeordnet werden, nicht jedoch zusammen mit Generika.
Da einige Festbetragsgruppen allerdings inhomogen sind, also die therapeutische Vergleichbarkeit einiger Produkte nur schwer möglich ist, ist auch hier ein einigen Fällen kein einfacher Wirtschaftlichkeitsvergleich durch den Arzt möglich und insofern von einer primär nutzenorientierte Verordnung auszugehen.

3. Anders liegt es bei Arzneimitteln, die nicht anhand von Festbetragsgruppen direkt miteinander vergleichbar sind.

a) Da Arzneimittel mit patentgeschützten Wirkstoffen, die eine therapeutische Verbesserung bedeuten, bzw. Arzneimittel mit sog. Zusatznutzen grundsätzlich von der Gruppenbildung für Festbeträge ausgenommen sind (dazu b.), sowie einige Arzneimittel sich der Einordnung in eine Festbetragsgruppe entziehen (dazu c.), kann der Arzt einen direkten therapiebezogenen Preisvergleich auf dieser Basis nicht vornehmen.

b) Entscheidend und primär wirkt sich hier die Beurteilung der therapeutischen Vorteilhaftigkeit durch den Arzt aus. Insofern gilt für den Arzt, dass der Nutzen wichtiger ist als die Kosten, auch wenn er nicht vollständig von Wirtschaftlichkeitserwägungen befreit. Eine Kosten-Nutzen-Abwägung im engeren Sinne kann und darf er nicht vornehmen. Zwischen Arzt und Patient wird es bei dieser Verordnungsentscheidung auch um das Risiko bekannter und unbekannter Nebenwirkungen gehen. Denn jede neue Substanz, ob abstrakt therapeutisch vorteilhaft oder nicht, birgt bei Patienten gewisse Umstellungsrisiken. Unbekannte Nebenwirkungen sind gerade bei neuartigen Wirkstoffen zu befürchten, die noch nicht im großen Umfang Patienten verabreicht wurden. Wenn Kostenerwägungen letztlich auch hier nicht ausgeschlossen sind, so liegt der Schwerpunkt der Entscheidung in der Hoffnung des Patienten auf die therapeutische

Verbesserung in Abwägung mit den Risiken. Ein Wirtschaftlichkeitsvergleich steht hier also im Gegensatz zu anderen Arzneimitteln dann nicht im Vordergrund, wenn der Arzt von der therapeutischen Vorteilhaftigkeit eines bestimmten Arzneimittels ausgeht. Man wird hier im Regelfall von einer hier sog. primär nutzenorientieren Verordnung ausgehen können.

Während die Verordnung eines möglichst günstigen Arzneimittels anhand von Festbeträgen generell auch der Krankenkasse nützt und von ihr gewollt ist, da sie unter den ohnehin zu finanzierenden Arzneimitteln nur das günstigere bezahlen muss, liegt der Fall bei Arzneimitteln mit therapeutischer Verbesserung anders. Da diese Arzneimittel (auf Grund des noch bestehenden Patentschutzes) meist relativ teuer sind und die Versorgung von Versicherten auf breiter Basis von der Krankenkasse finanziell nicht tragbar wäre, erfolgt die Verordnung hier vor allem auf Veranlassung des Arztes und des Patienten auf Grundlage der Empfehlung der korporativen Gremien. Somit tritt hier der Kontrahierungszwang der Krankenkasse in den Vordergrund.

c) Inwieweit ein therapeutischer Vergleich bei solchen Arzneimitteln erfolgen kann, die nicht das Prädikat Zusatznutzen oder therapeutische Verbesserung haben, aber auch nicht ein eine Festbetragsgruppe eingeordnet werden können, hängt von der Vergleichbarkeit mit anderen Arzneimittel aus Sicht des Arztes im Einzelfall ab. Entscheidend dürften hier die Bewertungen sein, die in den sog. „Hinweisen zur wirtschaftlichen und zweckmäßigen Auswahl der Arzneimitteltherapie“ durch den Gemeinsamen Bundesausschuss für das Arzneimittel vorgenommen wurde.
Ob die § 35a Absatz 1 Satz 7 bestimmte zweckmäßige Vergleichstherapie eine solche Vergleichbarkeit bietet, kann nur im Einzelfall entschieden werden.
Ob der Arzt dem Patienten auf der Grundlage dieser Empfehlungen z.B. einen Präparatewechsel hin zu einem Festbetragsarzneimittel vornehmen würde, hängt zunächst davon ab, ob aus seiner Sicht eine grundsätzliche therapeutische Vergleichbarkeit besteht und danach (als zweite Stufe des Prozesses), ob er das Risiko von Nebenwirkungen auf den Patienten durch den Wechsel für medizinisch vertretbar hält, vor allem in Abwägung mit der Erkenntnis, dass das der Wechsel dem Patienten keinen zusätzlichen Nutzen bringen würde. Dies kann nur im Einzelfall und im Blick auf jeweiligen Präparat und die dafür bereitgestellten Informationen geschehen. Als dritte Stufe des Entscheidungsprozesses stellt sich für das Problem, ob er auf Grundlage der Informationen überhaupt einen einfachen Kostenvergleich mit einem vergleichbaren Arzneimittel vornehmen kann, ob ein Austausch also überhaupt wirtschaftlicher wäre.

4. Für vom Arzt verordnete Arzneimittel besteht die Pflicht der Krankenkasse, diese von der -vom Patient ausgewählten- Apotheke zu beziehen und zu bezahlen. Die Krankenkasse hat die Verordnungsentscheidung regelmäßig zu akzeptieren; sie kann sie insofern weder beeinflussen noch rückgängig machen, unterliegt insofern also einem Kontrahierungszwang.
5. Der Kontrahierungszwang ergibt sich letztlich aus der Erkenntnis, dass erst das Sachleistungsprinzip in Verbindung mit einer gewissen Entscheidungsfreiheit des Arztes, die weder durch ein aufwendiges Verwaltungsverfahren noch durch eine Genehmigung beschränkt wird, den Versicherten den möglichst freien und gleichen Zugang zu Gesundheitsleistungen ermöglicht, der ein Hauptziel im Sozialversicherungssystem ist. Diese enge Verknüpfung von Leistungsrecht und Leistungserbringungsrecht, also die Möglichkeit des Arztes, die von der Krankenkasse geschuldete Sachleistung zu bestimmten, ist somit letztlich Folge eines möglichst umfassenden solidarischen und für den Versicherten leicht zugänglichen Versorgungssystems.

II. Der Weg des Arzneimittels zum Patienten unter dem Einfluss der Rabattverträge

Die gerade geschilderte Versorgung der Versicherten mit Arzneimitteln lässt den unmittelbaren Einfluss der Krankenkassen auf die Arzneimittelversorgung vermissen. Daher erscheint es zunächst seltsam, dass die pharmazeutischen Unternehmer den Krankenkassen Rabatte für etwas gewähren sollen, was sie ihnen unmittelbar gar nicht verschaffen. Die Verschreibung und Abgabe von Arzneimittel erfolgt im Rahmen anderer Vertragsverhältnisse, nämlich zwischen Arzt, Patient, Apotheke und Pharmagroßhandel – diese Parteien werden aber in § 130a Abs. 8 SGB V nicht erwähnt[134]. Somit knüpft § 130a Abs. 8 SGB V an die wirtschaftliche Vorstellung eines Direktvertrages über Arzneimittel zwischen Krankenkassen und pharmazeutischen Unternehmen an.

Warum die Zahl der Rabattverträge seit der Einführung des Gesetzes zur Stärkung des Wettbewerbs in der gesetzlichen Krankenversicherung (GKV-WSG)[135] sprunghaft angestiegen ist und aufgrund eines entstandenen Wettbewerbs um Rabattverträge allenthalben ein faires und transparentes Verfahren (durch Anwendung des Vergaberechts) gefordert wird, um Rabattvertragspartner auszuwählen, soll in diesem Abschnitt geschildert werden. Dies hängt mit den veränderten rechtlichen Rahmenbedingungen zusammen, die durch das GKV-WSG im Jahre 2007 geschaffen wurden.

Im Jahr 2007 hat der Gesetzgeber verschiedene Möglichkeiten für die Krankenkassen geschaffen, die Nachfrage nach Arzneimitteln zu beeinflussen und damit den pharmazeutischen Unternehmern Veranlassung gegeben, den Krankenkassen Rabatte zu gewähren. Dabei müssen die Krankenkassen die Wirkungen nicht unmittelbar selbst herbeiführen, sondern die Wirkungen werden per Gesetz den Apothekern, Patienten und Ärzten auferlegt und zwar als unmittelbare Folge des Abschlusses eines Rabattvertrages zwischen den Krankenkassen und den pharmazeutischen Unternehmern.

Auf diese Weise werden durch den Abschluss eines Rabattvertrages verschiedene Anreize in Gang gesetzt, die den Weg des Arzneimittels zum Patienten beeinflussen können.

1. Der Apotheker

Der Apotheker erfährt vom Abschluss eines Rabattvertrages dadurch, dass ihm rabattierte Arzneimittel der Krankenkasse, bei der der Versicherte Mitglied ist, auf dem Bildschirm seines Computers besonders gekennzeichnet angezeigt werden. Dies erledigt ein elektronisches Programm, welches von allen Apothekern

---

134 *Dieners*, FS Sander, S. 31 (34).

135 GKV-Wettbewerbsstärkungsgesetz, BGBl. I 2007, 378.

bei der Abgabe der Arzneimittel genutzt wird und einen Überblick über verschiedene Arzneimittel gibt, die den vom Arzt gewählten Wirkstoff enthalten.

Die Apotheke hat nach Beachtung der Aut-idem-Kriterien vorrangig ein wirkstoffgleiches Fertigarzneimittel abzugeben, für das ein Rabattvertrag nach § 130a Abs. 8 SGB V besteht (rabattbegünstigtes Arzneimittel)[136], wenn die Angaben zu dem rabattbegünstigten Arzneimittel vollständig und bis zum vereinbarten Stichtag mitgeteilt wurden, das rabattbegünstigte Arzneimittel zum Zeitpunkt der Vorlage der Verordnung verfügbar ist und in den ergänzenden Verträgen nach § 129 Abs. 5 Satz 1 SGB V nichts anderes vereinbart ist.[137] Treffen diese Voraussetzungen bei einer Krankenkasse für mehrere rabattbegünstigte Arzneimittel zu, kann die Apotheke unter diesen frei wählen.[138] Bei Nichteinhaltung dieser Verpflichtungen kann die Krankenkasse den entstandenen Verlust bei den Apotheken einfordern (retaxieren).

Durch das AMNOG wurde das Verhältnis zwischen Reimport-Präparat und rabattbegünstigten Präparat neu festgelegt: Das rabattbegünstigte Präparat hat Vorrang, vgl. § 129 S. 7 SGB V. Auch Verhältnis von Originalpräparat und Reimport hat jeweils das rabattbegünstigte Präparat Vorrang. Damit ist auch klar: Auch der Parallelimporteur kann Rabattvertragspartner sein.

Zuvor konnten die Arzneimittelimporteure darauf vertrauen, dass die von ihnen angebotenen Arzneimittel unabhängig von einem rabattierten Konkurrenzprodukt abgegeben werden konnten, solange sie die Günstigkeitsregel des § 129 Abs. 1 S. 1 Nr. 2 SGB V erfüllten.[139]

Dies betrifft nun, wie oben gesagt, gerade die patengeschützten Arzneimittel, um den diesbezüglichen Wettbewerb mit den reimportierten Bezugsarzneimitteln zu stärken. Ausweislich der Gesetzesbegründung[140] ist bei Rabattverträgen für Importarzneimittel sowie ihren Bezugsarzneimitteln die Lieferfähigkeit sicherzustellen; nur unter dieser Voraussetzung dürfe eine Krankenkasse an die maßgebliche Datenbank ein entsprechendes Kennzeichen melden, so dass der Apotheker das rabattierte Arzneimittel vorrangig abgeben müsse.[141]

---

136 Vgl. § 129 Abs. 1 a. E. SGB V.

137 Einzelheiten sind in den kollektiven Verträgen zwischen dem Spitzenverband Bund der Krankenkassen und den Apothekerverbänden geregelt.

138 Dann kommen in der Praxis als zusätzliche Kriterien die Beachtung apothekeninterner „Chronikerlisten" (die Sicherstellen, dass chronische kranke Patienten möglichst das gleiche Arzneimittel wie zuvor erhalten) oder auch der größte Ertrag für die Apotheke in Betracht (wobei der Unterschied bei mehreren rabattierten Medikamenten häufig minimal ist).

139 *Rehmann/Paal/Willenbruch*, A&R 2011, 159 (163).

140 BT-Drs. 17/3698, 53.

141 *Axer*, in: Becker/Kingreen, § 129 Rn. 22.

2. Der Patient

Für Arzneimittel, für die eine Vereinbarung nach § 130a Abs. 8 SGB V besteht, kann die Krankenkasse die Zuzahlung zu einem Arzneimittel um die Hälfte ermäßigen oder aufheben, wenn hieraus Einsparungen zu erwarten sind (§ 31 Abs. 3 SGB V). Handelt es sich bei dem Arzneimittel zudem um ein Arzneimittel, für welches ein Festbetrag existiert, so muss die Krankenkasse den vollständigen Preis für das Arzneimittel übernehmen, was den Versicherten von der Zahlung des Differenzbetrages befreit.

a) Innerhalb der Festbetragsgruppen

Die Versicherten können daher zur Vermeidung von Zuzahlungen bestrebt sein, gerade Arzneimittel verordnet zu bekommen bzw. von der Apotheke zu erhalten, die Rabattverträgen unterfallen. Versicherte könnten dazu ihren Einfluss auf die Ärzte geltend machen, entsprechende Möglichkeiten im Rahmen der Therapie zu prüfen und gerade einen Wirkstoff zu wählen, für den es ein Rabattvertragspräparat gibt. Die Beeinflussungsmöglichkeit des Patienten auf den Arzt ergibt sich vor dem Hintergrund des oben geschilderten komplexen Interaktionsprozesses vor allem aus der notwendigen Einwilligung des Patienten in die Behandlung und dem Wettbewerbsdruck, unter dem viele Ärzte stehen, keine Patienten zu verlieren.

Nur eingeschränkt dürfte dies gelten, wenn eine Festbetragsgruppe nicht homogen ist. Hält der Arzt die Arzneimittel nicht für vergleichbar, so wird er dem Patienten aus berufsrechtlichen Gründen nicht erlauben, dem Drang nach einer Vermeidung der Festbetragsdifferenz nachzugehen.

b) Außerhalb der Festbetragsgruppen

Bezüglich solcher Arzneimittel, die zwar keinen festgestellten Zusatznutzen haben, die aber auch nicht in eine Festbetragsgruppe eingeordnet werden konnten, bestehen für Patienten zu einen Wechsel aufgrund eines Rabattvertrags (weg von einem solchen Präparat) in eine Festbetragsgruppe hinein durch etwaige Rabattverträge kaum Anreize. Denn im schlimmsten Fall zeitigt das neue Präparat unerwartete Nebenwirkungen beim Patienten. Einen höhere Nutzen hat er dagegen nicht zu erwarten. Zudem hat der Patient auch zumeist keinen nennenswerten finanziellen Vorteil: Sein altes Präparat verlangte zwar möglicherweise eine Zuzahlung von ihm, sein neues Präparat ist im besten Fall von der Zuzahlung befreit. Da von letzterem Instrument von den Krankenkassen aber sehr sparsam Gebrauch gemacht werde dürfte, sind die Anreize für einen Wechsel eher überschaubar. Eine Festbetragsdifferenz muss der Versicherte in keinem Fall zahlen. Wenn es um eine Erstverordnung geht, spielt die Erfahrung des Arztes und die ihm zur Verfügung stehenden Informationen eine wichtige Rolle. Ob hier reine Kostenerwägungen den Ausschlag geben können, ist dagegen fraglich.

Ein Wechsel aufgrund eines Rabattvertrages aus einer Festbetragsgruppe hinaus hin zu einem solchen Präparat scheint dagegen zwar auf den ersten Blick einen Anreiz für den Patienten zu versprechen, da der Festbetrag entfällt, dürfte aber in der Praxis daran scheitern, dass der Arzt einen solchen Wechsel aufgrund der mangelnden Vergleichbarkeit kaum therapeutisch angezeigt sehen dürfte.

Steht der Wechsel von einem Original-Arzneimittel zu einem rabattierten Reimport in Rede, dann fallen die Bedenken bezüglich der Compliance (jedenfalls in der Theorie[142]) weg. Es kann tatsächlich für den Patienten aufgrund geringerer Zuzahlungen ein Anreiz für einen Austausch durch den Apotheker bestehen.

Ansonsten wird der Patient jeweils das Arzneimittel erhalten wollen, welches den erhofften und festgestellten Zusatznutzen bringt - unabhängig davon, ob es einem Rabattvertrag unterfällt oder nicht. Dies betrifft die Gruppe der Patentarzneimittel, bei denen ein Zusatznutzen festgestellt wurde.

c) Kostenerstattung statt Rabattarzneimittel

Auch die durch das AMNOG vorgesehene Möglichkeit, abweichend von der Abgabe eines Rabattarzneimittels gegen Kosterstattung ein anderes Arzneimittel zu erhalten,[143] lässt die Anreizwirkungen durch die Rabattverträge bezüglich der Patienten nicht entfallen, wiewohl diese Änderung den Einfluss der Krankenkassen auf die Abgabe der Arzneimittel abzuschwächen geeignet ist. Gemäß § 13 Abs. 2 SGB V besteht bei Wahl eines anderen Arzneimittels zunächst die Pflicht, das Arzneimittel selber zu bezahlen, und es entsteht ein Anspruch auf die Erstattung der Kosten gegen die Krankenkasse, die die Krankenkasse als Sachleistung zu tragen hätte. Ein Anspruch auf Erstattung von Mehrkosten, die der Krankenkasse gegenüber einem Arzneimittel entstehen, für das diese einen Abschlag nach § 130a Abs. 8 vereinbart hat, besteht nicht.[144]

Es ist fraglich, ob die Versicherten von dieser Möglichkeit häufig Gebrauch machen werden. Zunächst stellt die Kostenerstattung, bei der die Versicherten zunächst den vollen Preis in der Apotheke bezahlen müssen, um sich die Kosten im Nachzug von der Versicherung erstatten zu lassen, einen gewissen Aufwand dar, dessen ökonomisch nachteilige Auswirkungen auf die Versicherten in den

---

142 Vorausgesetzt, man traut der gleichbleibenden Qualität der Produkte trotz der zahlreichen Transporte und neuen Umverpackungen.

143 Vgl. BT-Drs. 17/2413, S. 9, Rn. 15.

144 Vgl. BT-Drs. 17/2413, S. 9, Rn. 15; S. 18, Zu Nummer 1.

USA schon als Shoe-Box-Effect bezeichnet wurden.[145] Auch müssen die Versicherten die eventuellen Mehrkosten tragen, die noch nicht absehbar sind. Zudem müssen die Versicherten die üblichen Zuzahlungen und die Festbetragsdifferenz tragen.

Sollten die bei den Rabattverträgen nicht berücksichtigten pharmazeutischen Unternehmer auf die Regelung in der Weise reagieren, dass sie ihren Preis auf unter Festbetrag senken, um dem Versicherten eine echte Preisalternative zu rabattierten Arzneimitteln zu bieten und die Versichertenströme auf ihre Produkte umzulenken, so eröffnen sie damit zwar möglicherweise kurzfristig einen Preiskampf um die preissensitiven Versicherten, sitzen jedoch letzten Endes am kürzeren Hebel. Denn durch die Möglichkeit der Krankenkassen, die Zuzahlung zu halbieren oder aufzuheben, kann die Krankenkassen wohl jeden Preiskampf für sich entscheiden. Zudem besteht dann für die pharmazeutischen Unternehmer die Gefahr, dass sie, wenn sie einmal den Preis auf ein Niveau weit unter das ihrer Konkurrenten gesenkt haben, die Umlenkung der Patientenströme aber aufgrund eines Erlasses der Zuzahlungen auf Seiten der Krankenkassen ausbleibt, ruinöse Verluste einfahren. Denn sie haben dann erheblich geringeren Produktabsatz und erhalten für jedes Produkt zudem eine geringere Gegenleistung.

Insofern ist nicht davon auszugehen, dass die Regelung die Lenkungswirkung der Rabattverträge leer laufen lassen wird. Es ist nicht einmal davon auszugehen, dass sie erheblich beeinflusst wird.

3. *Der Arzt*

Die Vorteile für den Patienten und die Beeinflussungsmöglichkeiten auf den Arzt wurden bereits oben geschildert. Den Wünschen des Patienten zu folgen, stellt in eine wettbewerblichen System (neben den sogleich geschilderten Anreizen) einen eigenen Anreiz für den Arzt dar. Der Arzt wird zum einen durch den Patienten dazu angehalten, wenn möglich Rabattvertragsarzneimittel zu verordnen, sofern dies für ihn günstig ist. Im Bereich der Arzneimittel außerhalb der Festbeträge wird der Patient, wie gerade gezeigt, nicht notwendig Druck in Richtung eines Rabattarzneimittels ausüben. Wirkung entfalten die Rabattverträge auf den Arzt dann, wenn dieser bei mehreren Arzneimitteln eine therapeu-

145 Wie bedeutend der Unterschied zwischen dem Sachleistungsprinzip und dem Kostenerstattungsprinzip sein kann, zeigt sich an der dafür in den USA gebräuchlichen Bezeichnung des Shoe-Box-Effektes: Wird von Versicherten im Rahmen des Kostenerstattungsprinzips verlangt, bezahlte Quittungen zur Kostenerstattung einzureichen, bleiben diese Quittungen regelmäßig in dem Schuhkarton liegen, in den sie zur eigentlich nur kurzfristigen Aufbewahrung gelegt wurden und werden nicht eingereicht, was ein erhebliches Ersparnis für die Versicherer bedeutet, vgl. *Motheral/Teitelbaum/Toan*, The 'Shoe-Box Effect', Health Affairs, 1998, 17(3):284.

tische Vergleichbarkeit und daraus resultierende Austauschbarkeit sieht. Dann kann es für ihn vorteilhaft sein, das Rabattarzneimittel zu verordnen. Verordnet er dagegen das Arzneimittel deswegen, weil er - z.B. aufgrund der therapeutischen Informationen des Gemeinsamen Bundesausschusses vom therapeutischen Vorteil gegenüber anderen Arzneimittel überzeugt ist, so können die Rabattverträge keine Wirkung entfalten. Sie nehmen (im mehrstufigen Verordnungsprozess, vgl. § 3 I 12) keinen Einfluss auf die therapeutische Bewertung (1. Stufe) und die Möglichkeit einer Vergleichbarkeit der Arzneimittel (2. Stufe), sondern können erst eine Einfluss auf der dritten Stufe (direkter Preisvergleich) entfalten. Wird aber keine vergleichbare Therapie festgestellt, so erfolgt auch kein direkter Preisvergleich.

Die grundsätzlichen Voraussetzungen für das Funktionieren dieser Wechselwirkung, nämlich, dass der Arzt überhaupt weiß, für welche Arzneimittel Rabattverträge bestehen, ist durch die Schaffung der entsprechenden technischen Voraussetzungen erfüllt.

a) Information des Arztes über die Rabattverträge

Vertragsärzte nutzen häufig sog. elektronische Verordnungsprogramme, um Arzneimittel zu verordnen. Der Arzt kann sich auf diesem Wege über die geschlossenen Rabattverträge informieren, weil ihm rabattierte Arzneimittel bei der Verordnung auf dem Bildschirm seines Computers besonders gekennzeichnet angezeigt werden.

In der Vergangenheit wurde Verordnungssoftware teilweise von der Pharmaindustrie gestellt. Auch hier wurden Änderungen vorgenommen. Vertragsärzte dürfen nach § 73 Abs. 8 SGB V für die Verordnung von Arzneimitteln nur solche elektronischen Programme nutzen, die die Informationen über das Vorliegen von Rabattverträge nach § 130a Abs. 8 enthalten und die von der Kassenärztlichen Bundesvereinigung für die vertragsärztliche Versorgung zugelassen sind. Der durch § 73 Abs. 8 S. 7 SGB V bewirkte Eingriff in das Grundrecht der Berufsfreiheit der Softwarehersteller ist nach überzeugender Auffassung gerechtfertigt, weil der Gebrauch manipulationsfreier Software einen erheblichen Gemeinwohlbelang darstellt.[146] Auf diese Weise wurden die informationellen Voraussetzungen zur ärztlichen Identifikation der Rabattarzneimittel einer Kasse geschaffen.[147]

---

146 So das *LSG Berlin-Brandenburg*, Urt. v. 27.10.2008 – L 7 B 57/08 KA ER (juris).

147 Allgemein betrachtet schufen die Einführung computergestützter Informationssysteme zwischen Apotheken und Sozialversicherungsträgern und zwischen anderen Akteuren des Gesundheitswesens erst die notwendigen Mindestvoraussetzungen für Einzelverträge. Startschuss war die Reform von Lahnstein, Stichtag war der 1. Januar 1996, vgl. *Dietz*, G+S 2008, 41 (41).

b) Wirtschaftlichkeitsprüfung als Anreiz

Eine darüber hinaus bestehende Verpflichtung des Vertragsarztes, die Rabattarzneimittel ausschließlich oder prioritär zu verschreiben, existiert nicht.[148] Den Arzt treffen somit keine unmittelbaren Verpflichtungen, ein rabattiertes Arzneimittel zu verordnen. Dies wäre auch gar nicht möglich, da die Krankenkassen kein breites Portfolio (etwa für jede der häufig auftretenden Krankheiten) an rabattierten Arzneimitteln anbieten müssen und der Arzt bei seiner Behandlung frei darin sein muss, das zur Diagnose passende Arzneimittel auszuwählen. Der oben geschilderte, von der Krankenkasse zu beachtende Freiraum des Arztes im Rahmen der Behandlung des Patienten wäre sonst nicht gewährt. Dennoch kann der Arzt - abgesehen von den Einflüssen, denen er von Seiten des Patienten ausgesetzt ist - ein erhebliches Interesse daran haben, Rabattvertragsarzneimittel zu verordnen.

Wie bereits oben geschildert überwachen nach § 106 Abs. 1 SGB V die Krankenkassen und die Kassenärztlichen Vereinigungen die Wirtschaftlichkeit der vertragsärztlichen Versorgung durch Beratungen und Prüfungen (Wirtschaftlichkeitsprüfungen).

Das Verordnungsverhalten der Ärzte wurde bisher an sog. Richtgrößen gemessen, die das durchschnittliche Verordnungsverhalten für Arzneimittel in Euro je Arzt und Behandlungsfall vorgeben. Neben den Instrumenten der Preis- und Erstattungsregulierung dienen vor allem die Richtgrößen nach § 84 SGB V der Kostenbegrenzung bei Arzneimitteln durch entsprechende Sanktionen für zu kostspielige Verordnung.[149]

Durch das AMNOG werden - neben der Möglichkeit die Richtgrößen durch anderen Vereinbarungen zu ersetzen - die Einnahmen der Krankenkassen aus Rabattverträgen von Arzneimitteln nun bei den Prüfungen in voller Höhe zur Entlastung des Arztes berücksichtigt. Dazu werden die tatsächlichen Kostenvorteile der Krankenkassen durch Zuzahlungen und Rabattverträge bei der Richtgrößenprüfung vorab von den Verordnungskosten abgezogen, vgl. § 106 SGB V.

c) Zusätzliche Einzelverträge

Die Krankenkassen können mit einzelnen Ärzten nach § 84 Abs. 1 S. 5 SGB V Regelungen treffen, die von Vereinbarungen nach § 84 Abs. 1 S. 2 SGB V, in denen die Krankenkassen mit den Kassenärztlichen Vereinigung für die Sicherstellung der vertragsärztlichen Versorgung eine sog. Arzneimittel-

148 Kritisch dazu: *Cassel/Ebsen/Greß/Jacobs/Schulze/Wasem*, Vertragswettbewerb in der GKV, S. 188.

149 *BSG* vom 02.11.2005 – SozR 4-2500 § 106 Nr.11; *Wenner*, S. 294.

vereinbarung[150] treffen und innerhalb dieser auch die Regeln für die Wirtschaftlichkeitsprüfung vereinbaren, abweichen oder diese übertreffen.

Das Kollektivvertragssystem kann also hier durch Selektivverträge außer Kraft gesetzt werden. Die kollektiven Vereinbarungen werden somit zugunsten der Rabattverträge zu default-rules,[151] zu dispositivem Recht, welches ausgeschaltet werden kann.

Diese Einzelverträge können erhebliche wirtschaftliche Vorteile für Ärzte vorsehen. Gegen die Einbeziehung der Ärzte in die Rabattvereinbarungen wird die Unpraktikabilität bei einer Vielzahl von Verträgen und die Möglichkeit von ethisch fragwürdigen Bonuszahlungen eingewendet.[152]

d) Auswirkungen in der Praxis

Ärzte richten sich innerhalb der Festbetragsgruppen bereits im großen Ausmaß nach den Rabattverträgen: Die Medical Tribune[153] verweist für die Monate Januar bis Juni 2008 auf eine Studie von IMS Health, nach der während dieses Zeitraums die Anzahl der gesetzten Aut-idem-Kreuze von 13% bis 16% angestiegen waren. Bei rabattgeregelten Arzneien war die Quote mit 12% deutlich niedriger als bei Medikamenten ohne Rabattvereinbarung (18%). Die Ärzte differenzierten dabei nach dem Substitutionsrisiko. Bei nichtsteroidalen Antirheuma- oder bestimmten Magenmitteln wird der Austausch nur in 13 bzw. 14 % der Fälle untersagt. Bei Herz-Kreislauf-Medikamenten wie ACE-Hemmern beträgt der Wert 17%, bei ZNS-Präparaten wie Parkinsonmitteln 18 %, bei Antiepileptika 19%. Während in den KV'en Bayern und Nordrhein nur 5 bzw. 9 % der Fälle der Austausch untersagt wurde, lagen Sachsen mit 16% und Baden-Württemberg mit 13% deutlich darüber. Nach dieser Studie lassen die Ärzte die Ersetzung eines Arzneimittels also eher zu, wenn dieses von einem Rabattvertrag erfasst ist.[154]

---

150 Die Arzneimittelvereinbarung umfasst 1. ein Ausgabenvolumen für die insgesamt von den Vertragsärzten nach § 31 SGB V veranlassten Leistungen, 2. Versorgungs- und Wirtschaftlichkeitsziele und konkrete, auf die Umsetzung dieser Ziele ausgerichtete Maßnahmen, auch zur Verordnung wirtschaftlicher Einzelmengen (Zielvereinbarungen), insbesondere zur Information und Beratung und 3. Kriterien für Sofortmaßnahmen zur Einhaltung des vereinbarten Ausgabenvolumens innerhalb des laufenden Kalenderjahres.

151 Zu dem Konzept der default-rules vgl. *Barnett*, The Sound of Silence: Default Rules and Contractual Consent, Virginia Law Review 1992, 821 ff.

152 *Cassel/Ebsen/Greß/Jacobs/Schulze/Wasem*, Vertragswettbewerb in der GKV, S. 190.

153 Medical Tribune Nr. 37 v. 12.09.08, „Aut-idem-Kreuz öfter gesetzt“, S. 19.

154 Zu Schwierigkeit bezüglich der Ersetzung durch Rabattvertragsarzneimittel vgl. *Leutgeb/Mahler/Laux/Ärztenetz Weschnetz/Szecsenyi*, Krankenkassen-Rabattverträge: Probleme und Risiken für den Hausarzt bei der Betreuung chronisch kranker Patienten, Deutsche Medizinische Wochenschrift (DMW) 2009, 181-186.

III. Motive der pharmazeutischen Unternehmer, Rabattverträge abzuschließen

Kann der Unternehmer durch den Rabattvertrag unmittelbar eine Mengenausweitung auf Kosten der Mitbewerber erwarten, mit der er die gewährten Rabatte amortisieren kann oder zumindest einen wahrscheinlichen Absatzeinbruch zugunsten eines Mitbewerbers verhindern kann, gebietet ihm allein die unternehmerische Vernunft, einen solchen Vertrag abzuschließen.

Nicht für alle Rabattverträge gilt aber diese unmittelbare Kausalitätsvermutung. Denn wie oben gezeigt werden direkte Preisvergleiche bei Arzneimitteln vor allem im Bereich der Patentarzneimittel selten vorgenommen.

Ausnahmen finden sich in den oben geschilderten Fällen der Vergleiche zwischen Originalpräparaten und Reimporten auf Apothekenebene. Hier ist die Motivation für den Abschluss eines Rabattvertrags, ebenso wie bei Festbetragsarzneimitteln, klar.

Bei Patentarzneimitteln mit therapeutischer Verbesserung oder Zusatznutzen sind pharmazeutische Unternehmen aber auf jeden Fall vor einfachen Preisvergleichen sicher. Denn diese sind gerade aufgrund ihrer Vorteilhaftigkeit im Vergleich zu anderen Arzneimitteln von dem Festbetragssystem ausgenommen.

Da die gerade gezeigten Anreize für die Verordnung und Abgabe von Rabattarzneimitteln aber hauptsächlich gerade mit diesen Preisvergleichen zusammenhängen, stellt sich die Frage, warum die pharmazeutischen Unternehmen auch in diesen Fällen Rabattverträge abschließen.[155]

Speziell für teure Patentarzneimittel besteht die Gefahr, durch den Gemeinsamen Bundesausschuss nach § 92 Abs. 1 S. 2 Nr. 6 SGB V von der Verordnung ganz oder teilweise ausgeschlossen zu werden, wenn der therapeutische Nutzen oder die Wirtschaftlichkeit nicht hinreichend nachgewiesen ist. Hier kann durch einen Rabattvertrag die Wirtschaftlichkeit und so die Marktfähigkeit wieder hergestellt werden.

Steht der therapeutische Nutzen in Frage, so bietet sich das durch das AMNOG nun ausdrücklich normierte Instrument einer finanziellen Risikoteilung per Risk-Share-Vertrag an. Dabei müssen die Krankenkasse aber grundsätzlich vom

---

155 Hierzu *Reese/Stallberg*, in: Dieners/Reese, § 17, Rn. 310-315.Vgl. auch die Darstellung bei Zeiner, PharmInd 2008, 708 (713) mit anderer Terminologie. Er benennt verschiedene Beispiele für den Abschluss: (1) Aut-idem-Fall Versorgungssicherung durch Generikaabwehr; (2) Aut-idem-Fall Versorgungssicherung durch Lebenszyklusmanagement und Parallelimportkontrolle, (3) Aut-simile-Fall Versorgungssicherung nach Erstattungsausschluss wg. Nutzenmanko lt. IQWiG, (4) Aut-simile-Fall Verordnungsausschluss mit Cost Sharing; (5) Aut-simile-Fall Versorgungssicherung nach Verordnungsausschluss durch Cost Sharing; (6) Aut-simile-Fall präventiver Versorgungssicherung durch Cost-Sharing; vgl. auch *Wigge/Müller*, PharmInd 2008, 243-252.

therapeutischen Nutzen ausgehen, so dass primär kein Rabatt angestrebt wird und in diesem Fall die Bezeichnung Rabattvertrag nicht passend erscheint.[156]

Auch können mit Rabattverträgen regulativen Eingriffen oder sonstigen Strategien der Krankenkassen vorgebeugt werden, wenn die Kosten für ein Arzneimittel öffentlich kritisiert werden. So schloss ein Arzneimittelhersteller, obgleich er der einzige Zulassungsinhaber für eine bestimmte Indikation eines Arzneimittels (Lucentis) war, Rabattverträge mit Krankenkassen ab, nachdem diese den Off-label-Einsatz (Einsatz außerhalb des zugelassenen Indikationsspektrums) eines günstigeren Arzneimittels (Avastin) durch Verträge mit Ärzten unterstützten.[157]

Arzneimittel-Originale kurz vor Ablauf der Patentschutzfrist in einem Rabattvertrag unterzubringen, kann zudem Marktzugangs- und Marktanteilsicherung gegen Nachahmerpräparate bedeuten. Dies ist ein weiterer Grund für Unternehmen, Arzneimittelrabattverträge abzuschließen. Nach Auslauf des Rabattvertrages kann das Unternehmen auf einen Spill-over-Effekt in einen „Nach-Rabattvertragsmarkt" hoffen. Spill-over-Effekt meint dabei ein „Überschwappen" der Vorteile aus den Rabattverträgen, z. B. indem einige Kunden an die bisher verordneten Medikamente aus Compliance Gründen gebunden sind, wie dies bis jetzt häufig beim Wechsel von der stationären in die ambulante Behandlung zu beobachten ist.

Für alle Arzneimittel gilt zudem, dass die Arzneimittelhersteller auch bei Preissenkungen möglichst nicht von ihrem offiziell gemeldeten Listenpreis abweichen möchten.[158] Denn im Ausland wird teilweise an die innerstaatlichen Listenpreise durch ein Referenzpreissystem angeknüpft. Dabei werden die Preise mit prozentualen Abschlägen als Höchstbeträge festgesetzt. Je niedriger die Hersteller also ihre offiziellen Preise im Inland festsetzen, desto niedriger sind auch die Preise, die sie dafür im Ausland erhalten können. Inoffizielle Rabatte, die nicht als Anknüpfungspunkt für eine solche Preisregulierung im Ausland dienen können, können jedoch weitaus eher verschmerzt werden. Rabattverträge können somit die Funktion eines inoffiziellen Preissystems erhalten.

IV. Motive der Krankenkassen, Rabattverträge abzuschließen

Da es einen gewissen (finanziellen und sachlichen) Aufwand bedeutet, Rabattverträge abzuschließen, insbesondere wenn die komplizierten Regelungen des Vergaberechts Anwendung finden, ist trotz gewisser Kostenersparnis der Krankenkassen nach dem eigentlichen Motiv der Krankenkassen als Teil der mittelbaren Staatsverwaltung zu fragen, diese Mühen auf sich zu nehmen.

---

156 Vgl. bereits oben unter § 2.

157 Nw. bei *Reese/Stallberg*, in: Dieners/Reese, § 17 Rn. 314, Fn. 3; Fuerst, GesR 2010, 183.

158 Vgl. an dieser Stelle nur *Barth*, in: Spickhoff, Medizinrecht, § 31 Rn. 8, sowie unter § 4.

Der Grund dafür liegt in dem im Jahre 1992 durch das Gesundheitsstrukturgesetz (GSG)[159] eingeführten und dann gesetzlich immer mehr ausdifferenzierten Wettbewerb zwischen den einzelnen gesetzlichen Krankenkassen. Durch ihn sollen sog. Wirtschaftlichkeitsreserven im Gesundheitssystem erschlossen werden. Ein Paradigmenwechsel hinsichtlich der wettbewerblichen Steuerung erfolgte mit der Freigabe der Krankenkassenwahl für die überwiegende Mehrheit der Versicherten in der GKV durch das GSG. Dies war der Ausgangspunkt für die Intensivierung des Wettbewerbs im deutschen Gesundheitswesen[160]. Nach einer Formulierung des Sachverständigenrates im Gesundheitswesen zielt der Wettbewerb zwischen den Krankenkassen im Sinne von Effizienz und Effektivität der Gesundheitsversorgung darauf ab, auf den Anbieterwettbewerb der Leistungserbringer überzugreifen, denn dort finde die gesundheitliche Leistungserstellung statt.[161]

1. Wettbewerb um Versicherte

Durch das GSG war den meisten Versicherten das Recht eröffnet worden, ihre Krankenkasse frei zu wählen, bzw. diese zu wechseln und damit zugleich der Wettbewerb der Krankenkassen um Versicherte eröffnet worden. Da es aber geringe Anreize der Krankenkassen geben sollte, nur um Versicherte mit geringem Krankheitsrisiko zu konkurrieren, die möglichst wenig Kosten verursachen würden (ökonomisch sog. „gute Risiken“), führte man gleich darauf einen sog. Risikostrukturausgleich (RSA) ein, der finanzielle Abgaben der Kassen mit „guten Risiken“ an Kassen mit „schlechten Risiken“ vorsah.[162] Dies war zum Schutz des Solidarsystems, dessen Kennzeichen gerade in dem Ausschluss des Wettbewerbs um die günstige Relation von Beiträgen und Leistungsausgaben besteht,[163] notwendig. Dieser RSA wurde mittlerweile durch zwei Reformen zum morbiditätsorientierten RSA (§ 268 SGB V) verfeinert, der das Ausmaß an Risikoselektion trotz Wettbewerb weiter senken soll. Aus diesem "Finanzausgleich“ werden die Verwaltungskosten herausgenommen. Diese Kosten sind aber gedeckelt, was den Wettbewerb wiederum einschränkt.[164]

---

159 Gesetz vom 21.12.1992, BGBl. I, 2266. Vgl. aus der umfangreichen Literatur nur *Seehofer*, KrV 1993, 32 ff.; *Zipperer*, NZS 1993, 53; *Rüfner*, NJW 1993, 753 ff.

160 Ein Wettbewerb zwischen den Krankenkassen fand allerdings schon lange vor dem GSG statt. Diesen Wettbewerbsprozessen fehlte jedoch ein konzeptionelle Rahmenordnung und damit eine faire Ausgangsbasis. Der Wettbewerb vor dem GSG führte insofern zu „sozialpolitisch und rechtlich bedenklichen Beitragssatzunterschieden“, vgl. SV-Gutachten 2005, BT-Drs. 15/5670, S. 31 mit Verweis auf *Knieps*, in: von Maydell/ Ruland/Becker, S. 703-819.

161 *SV-Rat Gesundheitswesen*, Gutachten 2005, BT-Drs. 15/5670, S. 35f.

162 Vgl. auch BVerfGE 113, 167 m. Anm. von *Wenner*, SozSich 2006, 309 ff.

163 Näheres dazu in § 2.

164 § 4 Abs. 4 SGB V; vgl. *Becker/Kingreen*, NZS 2010, 417 (ebd.).

Im Laufe weiterer Reformen wurde der Wettbewerbsgedanke bis heute weiter entwickelt. So vereinheitlichte man zwar die prozentualen Beitragsätze der Krankenkassen - diese sind aber nun gezwungen, einen Zusatzbeitrag bis zu 8 Euro oder 1% der beitragspflichtigen Einnahmen zu erheben, wenn sie mit den ihnen insgesamt zur Verfügung gestellten Mitteln nicht auskommen, was zur stärkeren Vergleichbarkeit der Kassen aus Sicht der Versicherten führt. Umgekehrt dürfen Krankenkassen auch Prämien auszahlen, wenn die Zuweisungen den Finanzbedarf übersteigen (§ 242 SGB V). Auch die Möglichkeit der Krankenkassen, den Versicherten im Rahmen der Rabattverträge die Zuzahlung zu erlassen, wobei die Festbetragszuzahlungen zulasten der Versicherten hier ohnehin entfallen, stellen wichtige Parameter im Wettbewerb um Versicherte dar. Bis zum Februar 2008 hatten die Krankenkassen bei 232 Arzneimitteln[165] zumindest die Mehrkosten übernommen, bei 48 Präparaten zusätzlich die gesetzliche Zuzahlung halbiert und bei 180 Arzneimitteln die gesetzliche Zuzahlung aufgehoben.[166] Bei einer höheren Zahl von Arzneimitteln wurden diese nur von der Zuzahlung -vollständig oder zur Hälfte- befreit.[167] Somit spielten diese Möglichkeiten bisher eine (im Vergleich zu anderen Instrumenten) nachrangige Rolle, werden aber ergänzend genutzt[168].

2. *Vertragswettbewerb*

Den Krankenkassen ist in den letzten Jahren ermöglicht worden, eigene Versorgungssysteme durch direkte Verträge mit Ärzten und anderen Leistungserbringern aufzubauen, Versicherte durch Bonuszahlung zur Teilnahme an einer solchen selektivvertraglichen Versorgung zu bewegen und damit die sonst bestehenden „Umwege" über die kollektiven Körperschaften (z.B. Kassenärztliche Vereinigung) zu umgehen.[169] Die Krankenkassen können in diesen Bereichen die Regelungen zu den kollektiven Verträgen außer Kraft setzen (Modellvorhaben nach § 63 SGB V, hausarztzentrierte Versorgung nach § 73b SGB V, besondere ambulante Versorgung nach § 73c SGB V, strukturierte Behandlungsprogramme (DMP) nach § 173f SGB V und integrierte Versorgung nach §§ 140a ff. SGB V). Die Versorgung mit Arzneimitteln soll in diesen Bereichen

165 Genauer: Pharmazentralnummern, d. h. Arzneimittel mit gleichem Wirkstoff und Inhaltsstoffen, aber anderer Darreichungsform werden voneinander unterschieden.

166 Unterrichtung durch die Bundesregierung, Bericht über die Auswirkungen von Rabattvereinbarungen für Arzneimittel, insbesondere auf die Wirksamkeit der Festbetragsregelung, BT-Drs. 16/9284, S. 4.

167 A. a. O., S. 5.

168 A. a. O., S. 4.

169 Die Bewertung dieses Wettbewerbs erfolgt in § 2 und § 3. Vgl. zu diesen Reformen *Ebsen*, in: von Maydell/Ruland/Becker, Sozialrechtshandbuch, § 15, Rn. 23, 25, 37.

u.a. anhand von Rabattverträgen erfolgen, was ein weiteres Anwendungsfeld und ein Motiv schafft, auf dieses Instrument zurückzugreifen.

3. Weitere gemeinsame Parameter auf beiden Wettbewerbsfeldern und Grenzen des Wettbewerbs

Zudem wurden Regelungen zu Selbstbehalten und Beitragsrückzahlungen eingeführt (§§ 53 und 54 SGB V), die als sog. Wahltarife für beide Wettbewerbsfelder bedeutsam sind. Im Bereich des direkten Wettbewerbs um Versicherte können danach Prämienvergütungen für Nichtinanspruchnahme von Leistungen erfolgen. Die speziellen Tarife im Rahmen der Selektivverträge können ebenfalls Selbstbehalte und Beitragsrückzahlungen vorsehen (§ 53 Abs. 3 SGB V). Auch kann nach § 53 Abs. 5 gegen Prämienzahlung des Versicherten die Versorgung mit Arzneimitteln der besonderen Therapierichtungen ermöglicht werden, die sonst vom Leistungskatalog ausgeschlossen ist.

Auch die Folgen eines echten Wettbewerbs sollen nun möglich sein: Kassen dürfen auch kassenartübergreifend fusionieren (§ 171a SGB V). Zudem wurde für die Zukunft die gesetzliche Grundlage für die Insolvenz einer Krankenkasse gelegt (§ 171b SGB V).

Die Möglichkeiten des Wettbewerbs um Versicherte stellen auch Versuche dar, den gesetzlichen Krankenkassen bessere Wettbewerbsmöglichkeiten um freiwillig Versicherte mit geringerem Krankheitsrisiko mit den privaten Krankenversicherungen zu ermöglichen.

Mit § 30 Abs. 1 SGB IV besteht allerdings eine zwingende Eingrenzung der wettbewerblichen Möglichkeiten. Die Versicherungsträger dürfen nur Geschäfte zur Erfüllung ihrer gesetzlich vorgeschriebenen oder zugelassenen Aufgaben führen und ihre Mittel nur für diese Aufgaben sowie die Verwaltungskosten verwenden. Sowohl Aktivitäten auf dem Wellness-Markt als auch das Angebot eigener oder die Vermittlung fremder Zusatzangebote und -versicherungen (§ 194 Abs. 1a SGB V) bedürfen jeweils einer spezifischen Ermächtigungsgrundlage.

Dies führt zum Anreiz der Krankenkassen, den Wettbewerb mit den ihnen erlaubten Mitteln wie den Rabattverträgen um so intensiver zu führen, als allzu viele andere Möglichkeiten nicht in Betracht kommen.

V. Zwischenergebnis

1. Während es zwischen 2003 bis Ende 2006 nur dann Anreize für die pharmazeutischen Unternehmer gab, Rabattverträge abzuschließen, wenn die Verordnungsfähigkeit der Arzneimittel wegen Unwirtschaftlichkeit komplett ausgeschlossen wurde und daher ein stark verminderter Absatz

zu befürchten war, bewirkte der Einfluss auf Apotheker, Ärzte und Versicherte durch das GKV-WSG im Jahre 2007, namentlich

- Einbeziehung der Apotheker bei der Arzneimittelsubstitution (§ 129 SGB V),
- Einbeziehung der Versicherten durch die Halbierung bzw. den Erlass der Zuzahlungen (§ 31 Abs. 3 SGB V),
- Einbeziehung des verordnenden Vertragsarztes durch die Zertifizierung der Praxissoftware sowie durch Sonderregelungen bei der Wirtschaftlichkeitsprüfung,

eine Lenkungsmöglichkeit der Nachfrage durch die Krankenkassen, der die pharmazeutischen Unternehmer zum Abschluss von Rabattverträgen motivierte.

2. Die meisten Rabattverträge, die abgeschlossen werden, bauen auf dem System der Aut-idem-Regelung und der auf den Bewertungen der Arzneimittel basierenden Therapiehinweisen des Gemeinsamen Bundesausschusses auf, soweit diese die Festbetragsarzneimittel betreffen. Fallen Arzneimittel unter diese Regelungen, welche in der Mehrzahl der Fälle direkt Wirtschaftlichkeitsvergleiche zwischen Arzneimitteln zulassen, so wird statt eines Preisvergleichs mit anderen Arzneimitteln das Arzneimittel derjenigen Firma verschrieben bzw. abgegeben, welche mit der Krankenkasse einen Rabattvertrag abgeschlossen hat. Dadurch wird eine Lenkung der Nachfrage zugunsten der Firma erzeugt, die den Rabattvertrag abgeschlossen hat. Die Steigerung des Absatzes geht zu Lasten der Firmen, die keinen Rabattvertrag über das austauschbare Präparat geschlossen haben.
   Folge des Abschlusses eines Rabattvertrags mit einer Krankenkassen ist nicht notwendig die absolute Steigerung der Arzneimittelmenge. Es kommt nur zu einer Umlenkung der Nachfrage auf den jeweiligen Rabattvertragspartner.
3. Verordnet er dagegen das Arzneimittel deswegen, weil er - aufgrund der Therapiehinweise des GBA - vom therapeutischen Vorteil gegenüber anderen Arzneimittel überzeugt ist, so können die Rabattverträge keine Wirkung entfalten. Sie nehmen (im mehrstufigen Verordnungsprozess, vgl. § 3 I 12) keinen Einfluss auf die therapeutische Bewertung und die Möglichkeit einer therapeutischen Vergleichbarkeit der Arzneimittel, insbesondere die Abwägung der therapeutischen Vorteilhaftigkeit mit möglichen Nebenwirkungen, sondern können erst einen Einfluss auf der nächsten Stufe (direkter Preisvergleich) entfalten. Wird aber keine insofern vergleichbare Therapie festgestellt, so erfolgt auch kein direkter Preisvergleich, da dann auf dieser Grundlage die Verordnung des Arzneimittels zu erfolgen hat. Kurz gesagt nehmen die Rabattverträge keinen Einfluss auf die therapeutische Bewertung eines Arzneimittels. Somit

nehmen sie auch keinen Einfluss auf primär nutzenorientiere Verordnung ohne Preisvergleich.

4. Für die Wirkung der Rabattverträge muss zumindest in der Tendenz zwischen solchen Arzneimitteln differenziert werden, die einem Festbetrag unterliegen und wirtschaftlich miteinander vergleichbar sind, und solchen, die in keine Festbetragsgruppe eingeteilt sind

a) Ist ein Rabattarzneimittel in eine Festbetragsgruppe eingeteilt, so bietet sich dem Arzt nicht nur eine unmittelbare therapeutische Vergleichsmöglichkeit zu anderen Präparaten, auch der Patient selbst hat finanzielle Anreize zu einer solchen Verordnung. Bietet sich dem Arzt und dem Apotheker eine solche direkte Vergleichsmöglichkeit, können konkurrierende Arzneimittel unmittelbar durch Rabattarzneimittel ersetzt werden. Der Rabattvertrag entfaltet eine verdrängende Wirkung bezüglich der konkurrierenden Arzneimittel, die zu einer Absatzsteigerung zu Lasten dieser Präparate führt und den „Mengenrabatt" erzeugt, der Gegenstand des klassischen Rabattvertrags ist.

b) Anders ist es bei Arzneimitteln, die nicht anhand von Festbetragsgruppen miteinander vergleichbar sind, insbesondere bei solchen Wirkstoffe, für die ein Zusatznutzen festgestellt wurde. Die Krankenkasse strebt hier keine Lenkung der Nachfrage zugunsten des im Vergleich zu herkömmlichen Therapien meist kostspieligeren Arzneimittels an, sondern nur eine Kostenbegrenzung bezüglich einer im Arzt-Patient Verhältnis getroffenen und von ihr zu akzeptierenden Entscheidung einer primär nutzenorientieren Verordnung ohne Preisvergleich.

5. Auch wenn sog. Risk-Share-Verträge abgeschlossen werden, die die vollständige Bezahlung der Arzneimittel vom Therapieerfolg abhängig machen, liegt kein steuernder Rabattvertrag im eigentlichen Sinne vor. Denn die Krankenkasse darf nicht darauf „wetten", dass die Therapie nicht wirkt und sie daher den Rabatt erhält. Als Vertragszweck kommt hier in Betracht, dass die Krankenkasse im für sie unerwarteten Fall mangelnder Therapiewirkung ihre Kosten für das Arzneimittel begrenzt, dessen Verordnung für sie ungleich teurer war. Bei Therapieerfolgen kann es in diesen Fällen sogar zu Mehrkosten im Vergleich zu einer herkömmlichen Verordnung kommen. All dies macht die Bezeichnung „Rabattvertrag" fragwürdig.

6. Trotz der Beeinflussungsmöglichkeit ist das Verhältnis der Krankenkassen zu den Ärzten und Apothekern immer noch stark durch die Kollektivverträge zwischen den Verbänden der Krankenkassen und den Verbänden der Apotheker und Ärzte und durch die Regelungen des Gemeinsamen Bundesausschusses (GBA), eines korporativen Gremiums, geprägt, worauf im Folgenden näher einzugehen ist.

§ 4 Historischer und ökonomischer Hintergrund der Preisregulierung durch Rabattverträge

Auf die Frage von Beobachtern, warum solch komplizierte Instrumente wie die Rabattverträge zur Kostendämpfung im Gesundheitssystem eingesetzt werden, gibt das Gesetz über die gesetzliche Krankenversicherung (SGB V) keine Auskunft. Im Gegenteil: Theoretisch dürfte es kein Problem mit zu teuren Medikamenten[170] geben, denn § 12 Abs. 1 SGB V formuliert ausdrücklich, dass nur ein Anspruch[171] auf eine wirtschaftliche Versorgung besteht[172]. Und § 2 Abs. 4 SGB V appelliert unterstützend an Krankenkassen, Leistungserbringer und Versicherte, darauf zu achten, dass die Leistungen wirksam und wirtschaftlich erbracht und nur im notwendigen Umfang in Anspruch genommen werden. Aufgrund von Informationsdefiziten auf der einen und des sog. moral hazards[173] auf der anderen Seite konnten diese Regeln für sich genommen aber ihre für den Erhalt des Gesundheitssystems notwendige Wirkung nicht entfalten, was im Folgenden näher ausgeführt wird.

Die Regelung zu den Rabattverträgen wurde zwar bereits mit dem Beitragssatzsicherungsgesetz[174] im Jahre 2003 ins SGB übernommen, konnte jedoch bis zum GKV-WSG im Jahre 2007 nur geringe Wirkung entfalten, da die pharmazeutischen Unternehmer kaum Anreize hatten, Rabattverträge abzuschließen. Die Regelung sollte finanzielle Ressourcen für weitere Reformen freilegen und ausweislich der Gesetzesbegründung das Vertragsprinzip im Gesundheitswesen stärken.[175]

Dabei widersprach der Sachverständigenrat im Gesundheitswesen aber der in der Gesetzesbegründung genannten These von der Stärkung des Vertragsprinzips durch die Rabattverträge, da sie „[...] neben ihrer wettbewerblichen Problematik nicht den Prinzipien eines Vertragswettbewerbs mit selektivem Kontrahieren von Krankenkassen und Leistungsanbietern auf der Mikroebene" entsprächen[176]. Ohne an dieser Stelle auf diese Diskussion eingehen zu müssen, wird

170 Der Anspruch auf Behandlung mit Arzneimitteln ergibt sich aus § 31 SGB V.

171 Vgl. § 27 SGB V.

172 Die Krankenkassen stellen den Versicherten die im dritten Kapitel des SGB V genannten Leistungen unter Beachtung des Wirtschaftlichkeitsgebots (§ 12 SGB V) zur Verfügung, vgl. § 2 Abs. 1 S. 1.

173 Die Möglichkeiten der Verlagerung von üblicherweise (nach dem Marktprinzip) selbst zu tragenden Kosten auf andere. Beispielsweise die Tragung der Folgen einer zu kostspieligen Verordnung.

174 Beitragssatzsicherungsgesetz vom 23.12.2002, BGBl. I 2002, 4637 ff.

175 Vgl. Fn. 2.

176 *SV-Rat Gesundheitswesen*, Jahresgutachten 2007 „Kooperation und Verantwortung", S. 287, Nr. 397.

deutlich, dass noch nicht einmal Einigkeit darüber besteht, welchen Zielen die Rabattverträge überhaupt dienen können. Sie stellen also offensichtlich eine ziemlich komplexe Regelung dar.

Der Grund für die Einführung solcher komplizierter Regelungen, die im Gesundheitssystem keinen Einzelfall darstellen, ist in den ökonomischen Problemen der Ausgestaltung eines effizienten Gesundheitssystems und der darauf beruhenden Regulierungsgeschichte zu sehen.

I. Einführung des Solidarprinzips

Bereits im Deutschen Kaiserreich[177] war eine „Arbeiterversicherung" errichtet worden, „weil in der Sphäre der Arbeitnehmer Sicherungsprobleme aufgebrochen waren, die in der sog. Privatrechtsgesellschaft[178] – mit den Mitteln, über die der einzelne verfügt – nicht bewältigt werden konnten".[179] Kurz gesagt wurde „durch staatlichem Rechtszwang die Sorge für Risiken existenziellen Gewichts auf öffentlich-rechtliche Regelungsmuster umgestellt und eine „Sicherheitsproduktion" eröffnet, die den Zuteilungs- und Belastungskriterien des Wettbewerbs-Marktes nicht unterliegen sollte".[180] Leitmotiv war und blieb die Solidarität der Versicherten untereinander.[181]

Wie das im Einzelnen geschah, soll kurz dargestellt werden. Die angesprochenen „Sicherungsprobleme" sind ökonomisch erklärbar. Die solidarische Vollversicherung (geregelt im SGB V) löst durch die Ausschaltung des marktwirtschaftlichen Koordinationsmechanismus zwischen Versicherten und Versicherern viele Probleme des Zugangs zu Gesundheitsleistungen, die jedem Versi-

177 Zum Überblick über die Geschichte des Sozialrechts m.w.Nw. vgl. *Hänlein/Tennstedt*, in: von Maydell/Ruland/Becker, Sozialrechtshandbuch, § 2.

178 Dieser Begriff von *Franz Böhm*, Privatrechtsgesellschaft und Marktwirtschaft, Ordo 17 (1966), 75 ff., meint eine Gesellschaft, in der keine umfassende staatliche Verantwortung für alle gesellschaftlichen Fragen anerkannt ist, in der vielmehr „sozial überaus wesentlich Verhältnisse und öffentlich-allgemein bedeutsame Angelegenheiten der Ordnung durch dezentralisiert-gesellschaftliche Vorgänge und damit dem Privatrecht überantwortet bleiben", *Hase*, FS Schnapp, S. 447 (447)., m.w.Nw., u.a. *Franz Bydlinski*, Das Privatrecht im Rechtssystem einer „Privatrechtsgesellschaft", 1994, S. 63.

179 Vgl. *Hase*, FS Schnapp, S. 447 (447), Fn. 2, „Richard Weyl hatte die Sozialgesetzgebung Bismarcks in einem „Bankerott des Privatrechts" begründet gesehen, in dessen „Unvermögen … zur Heilung der socialen Schäden, welche in der fast völligen Schutzlosigkeit der Arbeiter gegen die wirtschaftlichen Nachteile von Krankheit, Unfall, Invalidität und Alter verborgen sind", Lehrbuch des Privatrechts, 1894, S. 5 ff., 920; im selben Sinne *Paul Laband*, Das Staatsrecht des Deutschen Reiches, Bd. 3, 5. Aufl. 1913 (Nachdruck 1964), S. 286 ff., 289.

180 *Hase*, a.a.O. unter Verweis u.a. auf *Joseph E. Stiglitz/Bruno Schönfelder*, Finanzwissenschaft, 2. Aufl. 1989, S. 336 ff. *Bydlinski*, Das Privatrecht im Rechtssystem einer „Privatrechtsgesellschaft", 1994, S. 63.

181 Zum Begriff der Solidarität vgl. *Noftz*, in: Hauck/Noftz, SGB V, § 1 Rn. 37 ff.

cherungssystem und speziell einem solchen für Gesundheitsgüter immanent sind.

Allgemein gilt: Der marktwirtschaftliche Koordinationsmechanismus oder auch Markt- und Preismechanismus nutzt den Preis als Informations- und Koordinierungsinstrument und dient im privaten Sektor (Privatrechtsgesellschaft) als Steuerungsinstrument, während im öffentlichen Sektor die Koordination der zahlreichen konkurrierenden Vorhaben auf der einen Seite und den knappen Mitteln auf der anderen Seite mit Hilfe der öffentlichen Planung bzw. der staatlich administrativen Steuerung funktioniert.[182]

Ausschaltung des Markt-Preis-Mechanismus im Gesundheitssystem bedeutet konkret, dass die Versicherten die Leistungen unabhängig von ihren Beiträge erhalten, also nicht, wie auf regulären Märkten, ihre Zahlungsbereitschaft für ein Gut offenbaren müssen, welches daraufhin dem zugewiesen wird, der die größte Zahlungsbereitschaft- und möglichkeit offenbart. Zudem besteht eine Versicherungspflicht für große Teile der Bevölkerung, die von den Versicherten Beiträge jeweils relativ zum Einkommen einfordert (und nicht in Abhängigkeit vom selbst definierten Bedarf). Es handelt sich um eine vom Solidaritätsgedanken geprägte Einrichtung.

Die Gründe für die Einführung einer solchen solidarischen Versicherung finden sich in den Schwierigkeiten, denen eine private, marktwirtschaftlich organisierte Krankenversicherung ausgesetzt ist. In Versicherungsmärkten, speziell im Gesundheitsbereich, bestehen vielfältige Schwierigkeiten, die das Funktionieren marktwirtschaftlicher Strukturen behindern. Beim Handeln von Versicherungsleistung kann es zu Marktversagen kommen, da hier Vertrauens- oder Glaubensgüter[183] gehandelt werden, und daher die Informationsfunktion des Marktes eingeschränkt ist.

Zum Zeitpunkt des Abschlusses einer Krankenversicherung kennt der Versicherte seine Risikoeigenschaften besser als das Versicherungsunternehmen; die-

182 *SV-Rat Gesundheitswesen*, Gutachten 2005, BT-Drs. 15/5670, S. 28 ff.

183 Solche Güter sind dadurch gekennzeichnet, dass der Marktteilnehmer ihre Qualität nicht vollständig überprüfen kann und daher seine Bewertungsmöglichkeit eingeschränkt ist, die aber ein wichtiges Kriterium der marktwirtschaftlichen Koordination darstellt. U.a. Krankenversicherungspolicen und Arzneimittel werfen solche Bewertungsprobleme auf. Vgl. allg. zu ökonomischen Fragestellungen bezogen auf die sozialrechtliche Regulierung aus der umfangreichen Literatur nur, *Schmehl/Wallrabenstein* (Hrsg.), Steuerungsinstrumente im Recht des Gesundheitswesens, Band 1 - 3; *Hajen/Paetow/Schumacher*, Gesundheitsökonomie; *Schmähl*, in: von Maydell/Ruland/Becker, Sozialrechtshandbuch, § 4; *Adam/Henke*, in: Schulin, Handbuch des Sozialversicherungsrechts, Bd. 1, § 4; *Breyer/Zweifel*, Gesundheitsökonomie; *Oberender/Zerth*, Gesundheitspolitik in Deutschland.

se Informationsasymmetrie[184] zugunsten des Versicherten kann auch durch zu Vertragsbeginn vom Unternehmen durchgeführte Gesundheitsprüfungen nicht vollständig behoben werden. In der Konsequenz kann ein Krankenversicherungsunternehmen, wenn es zwei Risiken aufgrund des Informationsnachteils nicht unterscheiden kann, für diese nur eine Durchschnittsprämie kalkulieren.[185] Zu dieser Durchschnittsprämie werden unterdurchschnittliche (sog. „gute") Risiken tendenziell einen geringen, überdurchschnittliche (sog. „schlechte") Risiken hingegen einen umfangreichen Versicherungsschutz nachfragen, was dazu führt, dass das Versicherungsunternehmen die Durchschnittsprämie anheben muss. Als Folge dieser Prämienerhöhung werden Personen mit einem weit unterdurchschnittlichen Risiko ihren Versicherungsschutz abstocken oder im Extremfall keinen Versicherungsschutz mehr nachfragen. In einem extremen Ergebnis dieser Risikoselektion wird auf dem Krankenversicherungsmarkt kein Versicherungsschutz mehr zu einer Prämie angeboten, zu der Personen mit geringem Krankheitsrisiko (sog. gute Risiken) bereit wären, Versicherungsschutz nachzufragen. Adverse Selektion[186] führt also dazu, dass gute Risiken zu wenig Versicherungsschutz im Vergleich zu einem gesamtwirtschaftlichen Wohlfahrtsoptimum nachfragen.[187] Gleichzeitig hat adverse Selektion für schlechte Risiken die Konsequenz, dass sie möglicherweise eine Versicherungsprämie zahlen müssten, die ihre finanzielle Belastbarkeit überschreitet.

Der Grund, dass z. B. Menschen über 65 in einem privaten Krankenversicherungssystem in den USA große Schwierigkeiten haben, eine Krankenversicherung zu finden, besteht darin, dass die Unternehmen das Krankheitsrisiko der älteren Patienten nicht genau einschätzen können und deshalb die Prämien erhöhen. Dadurch wiederum kaufen aber nur Versicherte mit vielen Krankheiten eine Police, weil sich nur für sie eine teure Police „lohnt", was die Versicherung wieder zu einer Erhöhung der Prämie anregt. Letzten Endes werden gar keine rentablen Policen mehr für Versicherte gehandelt, die nicht entweder sehr hohe Beiträge zahlen können oder kaum Krankheitsrisiken aufweisen. Das Ergebnis dieses Phänomens der Risikoselektion ist, dass diejenigen keinen Versicherungsschutz haben, die ihn am meisten brauchen.[188]

Weitere Schwierigkeiten bestehen in der Beurteilung der Effektivität von Arzneimitteln durch die Ärzte. Da die eigentlichen Experten hinsichtlich der Wirksamkeit ihrer Arzneimittel die pharmazeutischen Unternehmer sind und die

---

184 -Der Versicherte hat mehr vertragsrelevante Informationen als das Versicherungsunternehmen-.

185 Vgl. im Folgenden die Ausführungen von *Akerlof*, The Market for „Lemons": Quality Uncertainty and the Market Mechanism, The Quaterly Journal of Economics, Vol. 84, Nr. 3, 1970, 488, 492 ff.

186 Auswahl nach Gesichtspunkten des Krankheitsrisikos.

187 Vgl. *Akerlof*, a.a.O.

188 Vgl. *Akerlof*, a.a.O.

Ärzte insofern ein Informationsdefizit aufweisen, kann es hier dazu kommen, dass Arzneimittel zu einem teureren Preis erworben werden, als es ihrem Nutzen entspricht (sog. moral hazard[189]). Da der Patient die Wirkung des Arzneimittels häufig selbst auch im Nachhinein nur schlecht bewerten kann, fällt dieses normale Korrektiv des Marktes, in der der Nachfrager Güter zu unterscheiden lernt und in Zukunft anders nachfragt, aus. Damit wurden zwei Hauptprobleme im Gesundheitswesen, das Handeln von Policen und das Handeln von Arzneimitteln, aufgezeigt.

Hinzu kommen bei Krankenversicherungssystemen Probleme mit sog. öffentlichen Gütern[190], wie dem Schutz der Bevölkerung vor Krankheiten mithilfe von Impfungen, der zu einem Trittbrettfahrerverhalten derjenigen einlädt, die die Kosten für die Impfung scheuen, aber dennoch von der Impfung der breiten Masse profitieren, da die Krankheit gar nicht erst ausbrechen kann (und deshalb marktwirtschaftlich betrachtet eigentlich die Kosten mit schultern müssten). Zu nennen sind hier auch negative externe Effekte wie z. B. Luftverschmutzung, die Lungenkrankheiten auslösen kann. Deren Kosten werden nicht nur von jenen getragen, die die Luftverschmutzung verursachen[191]. Um all diesen Problemen zu begegnen, sind die Gesundheitsleistungen in Deutschland durch politische Entscheidung als öffentliches Gut ausgestaltet, d.h. heißt, sie stehen auch denen zur Verfügung, „die zwar zahlungsbereit wären, aber nicht zahlungsfähig sind," was zu einem Solidarsystem führt.[192]

Entscheidend ist hierbei, dass die Krankenkasse das Krankheitsrisiko ihres Versicherten bei der Beitragsbemessung und im Leistungsfall nicht berücksichtigen darf, es also nicht um einen Wettbewerb um sog. „gute Risiken", also Patienten mit guter Gesundheitsprognose zu Lasten sog. „schlechter Risiken" und damit zu einer Risikoselektion kommen kann.

Mit der Ausschaltung des Marktprinzips werden zwar nicht alle angesprochenen Probleme, zumindest aber das der Risikoselektion beim Handeln von Versicherungspolicen gelöst.

---

189 Die Möglichkeiten der Verlagerung von üblicherweise selbst zu tragenden Kosten auf andere. Beispielsweise das Tragen der Folgen einer zu kostspieligen Verordnung.

190 Öffentliche Güter sind solche Güter, von deren Benutzung niemand ausgeschlossen werden kann und für die die Bereitschaft, einen Preis zu zahlen, auf einem Markt sehr gering ist, weil das Gut ja ohnehin - scheinbar kostenlos - zur Verfügung steht.

191 Vgl. auch *Schmehl/Wallrabenstein* (Hrsg.), Steuerungsinstrumente im Recht des Gesundheitswesens, Band 1.

192 Mit der Bereitstellung von Gütern als „öffentliche" Güter ist daher regelmäßig ein erheblicher Umverteilungseffekt verbunden: Die Beiträge zu den Produktionskosten werden nach dem Prinzip „jeder nach seiner Fähigkeit" erhoben, die Nutzung der öffentlichen Güter erfolgt dann aber nach dem Prinzip „jeder nach seinen Bedürfnissen". Genau diese Überlegung liegt dem Solidarprinzip zugrunde, das die Basis der staatlichen Sozialleistungssysteme darstellt.", insoweit *Behrens*, ZfS 2000, 284 (285).

II. Die Entwicklung des Sachleistungsprinzips, der korporativen Koordination und daraus resultierende Schwierigkeiten

Mit der Zeit entwickelte sich das bis heute geltende Sachleistungsprinzip und löste das bis dahin geltende Kostenerstattungsprinzip ab.[193] Die Krankenkassen schlossen demgemäß selbst Verträge mit den Leistungserbringern ab, die die Versicherten dann kostenfrei in Anspruch nehmen konnten. Den Patienten wurde damit vor allem die Vorleistung für Gesundheitsleistungen erspart, was den gleichberechtigten Zugang zu Gesundheitsleistungen entscheidend verbesserte.

Dabei bestand für die Krankenkassen das marktwirtschaftliche Problem, dass sie die Leistungserbringer, unter anderem die Ärzte, bezahlen mussten, ohne die Qualität und Notwendigkeit der Leistung beurteilen zu können. Gleichzeitig durften sie aber aufgrund des Solidaritätsprinzips von den Versicherten keine risikoäquivalenten Beiträge fordern. Dieses Problem „lösten" die Krankenkassen in der ersten Zeit, in dem sie die Ärzte gegeneinander ausspielten und diese bei zu häufiger oder teurer Inanspruchnahme nicht mehr zur Versorgung zuließen.

Daraufhin schlossen sich die Ärzte zusammen und die Krankenkassen konnten nun keine Einzelverträge mehr schließen, sondern waren auf Kollektivverträge mit den entstandenen Körperschaften, den Kassenärztlichen Vereinigungen, angewiesen, in denen die Regeln für alle Beteiligten gleichberechtigt festgelegt wurden. Die Krankenkassen wurden insofern auch grundsätzlich an die Arzneimittelverordnung gebunden, als dass sie die verordneten Arzneimittel bezahlen mussten, ohne noch Druckmittel in Bezug auf einzelne Ärzte anwenden zu können. Sachleistungsprinzip und die korporatistische Steuerung[194] entwickelten sich unter beträchtlichen Auseinandersetzungen der Krankenkassen und der Ärzteschaft.[195]

Die Entscheidung über die Verteilung der Leistungen, die die Krankenkasse gewährte, übernahm ab diesem Zeitpunkt der Koordinationsmechanismus[196] der

---

193 Vgl. im Folgenden vor allem *Deppe*, Krankheit ist ohne Politik nicht heilbar, 1987, S. 9 ff; *Rosewitz/Webber*, Reform und Reformblockaden im deutschen Gesundheitswesen, 1990; *Rompf*, VSSR 2007, 1 ff.

194 Die korporative Koordination spielte eine allokativ dominante Rolle in der vorindustriellen, mittelalterlichen Zunftwirtschaft. Korporative Strukturen erlebten nach dem ersten Weltkrieg u.a. in Deutschland, Italien, Portugal und Spanien eine gewisse Renaissance. Dabei trat die korporative Koordination als komplementäres Koordinationsinstrument zum Markt- und Preismechanismus hinzu, *SV-Rat Gesundheitswesen*, Gutachten 2005, BT-Drs. 15/5670, S. 29 m.w.Nw.

195 *Ebsen*, in: von Maydell/Ruland/Becker, Sozialrechtshandbuch, § 15, Rn. 15; *Deppe*, Krankheit ist ohne Politik nicht heilbar, 1987, S. 9 ff; *Rosewitz/Webber*, Reform und Reformblockaden im deutschen Gesundheitswesen, 1990; *Rompf*, VSSR 2007, 1 ff.

196 Im Folgenden (austauschbar) auch Allokationsmechanismen oder Verteilungsmechanismen genannt.

korporativen Koordination durch Kollektivverträge, nicht mehr der Marktmechanismus in Form direkter Verhandlungen der Krankenkasse mit den einzelnen Leistungserbringern über Qualität und Preis. Welche Güter und Dienstleistungen die Versicherten erhalten, beruht danach letztlich auf den gesetzlichen Regelungen und den Vereinbarungen, die Organisationen im Gesundheitswesen schließen.[197] Zu nennen sind heutzutage im Bereich der ambulanten ärztlichen Versorgung vor allem die dort tätigen Körperschaften des öffentlichen Rechts: die Kassenärztlichen Vereinigungen und die Krankenkassen. Vor einigen Jahren kam dann die mittlerweile einflussreichste korporative Organisation Gemeinsamer Bundesausschuss (GBA) hinzu[198], die viele zentrale Kriterien für die Verteilung aufstellt, wie dies beispielhaft im Zusammenhang mit dem oben geschilderten Festbetragssystem zu lesen war.[199]

Diese Organisationen legen gemeinsam die Regeln fest, auf welche Weise die Vergütung und die Leistungserbringung, also letztlich die Güterverteilung im Gesundheitswesen erfolgt. Da sich die Apotheker und Ärzte (im Rahmen ihrer Therapiefreiheit) an diese Regelungen halten müssen, fragten die Kranken-

197 Zum gesundheitsrechtsrechtlichen Korporatismus vgl. auch *Becker/Kingreen*, § 69 Rn. 6 ff.

198 Zur Entwicklung vgl. *SV-Rat Gesundheitswesen*, Gutachten 2005, BT-Drs. 15/5670, S. 22.

199 Zur Stellung des Gemeinsamen Bundesausschusses (GBA) vgl. *BSG*, Urt. v. 06.05.2009, Rn. 47 (juris) = BSGE 103, 106 ff. Der Gemeinsame Bundesausschuss ist eine organisatorisch verselbstständigte Einrichtung, die fachkundig und interessenpluralistisch besetzt ist. Er hat unter Einbeziehung der von seinen Entscheidung Betroffenen alle versorgungsrelevanten Richtlinienentscheidungen zur Konkretisierung der leistungsrechtlichen Rahmenrechte in §§ 27 ff. SGB V vorzunehmen, *BSG*, Urt. v. 06.05.2009, Rn. 47 (juris) = BSGE 103, 106 ff. „Den eingeführten wettbewerblich dezentralen Elementen steht so mit dem Gemeinsamen Bundesausschuss (§ 91 SGB V) eine zentrale korporative ‚Super-Organisation' gegenüber. Dieser Gemeinsame Bundesausschuss verfügt wie keine der bisherigen korporativen Organisationen über eine Fülle von Regelungskompetenzen. Den GBA bilden die Kassenärztliche und Kassenzahnärztliche Bundesvereinigung, die Deutsche Krankenhausgesellschaft sowie die Spitzenverbände der Krankenkassen. Wichtig im Arzneimittelbereich sind vor allem seine Aufgaben zur Abgabe evidenzbasierter Patienteninformationen zur Diagnostik und Therapie von Krankheiten mit erheblicher epidemiologischer Bedeutung und die Regelung der methodischen Anforderungen an die wissenschaftliche sektorübergreifende Bewertung des Nutzens, der Notwendigkeit und der Wirtschaftlichkeit von Maßnahmen." Insgesamt besitzt der GBA die Kompetenz, über die Formulierung von Qualitätskriterien den Leistungskatalog der GKV zu fixieren und fortzuschreiben, vgl. dazu auch *BSG*, Urt. v. 06.05.2009, Rn. 45 (juris), m. w.Nw. = BSGE 103, 106 ff. Er bildet damit das für die Allokation im Gesundheitswesen relevanteste Entscheidungsorgan. Dezentrale Differenzierungen können nur in dem Rahmen erfolgen, den der GBA absteckt, wörtliche Zitierungen aus *SV-Rat Gesundheitswesen*, Gutachten 2007, S. 35.

kassen die Leistungen von ihnen lange Zeit also auf der Basis von korporativen Regelungen und nicht primär nach marktwirtschaftlichen Gesichtspunkten nach.

1. Die korporativen Strukturen im gegenwärtigen Sozialrecht

Im Einzelnen funktionieren die korporativen Regelung im SGB V für die Ärzte folgendermaßen: Die Kassenärztlichen Vereinigungen arbeiten zur Sicherstellung der vertragsärztlichen Versorgung der Versicherten mit den Krankenkassen zusammen, § 72 Abs. 1 SGB V. Durch diesen gemeinsamen Sicherstellungsauftrag - der die Vertragsärzte von den anderen Leistungserbringern unterscheidet - [200] wird die gemeinsame Verantwortung von Arzt und Patient für die individuelle Therapie auf die kollektive Ebene übertragen. Einschränkungen des Anspruchs, die mittelbar erheblich auf die ärztliche Therapiefreiheit einwirken, ergeben sich aus Zuzahlungen, Festbeträgen und Leistungsausschlüssen.[201] Keine Einschränkung des Anspruchs ergibt sich dagegen aus der Zahlungsfähigkeit des Versicherten, was das Fehlen des Marktmechanismus belegt.

Für die Sicherstellung der ärztlichen Versorgung, innerhalb derer auch die verschreibungspflichtigen Arzneimittel verordnet werden, schließen die Krankenkassen Gesamtverträge mit den Kassenärztlichen Vereinigungen ab[202]. Die Gesamtverträge müssen im Rahmen der gesetzlichen Vorschriften und der Richtlinien des Bundesausschusses eine ausreichende, zweckmäßige und wirtschaftliche Versorgung der Versicherten unter Berücksichtigung der allgemein anerkannten medizinischen Erkenntnisse sicherstellen und eine angemessene Vergütung der ärztlichen Leistung regeln (§ 72 Abs. 2 SGB V). Die einzelnen Ärzte stehen somit im Rahmen dieser Gesamtverträge nicht unter dem direkten Einfluss der Krankenkassen. Da die Krankenkassen den Anspruch der Versicherten im Grundsatz als Sachleistung zu erfüllen haben[203], die Versicherten dem Arzt seine Leistungen also nicht vergüten müssen[204] und der Arzt den Leistungsinhalt selbst konkretisiert,[205] lässt sich bereits hier das Problem der Krankenkasse erkennen, darauf einzuwirken, dass die Verordnung möglichst wirt-

---

200 Vgl. *BVerfG* v. 17.12.2002, BVerfGE 106, 275 (304 ff.) - Festbeträge.

201 *BVerfG* v. 17.12.2002, BVerfGE 106, 275 = GesR 2003, 56 – Festbeträge.

202 Über die Erbringung der Leistungen für die Versicherten schließen die Krankenkassen nach den Vorschriften des vierten Kapitels des SGB V Verträge mit den Leistungserbringern, vgl. § 2 Abs. 2 S. 3 SGB V. Damit waren in der Vergangenheit vor allem Kollektivverträge gemeint.

203 Vgl. § 2 Abs. 2 S. 1 SGB V: Die Versicherten erhalten die Leistungen als Sach- und Dienstleistungen (also nicht als Geldleistungen im Wege der Rückerstattung) soweit das SGB V oder das SGB IX nichts abweichendes regeln.

204 Die Leistung werden von den Krankenkassen zumeist über die Kassenärztlichen Vereinigungen vergütet.

205 -da sinnigerweise nicht wie bei anderen Leistungen des Staates ein Verwaltungsverfahren der Medikamentenverordnung vorgeschaltet ist-.

schaftlich erfolgt, was auf die Schwierigkeiten der korporativen Koordination hindeutet. Dabei müssen die Krankenkassen grundsätzlich auf die Leistungserbringer zurückgreifen, die Gründung von Eigeneinrichtungen sozusagen als „Fluchtmöglichkeit" ist ihnen in der Regel nicht erlaubt (vgl. § 140 SGB V).

2. *Die Spaltung der Nachfrage*

Diese Schwierigkeiten werden insbesondere durch ein Problem virulent, welches man, ökonomisch gewendet, als Dreiteilung der Nachfrage bezeichnen kann.

Dem Krankversicherungssystem ist eine Spaltung der Nachfrage immanent. Denn die drei Rollen, die der Nachfrager üblicherweise auf sich vereint, werden dort von unterschiedlichen Akteuren wahrgenommen: Der Patient konsumiert, der Arzt disponiert (entscheidet) und die Krankenversicherung finanziert.[206] Die daraus resultierenden Unterschiede zum Markt-Preis-Mechanismus lauten zusammengefasst[207]: „Auf gewöhnlichen Märkten ist der Konsument in einer Person zugleich Träger eines bestimmten Bedarfs, Disponent bezüglich der zur Bedarfsdeckung geeigneten Güter oder Leistungen sowie Träger der Zahlungslast. Im Gesundheitswesen dagegen ist der Patient zwar Bedarfsträger, aber der Arzt definiert den marktwirksamen Bedarf und die Zahllast wird von der Krankenkasse getragen. Ferner leidet die Möglichkeit der Bewertung von Bedürfnissen und Leistungen unter Informationsasymmetrien (der Patient kann seine Befindlichkeit besser einschätzen, aber der Arzt den Behandlungserfolg) es bestehen große Unsicherheiten über die zu stellende Diagnose und die einzuschlagende Therapie."

Auch die Versorgung mit Arzneimitteln lief konsequenterweise nicht primär nach marktwirtschaftlichen Gesichtspunkten ab. Druckmittel zur Einwirkung auf die pharmazeutischen Unternehmer, ihre Preise zu senken oder auf die Ärzte, andere Arzneimittel zu verordnen, hatten die Krankenkassen nicht. Die Vergütung der Ärzte wurde auf der Grundlage von Kollektivverträgen geregelt. Wenn sie einmal zugelassen waren, können die Krankenkassen unliebsame Ärzte danach nicht mehr einfach von der Versorgung ausschließen - etwa weil ein Arzt zwar therapiegerechte, aber nach dem Geschmack der Krankenkasse zu teure Arzneimittel verordnete. Der Markt-Preis-Mechanismus war damit ausgeschaltet. Diese Verteilungsregeln für die ärztlichen Leistungen bestehen im Grundsatz bis heute. Die Krankenkassen unterliegen somit nicht nur in Bezug auf die ärzt-

---

206 Zur Rspr. vgl. insb. *BGH* NJW 1976, 2259 = WM 1976, 1169 (1171) – Vitamin B12; *KG* BB 1975, 1270 = WuW/E OLG 1599 – Vitamin B12; *BGH* NJW 1977, 675 = WM 1977, 281 (283) - Valium/Librium I; *KG*, WuW/E *OLG* 1645 – Valium/Librium I; BGH NJW 1980, 1164 =WM 1980, 382 – Valium/Librium II. Vgl. *Hajen/Paetow/Schu macher*, Gesundheitsökonomie, S. 84 und 208.

207 *Behrens*, ZfS 2000, 284 (286).

liche Dienstleistung selber, sondern auch bezüglich Nachfrage nach Arzneimitteln einem faktischen Kontrahierungszwang.

3. Die Arzneimittelversorgung unter dem Einfluss der pharmazeutischen Unternehmen

Diese Situation machten sich die pharmazeutischen Unternehmer zu nutze. Obwohl die Rollen bei der Verteilung von Arzneimitteln im Laufe der Geschichte mit der Weiterentwicklung der Medizin immer differenzierter wurden, waren und sind bis heute die „Letztentscheider" über eine Arzneimitteltherapie - abgesehen von einer beschränkten Austauschbefugnis der Apotheker - vor allem die Ärzte.

Erst Mitte des 19. Jahrhunderts trennte sich allmählich die Arzneimittelforschung von der ärztlichen Praxis.[208] Die Herstellung der Arzneimittel oblag schon lange davor den Apothekern, während die Pharmazie bis dahin den Ärzten untergeordnet blieb.[209] Keine selbstverständliche Entwicklung: Während in Europa die Ärzte in der Vergangenheit eher zu Aufsehern über die Apotheker gemacht wurden und den Apothekern teilweise sogar abverlangt wurde, keine Arzneimittel ohne ärztliches Rezept abzugeben, wurden im Gegenteil in China die Ärzte Angestellte der Apotheker.[210] Die Aufteilung in Schritte der Arzneimittelforschung, Herstellung, Verbreitung, Verordnung durch die Ärzte, Abgabe von Arzneimitteln durch die Apotheker, Bezahlung durch die Krankenkassen und schließlich Konsumierung durch den Patienten ließ eine gewichtige neue Institution auf den Plan treten, die ihrerseits erheblichen Einfluss auf die Ärzte und Apotheker bei der Verschreibung und Abgabe von Arzneimitteln nehmen sollte: die pharmazeutische Industrie. Auch die pharmazeutischen Unternehmer kannten die Nachfrageteilung im Gesundheitswesen und wussten die mangelnde Kontrollmöglichkeit der Krankenkassen für sich zu nutzen.

Die Arzneimittelproduzenten hatten von diesem Ausgangspunkt keine Veranlassung, um die Gunst der Krankenkassen zu werben, ihre Produkte abzusetzen, sondern nur um die Gunst der Ärzte und Apotheker, also allen, die eine echte Mitentscheidungsmöglichkeit hatten. So wurde ein umfangreicher Rabatt- und Marketingmarkt zugunsten dieser Berufsgruppen geschaffen,[211] so dass un-

208 Vgl. *SV-Rat Gesundheitswesen*, Gutachten 2005, BT-Drs. 15/5670, S. 287.

209 Der Berufsstand bildetet sich im 13. Jahrhundert, vgl. *SV-Rat Gesundheitswesen*, Gutachten 2005, BT-Drs. 15/5670, S. 287.

210 Vgl. *SV-Rat Gesundheitswesen*, Gutachten 2005, BT-Drs. 15/5670, S. 287.

211 Das Verhalten des „Verbrauchsdisponenten" Arzt wurde und wird von den Pharmaunternehmen durch intensive Marktbearbeitung beeinflusst. Dazu gehören Zeitschriftenwerbung, Vertreterbesuche, Muster, Fragebogen, kleinere (teilweise) auf häufiges Niederschreiben eines Produktnamens gerichtete Forschungsaufträge sowie Seminar- und

ter anderem auch die offiziellen Arzneimittelpreise, die die Krankenkassen zu tragen hatten, von den niedrigeren Preisen, die von den Apotheken zu tragen waren, erheblich abwichen.[212]

Der Deutsche Generikaverband wies im Jahre 2004 selbst ausdrücklich auf die Notwendigkeit der Rabattgewährung durch den Apothekenaußendienst hin, um die Verordnung des Arztes auch noch in der Apotheke abzusichern. Rabatte von 15 bis 25 Prozent und mehr für verschreibungspflichtige Präparate seien keine Seltenheit.[213] Hersteller von Markengenerika (branded generics) boten den Apotheken u.a. folgende Freipackungen und Bar-Rabatte an:[214]

- 2 +1 plus 6 Monate Valuta als „Angebot zur Europameisterschaft",
- 3 + 2 sowie 7+3 als „Juni-Aktion",
- Bar-Rabatte zwischen 12,5 % und 50 %.

Rabatte in solchen Größenordnungen, so folgerte man, könnten Unternehmen üblicherweise nur auf Märkten mit einem höchst unvollkommenen Preiswettbewerb gewähren. Da kleine und mittlere Generika-Unternehmen bei solchen ‚Rabatt-Schlachten' kaum mithalten konnten, führten diese auch zu einer verstärkten Marktkonzentration im generikafähigen Segment, worunter wiederum der Preiswettbewerb zu leiden habe. Unternehmen, die mit einer Preisunterbietung um 20 bis 30 % ihren Absatz zu erhöhen versuchten, besaßen unter diesen Bedingungen im Kalkül der Apotheker kaum eine Chance.[215]

4. *Reformbestrebungen*

Internationale Studien bestätigten, was nach den bisherigen Ausführungen zu vermuten war: Obwohl die Leistungen des deutschen Gesundheitssystems im Allgemeinen als gut bewertet[216] wurden, da es im internationalen Vergleich für alle Bürger einen sehr weitgehenden Versicherungsschutz, ein nahezu flächendeckendes Angebot an Gesundheitsleistungen und einen hohen Versorgungs-

---

Vortragsveranstaltungen. Die Nachfragemacht der Krankenkassen blieb somit lange Zeit „Fiktion", vgl. nur *Salje*, NJW 1989, 751 (754).

212 Die Vereinbarungen mit den Apotheken beschrieb der *BGH* als „Teil einer weitergreifenden Auseinandersetzung zwischen der pharmazeutischen Industrie und den öffentlichen Krankenversicherungsträgern", NJW 1987, 2931 = ZIP 1987, 597 – Importvereinbarungen; WuW 1987, 672 = WuW/E BGH 2370 – importierte Fertigarzneimittel.

213 Nachweise bei *SV-Rat Gesundheitswesen*, Gutachten 2005, BT-Drs. 15/5670, S. 324.

214 Nachweise bei *SV-Rat Gesundheitswesen*, Gutachten 2005, BT-Drs. 15/5670, S. 324.

215 Nachweise bei *SV-Rat Gesundheitswesen*, Gutachten 2005, BT-Drs. 15/5670, S. 324.

216 Vgl. *SV-Rat Gesundheitswesen*, Gutachten 2005, BT-Drs. 15/5670, S. 21; *Rürup* (als Vorsitzender des Sachverständigenrates für die Beurteilung der gesamtwirtschaftlichen Entwicklung), Die Krankenversicherung 2008, 131 f; *Henke*, J Public Health 2006, 385 (385).

standard bot[217], wurde ein weit überdurchschnittlicher Ressourceneinsatz gefolgert aus den vorderen Rängen innerhalb der OECD-Länder, die Deutschland bei den Pro-Kopf-Gesundheitsausgaben als auch bei der Gesundheitsquote, d. h. der Relation zwischen den gesamten nationalen Gesundheitsausgaben und dem entsprechenden Bruttoinlandsprodukt (nach der Weltgesundheitsorganisation, WHO), einnahm.[218]

Die Diskussion um Preisniveau und Wettbewerb im generikafähigen Marktsegment entzündete sich zudem an einer Studie zu Preisvergleichen von Generika in Deutschland und Großbritannien.[219]

Dass die Krankenkassen zu hohe Preise insbes. für Generika zahlten, schloss man somit zum einen aus den hohen Preisen im internationalen Vergleich und zum anderen aus dem Rabattwettbewerb zugunsten der Ärzte und Apotheker, der die tatsächlichen Preise weit unter die offiziellen Listenpreise drückte. Aber auch die korporative Koordination, die den Einfluss der Krankenkassen auf die Wirtschaftlichkeit der Versorgung stark begrenzte, geriet nun in die Kritik. Man erinnerte wieder an das Marktprinzip, welches einer ineffizienten Mittelverwendung entgegenwirken könne. Hinzu kamen zahlreiche gescheiterte Reformbemühungen im Bereich des Gesundheitswesens.

III. Erfolglose Reformbemühungen

Nicht nur die erste Reformwelle zwischen 1977 und 1983, sondern auch die zur Ausgabenbegrenzung bei den Krankenkassen seit dem Ende der 1980er Jahre angestellten Reformbemühungen hatten dabei zu wenig Wirkung gezeigt.[220]

Letztere hatten neben einer Begrenzung der verschreibungsfähigen Arzneimittel (§ 33a, 34 SGB V), der Einführung von Zuzahlungen der Versicherten (§ 31 Abs. 3, §§ 61, 62 SGB V) und der Arzneimittelbudgetierung (§ 84 SGB V) auch in die Preisgestaltung für Arzneimittel eingegriffen. Mit dem Gesundheits-Reformgesetz war das Festbetragskonzept eingeführt worden. Für Gruppen wirkstoffgleicher und ähnlicher Arzneimittel wurden Festbeträge eingeführt

---

217 Und zudem die GKV auch verglichen mit anderen sozialen Krankenversicherungen einen umfassenden Leistungskatalog mit einer guten Erreichbarkeit der Leistungen kombiniert und die Patienten kaum mit schärferen Rationierungen, wie z. B. Warteschlangen konfrontiert.

218 Vgl. im Folgenden zur WHO-Studie: *SV-Rat Gesundheitswesen*, Gutachten 2005, BT-Drs. 15/5670, S. 21 ff.

219 Das internationale Marktforschungsunternehmen IMS Health führte einen solchen Vergleich im Jahre 2004 im Auftrage des Verbandes Forschender Arzneimittelhersteller e.V. durch.

220 Zur Geschichte der Kostendämpfungspolitik und zur sog. permanenten Gesundheitsreform vgl. *Ebsen*, in: von Maydell/Ruland/Becker, Sozialrechtshandbuch, § 15, Rn. 15 ff. m.w.Nw.

(§ 35, 35a SGB V) und der Leistungsanspruch der Versicherten gegenüber den Krankenkassen wurde auf diese Festbeträge begrenzt (§ 31 Abs. 2 SGB V).[221]

Zugleich mit der Auswahl des Festbetragskonzepts wurden die Apotheken verpflichtet, an der bis dahin allein dem Arzt obliegenden Auswahl preisgünstiger Arzneimittel teilzunehmen (§ 129 Abs. 1 SGB V, Aut-idem-Regelung). Dem Spitzenverband Bund der Krankenkassen und der Spitzenorganisationen der Apotheker wurde hierzu aufgegeben, Einzelheiten in einem kollektiven Rahmenvertrag zu regeln, der auch Sanktionen bei Nichteinhaltung vorsehen muss (§ 129 Abs. 2 bis 4 SGB V).

Die mit Hilfe der Aut-idem-Regelung in der GKV realisierten Einsparungen blieben aber hinter den Erwartungen und den erwarteten Möglichkeiten zurück. Denn trotz der Abgabepflicht der Apotheker konnten die pharmazeutischen Unternehmer durch Rabatte Anreize auf diese ausüben, ihre Präparate abzugeben, und waren zudem nicht gezwungen, ihre Preise zu senken, solange es die Mitkonkurrenten nicht auch taten.[222]

Zahlreiche Instrumente gegen die Fehlanreize wirkten damit auf Ärzte, Patienten und pharmazeutische Unternehmer ein, deren Wirksamkeit bezüglich der Kostensenkung als zu gering beurteilt wurden.

IV. Neue Reformideen

Obwohl den Krankenkassen mehr Einfluss auf die Arzneimittelversorgung eingeräumt werden sollte, wollte man die Therapiefreiheit der Ärzte und den gleichberechtigten Zugang zu Gesundheitsleistungen weitestgehend erhalten. Daher wurden Ideen zu Positivlisten, bei denen die Kassen nur noch bestimmte, von ihnen gelistete Arzneimittel hätten erstatten müssen und die Verordnung anderer Arzneimittel einer besonderen Genehmigung bedurft hätte, nicht umgesetzt. Aber auch den unmittelbaren Eingriff in die Preispolitik der Hersteller hielt man für nachteilig, da dieser Forschung und Entwicklung behindern könne. Erst durch das spätere AMNOG sollte auch hier ein Paradigmenwechsel erfolgen.

Ebenso war man nicht mit einer vollständigen Abschaffung der korporativen Koordination einverstanden. Man setzte vielmehr auf eine gleichzeitige Anwendung mehrerer konkurrierender Mechanismen. Dies war nur konsequent, denn die Suche nach einem Sektor-übergreifenden Allokationsmechanismus sollte ursprünglich die Konzertierte Aktion im Gesundheitswesen, d. h. die korporative Koordination, wahrnehmen. Diese stellte ihre Arbeit jedoch nach mehreren überwiegend erfolglosen Jahren bereits Mitte der neunziger Jahre ein.[223] Die neue Erkenntnis war vielmehr: Welche Mängel auch immer die verschiedenen

221 *BVerfG*, Beschl. v. 13.09.2005, 2 BvF 2/03, Rn.12 (juris), DVBL 2005, 1503-1513 – BSSichG.

222 Zu den Fehlanreizen bei der Preisbildung vgl. auch *Mand/Burk*, A&R 2008, 107 (109).

223 *SV-Rat Gesundheitswesen*, Gutachten 2005, BT-Drs. 15/5670, S. 29 ff.

Allokationsmechanismen hätten, gebe es im Hinblick auf die Ziele der Gesundheitsversorgung und die Komplexität gesundheitlicher Leistungserstellung keinen Allokationsmechanismus, der die alternativen Allokationsinstrumente in jeder Hinsicht übertreffe[224]. Es gelte daher: „The choice must be based on a case-by-case appraisal“[225].

1. Keine Positivlisten

Dennoch kann das Konzept der kasseninternen Positivlisten als ursprüngliche Idee[226] hinter den Rabattverträgen gelten, wobei die Rabattverträge nur eine schwache Ausprägung dieser Idee sind. Nach der Idee der kasseninternen Positivlisten konkurrieren die Krankenkassen um die Mitglieder mit von ihnen individuell zusammengestellten Arzneimittellisten, deren Arzneimittel vornehmlich von Ärzten verordnet werden sollen, während Arzneimittel, die nicht auf der Liste stehen, den Patienten Zuzahlungen oder zusätzliche Genehmigungen seitens der Krankenkasse abverlangen, also gewisse Hürden aufstellen. Dabei würden vor allem diejenigen Arzneimittelhersteller hinsichtlich der Listenplatzierung Erfolg haben, die den Kassen den höchsten Rabatt für ihre Produkte gewähren könnten, da die Krankenkassen im Wettbewerb untereinander neben Zufriedenheit ihrer Mitglieder auch an ihren finanziellen Erfolgen gemessen würden. Anstoß für diese Idee könnten entsprechende Vorbilder in den USA gegeben haben. Ein zentrales Beeinflussungsinstrument des Verordnungsgeschehens in den USA sind nämlich Arzneimittellisten und dadurch ausgelöste Rabattverhandlungen. In den USA sollen diese Listen sowohl der Kostenkontrolle als auch der Qualitätssicherung dienen. Man hat dort die Erfahrung gemacht, dass die mit Listen verfolgten Ziele, die Patienten zur „Listentreue“ zu bewegen, am besten mit entsprechenden Anreizsystemen erreicht werden.[227] Wird die Listentreue durch ein Anreizsystem unterstützt, wird auch von einer *managed formulary* gesprochen[228]. Die Positivlisten erlauben die Nachfragebündelung gegenüber den Arzneimittelherstellern, indem bestimmte Mittel den Leistungserbringern zur bevorzugten Verwendung empfohlen werden, wofür Rabatte der Unternehmen ausgehandelt werden (Rebate Negotiating). Diese Form der Regulierung führte allerdings auch zu Schwierigkeiten. Folge der Rabatte waren eine stetige Erhöhung der „offiziellen“ Listenpreise als Ausweichreaktion der phar-

---

224 *E. Wille*, Marktversagen versus Staatsversagen – ein ideologisches Karussell?, S. 251 ff.

225 *SV-Rat Gesundheitswesen*, Gutachten 2005, BT-Drs. 15/5670, S. 59 mit Verweis auf *Havemann*, Public Choice and Public Economics: The Case of Collective Failure in U.S. Water Quality Policy, in: Roskamp, Public Choice and Public Finance, S. 137-154.

226 Vgl. im Folgenden *Cassel/Wille*, Gutachten 2006, S. 381 ff.

227 Vgl. die detaillierte Darstellung bei *Friske*, Mehr Markt und Wettbewerb in der deutschen Arzneimittelversorgung?.

228 *Friske*, Mehr Markt und Wettbewerb in der deutschen Arzneimittelversorgung?, S. 207.

mazeutischen Unternehmen auf die Rabattgewährung an einzelne große Krankenkassen. Durch das Prinzip der Kostenverlagerung (Cost Shifting) und Preissteigerungen in Märkten, in denen ihnen keine mächtigen Krankenversicherungen gegenüber standen, konnte ein Teil der verloren gegangenen Deckungsbeiträge durch höhere Arzneimittelausgaben von marktmachtlosen Verbrauchern kompensiert werden. Genau diese Verbraucher waren aber jene, die sich keinen oder nur einen schlechten Krankenversicherungsschutz leisten konnten. Somit wurde der Zugang zu günstigen Arzneimittel für diese Patienten erschwert. Dabei können durch die Preissteigerung immer höhere Rabatte ohne jeden Verlust gewährt werden. Damit werden die überproportionalen Preissteigerungen im US-Pharmamarkt erklärt.[229]

Auch kamen in den USA die Risiken des direkten Einflusses der Krankenkassen auf die Ärzte zum Vorschein. Die Krankenkassen setzen für die Zusammenstellung der Listen und die Rabattverhandlungen Firmen ein, die PBM's (Pharmaceutical Benefit Manager). Welchen erheblichen Druck einzelne von diesen Firmen auf die Ärzte ausüben, der neben finanziellen Nachteilen am Ende sogar Gesundheitsgefahren für die Patienten zeitigte, ist aus der Entscheidung im Fall „Medco", einem PBM, zu ersehen. Die Entscheidung verbietet Medco, Ärzte zum Wechsel von Medikamenten aufzufordern, wenn[230]:

- die Selbstkostenpreise für das vorgeschlagene Arzneimittel höher sind;
- das verschriebene Präparat ein generisches Äquivalent hat und das gewünschte Mittel nicht;
- der Wechsel der Abwendung von Wettbewerbsdruck durch Generika dient;
- der Wechsel innerhalb einer therapeutischen Klasse öfter als einmal in 2 Jahren erfolgt.

Zudem muss Medco:

- Verschreibern und Patienten offenlegen, (a) wie viel mindestens oder tatsächlich für den Versicherer gespart wird und (b) die Zuzahlungsdifferenz zwischen den Arzneimitteln;
- die finanziellen Anreize für einen Medikamentenwechsel darlegen;
- die Unterschiede bezüglich der Nebenwirkungen beider Medikament darlegen;
- den Patienten die Zusatzkosten, die durch den Medikamentenwechsel entstehen, erstatten, und darüber auch ausreichend informieren;
- die Letztentscheidungsmöglichkeit des Arztes akzeptieren;

---

229 *Friske*, Mehr Markt und Wettbewerb in der deutschen Arzneimittelversorgung?, S. 207 ff., m.w.Nw.

230 State Attorney General *Eliot Spitzer*, Press Release, http://www.oag.state.ny.us/press/2004/apr/apr26b_04.html (Seite war zum z.Z. der Drucklegung leider nicht mehr verfügbar).

- die Patienten informieren, dass sie den Wechsel ablehnen können und das ursprünglich verschriebene Arzneimittel erhalten können;
- die Auswirkungen des Wechsels auf die Patientengesundheit beobachten;
- einen ethischen Codex und Berufsstandards festlegen.

Die Ausführungen zum Fall Medco zeigen auf, wo die Probleme des Einflusses der Krankenkassen auf die Ärzte liegen können. Sie könnten auch zukunftsweisend für entstehende umfangreiche Informationspflichten der Krankenkassen stehen, falls diesen in Zukunft in noch stärkeren Maße die Verantwortung für die Verordnung übertragen werden sollte.

2. *Rabattverhandlungen ohne Positivlisten*

Ohne die Nachteile des amerikanischen Systems wollte man dennoch die Möglichkeit für die Krankenkassen einführen, mit pharmazeutischen Unternehmern über Preise zu verhandeln. Dafür koppelte man die Rabattverträge an die Wirkung der Aut-idem-Regelung und die Festbeträge, die insofern den Ersatz für die Positivlisten darstellten und den Vorteil hatte, die Versorgung mit Arzneimittel nicht von vornherein zu beschränken, sondern weitest mögliche Offenheit zu gewährleisten. Damit kombinierte man ein auf kollektiven Strukturen basierendes System mit individuellen Preisverhandlungen.

3. *Referenzpreise in Europa*

Dass bei einem solchen System von den offiziellen Listen-Preisen abweichende inoffizielle Rabatt-Preise entstehen würden, hatte einen weiteren Vorteil. Dieser hängt mit der Preisregulierung durch Referenzpreise in den Mitgliedstaaten der EU zusammen. Für die Preisregulierung durch Rabatte und nicht durch die Regulierung der Herstellerpreise selbst kann man somit auch aus europäischer Perspektive Gründe finden.

Im Bereich von Preisen und Erstattungsfragen bezüglich der Arzneimittel macht die Europäische Kommission vor allem drei gemeinsame Ziele der EU Staaten aus: (1) Sie wollen den Zugang der Bevölkerung zur notwendigen medizinischen Versorgung sicherstellen; (2) Sie wollen die finanzielle Stabilität des Gesundheitssystems sicherstellen, um die Nachhaltigkeit der Gesundheitsversorgung zu erhalten; (3) Sie wollen Anreize für weitere Innovation schaffen oder erhalten.[231] Dieser Balance-Akt erfordert in jedem Land schwierige (tragi-

---

231 *European Commission*, Pharmaceutical Sector Inquiry, Preliminary Report, DG Competition Staff Working Paper, 28. November 2008, S. 115.

sche[232]) Entscheidungen bezüglich der Erstattung von Arzneimitteln vor dem Hintergrund eines Wettbewerbs um knappe Ressourcen[233].

Das dritte Ziel wird in vielen Ländern jedoch zugunsten der ersten beiden Ziele nur nachrangig behandelt. Im Ländervergleich gibt es teilweise erhebliche Preisunterschiede für Arzneimittel. Diese beruhen bei gleichen Arzneimitteln vor allem darauf, dass einige Länder, wie z. B. die südeuropäischen, die Preise durch staatliche Regulierung auf einem relativ niedrigen Niveau fixieren, indem sie die Preise anderer Ländern als Referenzpreise nehmen und deren Geltung im eigenen Land - nach Vornahme eines Abschlags - anordnen, während andere Länder wie z. B. die USA, die Schweiz und Deutschland, keine staatliche Preisregulierung vornehmen und auch eine weitgehende Erstattung der von den Herstellern geforderten Preise durch die jeweilige soziale Krankenversicherung vorsehen[234].

Die regulierten Arzneimittelpreise mancher Länder bieten damit häufig nur einen unzureichenden Deckungsbeitrag zu den Gesamtaufwendungen für Arzneimittelinnovationen.[235] Diejenigen Länder, die die Herstellerpreise nicht direkt regulieren, tragen damit einen überproportionalen Anteil an den Forschungsaufwendungen, während Länder mit Regulierung des Herstellerpreises den pharmakologischen Fortschritt in erheblichem Umfang als ‚free rider' konsumieren bzw. erhalten.[236]

Die Folge der unterschiedlichen Preise in den Mitgliedstaaten ist der sog. Parallelhandel, da sich die sog. Parallelhändler diese Sachlage zunutze machen, um Arzneimittel im einem Land billig einzukaufen und im anderen Land (oder als Re-import im selben Land) teurer zu verkaufen. Dabei kommen die Margen vor allen den Parallelhändlern zugute. Die Rabattverträge stellen deswegen auch eine Abwehr der Parallelimporte dar, da die Parallelimporte aufgrund der geringen Mengen bei der Versorgung mit Rabattarzneimitteln keine große Rolle spielen werden.

---

232 Vgl. zu den möglichen Verteilungsmechanismen im Gesundheitswesen auch *Calabresi/Bobitt*, Tragic Choices. Es handelt sich um eine Studie, wie sich Gesellschaften durch die Art und Weise, Entscheidungen zu treffen, definieren - unter anderem bezüglich der Frage, wer teure medizinische Versorgung erhält und wer nicht.

233 *Cohen/Faden/Predaris/Young*, Eur J Health Econ 2007, 253.

234 In den meisten EU Ländern bestimmen die nationalen Behörden die Preise von Arzneimitteln, die im niedergelassenen Bereich eingesetzt werden. In 16 EU-Ländern ist der Preisbildungsprozess von erstattungsfähigen Arzneimitteln gesetzlich geregelt, *Habl/Leopold/Vogler*, Erstattungsentscheidungen für neue Arzneimittel in den EU-Ländern, 76 (79).

235 *SV-Rat Gesundheitswesen*, Gutachten 2005, BT-Drs. 15/5670, S. 331.

236 So die Feststellung des Sachverständigenrats, auf dessen Äußerungen mutmaßlich einige Regulierungsstrategien des Gesetzgebers beruhen, *SV-Rat Gesundheitswesen*, Gutachten 2005, BT-Drs. 15/5670, S. 331.

Obwohl die Erstattungsfragen auf der nationalen Ebene geregelt werden, beeinflussen sie daher die Maßnahmen anderer EU Mitgliedsstaaten, besonders wenn an den Preis anderer Länder angeknüpft wird oder zwischen Ländern Handel betrieben wird.[237]

Insofern ist als Ziel der Gesundheitspolitik wie auch der Arzneimittelhersteller festzuhalten, die Preisregulierung an einem inoffiziellen Preis festzumachen, der nicht als Anknüpfungspunkt für einen Referenzpreis dienen kann und auch dazu geeignet ist, den Parallelhandel einzuschränken.

4. Umsetzung der Idee

Die bisher der Verhandlungslösung entgegenstehenden mangelnden Anreize wurden vom Gesetzgeber geschaffen und bilden nun das System, welches die Rabattverträge trägt:

Wettbewerb zwischen den gesetzlichen Krankenkassen sollte zunächst dazu führen, dass sie erhebliche Anreize dafür erhielten, sich bei der Nachfrage von Arzneimitteln möglichst kostengünstig zu verhalten. Man verstärkte den Wettbewerb zwischen den Krankenkassen u.a. durch Einzelverträge und einheitliche Beitragsätze.

Gleichzeitig, um dieser entfachten Motivation nachgehen zu können, wurde der Einfluss der Krankenkassen auf die Arzneimittelversorgung erhöht, um den Pharmafirmen einen Anreiz für eine Rabattgewährung zu geben. Damit die Pharmafirmen aber nicht dennoch weiterhin die üblichen Entscheider (Arzt, Apotheker) beeinflussen konnten und sich dem neuen Einfluss der Krankenkassen entziehen würden, wurde die Rabattgewährung für Arzneimittel an andere Institutionen als Krankenkassen verboten, hier also die Anreize für eine Rabattgewährung genommen. Man verbot die Rabatte in den Handelsstufen, führte Zwangsrabatte[238] zugunsten der Krankenkassen ein und setzte Anreize für die pharmazeutischen Unternehmer, mit den Krankenkassen zusätzliche Rabattverträge abzuschließen, indem den Krankenkassen mittelbar (über Koppelung der Rabattverträge an die Wirtschaftlichkeitsprüfungen und die Aut-Idem-Ersetzung) und unmittelbar (über Direktverträge mit Ärzten) mehr Einfluss auf die verschreibenden Ärzte und die Apotheker eingeräumt wurde.

---

237 *European Commission*, Pharmaceutical Sector Inquiry, Preliminary Report, DG Competition Staff Working Paper, 28. November 2008, S. 115.

238 Die Begründung zum AVWG ging davon aus, dass durch die Zwangsrabatte das bisherige Volumen an Naturalrabatten für patentfreie Arzneimittel in etwa an die Krankenkassen weitergegeben werde. Die Zwangsrabatte riefen jedoch neben verfassungsrechtlichen Bedenken auch Umgehungsstrategien auf den Plan, so dass vertragliche Lösungen vorzugswürdig erschienen, vgl. *Hess*, in: Kasseler Kommentar Sozialversicherungsrecht, § 129 SGB V, Rn. 7, mit Verweis auf FraktE-AVWG.

Da man sich der Qualität der gesamten Idee aber nicht sicher war, beließ man es bei allen anderen Regulierungsinstrumenten, was zu einem teilweise sehr komplizierten Nebeneinender der Regelungen führt. Ein Gutachten des Sachverständigenrats von 2009[239] stellte fest, dass sich die Rabattverträge in einem überregulierten, intransparenten GKV-Arzneimittelmarkt befänden und die Wechselwirkungen, die zwischen den über 25 Regulierungsinstrumenten bestehen, sich kaum noch überblicken ließen.[240] „So duplizieren, erübrigen oder beeinträchtigen die Rabattverträge mehrere dieser Regulierungsinstrumente".[241]

V. Zwischenergebnis

1. Die Arzneimittelrabattverträge stellen eine komplexe Regelung dar. Der Grund für die Einführung dieser komplexer Regelungen ist in den ökonomischen Problemen der Gestaltung eines Gesundheitssystems und der darauf beruhenden Regulierungsgeschichte zu sehen.
2. Bereits im Deutschen Kaiserreich war eine Krankenversicherung errichtet worden. Diese besteht im Kern bis heute, sie wurde aber von einer Versicherung für Arbeiter auf eine Versicherung für den überwiegenden Teil der Bevölkerung ausgeweitet. Das besondere Merkmal bestand von Anfang an nicht im Versicherungsprinzip per se. Entscheidend war die inhaltliche Ausgestaltung dieses Prinzips. Die Mittel wurden nicht risikoäquivalent, sondern solidarisch erhoben. Jeder sollte relativ zu seinem Einkommen den gleichen prozentualen Beitragssatz zahlen, im Krankheitsfall bei Behandlungsbedürftigkeit sollte er aber alle Leistungen erhalten, die er benötigte. Somit wurde die Einstufung der Patienten nach ihrem Risiko und die darauf basierende Mittelerhebung, die Kennzeichen eines marktwirtschaftlichen privatwirtschaftlichen Versicherungssystems ist, und dort zu erheblichen Problemen führen kann, durch staatliche Gesetzgebung ausgeschaltet. Gleichzeitig besteht zur Finanzierung des Systems die Pflicht zur Beitragszahlung und zur Mitgliedschaft in diesem staatlichen System für weite Teile der Bevölkerung.
3. Das Sachleistungsprinzip, also die Pflicht, die Leistungen sofort zu bezahlen und nicht nachträglich die Kosten zu erstatten sowie daraus folgend die korporative Steuerung entwickelte sich erst allmählich unter beträchtlichen Auseinandersetzungen zwischen Krankenkassen und Ärzteschaft. Dieses Prinzip sollte die Krankenversicherung dann aber im 20. Jahrhundert entscheidend prägen.

a) Das Dilemma der Krankenkassen, Sachleistungen zu erbringen, besteht dabei im Grundsatz bis heute. Sie müssen einerseits die Leistungen in na-

---

239 *SV-Rat Gesundheitswesen*, Gutachten 2009, S. 45.

240 *SV-Rat Gesundheitswesen*, Gutachten 2009, S. 700.

241 *SV-Rat Gesundheitswesen*, a.a.O.

tura erbringen, um es den Versicherten zu ersparen, in Vorleistung treten zu müssen. Dies vereinfacht den Zugangs zu Gesundheitsleistungen für die Versicherten erheblich. Anderseits dürfen die Krankenkassen nach den gesetzlichen Vorgaben die Leistungen nicht selbst, durch eigene Einrichtungen, erbringen, sondern müssen überwiegen auf Dritte zurückgreifen (heute abgesichert durch § 140 SGB V).

b) Damit entstanden von Anfang an die typischen Schwierigkeiten bei einer Teilung der Nachfrage. Beauftragen die Krankenkassen Dritte, bspw. Ärzte auf einem Markt, so wird die ärztliche Leistung zwischen Arzt und Patient erbracht, ohne dass Arzt oder Patient Anreize für eine Kostenbegrenzung haben. Auch können die Krankenkassen die Qualität der Leistungen nicht überprüfen und wissen nicht, wie sie diese Leistung marktgerecht zu vergüten haben. Denn als Preisindikator fällt der Beitrag des Versicherten, der ja gerade risikounabhängig bestimmt wird, aus.

c) Dieses Schwierigkeit wirkte sich in der ersten Zeit dahin gehend aus, dass die Krankenkassen die finanziellen Risiken, die sie bei der Beitragserhebung nicht bei den Patienten berücksichtigen durften, teilweise auf die Ärzte verlagerten, indem sie ihnen zu wenig für ihre Leistungen zahlten und diese auf dem Markt im Rahmen von Angebot und Nachfrage gegeneinander ausspielten.

d) Die Ärzte hatten daher Interessenvertretungen gebildet, die kassenärztlichen Vereinigungen. Diese übernahmen fortan die Verhandlungen mit den Krankenkassenverbänden, die ihrerseits gebildet worden waren. Die Leistungen und die Vergütung der Ärzte wurde somit nicht nach der marktwirtschaftlichen Koordination, sondern auf der Grundlage von Kollektivverträgen geregelt. Wenn die Ärzte einmal zugelassen waren, konnten die Krankenkasse unliebsame Ärzte danach nicht mehr einfach von der Versorgung ausschließen - etwa weil ein Arzt zwar therapiegerechte, aber nach der Ansicht der Krankenkasse zu teure Arzneimittel verordnete. Der Markt-Preis-Mechanismus war damit ausgeschaltet. Diese Verteilungsregeln für die ärztlichen Leistungen bestehen, im Detail allerdings mit großen Änderungen, bis heute.

e) Damit wurde aber auch das „Schicksal" der Arzneimittelversorgung durch die korporative Koordination (u.a. Kollektivverträge) und nicht durch Marktprinzipien bestimmt. Denn die Ärzte entschieden in Europa (z. B. im Gegensatz zu China) von alters her im Rahmen ihrer Therapie auch über die Art des abzugebenden Arzneimittels. Die Krankenkasse war an die Verordnung gebunden und unterlag auch insofern einem Kontrahierungszwang. Somit fand auch die Nachfrage nach Arzneimitteln nicht nach Marktprinzipien, sondern durch die Ärzte auf Basis der korporativen Koordination statt. Denn die Krankenkasse musste die Arzneimittelverordnung gegen sich gelten lassen und sie bezahlen, ohne bei vermuteter Unwirtschaftlichkeit direkt eingreifen zu können, etwa indem sie die Bezahlung ablehnte oder den Vertrag mit dem Arzt kündigte, wie es auf einem Markt hätte geschehen können.

f) Auf der Ebene der Ärzte und Patienten wiederum bestand daher auch kein Anreiz für eine Wirtschaftlichkeitsbewertung, da diese die Arzneimittel nicht bezahlen mussten. Diese Probleme forcierten sich durch die im 20. Jahrhundert erfolgte Aufteilung in Schritte der Arzneimittelforschung, Herstellung und Verbreitung, die es vorher in dieser arbeitsteiligen Form nicht gegeben hatte. Denn während die Arzneimittelherstellung zuvor den Apothekern oblag, übten nun die pharmazeutischen Unternehmen zusätzlich über verschiedene Anreize, Bar- oder Naturalrabatte Einfluss auf die Ärzte und Apotheker aus, ihre Arzneimittel zu verordnen bzw. abzugeben. Eine direkte Beziehung zwischen Krankenkassen und pharmazeutischen Herstellern (also Bezahlern und Anbietern) war und blieb daher, vor allem aus Sicht der pharmazeutischen Unternehmer, unnötig, da die Entscheider andere, nämlich Ärzte und Apotheker waren.

4. Als die Kosten für das Gesundheitswesen immer stärker stiegen, gerieten besonders die Arzneimittel und die Art ihrer Verteilung als Kostenfaktor in den Blick. Man vermutete in den mangelnden Anreizen zur Kostenbegrenzung, die u.a. aus dem „moral hazard" resultieren und damit zusammenhängenden mangelnden Wettbewerb den Grund für die hohen Ausgaben im Arzneimittelbereich. Durch zahlreiche Maßnahmen band man Patienten und Ärzte durch Anreize und Wirtschaftlichkeitsprüfungen in die Kostenbewertung für Arzneimittel ein. Diese Reformen brachten aber insgesamt keine zufriedenstellenden Ergebnisse, der steigenden Arzneimittelausgaben Herr zu werden. Dabei kam die größte Wirkung noch dem Festbetragskonzept zu, dass die Erstattungspflicht der Krankenkassen für viele Arzneimittel auf einen bestimmten Betrag begrenzte. Eine Studie der WHO bescheinigte dem deutschen Gesundheitssystem jedoch Ineffizienz. Eine weitere Studie legte dar, dass die Generikapreise im europäischen Vergleich sehr hoch seien. Zudem betrachtete man von Seiten des Gesetzgebers weiterhin mit großem Unwillen, dass die Rabatte der pharmazeutischen Unternehmer den Ärzten und Apothekern, aber nicht den Krankenkassen und den Versicherten zugutekamen, die die offiziellen Preise zahlen mussten.

5. Insgesamt wollte man aber trotz der Schwierigkeiten weiter an der Regulierung der Nachfrageseite festhalten und nicht, wie in anderen europäischen Staaten, unmittelbar in die Preispolitik der Hersteller selbst eingreifen, weil man davon die Hemmung von Innovationen im Gesundheitswesen befürchtete. (Diesbezüglich ist jedoch mittlerweile ein Paradigmenwechsel durch das AMNOG erfolgt.)

a) Daher wollte man auch Mittel vermeiden, die - wie Positivlisten - bestimmte Arzneimittel grundsätzlich von der Versorgung ausschlössen. Die den Rabattverträgen wohl zugrunde liegende Idee kasseninterner Positivlisten, bei der die Kassen einen Katalog von grundsätzlich zu erstattenden Arzneimittel festsetzen sollen, wurde nicht gewählt. Darauf basierende Rabattverhandlungen hatten bereits ein Vorbild in den USA, dort freilich unter den Vorzeichen und Nachteilen eines privatwirtschaftlichen Gesundheitssystems. Eine schon eingeführte Regelung zu einer nationalen Positivliste wurde 2004 aber wieder abgeschafft.
b) Die neue Lösung sollte aber nicht nur den Arzneimittelmarkt flexibel und die Preise niedrig halten, sondern (scheinbar) paradoxerweise gleichzeitig die offiziellen Arzneimittelpreise nicht verändern, die von den pharmazeutischen Unternehmen gemeldet werden und in der sog. Lauer-Taxe gelistet und frei zugänglich sind. Denn die Absicht der freien Preisbildung zur Innovationssteigerung stand von je her in gewisser Friktion mit Regelungen anderen EU Staaten, die vor allem die Angebotsseite innerstaatlich durch Referenzpreise stark regulierten. Insbesondere, wenn diese die Preise mit prozentualem Abschlag einfach an die Preise anderer Staaten ankoppeln, wobei die offiziellen Listenpreise in anderen Staaten zur Grundlage genommen werden, entsteht der innerstaatlich unerwünschte Effekt, dass die Entwicklungskosten nicht von allen mitgetragen werden. Eine Folge davon ist auch der sog. Parallelhandel, den man innerstaatlich aus dem Grund vermeiden möchte, weil davon aus hiesiger Sicht meist weniger die Krankenversicherungen, als die Parallelhändler profitieren.
c) Eine flexible Verhandlungslösung über Rabattverträge inklusive unterstützender Anreize in Verbindung mit weiterhin grundsätzlich offener Verschreibungsfreiheit mit Hinweisen und Empfehlungen seitens des Gemeinsamen Bundesausschusses setzte zwar eine komplexe Regulierung voraus, sollte dafür aber den heterogenen Zielen gerecht werden. Es sollte kein starres Ausschlussprinzip bestehen, sondern die Unternehmen sollten sich immer wieder neu um Rabattverträge bewerben und die Ärzte sollten Arzneimittel, soweit sie vorteilhaft wären, auch ohne Rabattvertrag weiter verordnen können.
   Gleichzeitig würde der Preis der Arzneimittel für die Krankenkasse gesenkt, ohne dass die pharmazeutischen Unternehmer die offiziellen Listenpreise senken müssten. Damit würde es trotz der Preissenkung nicht zur Absenkung des Referenzpreises in anderen Länder kommen.
d) Die bisher der Verhandlungslösung entgegenstehen mangelnden Anreize wurden vom Gesetzgeber durch die oben beschriebenen Maßnahmen geschaffen.
   Dabei stehen die Rabattverträge nun ein neues Steuerungsmodell, indem

sie die als schwerfällig empfundene korporative Koordination durch marktmäßige Preisverhandlungen auflockern sollte. Es entstanden zwei sich überlagernde Regelungsmuster, die wechselseitig in die Versorgung eingreifen können. Die herkömmlichen Mittel der korporativen Koordination (u.a. Kollektivverträge) und die neuen Marktelemente lassen sich jeweils mit dem Oberbegriff eines „konkurrierenden Verteilungsmechanismus" beschreiben. Geht man nach den Gutachten des Sachverständigenrats im Gesundheitswesen, war diese Überlagerung sogar beabsichtigt und die damit einhergehende Komplexität wurde von den Beteiligten bewusst in Kauf genommen. Darauf deutet folgende Einschätzung hin: Ungeachtet der Mängel der verschiedenen Allokationsmechanismen gebe es im Hinblick auf die Ziele der Gesundheitsversorgung und die Komplexität gesundheitlicher Leistungserstellung keinen Allokationsmechanismus, der die alternativen Allokationsinstrumente in jeder Hinsicht übertreffe[242]. Bei der Suche nach dem vorzuziehenden Mechanismus war die Konzertierte Aktion im Gesundheitswesen gescheitert. Es gelte daher die Maxime: „The choice must be based on a case-by-case appraisal"[243]. Insofern wurde nun ein Wettbewerb verschiedener Allokationsmechanismen eingeläutet.

Das Verhalten des „Verbrauchsdisponenten" Arzt wird zwar immer noch von den Pharmaunternehmen im Wege einer intensiven Marktbearbeitung beeinflusst. Da durch die Regulierungsmaßnahmen neue Kriterien über den Einsatz bestimmter Therapien entscheiden und die Krankenkassen das Verordnungsverhalten der Ärzte und Apotheker mit beeinflussen, gehen nun aber dennoch „Jahrzehnte einer ‚Monokultur' zu Ende, die von einem eindimensionalen Fokus des Pharmamarketings auf den Verordner geprägt war"[244] und zwar vor allem in der Form des von der Industrie seit Jahrzehnten erfolgreich betriebenen Marketings via Pharmareferenten.[245]

242 *E. Wille*, Marktversagen versus Staatsversagen – ein ideologisches Karussell?, S. 251 ff.

243 *SV-Rat Gesundheitswesen*, Gutachten 2005, BT-Drs. 15/5670, S.59 mit Verweis auf *Havemann*, Public Choice and Public Economics: The Case of Collective Failure in U.S. Water Quality Policy, in: Roskamp, Public Choice and Public Finance, S. 137-154.

244 *Zeiner*, PharmInd 2008, 593 (594). Vgl. auch *Korzilius*, Deutsches Ärzteblatt v. 27. Februar 2009, A 416.

245 Vgl. *SV-Rat Gesundheitswesen*, Gutachten 2005, BT-Drs. 15/5670, S. 354 f.

§ 5 Ergebnis zu Teil 1

1. Als die Vorschrift des § 130a Abs. 8 SGB V im Jahre 2003 in Kraft trat, wurde keine Bibliothek zu Makulatur[246]. Die Öffentlichkeit war nicht sonderlich interessiert. Und auch die Fachkreise wussten mit dieser Vorschrift mangels Anreizen der pharmazeutischen Unternehmer, Rabattverträge abzuschließen, zunächst wenig anzufangen. Das änderte sich durch die Einführung verschiedener flankierender Anreizmechanismen durch das GKV-Wettbewerbsstärkungsgesetz im Jahre 2007.
2. Das Verhandeln um Rabatte und die Einflussnahme auf die Versorgung mit Arzneimitteln stellte ein sozialrechtliches „Novum" in dem ansonsten sozialrechtlich schwach ausgeprägten Verhältnis zwischen pharmazeutischen Unternehmern und Krankenkassen dar und wirft bis heute - aufgrund seiner Ähnlichkeit zum Verhalten eines marktwirtschaftlichen Nachfragers - teilweise schwierige wettbewerbsrechtliche und vergaberechtliche Probleme auf, die Gegenstand der Erörterung in den Teilen 2 und 3 dieser Untersuchung sind.
3. Wenn im Folgenden von der Nachfrage von Arzneimitteln durch Rabattverträge gesprochen wird, so sind unter dieser Nachfrage nicht nur die Preisverhandlung und der Abschluss des Rabattvertrages selbst, sondern alle durch sie in Gang gesetzten Anreize zu verstehen. Die Besonderheit der unterstützenden Anreizregelungen für Rabattverträge liegt darin, dass deren Wirkungen erst durch den Abschluss der Rabattverträge in Gang gesetzt werden, weil sie erst mit deren Abschluss Wirkung für Ärzte und Apotheker erlangen und auch nur solange für ein Arzneimittel Geltung behalten, solange der Vertrag besteht. Die Regeln werden selbst von den Krankenkassen aktiviert, die insofern eine Art von Regelungshoheit über die Vorschriften erhalten, als würden sie diese selbst setzen. Durch die Verträge wird quasi Recht gesetzt. Von den Krankenkassen intendierte und gesetzlich angeordnete Rechtsfolgen sind damit weitgehend identisch. Das spezifische Regulierungsumfeld stellt damit keinen üblichen allgemeinen gesetzlichen Rahmen dar, der von den Rabattverträgen sinnvoll zu trennen wäre, sondern wurde nur für die Krankenkassen zur Umsetzung der Rabattverträge geschaffen und bildet mit diesen eine Einheit.
4. Die Schwierigkeit der Bewertung der Rabattverträge als Nachfrageinstrument von Arzneimitteln, die im Vergabe- und Wettbewerbsrecht (Teil 3) zu erfolgen hat, liegt darin, dass durch den Abschluss des Rabattvertrages noch kein Arzneimittel nachgefragt wird. Die eigentliche Nachfrage erfolgt später und fällt, was eine Einordnung zusätzlich er-

246 Vgl. *Julius Hermann von Kirchmanns* Werk „Die Wertlosigkeit der Jurisprudenz als Wissenschaft", erschienen im Jahre 1848, 1990 neu hrsg. von Klenner.

schwert, mit dem Zeitpunkt der Abgabe des Arzneimittels an den Patienten durch den Apotheker zusammen. In diesem Moment haben sich die durch den Rabattvertrag in Gang gesetzten Anreize realisiert (Nachfrage), aber gleichzeitig ist die Krankenkasse auch ihrem Versorgungsauftrag gegenüber dem Patienten nachgekommen (Angebotsbereich). Hier sind zugleich das Verhältnis der Krankenasse zum Leistungserbringer sowie das Verhältnis der Krankenkasse zum Versicherten betroffen.

5. Die herkömmlichen Regelungen im Verhältnis zwischen Krankenkassen und Leistungserbringern, nach denen die Arzneimittel verordnet und abgegeben wurden, lassen sich unter dem Begriff der korporativen Koordination, einem besonderen Verteilungsmechanismus, zusammenfassen: Traditionell besteht hinsichtlich vom Arzt verordneter Arzneimittel die Beschaffungspflicht der Krankenkasse in Form des Kontrahierungszwangs mit der Apotheke, in der der Patient sein Rezept einlösen will. Dieser faktische Kontrahierungszwang folgt den Verteilungsregeln der korporativen Koordination anhand von Kollektivverträgen und sonstigen Regeln, an denen sich der Arzt zu orientieren hat, die aber ein direktes marktwirtschaftliches Eingreifen der Krankenkasse bei der Arzneimittelversorgung auf Arzt und Apothekerebene ausschließen.
6. Eine korporative Koordination kann begrifflich einem Markt-Mechanismus gegenübergestellt werden, dessen Kennzeichen u.a. Preisverhandlungen der Krankenkassen sind, wie sie z. B. im Rahmen von Rabattverträgen erfolgen. Es findet eine Überlagerung des herkömmlichen Mechanismus mit diesem Mechanismus statt. In bestimmten Fällen treten beim Abschluss von Rabattverträgen die Verteilungsmechanismen der korporativen Koordination auf Seiten der Ärzte und Patienten zurück, bzw. stellen sich in den Dienst der von den Krankenkassen verantworteten Verteilungsregel, was einem Markt-Preis-Mechanismus gleicht.
7. Der Rabatt ergibt sich als Skalenertrag aus der Ausweitung der Abnahmemenge zu Lasten anderer, vergleichbarer Arzneimittel. Der Kontrahierungszwang zur Beschaffung des Arzneimittels, der sonst die Folge einer ärztlichen Verordnung ist, wird damit „aufgeweicht“ bzw. auf Grund einer zuvor erfolgten Auswahlentscheidung der Krankenkasse zurückgedrängt. Die Krankenkasse hat zuvor über den Preis verhandelt und nimmt über die Regulierung Einfluss auf die Abgabe des Arzneimittels. Hier wird der herkömmliche korporative Koordinationsmechanismus zugunsten einer marktförmigen Entscheidung zurückgedrängt.

   Die Nachfrage (vor allem) der Festbetragsarzneimittel wird somit durch Ansätze eines Markt-Preis-Mechanismus zugunsten der Krankenkasse gelenkt. Damit gerät die Verteilung hier in die Nähe marktwirtschaftlicher Verteilungsmuster, da eine Verhandlung über den Preis in Abhängigkeit von der Absatzmenge vorausgeht, die am Markt üblich ist. Hier treten die Verteilungsmechanismen der korporativen Koordination auf Seiten der Ärzte und Patienten zurück, bzw. stellen sich in den Dienst der von den Krankenkassen verantworteten Verteilungsregel.

8. Arzneimittel, zwischen denen eine primär nutzenorientierte Auswahlentscheidung stattfindet, unterliegen somit weiterhin - auch bei Abschluss eines Rabattvertrages - vorwiegend der korporativen Koordination, die nur wenig durch Marktmechanismen, sondern vor allem durch Regeln des Gemeinsamen Bundesausschusses als korporativem Gremium geprägt ist und einem daraus resultierendem Kontrahierungszwang für die Krankenkasse. Die Krankenkassen können hier höchstens unabhängig gefasste Entscheidungen bestärken.
9. Ein Rabattvertrag nimmt keinen Einfluss auf die therapeutische Nutzenbewertung des Arztes, er ersetzt nur eine mögliche primär preisbasierte Auswahlentscheidung des Arztes oder Apothekers, falls keines der Arzneimittel eine erkennbaren Zusatznutzen im Einzelfall hat. Erfolgt eine primär preisbasierte Auswahlentscheidung nicht, sondern erfolgt eine primär nutzengeleitete Auswahlentscheidung aus Gründen der therapeutischen Vorteilhaftigkeit eines Arzneimittels, so kann er auch keinen entscheidenden Einfluss entfalten. Er kann diesen Fällen eine gefallene Entscheidung - aufgrund der Anreizwirkungen - allerdings bestärken.
10. Folglich ist auch bei den Motiven der pharmazeutischen Unternehmer, Arzneimittelrabattverträge abzuschließen, zu differenzieren. Abgeschlossen werden Rabattverträge vor allem über solche Arzneimitteln, bei denen ein direkter Preisvergleich für Ärzte möglich und geboten ist. Hier ist die Motivation der pharmazeutischen Unternehmer wegen einer mit großer Wahrscheinlichkeit zu erwartenden Absatzsteigerung durch den Austausch zugunsten ihrer Präparate am stärksten. Es existieren aber auch, aufgrund weiterer Motive, Verträge über die zweite Gruppe von Arzneimitteln, bei denen eigentlich ohnehin ein echter Kontrahierungszwang der Krankenkasse nach Entscheidung des Arztes für ein bestimmtes Arzneimittel besteht.
11. Anreize für die Krankenkassen, Rabatte zu erhalten, folgen aus dem Wettbewerb zwischen ihnen und den anderen gesetzlichen Krankenkassen.

Teil 2
Der Wandel im Verhältnis der Krankenkassen zu den Versicherten und den pharmazeutischen Unternehmern

Wie so oft bei der Gesetzgebung, stimmten auch bei Einführung der Rabattverträge die intendierten mit den verursachten Folgen zunächst nur teilweise überein. Es traf auch hier die Feststellung zu: „Werden die ökonomischen Grundlagen bei der Gesetzgebung nicht beachtet, so klafft zwischen der Formalgeltung des Sozialrechts und der Realwirkung für den Betroffenen eine faktische Lücke.“[247] Die Vorschrift des § 130a Abs. 8 SGB V spiegelt dieses Problem, das vor allem zwischen den Jahren 2003-2007 bestand, teilweise wider.

Durch das GKV-WSG aber wechselte schließlich die lang ersehnte Nachfragemacht der Krankenkassen von der „Fiktion“[248] in die Realität. Wie oben gezeigt schuf das GKV-WSG[249] durch die Anreizmechanismen auf Ärzte und Apotheker zugunsten der Rabattverträge bei der Arzneimittelversorgung ein komplexes Mischsystem aus zentral-administrativen Preisinterventionen und begrenzter Wettbewerbspreisbildung[250].

Die Rabattverträge beschreiben zwar einen Teil eines Verwaltungsverfahrens[251]. Sie und die mit ihnen implementierten Anreize gründen aber nicht auf den Verwaltungszwang, um die Arzneimittelpreise zu senken, sondern auf das Setzen ökonomischer Anreize und die Beeinflussung von „Handlungskontexten“ durch Wettbewerb.

Dies fügt sich ein in neuere Entwicklungen im Verwaltungsrecht, bei denen die vertrauten Formen des verwaltungsförmigen Gesetzesvollzugs ersetzt werden durch Verfahren regulierter Selbstregulierung als „,indirekte' Steuerungsformen, wie etwa das Setzen ökonomischer Anreize oder die Beeinflussung von Handlungskontexten durch Rahmenvorgaben und Spielregeln".[252] Diese Steuerungsformen co-existieren neben der klassischen - in der jüngeren verwaltungsrechtlichen Literatur so bezeichneten - „staatlich-imperativen“ Regulierung[253].

---

247 *Thiele*, VSSR 2006, 309 (313).

248 *Salje*, NJW 1989, 751 (754).

249 GKV-Wettbewerbsstärkungsgesetz, BGBl. I 2007, 378.

250 *Cassel/Ebsen/Greß/Jacobs/Schulze/Wasem*, Vertragswettbewerb in der GKV, S. 191.

251 *BVerfG*, Beschl. v. 13.09.2005, 2 BvF 2/03, Rn. 159 (juris) – BSSichG.

252 *Vesting*, Rechtstheorie, Rn. 64, bei den wörtlichen Zitaten mit Verweis auf Hoffmann-Riem/Schmidt-Aßmann/Voßkuhle, Grundlagen des Verwaltungsrechts 2006, Bd. 1, Vorwort, VII.

253 *Vesting* führt zum der Bestehen der Imperativentheorie im öffentlichen Recht aus: „In der Rechtssoziologie Webers wurde aus dem Gesetzesbefehl [...] eine generelle Gehorsamserzwingungschance. Als solche ist die Imperativentheorie noch heute stark präsent,

In diesem Zusammenhang liest sich im Sozialrecht häufig der Begriff des „aktivierenden Sozialstaats", „der gesellschaftliche Prozesse nicht mehr selbst leitet, sondern anleitet und begleitet",[254] und als ein neues Steuerungsverständnis qualifiziert wird[255]. Soweit dies bedeutet, dass der Staat sich als ein Akteur unter vielen versteht, ist dies als „Trend"[256] in allen westlichen Gesundheitssystemen zu beobachten. Der Gesundheitssektor wird zudem mehr und mehr dem Wettbewerb geöffnet, meist auf Initiative des nationalen Gesetzgebers[257].

Teilweise als „Neue politische Steuerung" bezeichnet, geht es um einen Einbau privatwirtschaftlicher Elemente in die öffentliche Verwaltung.[258]

Bei solchen Reformen besteht die Befürchtung, dass die vielen zur Sicherung des sozialen Ausgleichs und zum Schutz „schlechterer Risiken" (Menschen mit erhöhtem Krankheitsrisiko) erforderlichen staatlichen Vorgaben von den Akteuren und in der Politik zunehmend als „Fremdkörper" gesehen würden und in der alltäglichen Praxis durch einen als „Bürokratie" angegriffenen Kontrollapparat gesichert werden müssten.[259] Hieraus resultiert die Auffassung, dass der spezifische Auftrag, der traditionell pauschalierend als das der Sozialversicherung immanente „Solidarprinzip" bezeichnet wird, auch in der Organisation der sozialen Gesundheitsversorgung verankert bleiben sollte – auch damit ggf. bei Fehlentwicklungen einigermaßen einfach gesetzgeberisch nachjustiert werden könnte.[260] Wie bei der folgenden Analyse zu sehen ist, hat der Gesetzgeber diesen Bedenken bei seinen Reformen bisher Rechnung getragen.

In Teil 3 dieser Arbeit - der Bewertung der Rabattverträge und ihrer Rechtskontrolle durch verschiedene Rechtsgebiete - tritt die Frage nach der Qualität der Beziehung der Krankenkassen zu den Versicherten auf der einen Seite und zu pharmazeutischen Unternehmen auf der anderen Seite immer wieder in den Vordergrund, wobei es vor allem darum geht, wie sich die Einführung wettbewerblicher Elemente mit der solidarischen Ausgestaltung des Gesundheitssystems verträgt und inwiefern die Krankenassen marktwirtschaftlich handeln - mit

---

vor allem im öffentlichen Recht, etwa in der Formulierung der „spezifisch staatlichen Mittel von Befehl und Zwang.", *Vesting*, Rechtstheorie, Rn. 36 mit w. Nw.

254 *Kingreen*, MedR 2004, 188 (189) mit w.Nw. in Fn. 5.

255 *Kingreen*, MedR 2004, 188 (189) mit w.Nw. in Fn. 6.

256 Win de Gooijer, New Trends in Health-Care-Systems, passim, vgl. insb. die Darstellung S. 297, die den Staat als einem Akteur unter vielen im Gesundheitswesen darstellt.

257 So auch Generalanwalt Maduro, Schlussanträge vom 10.11.2005, C-205/03 - Federación Española de Empresas de Tecnología Sanitaria (Fenin) / Kommission (ab hier: Fenin), unter Verweis auf den Sachverhalt des Urteils AOK-Bundesverband u. a. sowie *Hervey, T., und McHale, J.*, Health Law and the European Union , Cambridge, 2004, S. 136.

258 *Cassel/Ebsen/Greß/Jacobs/Schulze/Wasem*, Vertragswettbewerb in der GKV, S. 199 f.

259 *Cassel/Ebsen/Greß/Jacobs/Schulze/Wasem*, Vertragswettbewerb in der GKV, S. 200.

260 *Cassel/Ebsen/Greß/Jacobs/Schulze/Wasem*, Vertragswettbewerb in der GKV, S. 200.

den daraus folgenden verschärften rechtlichen Anforderungen, die mittelbar und unmittelbar vor allem aus dem EG-Vertrag zur Schaffung eines Binnenmarktes folgen.

Zwar sind die Rabattverträge vornehmlich ein Instrument der Krankenkassen auf der Nachfrageseite und betreffen damit das Verhältnis zu pharmazeutischen Unternehmern. Das Sachleistungsprinzip verknüpft den Nachfrage- und den Leistungsbereich scheinbar aber derart eng miteinander (vgl. § 5), dass auch das Verhältnis zwischen Krankenkassen und Versicherten für die rechtliche Bewertung immer wieder Bedeutung entfaltet. Auch diesbezüglich ist darauf einzugehen, inwiefern das Solidaritätsprinzip Marktmechanismen gewichen ist.

§ 6 Das Verhältnis zwischen Krankenkassen und Versicherten

Während, wie in § 1 geschildert, das Verhältnis zwischen Krankenkassen und Versicherten historisch zweifellos als rein solidarisch oder nicht-wettbewerblich zu bezeichnen war, führte der Gesetzgeber zahlreiche Wettbewerbselemente ein, die einen Wettbewerb zwischen den Krankenkassen erzeugen sollten.[261] Begreift man Wettbewerb und Solidarität als Gegensatz, so stellt sich die Frage, ob damit zugleich die historische Gestaltung des Solidaritätsprinzips in Teilen aufgegeben wurde.

I. Solidarität und Wettbewerb als gegensätzliche Prinzipien?

In den Debatten um die Einführung von Wettbewerbselementen in der gesetzlichen Krankenversicherung wurde oft die Zurückdrängung der solidarischen Elemente der Versicherung befürchtet. Aber diese Darstellung hängt zunächst davon ab, welche Definition von Wettbewerb man zugrunde legt, eine juristisch-ökonomische oder eine mehr politikwissenschaftlich geprägte. In der öffentlichen Diskussion sowie in juristischen Fachzeitschriften sind - teilweise unreflektiert bezüglich der erheblichen Bedeutungsunterschiede - beide Vorstellungen anzutreffen.

1. Der juristisch-ökonomische Wettbewerbsbegriff

Wettbewerb als Antagonist zum Begriff der Solidarität zu verwenden überzeugt dann, wenn man über einen Wettbewerb spricht, der durch den Markt-Preis-Mechanismus ausgelöst wurde, also das Verhandeln von Nachfragern und Anbietern um den besten Preis-Qualitäts-Mix auf einem dazu bereitgestellten Markt. Der Preis dient hier als Informations- und Koordinierungsinstrument. Dies ist der Wettbewerbsbegriff, der im juristischen Sinne als echter Wettbewerb gilt. Andere Wettbewerbsarten werden aus juristischer Sicht nicht als Wettbewerb bezeichnet, auch weil ihre Kontrolle nicht über das Wettbewerbsrecht, das primär Marktrecht ist, erfolgt.

So heißt es z. B. in einem Beschluss des Bundesverfassungsgerichts[262], „dass der Gesetzgeber ein eigenständiges, sich von der gewerblichen Wirtschaft unterscheidendes Wettbewerbsmodell für die gesetzliche Krankenversicherung entworfen hat. Gedacht war an eine Wettbewerbsordnung auf der Basis des Solidarprinzips. Der Wettbewerb sollte erst dort beginnen, wo das Solidarprinzip

261 Vgl. dazu in § 1 die Motive der Krankenkassen zum Abschluss von Rabattverträgen.

262 *BVerfG*, Beschl. v. 18. Juli 2005, BVerfGE 113, 167 – Risikostrukturausgleich.

endet." Dass Wettbewerb auch innerhalb des Solidarprinzips stattfinden kann, klingt hier nicht durch.

Dieses Verständnis von Wettbewerb geht letztlich auf Adam Smith[263] zurück, und setzt Folgendes voraus: rechtlich geschützte Privatautonomie, ein Marktmechanismus, der für die Koordination von Angebot und Nachfrage sorgt, sowie Geld als Tausch- und Zahlungsmittel.[264] Erkennbar sind diese Elemente auch in einer Beschreibung, die Wettbewerb als ein komplexes System von Marktprozessen kennzeichnet, das aufgrund der Freiheit, daran teilzunehmen und innerhalb dieser Marktprozesse nach eigenem Plan tätig zu werden, entsteht[265]. Diese Art von Wettbewerb Smith'scher Prägung führt zum durch von Hayek geprägten Begriff des Wettbewerbs als einem Entdeckungsverfahren.[266]

Grundlage dieses Wettbewerbsbegriffs sind also ein Markt und die auf ihm ablaufenden Prozesse. Wo es keine Freiheit gibt, über Qualität oder Preise zu verhandeln, also kein Markt besteht, kommt es im juristischen Sinne auch nicht zu einem echten Wettbewerb auf einem Markt. Hier erfolgt die Steuerung nach anderen Gesichtspunkten, z. B. „solidarisch".

2. *Alternatives Wettbewerbsverständnis*

Ein offeneres Verständnis bezüglich des Wettbewerbsbegriffs lässt sich aus den Ausführungen des Sachverständigenrats im Gesundheitswesen erkennen[267]:

„Wettbewerbsprozesse stellen zwar eine notwendige Bedingung für einen funktionsfähigen Markt- und Preismechanismus dar, dieser bildet aber vice versa keine Voraussetzung für die Existenz von Wettbewerb.[268] Vielfältige Wettbewerbsprozesse laufen ebenfalls im Rahmen der beiden anderen Allokationsmechanismen im Gesundheitswesen, d. h. der staatlich administrativen Steuerung und der korporativen Koordination, ab. So nutzte auch die Zentralverwaltungswirtschaft[269] Wettbewerbe zwischen den Betrieben als Mittel der Leis-

---

263 An inquiry into the nature and causes of the wealth of nations; deutsch: Der Wohlstand der Nationen, London 1776.

264 Vgl. allg. zum Begriff des Wettbewerb auch *I. Schmidt*, S. 1 f; *Kling/Thomas*, § 1 Rn. 15 ff. m.w.Nw.

265 *Hoppmann*, Wirtschaftsordnung und Wettbewerb, 1988, S. 298; *ders.*, Fusionskontrolle, 1972, S. 11; *Mestmäcker/Schweitzer*, § 2 Rn. 74.

266 *Von Hayek*, Der Wettbewerb als Entdeckungsverfahren (1968), in: Rechtsordnung und Handelsordnung, 2003 (Hrsg. E. Streit), S. 132 ff.

267 Vgl. im Folgenden vor allem *SV-Rat Gesundheitswesen*, Gutachten 2005, BT-Drs. 15/5670, S. 31.

268 Vgl. a.a.O., S. 31.

269 Vgl. beispielhaft Art. 9 Abs. 3 der Verfassung der Deutschen Demokratische Republik (DDR).

tungssteigerung, während die Lenkung des Wirtschaftsprozesses durch zentrale Planstellen erfolgte[270]."

„Die Public Choice Modelle bzw. die Ansätze im Rahmen der ökonomischen Theorie der Politik interpretieren den politischen Prozess und die mit ihm einhergehende budgetäre Willensbildung, die letztlich die Allokation im öffentlichen Sektor bestimmt, in ihrer Grundstruktur bzw. in formaler Vereinfachung als einen Wettbewerb um Wählerstimmen zur Erlangung der Regierungsgewalt."

In ähnlicher Weise beinhaltet auch die korporative Koordination im Gesundheitswesen, insbesondere im Rahmen der ambulanten Behandlung bzw. der gemeinsamen Selbstverwaltung, auf mehreren Stufen Wettbewerbsprozesse[271]. Die Wahlen, die Steuerungs- und Kontrollfunktion innerhalb der gemeinsamen Selbstverwaltung besitzen, lassen sich nach dieser Ansicht zumindest im Prinzip als Wettbewerbsprozesse interpretieren.[272]

Nach diesem Verständnis beschränken sich Wettbewerbsprozesse nicht auf das Allokationsinstrument Markt- und Preismechanismus. „Varianten der korporativen Koordination können damit auch unter Wettbewerbsaspekten zur Diskussion stehen und entsprechende Reformen nahe legen."[273] Man kann dann auch dort von Wettbewerbselementen sprechen, wo kein Wettbewerb im juristischen Sinne stattfindet.

Grundlage des vom Sachverständigenrat benannten anderen Wettbewerbsbegriffes ist somit nicht notwendig der Markt-Preis-Mechanismus. Fehlen solche Marktmechanismen, wie z. B. bei der korporativen Koordination, so kann deshalb von einem echten Wettbewerb im juristischen Sinne nicht ausgegangen werden, wohl aber von einem Wettbewerb nach weiterem Verständnis. Dann schließen sich Solidarität und Wettbewerb tatsächlich nicht aus.

---

270 *Eucken*, Grundsätze der Wirtschaftspolitik, 1952.

271 *Herder-Dornreich*, Ordnungspolitik des Gesundheitswesens, eine analytische Grundlegung, in: Gäfgen (Hrsg.): Ökonomie des Gesundheitswesens. Schriften des Vereins für Socialpolitik, N.F. Bd. 159, S. 55-70.

272 Vgl. *SV-Gutachten* 2005, BT-Drs. 15/5670, S. 31: Der Wettbewerb um Mandate innerhalb der KVen kann über Reformen des Einheitlichen Bewertungsmaßstabes (EBM) die Preisrelationen und über diese auch die Mengen innerhalb der der ambulanten Versorgung beeinflussen. So hängt z. B. die Bewertungsrelation zwischen technischen und beratungsintensiven ärztlichen Leistungen ärztlichen Leistungen u.a. davon ab, ob bei diesem Konkurrenzkampf um Mandate die Allgemeinärzte oder die Fach- bzw. Gebietsärzte die Mehrheit erringen. Darüber hinaus stehen die niedergelassenen Ärzte auch bei gegebenen Preisstrukturen in einem teilweise intensiven Wettbewerb um Patienten bzw. Scheine.

273 Vgl. *SV-Rat* Gesundheitswesen, Gutachten 2005, BT-Drs. 15/5670, S. 31 mit Verweis auf *Jasper/Sundermacher*, Wettbewerb und Kooperation als Koordinierungsverfahren für die Integrierte Versorgung. Sozialer Fortschritt 3/2005, S. 53-62.

3. *Markt- oder Solidarsystem*

Genauer, als den unterschiedlich belegten Begriffs des Wettbewerbs zu verwenden, scheint es, von einem Gegensatz zwischen einem Marktsystem und einem Solidarsystem zu sprechen. Möchte man im Verhältnis zwischen den Krankenkassen zu den Versicherten generell eine Aussage dazu treffen, ob sich wettbewerbsrechtlich relevante Änderungen durch die Reformen ergeben haben, die Wettbewerbselemente eingeführt haben, so ist zu fragen, ob der Gesetzgeber einen Markt eröffnet hat, auf dem Marktprozesse ablaufen.

Eben solche Marktprozesse waren herkömmlich zwischen Krankenkassen und Versicherten ausgeschlossen (vgl. § 1 D).

Diese Begriffswahl vermeidet die unterschiedlich belegten Begriffe des Wettbewerbs. Das Begriffspaar Tätigkeit unter Marktbedingungen (bzw. Kapitalmehrung) in Abgrenzung zu einem solidarischen Handeln wird z. B. auch vom Generalanwalt *Maduro* im Fall Fenin in seinen Schlussanträgen verwendet.[274]

II. Marktprozesse zwischen Krankenkassen und Versicherten?

Obwohl, wie dargelegt, ursprünglich kein Marktmechanismus im Leistungsverhältnis bestand, die Versicherten also das Angebot nicht durch ihr Nachfrageverhalten beeinflussten, sollte nach dem Willen des Gesetzgebers „Wettbewerb" zwischen den Krankenkassen um die Versicherten erzeugt werden, um diese einem marktähnlichen Druck auszusetzen. Hierdurch sollen Wirtschaftlichkeitsreserven erschlossen werden.[275]

Im Sinne von Effizienz und Effektivität der Gesundheitsversorgung zielt der Wettbewerb zwischen den Krankenkassen bis heute darauf ab, auf den Anbieterwettbewerb der Leistungserbringer (Ärzte, Apotheker, pharmazeutische Unternehmer) überzugreifen, denn dort findet die gesundheitliche Leistungserstellung statt[276].

Führten die gesetzlichen Änderungen zu Marktprozessen zwischen Versicherten und Krankenkassen, die geeignet sind, das Solidaritätsprinzip entschei-

---

274 Schlussanträge des Generalanwalts *Maduro* vom 10.11.2005, C-205/03, Slg. 2006, I-6295, Rn. 13 - Fenin, vgl. auch: „Entscheidend ist nicht, dass die Tätigkeit theoretisch von privaten Wirtschaftsteilnehmern ausgeübt werden könnte, sondern dass sie unter *Marktbedingungen* ausgeübt wird. Typisch für diese ist ein an *Kapitalmehrung* orientiertes Verhalten, im Gegensatz zum *Solidaritätsprinzip*. Damit kann die Unterscheidung, ob es einen Markt gibt oder nicht, auch dann getroffen werden, wenn das geltende Recht es auf diesem Markt nicht zu einem echten Wettbewerb kommen lässt. Sobald jedoch der Staat die Entwicklung eines teilweisen Wettbewerbs zulässt, bedeutet die fragliche Tätigkeit notwendigerweise die Teilnahme an einem Markt."

275 Vgl. § 3, Motive der Krankenkassen etc.

276 SV-Rat Gesundheitswesen, BT-Drs. 15/5670, S. 31.

dend zurückzudrängen? Ein Paradigmenwechsel hinsichtlich der wettbewerblichen Steuerung erfolgte, wie ausgeführt, mit der Freigabe der Krankenkassenwahl für die überwiegende Mehrheit der Versicherten in der GKV durch das GSG. Dies war der Ausgangspunkt für Intensivierung des Wettbewerbs im deutschen Gesundheitswesen[277].

Durch § 197b wird klargestellt, dass Krankenkassen wesentliche Aufgaben zur Versorgung der Versicherten nicht durch AG's oder Dritte wahrnehmen lassen dürfen und sich damit nicht dem gesetzlich gewollten Wettbewerb durch Kooperation entziehen können. Gleichzeitig als gegenläufiges Prinzip wurde der Risikostrukturausgleich (§ 266 ff. SGB V) zwischen den Kassen eingeführt.[278]

Bei der Suche nach geeigneten Indikatoren ist davon auszugehen, dass jedenfalls dann echte Marktprozesse vorliegen würden, wenn bspw. zwischen den Krankenkassen ein Wettbewerb um die Versicherten mit niedrigem Krankheitsrisiko zu Lasten der Versicherten mit hohem Krankheitsrisiko geführt, das Solidarsystem also insofern zumindest teilweise zurückgedrängt würde. Denn dann hätte man eine Risikobewertung und Risikoselektion der Krankenkassen eingeführt, die Merkmal eines privatwirtschaftlichen Versicherungssystems ist.[279] Auch eine starke Orientierung an den Wünschen der Versicherten (starke Nachfragebezogenheit) könnte für die Erzeugung von Marktmechanismen sprechen.

1. Solidarische Merkmale

Folgende solidarische Merkmale prägen derzeit das untersuchte Verhältnis:

- Wegen der Deckelung des Zusatzbeitrags (§ 242 SGB V) ist es den Kassen unmöglich, ein qualitativ höherwertiges Angebot zu höherem Preis zu machen.[280]
- Geschäfte dürfen die Versicherungsträger nach § 30 Abs. 1 SGB IV nur zur Erfüllung der ihnen gesetzlich vorgeschriebenen Aufgaben führen und ihre Mittel nur für diese Aufgaben sowie die Verwaltungskosten verwenden. Für das Angebot eigener oder die Vermittlung fremder Zusatzangebote und -versicherungen oder eine Tätigkeit auf dem Wellness-Markt bedarf es daher spezifischer Ermächtigungsgrundla-

277 Ein Wettbewerb zwischen den Krankenkassen fand allerdings schon lange vor dem GSG statt. Diesen Wettbewerbsprozessen fehlte jedoch ein konzeptionelle Rahmenordnung und damit eine faire Ausgangsbasis. Der Wettbewerb vor dem GSG führte insofern zu „sozialpolitisch und rechtlich bedenklichen Beitragssatzunterschieden", vgl. *SV-Rat* Gesundheitswesen, Gutachten 2005, BT-Drs. 15/5670, S. 31 mit Verweis auf *Knieps*, Sozialrechtshandbuch – Krankenversicherungsrecht – 2. Auflage, S. 703-819.

278 Vgl. im Detail § 1, Motive der Krankenkassen zum Abschluss von Rabattverträgen.

279 Vgl. § 4.

280 *Ebsen*, in: von Maydell/Ruland/Becker, Sozialrechtshandbuch, § 15 Rn. 37.

gen. Gewinne hat eine Krankenkasse darüber hinaus in Beitragssatzsenkungen oder Prämienzahlungen umzulegen (§ 242 SGB V).

- Die Policen der Personen mit hohem Krankheitsrisiko (sog. schlechte Risiken) haben für die Krankenkassen in diesem Solidarsystem nahezu den gleichen wirtschaftlichen „Wert" wie solche Policen für Personen mit niedrigem Krankheitsrisiko (sog. gute Risiken). Dies ist der fundamentale Unterschied zum Wettbewerb im privatwirtschaftlichen Versicherungssystem, der sich genau an diesem Unterschied entzündet und dort zu den erwähnten Problemen führt. Solange sich ein Wettbewerb um das Verhältnis Beitragsatz/Krankheitsrisiko nicht lohnt, weil der Policenwert der günstigen Risiken künstlich gesenkt, der Policenwert der schlechten Risiken künstlich erhöht wird (Risikostrukturausgleich[281]), so dass er sich auf ein ähnliches Maß einpendelt, findet insoweit kein wirtschaftlicher Wettbewerb der Krankenkassen statt, da der Marktmechanismus insoweit ausgeschlossen ist. Solange ist ein echtes Wettbewerbsverhältnis zwischen Krankenkassen und Versicherten im System erschwert, auch wenn Wettbewerbselemente im System zu finden sind. Weil kein Wettbewerb um Policen stattfindet, existiert größtenteils weder ein Wettbewerb um den Preis noch um die Qualität, der sich an guten, bzw. schlechten Risiken orientieren würde. Es findet also überwiegend keine sog. Risikoselektion / adverse Selektion statt.[282] Der wirtschaftlicher Wettbewerb wird „umgelenkt".
- Aus dem "Finanzausgleich" werden die Verwaltungskosten herausgenommen. Dies erzeugt Wettbewerb. Diese Kosten sind aber gedeckelt, was den Wettbewerb wiederum einschränkt.[283]
- Die Einführung der Insolvenzfähigkeit der Krankenkassen könnte zwar dafür sprechen, von einem Gewinnstreben auszugehen. Tatsächlich müssen die Krankenkassen darauf achten, solvent zu bleiben, bei näherer Betrachtung ergibt jedoch auch dies keinen Anhaltspunkt für einen Wettbewerb, der sich hauptsächlich nach den Kriterien der marktwirtschaftlichen Koordination richtet. Denn gerade der Hauptgrund einer Insolvenz im privaten Bereich, nämlich das Ausbleiben „guter Risiken" mit erheblicher Zahlungsfähigkeit spielt für die Krankenkassen im Wettbewerb kaum keine Rolle. Entstehen bei einer Krankenkasse deswegen Kosten, weil ihre besondere Versichertenstruktur Kosten verursacht, erhält sie von den anderen Krankenkassen einen Ausgleich. Somit fehlt die Nachfragebezogenheit in Bezug auf die von guten Risiken abhängige Versichertenstruktur. Die Möglichkeit des Abwanderns

281 Vgl. § 3 Motive der Krankenkassen zum Abschluss von Rabattverträgen.
282 Vgl. § 4.
283 § 4 Abs. 4 SGB V; vgl. *Becker/Kingreen*, NZS 2010, 417 (ebd.).

der Patienten durch die freie Wahl der Krankenkassen ist zwar ein Marktelement, dies kann aber nicht aus Gründen der Hauptleistungen und damit zumeist nicht aufgrund von Risikoselektion geschehen, weil diese bei allen Kassen gleich sind, so dass auch hier nur sehr eingeschränkt von einer Marktkoordination ausgegangen werden kann, zumal die Intransparenz für die Versicherten insofern sehr hoch ist (siehe dazu auch Nachfragebezogenheit“ sogleich unten).

- Echte Marktbedingungen würden jedenfalls dann bestehen, wenn die Krankenkassen ständig den von ihnen angebotenen Preis-Qualitäts-Mix bzw. das Preis-Leistungs-Verhältnis im Verhältnis zu ihren Konkurrenten kritisch überprüfen und verändern müssten. Dies müssen sie aber nicht, da die Hauptleistungen und auch der zu leistende Preis für alle Krankenkassen vorgegeben sind: Die Hauptleistungen sind die Sachleistungen, die die Versicherten nach Bedarf (und nicht nach Zahlungsfähigkeit) in Anspruch nehmen, der dafür gezahlte „Preis“ ist in jedem Fall der Beitrag in Abhängigkeit vom Einkommen. Streng genommen stellt der Beitrag auch keine Gegenleistung für die Sachleistung dar. Denn der Beitrag wird für den Versicherungsschutz selbst gezahlt. Wenn die Qualität der Leistung vom Preis abhängt, den der Versicherte zu zahlen bereit ist, handelt es sich um einen Markt-Wettbewerb. Wenn die Qualität und Menge gleichbleibend ist, egal und unabhängig davon, was der Versicherte an Beiträgen zahlt, wenn also einem niedrigen Beitrag die gleiche Qualität und Menge gegenübersteht wie einem hohen Beitrag, und diese Leistungen durch eine Pflichtversicherung finanziert werden, dann handelt es sich um ein solidarisches System ohne Marktwettbewerb.
- Selbst ein Preiskampf auf Kosten der Qualität aufgrund der Zusatzbeiträge dürfte am herrschenden „Mechanismus“ der Solidarität nichts ändern, sofern er die unterschiedlichen Risiken grundsätzlich gleichermaßen treffen kann und nicht das Kriterium des Krankheitsrisikos als „echten Wettbewerbsparameter“ in sich trägt. Denn die Leistungserstellung durch die Krankenkassen ist komplex und intransparent (hätte der Versicherte durch einen Wechsel tatsächlich Vorteile, oder nicht?). Hier scheinen authentische Marktprozesse fraglich, oder noch sehr stark abgemildert.

2. *Einschränkung der Solidarität zugunsten von Marktmechanismen*

Es lassen sich aber trotz der Versuche, einen Marktwettbewerb um die guten Risiken zu Lasten der schlechten Risiken zu verhindern, gewisse Indizien feststellen, dass das Prinzip der Solidarität zurückgedrängt werden könnte:

- Die optionalen Tarife für den Wettbewerb mit der PKV passen nicht vollständig zum GKV-Solidarausgleich zwischen guten und schlechten Risiken, solange es Versicherten möglich ist, einfach wieder in das allgemeine System zurückzukehren, wenn sich - insbesondere wegen chronischer Krankheiten - für sie die Bedingungen für ihr Risikokalkül geändert haben.[284] Hier kann es zu Vorteilen der sog. „guten Risiken" zu Lasten des Solidarsystems kommen, da sie solange niedrigere Beiträge zahlen, bis sie tatsächlich krank werden, um dann in das reguläre Vollversicherungsschema zurückzuwechseln.
- Auch ergeben sich ökonomische Schwierigkeiten,[285] die Ausgleichszahlungen in Form des Solidarausgleichs zwischen den Krankenkassen vollständig solidarisch zu gestalten, so dass es hier zumindest zu kleineren Einschränkungen der Solidarität kommt. Auch der umfassendste Ausgleich zwischen den Krankenkassen lässt also in gewissem Umfang eine Risikoselektion zu.
- Die Nachfragebezogenheit durch Wechselmöglichkeit, *Zusatz*beiträge und *Zusatz*leistungen könnte stärker werden, je transparenter und aggressiver die Kassen agieren, so dass die Versicherten echte Vergleich vornehmen können und sich der Wechselmöglichkeit auch bewusst sind.

3. *Abwägung*

Der Wettbewerb zwischen den Krankenkassen könnte eine hinreichende Marktlogik erzeugen. Zwischen den Krankenkassen besteht ein Finanzausgleich. Aus diesem "Finanzausgleich" werden die Verwaltungskosten herausgenommen. Diese Kosten sind aber gedeckelt, was den Wettbewerb wiederum einschränkt.[286]

Auch kommt es aufgrund der Komplexität des Finanzausgleichs zu inkohärenten Verwerfungen im System. Könnten diese durch die Kassen ausgenutzt werden? Entspricht eine solche Ausnutzung dann einer Marktlogik, weil sie - insoweit unzweifelhaft - mit dem Solidarsystem in einem gewissen Maße bricht? Oder spricht dies gerade für ein marktfremdes staatliches Verhalten? Und: Erzeugt die Insolvenzmöglichkeit tatsächlich die gleichen Ängste und den gleichen Druck zur Gewinnmaximierung wie in der Privatwirtschaft? Dies sind schwierige Fragen, die für den Nachweis einer Marklogik aber beanwortet werden müssten.

Wirft schon die Marktlogik eines Kassenwettbewerbs Fragen auf, könnten zudem aber ohnehin nur dann Marktbedingungen bestehen, wenn die eigentli-

---

284 *Ebsen*, in: von Maydell/Ruland/Becker, Sozialrechtshandbuch, § 15 Rn. 108.

285 *Ebsen*, in: von Maydell/Ruland/Becker, Sozialrechtshandbuch, a.a.O.

286 § 4 Abs. 4 SGB V; vgl. *Becker/Kingreen*, NZS 2010, 417 (ebd.).

chen Kunden, die Versicherten die notwendige Marktlogik durch marktkonformes Verhalten erzeugten.

Es erscheint zumindest zweifelhaft, dass die Versicherten eine hinreichende Marktlogik erzeugen können. Viele Beurteilungskriterien eines Nachfragers sind ausgeschaltet. Zum größten Teil ist der Preis und das Produkt festgelegt. Zusatzleistungen und Zusatzbeiträge sollen hier aber die Nachfragerfunktion stimulieren.

Das System der Rabattverträge erscheint aber noch zu intransparent dafür. Die Werbemaßnahmen der einzelnen Krankenkassen sind sehr zurückhaltend, was wohl auch an den insofern strengen Aufsichtsbehörden liegt, die bei zu „schrillen" Kampagnen eingreifen würde, was wiederum eine Marktverzerrung bewirkt. Viele Patienten scheinen immer noch nicht zu wissen, dass man die Krankenkasse wechseln kann - oder halten dies für kompliziert und nachteilig. Wie aber sollten die leisen Töne der Krankenkassen angesichts der Reizüberflutung der Werbeindustrie dann gehört werden?

4. *Zwischenergebnis*

Die zuvor aufgeführten Marktmechanismen reichen bislang nicht aus, um wirklich von einer ernsthaften Abkehr vom Solidarsystem zu Gunsten von Marktprinzipien zu sprechen. Vielmehr versucht der Staat trotz allen Wettbewerbs, die negativen Folgen des Wettbewerbs um gute Risiken so gut wie möglich aus dem System fernzuhalten.

Ob es daneben gelungen ist, eine starke Nachfragebezogenheit herzustellen, erscheint fraglich. Möglicherweise besteht sogar eine Wechselwirkung zwischen beiden Faktoren. Vielleicht kann nur der Wettbewerb um sog. „gute Risiken" eine echte Marklogik erzeugen.

Auch nach Einführung der in Teil 1 geschilderten vom Gesetzgeber so genannten „Wettbewerbselemente" sind hinreichende Marktprozesse nicht erkennbar. Vielmehr gilt hier die Analyse des Sachverständigenrats, dass Wettbewerb ohne Marktprozesse existieren kann.

Ein Wettbewerb anhand anderer Merkmale ist möglich, bspw.: Um die Beitragsätze[287], versch. Beitragsmodelle, Beratungsleistungen, um Vorstandsgehäl-

---

287 Zwar ist der Beitragsatz der „Preis" für die Leistung der Versicherung. Er wird aber unabhängig von der Qualität der Versorgung, etwa der bereitgestellten Arzneimittel gebildet und stellt insofern keinen Marktpreis für die Versorgung dar. Dies entspricht auch Argumentation des EuGH: Unter Hinweis auf den Zusammenschluss der Krankenkassen zu einer Art Solidargemeinschaft aufgrund des Risikostrukturausgleichs stellte der EuGH fest: Dass die Krankenkassen einen gewissen Spielraum bei der Beitragsfestsetzung hätten, zwinge nicht zu einer Beurteilung als wirtschaftliche Tätigkeit, da es sich dabei lediglich um ein vom Gesetzgeber zum Zwecke eines möglichst effizienten und kostengünstigen Funktionierens des deutschen Systems der sozialen Sicherheit einge-

ter, um Selektivverträge, bei denen nur ohnehin geschuldete Leistungen konkretisiert und rationalisiert (Stichwort: Diabetikerprogramme) werden, nicht aber um solche Verträge nach dem Kapitalisierungsprinzip, bei denen zusätzliche Leistungen auf Kosten der Versicherten erbracht werden, die auch auf dem Markt angeboten werden: z. B. Zahnzusatzversicherung.

Ein Wettbewerb um das beste Verhalten innerhalb des Korporatismus oder innerhalb rein hoheitlicher Ermächtigungen führt aber eben nicht automatisch zu einer Tätigkeit unter Marktbedingungen.[288]

Somit ist die herkömmliche Bewertung des Wettbewerbs um die Versicherten im Gesundheitssystem überzeugend: Der Wettbewerb im Gesundheitswesen besteht nicht notwendig zum Schutz individueller Freiheiten, sondern erfüllt eine Funktion innerhalb des Sozialversicherungssystems.[289] Er dient nicht der Marktposition einer einzelnen Kasse, sondern steht im Dienst der Funktionsfähigkeit des gesamten Systems.[290] Anders als der Marktwettbewerb hat dieser nicht das Ziel, den Bedarf für Gesundheitsleistungen festzulegen und damit zur optimalen Allokation von Ressourcen beizutragen.[291] Dafür müssten die Versicherten über den Umfang der Leistung entscheiden dürfen, „indem sie deren Wert individuell einschätzten und die aus ihrer Sicht bestmögliche Kosten/Nutzen-Relation wählen.“[292] Die Steuerung durch den Markt jedoch ist nur in gewissem Umfang vorgesehen und erfährt Durchbrechungen, die dazu dienen, den sozialen Sicherungszweck der Gesetzlichen Krankenversicherung aufrechtzuerhalten.[293]

Fest steht aber auch: Marktprozesse zwischen Krankenkassen und Versicherten sind möglich, bisher reichen die Regulierungsansätze dafür aber wohl nicht aus.

Dass die Krankenkassen in Zukunft einer hinreichenden Marktlogik unterliegen könnten, erscheint nicht abwegig. Sollten sich die Krankenkassen beim Abschluss der Rabattverträge marktlogisch verhalten, wäre u.a. das Vergaberecht ausgeschlossen. Die Befürworter eines solchen Ausschlusses müssten aber überzeugende Argumente für ein hinreichend marktlogisches Verhalten liefern. Dies tun sie, soweit ersichtlich, bisher nicht.

---

führtes Wettbewerbselement handele, *EuGH* Urt. v. 16.03.2004, C-264/01 u.a., Slg. 2004, I-2493, Rn. 56 – AOK-Bundesverband.

288 Vgl. Ausführung des *Sachverständigenrats* 2005 zur Definition des Wettbewerbs, § 2 dieser Arbeit, am Anfang.

289 *Becker*, ZfS 2000, 329 (352).

290 *BSGE* 82, 78 81 f. Vgl. auch *GmS-OGB*, *BGHZ* 108, 284, 285.

291 *Becker*, ZfS 2000, 329 (330).

292 A.a.O.

293 A.a.O., S. 331.

§ 7 Das Verhältnis zwischen Krankenkassen und pharmazeutischen Unternehmern

Während also im Verhältnis zwischen Krankenkassen und Versicherten Marktprozesse eine untergeordnete Rolle spielen, kann das vom Verhältnis zwischen Krankenkassen und pharmazeutischen Unternehmern gerade bezüglich der Rabattverträge nicht behauptet werden.

Dies ist eine relativ neue Situation. In den traditionellen Zulassungssystemen bestand für die Kassen den Zugelassenen (also Ärzten) gegenüber ein „Kontrahierungszwang“. Dabei verhinderten die kollektiven Strukturen, welche die einmal zugelassenen Leistungserbringer ebenso wie die nach Kassenarten organisierten Kassen zu einander gegenüber stehenden „Kartellen“ machen, individuelles Aushandeln von Preisen und Qualitätsstandards (also auch eine Arzneimittelauswahl oder eine diesbezügliche Preisverhandlung).[294]

Die Krankenkassen verhandeln nun aber mit den pharmazeutischen Unternehmern um Rabatte, die im Wege einer direkten Zahlung vergolten werden. Manche Arzneimittelrabattverträge erzeugen zudem Einfluss auf die Abgabemengen der Arzneimittel, so dass hier der Vergleich mit einem regulärem marktwirtschaftlichen Nachfrageverhalten nahe liegt. Hier kann man wohl von einer Art Markt sprechen, was im Folgenden näher dargelegt werden soll.

I. Marktprozesse zwischen Krankenkassen und pharmazeutischen Unternehmern

Ein Markt kann definiert werden als die Gesamtheit der „Austauschbeziehungen zwischen anbietenden und nachfragenden Wirtschaftseinheiten, die hinsichtlich ihrer Verkaufs- bzw. Einkaufsmöglichkeiten in einem so engen Verhältnis gegenseitiger Abhängigkeit stehen, dass das Zustandekommen der Preis- und Mengenentscheidung jeder Wirtschaftseinheit nur aus dem Zusammenhang der Tauschgruppe erklärt werden kann“.[295]

Zu einem Markt gehören also diejenigen Wirtschaftssubjekte, zwischen denen Entscheidungsinterdependenzen bestehen. Die marktförmige Austauschbeziehung ist geprägt durch die Verhandlung über Menge/Qualität und den Preis. Dabei kann als Gut, welches von den Krankenkassen nachgefragt wird, das Arzneimittel oder der Rabatt betrachtet werden. Damit kongruiert auf Seiten der

294 *Ebsen*, in: von Maydell/Ruland/Becker, Sozialrechtshandbuch, § 15 Rn. 108.

295 Vgl. *Neumann*, ZfS 2000, 377 (381) unter Verweis auf *Willeke*, Marktformen, in: Handwörterbuch der Sozialwissenschaften, 7. Band, 1961, S. 136; *Woll*, Marktordnung, in: Willi Albers u. a. (Hrsg.), Handwörterbuch Wirtschaftswissenschaft, 5. Band, 1980, S. 105.

pharmazeutischen Unternehmer entweder der Preis für das Arzneimittel oder die erhöhte Absatzchance, die sie anstreben.

Wiewohl den Krankenkassen die Erwirtschaftung von Gewinnen nicht erlaubt sind und sie diese umlegen müssen, wird durch den Wettbewerb zwischen den Krankenkassen bei der Nachfrage von Arzneimitteln mittels Rabattverträgen ein Effekt erzeugt, der einer Marklogik im Sinne eines Kapitalmehrungsprinzips vergleichbar ist.

1. Preisentscheidung

Die Höhe der Rabatte steht nicht vorher fest, sondern sie wird „frei" ausgehandelt. An dieser Bewertung ändert sich auch nichts, wenn die Krankenkassen einen Mindestrabatt fordern. Durch diese Verhandlung über Rabatte wird auch über den Endpreis der Arzneimittel verhandelt, so dass eine echte Preisverhandlung stattfindet, mag sich diese auch nur in einem gewissen Rahmen bewegen.

2. Mengenentscheidung

Die Krankenkasse kann die Menge, also hier das Maß der Erhöhung der Absatzchance, bei klassischen Rabattverträgen bestimmen, indem sie mehr oder weniger Anbieter zulässt. Auch kann sie zusätzliche Maßnahmen, wie z. B. die Einwirkung auf Ärzte und Apotheker in Kollektiv- und Einzelverträgen vornehmen. Dass eine erhöhte Absatzchance besteht, ist sicher, denn mehr als 60 % der Medikamente werden über die Aut-idem-Regelung von Ärzten verschrieben, für die die Rabattregelung unmittelbar greift.[296] Daher ist von einer gewissen „Mengenkontrolle" der Krankenkassen auszugehen, sie können die Absatzchance bei klassischen Rabattverträgen steigern. Dem steht nicht entgegen, dass die Krankenkassen keinen Einfluss auf die absolute Menge der nachgefragten Arzneimittel haben, diese hängt von vielfältigen Faktoren ab.[297] Jedoch ist dies nicht ausschlaggebend. Denn die Krankheitsbilder in einem Staat ändern sich nicht von einem Jahr auf das andere dermaßen rapide, dass die Absatzchance vollkommen unkontrollierbar wäre. Vielmehr ist entscheidend und ausreichend, dass für die

---

296 Vgl. Daten bei *Cassel/Ebsen/Greß/Jacobs/Schulze/Wasem*, Vertragswettbewerb in der GKV, S. 190 ff.

297 Die Entscheidung über die absolute Menge der abgenommenen Arzneimittel, also die Erhöhung der Absatzchance, bestimmt sich nur partiell nach der individuellen „Rabatt-Kaufkraft" des pharmazeutischen Unternehmens und ist primär davon abhängig, wie viele Patienten das Medikament in Anspruch nehmen. Somit kann das Pharmaunternehmen auch bei maximalem Rabattgebot nur eine bestimmte Erhöhung der Absatzchance erreichen, denn für die Patienten wird das Gut nicht billiger und der Anreiz steigt nicht proportional mit der Erhöhung der Rabatte seitens des pharmazeutischen Unternehmens. Es muss also danach streben, so wenig Rabatt wie möglich zu geben und dennoch die Ausschreibung zu gewinnen.

Beteiligten des Gesundheitswesens Anreize bestehen, die Rabattverträge zu akzeptieren. Fest steht damit, dass sich die Krankenkassen und die pharmazeutischen Unternehmer trotz umfangreicher Regulierung in einem gewissen Ausmaß marktförmig gegenüberstehen.

II. Krankenkassen als Nachfrager von Arzneimitteln?

Der oben festgestellte Befund, dass sich im Rahmen der Rabattverträge Marktprozesse zwischen Krankenkassen und pharmazeutischen Unternehmern abspielen, wirft die Frage auf, ob die Krankenkassen auch als Nachfrager von Arzneimitteln bezeichnet werden können.

Wer im Gesundheitssystem als Nachfrager zu bezeichnen ist, darüber wird immer wieder diskutiert. So fragte ein Rechtsanwalt in Freiburg bei einem dortigen Symposion in die Runde, warum jeder Referent eine andere Institution – der eine die Krankenkassen, ein weiterer die Patienten und ein dritter die Ärzte oder Apotheker als Nachfrager bezeichnet habe.[298] Auch sind in Urteilen[299] und Schrifttum apodiktische Äußerungen zu finden, die Autoren beschuldigen, den falschen als Nachfrager im Gesundheitswesen identifiziert zu haben. Aufgrund der Streuung der Nachfragefunktionen kann man aber sagen, dass, je allgemeiner über Institutionen und deren Rollen im Gesundheitswesen gesprochen wird, ein solcher Vorwurf haltlos und nicht gewinnbringend ist, sofern er sich nicht auf konkrete Sachverhalte bezieht. Man kann die Krankenkassen unbesorgt als Nachfrager im weiten Sinne bezeichnen, da sie in jedem Fall zumindest eine Nachfragerfunktion wahrnehmen, nämlich die der Bezahlung.

Allerdings stellt sich dann die Frage, ob für die Rolle eines Nachfragers im rechtlichen Sinn diese Bezahlfunktion wirklich entscheidend ist und ob dem weiten ökonomischen Nachfragerbegriff[300] nicht ein enger, rechtlich nützlicherer zu Seite gestellt werde kann. Es scheint daher sinnvoll zu sein, von einem Nachfragerbegriff im weiten („ökonomischen“) und einem im engen („rechtlichen“) Sinne auszugehen.

Historisch war eine solche Betrachtung für die Nachfrage nach Arzneimitteln nicht besonders hilfreich, da der Kontrahierungszwang der Krankenkassen dominierend im Vordergrund stand und sich somit höchstens die Ärzte bzw. die Versicherten, die ihren Einfluss auf die Ärzte geltend machten, als entscheidende Nachfrager von Arzneimitteln bezeichnen ließen. Nun scheinen die Kranken-

---

298 Vgl. die Diskussion bei *Löwisch* (Hrsg.), Wettbewerb, Kollektivverträge und Konfliktlösung in der Reform des Gesundheitswesens, S. 53 ff.

299 *OLG Düsseldorf*, Beschl. v. 11.04.2007, Rn. 54 (juris), WuW/E DE-R 1958-1973 – Kreiskrankenhaus Bad Neustadt. Im zitierten Beitrag, ZWeR 2005, 31 (32 f.), untersuchte *Wolfgang Jaeger* u.a. die Rolle der Krankenkassen als Nachfrager von Arzneimitteln.

300 Vgl. zur Spaltung der Nachfrage bereits die Ausführung in § 1 D und sogleich unten.

kassen aber durch den verstärkten Einfluss auf die Abgabe von Arzneimitteln - die Marktelemente wurden gerade erörtert - nicht mehr nur Bezahler von Arzneimitteln zu sein.

Dann stellt sich, wie im Einzelnen in Teil 3 erläutert wird, verschärft die Frage nach einer stärkeren Kontrolle durch das Vergaberecht und das Kartellrecht, deren Anwendung pauschal gesprochen immer dann in Frage kommt, wenn der Staat marktwirtschaftlich unmittelbar Einfluss auf den Güterstrom nimmt. Wie und in welcher Form dies geschieht, ist bei Rabattverträgen aber nicht leicht zu erkennen. Zunächst soll daher allgemein ausgeführt werden, wie man eine Nachfragetätigkeit in diesem Zusammenhang überhaupt sinnvoll ermitteln kann.

1. Ausgangslage

Wie in Teil 1 beschrieben, ist dem geltenden Gesundheitssystem eine Spaltung der Nachfrage immanent. Denn die drei Rollen, die der Nachfrager üblicherweise auf sich vereint, werden dort von unterschiedlichen Akteuren wahrgenommen: Der Patient konsumiert (Akteur 1), der Arzt disponiert (Akteur 2) und die Krankenversicherung finanziert (Akteur 3).[301]

So ist es auch zutreffend, dass den Krankenkassen im Allgemeinen eine Nachfrageeigenschaft zugesprochen wird (weiter Nachfragerbegriff, Nachfrageeigenschaft im ökonomischen Sinne).[302] Längst ist die Realität aber weitaus komplizierter, als die Krankenkassen in der historischen Betrachtung als reine Bezahler, die Ärzte ausschließlich als Disponenten und die Patienten nur als Konsumenten anzusehen - diverse Gesundheitsreformen haben ökonomische Feinsteuerung betrieben, so dass sich die Rollen überlagern und vielfach nur noch Kernbereiche eindeutig zuzuordnen sind. Dies passt auch zum Leitbild des Gesetzgebers, der einen Funktionswechsel der Krankenkassen anstrebt: Weg vom Kostenträger – hin zum gesundheitlichen Versorgungsmanager (vom Payer zum Player).[303] Damit wurde auch die Frage, wer warum Nachfrager ist, immer komplizierter.

2. Begriff des Nachfragers in der Rechtsprechung

Die Möglichkeit situationsbedingt unterschiedlicher Nachfrager im Gesundheitswesen ist auch in der Rechtsprechung immer wieder zu finden.

---

301 Vgl. neben den in § 1 D zitierten ökonomischen Werken stellvertretend nur *Hajen/ Paetow/Schumacher*, Gesundheitsökonomie, S. 84 und 208.

302 *Wolfgang Jaeger*, ZWeR 2005, 31, (34), *Engelmann*, NZS 2000, 213.

303 *Mühlhausen*, SGb 2000, 528 (529).

So sieht auch der BGH in seiner Entscheidung, auf den Patienten als Nachfrager von Krankenhausleistungen abzustellen, keinen Widerspruch[304] zur Rechtsprechung des BSG, wonach die Krankenkassen im Rahmen des Sachleistungsprinzips Nachfrager stationärer Krankenhausbehandlungen für ihre Versicherten sind[305]. Sowohl die Krankenkassen als auch die Patienten sind danach Nachfrager von Krankenhausbehandlungen, aber für unterschiedliche Facetten dieses Begriffs. So fragen die Krankenkassen Sicherstellungs- und Pflegesatzvereinbarungen nach; die Patienten wählen das konkrete Krankenhaus aus.

Insbesondere bei einem Leistungsaustausch, der - wie die Verteilung von Arzneimitteln - dem Sachleistungsprinzip unterliegt, können nach dem BGH funktional verschiedene Marktteilnehmer nebeneinander als kartellrechtlich relevante Nachfrager in Betracht kommen.[306]

Die Nachfrageeigenschaft der Krankenkassen im Rechtssinne wird in der zivilrechtlichen Rechtsprechung in bestimmten Sektoren dann verneint,[307] wenn die Versicherten selbst die Wahl zwischen verschiedenen Leistungserbringern treffen können und somit ihre Möglichkeit, als Nachfrager über die Leistung zu disponieren, in den Vordergrund tritt.[308] Das gilt beispielsweise für Krankentransporte, für die dann die Versicherten als Nachfrager einzustufen sind. Dies ist wirtschaftlich betrachtet auch sinnvoll, da es in diesem Bereich nicht nur einen Qualitäts-, sondern auch einen Preiswettbewerb gibt. Somit nähern sich diese Leistungen dem Kostenerstattungsprinzip an, was ebenso für eine Nachfragestellung der Patienten spricht. Die freie Auswahl der Apotheke durch die Versicherten steht der Nachfrageeigenschaft der Krankenkassen hinsichtlich eines konkreten Arzneimittels aber nicht entgegen. Der Patient ist zwar hinsichtlich der Apothekendienstleistung (z. B. Beratung) Nachfrager, nicht aber in Bezug auf das konkrete Präparat, welches per Vorauswahl durch den Arzt im Zusammenwirken z. B. mit den Rabattverträgen festgelegt wurde und von allen zugelassenen Apotheken vorrätig zu halten ist.

---

304 *BGH*, Beschl. v. 16.01.08, KVR 26/07, Rn. 35 – Kreiskrankenhaus Bad Neustadt.

305 *BSG*, Urt. v. 03.08.2006, APR 2007, 53 (56).

306 *BGH*, Beschl. v. 16.01.08, KVR 26/07, Rn. 36 – Kreiskrankenhaus Bad Neustadt; *BGH* WuW/E DE-R 487, 489 - Zahnersatz aus Manila.

307 *BGH* WuW/E DE-R 487, 489 - Zahnersatz aus Manila; *BGH* WuW/E DE-R 303, 304 f. – Taxi Krankentransporte; *BGH* WuW/E 2603, 2605 – Neugeborenentransporte.

308 Mit dieser Begründung wird auch die Nachfragereigenschaft von Krankenkassen in Bezug auf Krankenhausleistungen verneint, *BKartA*, Az.: B 10 - 123/04; OLG Düsseldorf WuW/E DE-R 1958-1973 mit „ökonomischer Rückendeckung" in dieser Frage von *Kuchinke/Kallfaß*, WuW 2006, 991 (993) - Im amerikanischen Gesundheitssystem werden die Health Maintenance Organizations (HMO) dagegen als Nachfrager gesehen, wenn sie Krankenhausleistungen für ihre Versicherten einkaufen, siehe hierzu Nachweise bei Hamm, Wettbewerb in der Krankenhauswirtschaft, S. 149.

Der Kartellsenat des BGH hat auch für Sachverhalte, die in den Geltungsbereich des Sachleistungsprinzips der gesetzlichen Krankenversicherung fielen, immer wieder entschieden, dass bei den Tatbeständen der unbilligen Behinderung (§ 20 GWB) und des Boykotts (§ 21 Abs. 1 GWB) derjenige der Nachfrager ist, der die Auswahl zwischen mehreren Leistungserbringern zu treffen hat[309]. Denn derjenige, der über die Auswahl des Leistungserbringers entscheidet, führe Angebot und Nachfrage zusammen. Entscheidend scheint allgemein, wer das Wahlrecht, wer also die Dispositionsbefugnis, die Dispositionsmacht über das Gut hat.

Dies ist überzeugend. Entscheidend bei der Beurteilung des Nachfragers im engen, rechtlichen Sinne ist danach, wer die Dispositionsbefugnis inne hat. Entscheidend ist nicht primär, wer das Gut konsumiert oder es finanziert. Zu fragen ist vielmehr, wer im Einzelfall über das Arzneimittel disponiert.

Keine Argumentationshilfe dabei bietet die umstrittene[310] Frage, wer Vertragspartner der Leistungsbeziehung beim Kauf von Arzneimitteln ist. Der Vertragspartner einer Leistungsbeziehung ist nicht notwendig Nachfrager im Rechtssinne, denn dafür sind die tatsächlichen bzw. wirtschaftlichen Einflussmöglichkeiten der verschiedenen Seiten auf die Kaufentscheidung daraufhin zu untersuchen, wer Angebot und Nachfrage tatsächlich zusammengeführt hat.[311]

Um die Krankenkassen als rechtliche Nachfrager nach Arzneimitteln einzustufen, reicht es nach einer Ansicht aus, wenn sie in der Lage sind, die dezentralen, in komplexen Mehrpersonenverhältnissen getroffenen Entscheidungen zu beeinflussen[312].

Der BGH scheint bei der Nachfrage nach Arzneimitteln das Kriterium der Dispositionsbefugnis im Einzelfall nicht konsequent durchzuhalten. Zwar sei bei verschreibungspflichtigen Arzneimitteln die Auswahlentscheidung dem Arzt überlassen, der insoweit grundsätzlich als Verbrauchsdisponent für die Patienten auftrete[313]. Hinsichtlich der Krankenkassen hat es dem BGH für die Einstufung als Nachfrager in einem Fall aber ausgereicht, dass die Möglichkeit einer Beschränkung der Leistungspflicht im Hinblick auf die Arzneimittel bestehe[314].

Diese Charakterisierung scheint aber tendenziell zu weit, sie betrifft eher den weiten ökonomischen Nachfragerbegriff, aber nicht denjenigen im Rechts-

---

309 *BGH*, Beschl. v. 16.01.08, KVR 26/07, Rn. 35 – Kreiskrankenhaus Bad Neustadt; *BGH* WuW/E DE-R 303, 305 – Sitzender Krankentransport; WuW/E DE-R 487, 489 – Zahnersatz aus Manila.

310 Vgl. § 3 I.

311 *BGH*, Beschl. v. 3.7.2001 – KZR 31/99, GRUR 2002, 554, 558; Beispiele für solche Einflussmöglichkeiten im Arzneimittelbereich bei *Steinmeyer*, Marburger Gespräche zum Pharmarecht Nr. 4, S. 36; siehe dort auch Fn. 2.

312 *Wolfgang Jaeger*, ZWeR 2005, 31, (34).

313 *BGH* WuW/E 1435, 1440 - Vitamin B 12.

314 *BGH*, Beschl. v. 3.7.2001 – KZR 31/99, GRUR 2002, 554 (558).

sinne. Denn nur wer die Entscheidung über ein Arzneimittel dominierend beeinflusst, kann als Nachfrager gelten, da nur er Angebot und Nachfrage zusammenführt. Dies kann im Ergebnis auch dazu führen, mehrere als Nachfrager im engen Sinne zu qualifizieren, die sich nur hinsichtlich des „Grades“ der Beeinflussung unterscheiden.

3. *Ermittlung der Dispositionsbefugnis bei Arzneimitteln anhand der Verteilungsmechanismen*

Sinnvoll scheint zu sein, über die Dispositionsbefugnis anhand der in § 1 herausgestellten Verteilungsmechanismen zu entscheiden, die bei der Verteilung der Arzneimittel konkurrieren. Diese zwei Verteilungsmechanismen fassen die rechtlichen Regeln zusammen, die jeweils den Weg und die Abgabe eines Arzneimittels steuernd begleiten.

In § 1 wurden beide Verteilungsmechanismen geschildert:

- Zum einen der historische Mechanismus der korporativen Koordination, der den Ärzten und Patienten auf Basis korporativer Regeln die Entscheidungsgewalt gibt und die Krankenkassen einem Kontrahierungszwang unterwirft und auf die reine Bezahlerfunktion reduziert;
- zum anderen die neue und (wie gerade oben gezeigt) marktwirtschaftlich geprägte Möglichkeit der Krankenkassen, die Abgabe bestimmter Arzneimittel durch klassische Rabattverträge direkt zu beeinflussen.

Wer disponiert dann im Einzelfall über das Arzneimittel und ist damit Nachfrager, wenn sich diese Mechanismen, wie es im geltenden Gesundheitssystem bei Abschluss von Rabattverträgen geschieht, auf komplexe Weise überlagern?

Dies ist zugleich die Frage danach, welchem Verteilungsmechanismus die entscheidende Wirkung für die Güterverteilung (= die im Ergebnis die Nachfrage darstellt) beigemessen werden kann, wenn sich zwei konkurrierende Verteilungsmechanismen überlagern.

Die Überlagerung an sich ist kein überraschendes Phänomen: Die korporative Koordination kann grundsätzlich subsidiär innerhalb der anderen Mechanismen zum Einsatz kommen, was auch umgekehrt gilt: „Genauso wie in der Privatwirtschaft und im öffentlichen Sektor für (Vor -) Entscheidungen kollektive Vereinbarungen genutzt werden, verwenden korporative Organisationen das Instrument der Budgetplanung. Die Zuordnung hängt aber davon ab, welcher Allokationsmechanismus bei konfligierenden Wirtschaftsplänen letztlich über die Verwendung der knappen Mittel entscheidet.“[315] Entscheidend für die Zuordnung zu einem Allokationsmechanismus ist auch bei Arzneimitteln daher, welcher der Mechanismen die *endgültige* Entscheidung über das Gut trifft.

---

315 Vgl. *SV-Rat Gesundheitswesen*, Gutachten 2005, BT-Drs. 15/5670, S. 30 mit Verweis auf *E. Wille*, Auswirkungen des Wettbewerbs auf die gesetzliche Krankenversicherung, S. 95 – 156.

Entscheidet der Verteilungsmechanismus der korporativen Koordination vorrangig über die Nachfrage nach einem Arzneimittel, so muss die Nachfrage mehr oder weniger allen denjenigen zugerechnet werden, die die Regelsetzung als Teil des Kollektivs mit bewirkt haben. Nachfrager sind in diesen Fällen vor allem der verschreibende Arzt und der Patient, aber auch der Gemeinsame Bundesausschuss und die Partner der Kollektivverträge, also die Krankenkassen und die kassenärztlichen Vereinigungen. All diese haben gewissen Einfluss auf die Letztentscheidung ausgeübt. Sie gemeinsam haben das Regelwerk gesetzt, welches letztlich zur Abgabe des Arzneimittels an den Versicherten führte.

Anders liegt der Fall, wenn eine einzelne Krankenkasse es aufgrund einer Preisverhandlung und des Abschlusses eines Rabattvertrages geschafft hat, *entscheidenden* Einfluss auf die Abgabe eines Arzneimittels zulasten anderer Arzneimittel zu nehmen. Dann ist die Nachfrageentscheidung nämlich vor allem ihr zuzurechnen. Hier gleicht die Nachfrage einem individuellen marktwirtschaftlichen Handeln. Denn die Krankenkasse hat hier Angebot und Nachfrage aufgrund des Preises zusammengeführt. Hier dominiert also der Markt-Preis-Mechanismus mit der Krankenkasse als Nachfrager. Es stellt sich nur die Frage, bei welchen Rabattverträgen über welche Arzneimittel welcher Mechanismus dominierend hervortritt.

4. *Konkretisierung für die Nachfrage von Arzneimitteln*

Folgt man dieser Einschätzung, so kann die „echte" Nachfrageeigenschaft der Krankenkassen beim Abschluss von Rabattverträgen in Bezug auf bestimmte Arzneimittel tendenziell verneint, für andere tendenziell bejaht werden. Von einer Tendenz wird hier gesprochen, weil nur die Untersuchung für den konkreten Verordnungsfall die notwendige Sicherheit über die entscheidenden Kriterien geben kann.

a) *Konkretisierung für festbetragsgebundene Arzneimittel*

Bei Rabattverträgen, die einen direkten Einfluss auf Ärzte und Apotheker ausüben, weil diesen ein direkter Preisvergleich möglich ist, kann die Abgabe des Arzneimittels an den Patienten meist der Krankenkasse zugerechnet werden. Sie hat zuvor über den Preis in Form eines Rabattes verhandelt, beeinflusst die Nachfrage durch die gesetzlichen Wirkungen der Rabattverträge und bezahlt diese auch, was einer marktförmigen Nachfrage entspricht. Die gilt generell vor allem für Arzneimittel, die einem Festbetrag unterliegen, vgl. § 5.

Marktmechanismen greifen daher beim Abschluss von Rabattverträge über solche Arzneimittel ein, wenn dem Arzt ein schneller Wirtschaftlichkeitsvergleich möglich ist. Ist ein Rabattarzneimittel in eine Festbetragsgruppe eingeteilt, so bietet sich dem Arzt nicht nur eine unmittelbare therapeutische Vergleichsmöglichkeit zu anderen Präparaten, der Patient hat aufgrund des Erlasses der Festbetragsdifferenz und weiterer möglicher Zuzahlungserlasse auch starke Anreize zu einem Austausch des Präparats. Eine Ausnahme könnte nur dort bestehen, wo dem Arzt trotz der Festbetragsgruppe ein therapeutischer Vergleich nicht möglich ist, weil die Gruppe inhomogen ist.

Da hier die (der Krankenkasse durch die Anreizwirkungen zurechenbare, vgl. § 5) Letztentscheidung anhand eines Preisvergleichs zulasten der konkurrierenden Arzneimittel gefällt wird, ist hier tendenziell von einer echten Nachfrage durch die Krankenkasse auszugehen.

Die Krankenkasse ist daher als Nachfrager im engen Sinn zu betrachten, der Angebot und Nachfrage aufgrund des Preises zusammenführt. Hier tritt der Einfluss der korporativen Koordination auf Ärzte und Patienten in den Hintergrund, bzw. stellt sich in den Dienst der von der Krankenkasse verantworteten Verteilungsregel. Diese kann als (wenn auch eingeschränkter) Markt-Preis-Mechanismus bezeichnet werden.

b) Konkretisierung für nicht festbetragsgebundene Arzneimittel

Bei Rabattverträgen, die einen solchen direkten Einfluss auf Ärzte und Apotheker mangels Möglichkeit eines Preisvergleiches nicht ausüben können, kann die Abgabe des Arzneimittels dem Arzt, dem Patienten und über diese letztlich allen Beteiligten der korporativen Koordination zugerechnet werden, nicht aber dominierend der einzelnen Krankenkasse. Die Nachfrage vollzieht sich somit hier auf der Grundlage des Verteilungsmechanismus der korporativen Koordination. Dies trifft meist für Arzneimittel zu, die keinem Festbetrag unterliegen.

In § 1 wurde gezeigt, dass der Verteilungsmechanismus der korporativen Koordination meist die Abgabe der nicht festbetragsgebundenen Arzneimittel, insbesondere mit neuartiger therapeutischer Wirkung, beherrscht. Es handelt sich hier tendenziell um eine individuelle Arzt-Patient-Entscheidung auf Basis der kollektiven Regeln, an die die Krankenkasse gebunden ist. Dem Arzt fällt bei solchen Präparaten ein echter Wirtschaftlichkeitsvergleich und somit auch eine Entscheidung, ein Konkurrenzprodukt allein aufgrund des Preises auszutauschen, meist schwer. Hier steht in der Regel „der Zusatznutzen" als dominierendes Entscheidungsmerkmal im Vordergrund, weshalb nicht die Krankenkasse, sondern nur der Arzt und der Versicherte die Letztentscheidung treffen und die verdrängende Auswahlentscheidung nicht dominierend der Krankenkasse zugerechnet werden kann, die einen Rabattvertrag über das Arzneimittel abgeschlossen hat.

Bei Rabattverträgen über solche Arzneimittel kann die Krankenkasse meist nicht als disponierender Nachfrager bzw. mit der oben gewählten Begrifflichkeit nur als Nachfrager im weiten Sinn betrachtet werden; sie nimmt keine dominierende Dipositionsfunktion wahr, führt Angebot und Nachfrage nicht zusammen.

Da sich die Mechanismen überlagern, muss dies nicht in jedem Fall gelten, aber die Wahrscheinlichkeit, dass die Rabattverträge in solchen Fällen einen entscheidenden Einfluss auf die Therapieentscheidung nehmen können, ist vergleichsweise gering.

§ 8 Ergebnis zu Teil 2

1. In Teil 1 wurde aufgezeigt, dass der Einfluss der Rabattverträge unterschiedlich in Abhängigkeit davon ist, ob die Rabattarzneimittel dem Arzt oder Apotheker einen echten Preisvergleich erlauben (bei Festbetragsarzneimitteln) oder nicht.
   Zudem wurde dort beschrieben, wie die Einführung der Rabattverträge und der Anreizmechanismen zu einem Mischsystem aus Preiswettbewerb der Krankenkassen bei gleichzeitiger Geltung der herkömmlichen korporativen Koordination auf der Nachfrageseite führte.
   Das Verhandeln um Rabatte und der Einfluss auf die Arzneimittelabgabe brachten die einzelnen Krankenkassen zum ersten Mal in eine direkte wirtschaftliche Beziehung zu den pharmazeutischen Unternehmern, die den Eindruck einer wirtschaftlichen Beziehung auf gleicher Ebene machte und die Frage aufwarf, ob die Krankenkassen daher neuerdings mit allen (in Teil 3 geschilderten) rechtlichen Folgen grundsätzlich als marktwirtschaftlich handelnde Nachfrager nach Arzneimitteln zu betrachten seien.
   In Teil 2 wurden diese Fragen in Beziehung zueinander gesetzt. Es wurde also zu beschreiben versucht, wie die Begriffe des Verteilungsmechanismus, der Nachfrage und des Wettbewerbs im Gesundheitswesen miteinander zusammenhängen.
2. Eine flexible Anreizpolitik im Verwaltungsrecht katapuliert die handelnde Verwaltungskörperschaft nicht „qua solcher Anreize“ aus dem öffentlichen Recht hinaus und macht sie zu einem marktwirtschaftlichen Nachfrager. Anreizsysteme werden auch in anderen Verwaltungsbereichen genutzt, ohne dass man die Schlussfolgerung ziehen müsste, hier handele es sich im eigentlichen Sinne nicht mehr um verwaltungsrechtliches Handeln.
3. Die marktwirtschaftliche Koordinierung im Verhältnis zwischen Versicherten und Krankenkassen bleibt in weiten Teilen ausgeschlossen. Die Policen mit Personen mit sog. schlechten Krankheitsrisiken haben für die Krankenkassen in diesem Solidarsystem immer nahezu den gleichen wirtschaftlichen „Wert“ wie solche Policen mit Personen mit sog. gutem Krankheitsrisiko. Der Leistungskatalog ist überwiegend festgeschrieben, erwerbswirtschaftliche Betätigung verboten. Dies ist der fundamentale Unterschied zum Wettbewerb im privatwirtschaftlichen Versicherungssystem, der dort zu den oben erwähnten Probleme führt. Solange sich ein Wettbewerb um die Risikokennzahlen nicht lohnt, weil durch den Risikostrukturausgleich der Policenwert der günstigen Risiken künstlich gesenkt, der Policenwert der schlechten Risiken künstlich er-

höht wird, so dass er sich auf ein ähnliches Maß einpendelt, und der Leistungskatalog in überwiegend festgeschrieben ist, findet insoweit kein wirtschaftlicher Wettbewerb der Krankenkassen statt, da der Marktmechanismus teilweise ausgeschaltet ist. Solange ist ein voll entwickeltes Wettbewerbsverhältnis zwischen Krankenkassen und Versicherten im System ausgeschlossen, auch wenn Marktelemente im System zu finden sind. Weil kein Wettbewerb um Policen stattfindet, existiert insofern überwiegend weder ein preis- noch ein qualitätsbezogener Wettbewerb, dessen Folge eine Risikoselektion sein könnte. Marktprozesse laufen hier allerdings „in Randbereichen", dominierend ist aber nach wie vor ein staatlicher Allokationsmechanismus.

4. Im Verhältnis zwischen Krankenkassen und pharmazeutischen Unternehmen sind Marktelemente dagegen klar erkennbar. Bei der Nachfrage der Krankenkassen nach Gütern überlagern sich allerdings verschiedene Verteilungsmechanismen. Im Gesundheitssystem überlagern sich bei Einsatz der Rabattverträge im ambulanten ärztlichen Bereich die Verteilungsmechanismen der korporativen Koordination und des Markt-Preis-Mechanismus.
5. Entscheidender Verteilungsmechanismus im Einzelfall ist derjenige, auf dessen Grundlage die letzte und dominierende Beeinflussung (Disposition) vor Abgabe an den Patienten stattfindet, denn hierdurch werden Angebot und Nachfrage zusammengeführt. Dabei geht es um keine Alles-oder-Nichts-Entscheidung. Es können mehrere Nachfrager existieren. Die Differenzierung hilft aber bei der Wahl der richtigen Kriterien, wenn es um die Bewertung geht, welcher Nachfrager im jeweiligen Kontext graduell als stärker bzw. schwächer zu qualifizieren ist, wem also die Nachfrageentscheidung eher zuzurechnen ist.

a) Rabattverträge nehmen keinen Einfluss auf die therapeutische Bewertung von Arzneimitteln. Sie greifen erst bei einer preisbasierten Auswahlentscheidung und können nur eine solche ersetzen. Nur wenn ein direkter Preisvergleich möglich ist, kann die Abgabe des Arzneimittels an den Patienten der Krankenkasse auf Grundlage des Markt-Preis-Mechanismus zugerechnet werden. Sie hat zuvor über den Preis in Form eines Rabattes verhandelt, beeinflusst die Nachfrage durch die gesetzlichen Wirkungen der Rabattverträge und bezahlt diese auch, was einer marktförmigen Nachfrage entspricht. Die gilt generell vor allem für Arzneimittel, die einem Festbetrag unterliegen, es sei denn, die Festbetragsgruppen sind inhomogen, vgl. § 5. Festbetragsgebundene Rabattarzneimittel werden somit tendenziell anhand eines der Krankenkasse zurechenbaren Prozesses verteilt. Die Krankenkasse ist daher als Nachfrager im engen Sinn zu betrachten, der Angebot und Nachfrage aufgrund des Preises zusammenführt. Hier tritt der Einfluss der korporativen Koordination auf Ärzte und

Patienten in den Hintergrund, bzw. stellt sich in den Dienst der von der Krankenkasse verantworteten Verteilungsregel. Diese kann als (wenn auch eingeschränkter) Markt-Preis-Mechanismus bezeichnet werden.

b) Bei Rabattverträgen, die einen solchen direkten Einfluss auf Ärzte und Apotheker mangels Möglichkeit eines Preisvergleiches nicht ausüben können, kann die Abgabe des Arzneimittels dem Arzt, dem Patienten und über diese letztlich allen Beteiligten der korporativen Koordination zugerechnet werden, nicht aber dominierend der einzelnen Krankenkasse. Die Nachfrage vollzieht sich somit hier auf der Grundlage des Verteilungsmechanismus der korporativen Koordination. Dies trifft meist für Arzneimittel zu, die keinem Festbetrag unterliegen. Schwierigkeiten bereitet aber hier die Einordnung der Patentarzneimittel mit Reimortkonkurrenten und die Einordnung von solchen Arzneimittel ohne Zusatznutzen, die außerhalb der Festbetragsgruppen stehen.

6. Unabhängig davon, ob Krankenkassen im Einzelfall als echte Nachfrager gelten können, wenn sie Arzneimittel nachfragen, sind allein durch den Abschluss eines Rabattvertrages marktwirtschaftliche Elemente zwischen ihnen und den pharmazeutischen Unternehmern erkennbar, was Bedeutung für die Auslegung des Wirtschaftlichkeitsbegriffs im Kartellrecht entfaltet (vgl. § 11, Kartellrecht). Dies gilt unabhängig davon, ob sie im Verhältnis (Leistungsbereich) zu den Versicherten den Funktionsbedingungen des Marktes unterliegen, was sie nach hier vertretener Ansicht nicht tun. Bereits die Stimulierung durch einen Wettbewerb, der überwiegend nicht als Marktwettbewerb bezeichnet werden kann (im Angebotsbereich), erzeugt Marktmechanismen zwischen den Krankenkassen, sowie zwischen den Krankenkassen und den pharmazeutischen Unternehmern (im Nachfragebereich). Dies war auch genauso vom Gesetzgeber auf der Basis des Sachverständigenrates im Gesundheitswesen gewollt und insofern vorhergesehen.

Teil 3 Die Rechtskontrolle von Rabattverträgen

Als es im Jahre 2007 zum gewollten Wettbewerb um den Abschluss von Rabattverträgen kam, fiel auf, dass bezüglich der zu ihrer Kontrolle anzuwendenden Rechtsgebiete teilweise Unklarheiten bestanden.[316] Die Rabattverträge erwiesen sich als Spagat zwischen Markt und Staat im Gesundheitswesen[317] und warfen in allen sie berührenden Rechtsgebieten Anwendungs- und Einordnungsfragen auf. Besonders ihre Behandlung im Wettbewerbs- und Vergaberecht war umstritten. Diese Fragen wurden durch die in § 69 SGB V erfolgte Einordnung als „öffentlich-rechtliche Verträge" nur unzureichend gelöst. Dies merkte man spätestens, als die EU-Kommission ein Vertragsverletzungsverfahren wegen Nichtbeachtung der Vergaberechtsrichtlinien einleitete, weil die Rabattverträge meist nicht europaweit ausgeschrieben würden und kleine und mittlere Unternehmen nicht nur benachteiligt würden, sondern sie auch der konkreten Gefahr ausgesetzt wären, dauerhaft vom Markt verdrängt zu werden. Die Verträge, um die es gehe, hätten zudem auch im europäischen Markt eine enorme wirtschaftliche Bedeutung, denn die deutschen gesetzlichen Krankenkassen gäben jährlich 16 Mrd. Euro für Arzneimittel aus[318].

Die Rabattverträge lösten auch innerhalb Deutschlands zahlreiche Nachprüfungsanträge zu Vergaberechtsverstößen aus, was eine ausführliche Diskussion in Rechtsprechung und Literatur zur Anwendung des Vergaberechts auf die Träger der Krankenversicherung wieder neu entfachte.[319] Hinzu kamen dann unterschiedliche Ansichten bei der Anwendung des Vergaberechts.[320] Vor allem führten die unklaren Kollisionsregelungen zwischen Sozial-, Vergabe- und Wettbewerbsrecht im Rahmen der § 69 SGB V dazu, dass Zivil- und Sozialgerichte versuchten, die Zuständigkeiten für die Rechtsstreitigkeiten jeweils an sich zu ziehen. Das Bundessozialgericht entschied schließlich über den Rechtsweg zu seinen Gunsten, dieser wurde vom Gesetzgeber durch das GKV-OrgWG[321] zunächst bestätigt – bis zur erneuten Zuweisung an die Zivilgerichte durch das AMNOG. Die Eigenschaft der Krankenkassen als öffentliche Auftraggeber wurde in einer EuGH Entscheidung[322] bestätigt.

---

316 Vgl. zu den einzelnen Fragen die Erörterungen zum Vergabe- und Kartellrecht.

317 Vgl. *Dietz*, G+S 2008, 41 (41).

318 So die Mitteilung vom 06.05.2008 abrufbar unter: http://europa.eu/rapid/pressReleasesAction.do?reference=IP/08/686&format=HTML&aged=0&language=DE&guiLangage=en, zutreffend ist aktuell die in der Einleitung genannte Summe von 28 Mrd. Euro.

319 Vgl. die Erörterung im Rahmen des Vergaberechts.

320 Näheres bereits oben zu § 69 SGB V und unten im Rahmen des Vergaberechts. Vgl. zur Übersicht auch *Cassel/Ebsen/Greß/Jacobs/Schulze/Wasem*, Vertragswettbewerb in der GKV, S. 184.

321 BGBl. I, S. 2426.

322 *EuGH*, Urt. v. 11.06.2009, C-300/07, Slg. 2009, I-4779 – Oymanns.

Bei der Untersuchung der möglichen Kontrollmechanismen für die Rabattverträge werden schwerpunktmäßig das Sozialrecht, das Europarecht und Europäische Kartellrecht, sowie das Vergaberecht in den Blick genommen.

Das Gesetz gegen den unlauteren Wettbewerb findet aufgrund von § 69 SGB V im Verhältnis zwischen Krankenkassen und Leistungserbringern keine Anwendung.[323] In Betracht gezogen wurde allerdings die Anwendung des UWG zwischen den pharmazeutischen Unternehmen. Dem soll an dieser Stelle nicht weiter nachgegangen werden.[324]

Auch das über § 69 SGB V entsprechend anwendbare AGB-Recht könnte einzelne Klauseln in Rabattverträgen zu Fall bringen. Soweit ersichtlich, wird dieses Instrument aber von den Sozialgerichten und Vergabekammern nicht angewendet. Dies ist vor dem Hintergrund des passgenaueren Vergaberechts aber auch verständlich. In den Vordergrund treten dagegen die Regelung der VOL/B[325], die als zwingende Vertragsklauseln das AGB-Recht teilweise ersetzen.

Wichtig für das Funktionieren der Rabattverträge ist deren Umsetzung in den Kollektivverträgen, ohne die sie nicht funktionieren würden. Sie stützen sich insofern auch auf die korporative Koordination. Auch umfangreiche „Friedenspflichten", d.h. der Verzicht der Krankenkassen auf Retaxierungen gegenüber Apotheken, haben die Umsetzung der Rabattverträge in der Vergangenheit geprägt. Man sieht daran, dass das Funktionieren der Rabattverträge in der Vergangenheit in einem gewissen Ausmaß vom Wohlwollen der verschiedenen Beteiligten im Kollektivvertragssystem abhing.

Der Abschluss und die Durchführung der Rabattverträge können also unterschiedlichen Rechtsregimen unterfallen. Daraus ergeben sich vielfältige Anforderungen an das Verhalten der Krankenkassen.

---

323 *BSG* v. 30.03.1993, BSGE 72, 148, 150 ff.; v. 31.08.2000, BSGE 87, 95, 99; v. 25.09.2001, BSGE 89, 24 30-34 = NJW-RR 2002, 1691, 1692 f.; *BGH*, Urt. v. 23.02.2006, GRUR 2006, 517 - Blutdruckmessungen; *OLG Düsseldorf*, Beschl. v. 22.10.2008, VergabeR 2009, 176 – ESP I.

324 *Hölz/Eichler*, NVwZ 2009, 27 (31) m.w.Nw.

325 Siehe unten § 10 Vergaberecht.

§ 9 Freier Arzneimittelverkehr im Binnenmarkt nach Artikel 34 AEUV

Als Folge der Rabattverträge können sich Nachteile für nicht berücksichtigte Unternehmen ergeben, weil sie ihre Produkte aufgrund der bevorzugten Abgabe der Rabattarzneimittel schlechter absetzen können. Bei solchen Erstattungsrestriktionen, die aus den Rabattverträgen mittelbar folgen, könnte es sich um unzulässige „Maßnahmen gleicher Wirkung" gem. Artikel 34 AEUV (zuvor: Art. 28 EG)[326] handeln.[327]

Nach Art. 34 AEUV sind mengenmäßige Einfuhrbeschränkungen sowie alle Maßnahmen gleicher Wirkung zwischen den Mitgliedstaaten verboten. Mit den anderen Grundfreiheiten zielt diese, dem freien Warenverkehr im Binnenmarkt dienende Vorschrift insbesondere auf die wirtschaftliche Integration der Mitgliedstaaten.[328] Das Sozialrecht (§ 69 SGB V) und damit auch die Regelung zu den Rabattverträgen kann in Bezug auf das Europäische Recht keine abschließende Wirkung entfalten, da aus dem Grundsatz des *effet utile*, der die praktische Wirksamkeit der europarechtlichen Vorschriften sichern soll, der Anwendungsvorrang des Gemeinschaftsrechts folgt.[329]

Aus der systematischen Stellung des Artikels folgen zusätzlich die ungeschriebenen Voraussetzungen, dass die besagten Maßnahmen den Warenverkehr betreffen und von einem Adressaten des Verbots zu verantworten sein müssen.[330] Verantwortung meint nach überwiegendem herkömmlichem Verständnis, dass die Maßnahmen einem Einzelstaat[331] als Urheber zurechenbar sind.

Der Grundsatz der Transparenz gilt dabei nach der Rechtsprechung des EuGH als Handlungsmaßstab staatlicher Maßnahmen als übergeordnetes Rechtsprinzip immer, da er erst festzustellen helfe, ob die Auswahl unter Berücksichtigung des Diskriminierungsverbotes getroffen wurde; er gilt also für

---

326 Der Vertrag über die Arbeitsweise der Europäischen Union in der Fassung der Bekanntmachung vom 9. Mai 2008, konsolidierte Fassung des Vertrages zur Gründung der Europäischen Gemeinschaft v. 25.03.1957 (BGBl. II S. 766).

327 Vgl. hierzu auch *Dettling*, MedR 2008, 349 ff.

328 Vgl. dazu *Harratsch/Koenig/Pechstein*, Europarecht, 3. Kap., Rn. 689; *Streinz*, Europarecht, § 12 Rn. 779; allg. zum Konzept der Grundfreiheiten *Müller-Graff*, in: von der Groeben/Schwarze, EG Art. 28, Rn. 2 ff.

329 Seit EuGH, Slg. 1964, 1269 ff., Rn. 8-12 – Costa/ENEL; dazu *Streinz*, Der „effet utile" in der Rechtsprechung des Gerichtshofs der EG, FS Everling Bd. II, 1995, S. 1491 (1498 f.).

330 *Müller-Graff*, in: von der Groeben/Schwarze, EG Art. 28, Rn. 15; *Leible*, in: Grabitz/Hilf, Vorb. zu den EG Art. 28-31, Rn. 1, sowie EG Art. 28, Rn. 4 ff.

331 Sofern nicht ausnahmsweise ein Privater als Verpflichteter in Betracht kommt.

alle Auswahlentscheidungen, die in den Schutzbereich der Warenverkehrsfreiheit fallen.[332]

I. Ausnahme vom Anwendungsbereich der Warenverkehrsfreiheit

Die Rabattverträge, da sie die wirtschaftliche Versorgung der Versicherten mit Arzneimitteln betreffen, könnten allerdings auf den ersten Blick gem. Art. 168 Abs. 7 S. 1 und 2 AEUV vom sachlichen Anwendungsbereich der Grundfreiheiten ausgenommen sein. Dieser lautet: „Bei der Tätigkeit der Union wird die Verantwortung der Mitgliedstaaten für die Festlegung ihrer Gesundheitspolitik sowie für die medizinische Versorgung gewahrt. Die Verantwortung der Mitgliedstaaten umfasst die Verwaltung des Gesundheitswesens und der medizinischen Versorgung sowie die Zuweisung der dafür bereitgestellten Mittel.“

Zur Organisation der sozialen Sicherheit bestimmt Artikel 153 Absatz 4 AEUV: „Die aufgrund dieses Artikels erlassenen Bestimmungen berühren nicht die anerkannte Befugnis der Mitgliedstaaten, die Grundprinzipien ihres Systems der sozialen Sicherheit festzulegen, und dürfen das finanzielle Gleichgewicht dieser Systeme nicht erheblich beeinträchtigen.“[333]

Artikel 36 der Charta der Grundrechte der Europäischen Union (ABl. C 364 vom 18. Dezember 2000, S. 1) bestimmt ebenfalls: „Die Union anerkennt und achtet den Zugang zu Dienstleistungen von allgemeinem wirtschaftlichen Interesse, wie er durch die einzelstaatlichen Rechtsvorschriften und Gepflogenheiten im Einklang mit dem Vertrag zur Gründung der Europäischen Gemeinschaft geregelt ist, um den sozialen und territorialen Zusammenhalt der Union zu fördern.“

Dass eine nationale Regelung zum Bereich der sozialen Sicherheit gehört, schließt die Anwendung des primären und sekundären Gemeinschaftsrechts nach ständiger Rechtsprechung des EuGH dennoch nicht aus. Zwar ließe das Gemeinschaftsrecht die Zuständigkeit der Mitgliedstaaten zur Ausgestaltung ihrer Gesundheitssysteme unberührt; gleichwohl müssten die Mitgliedstaaten bei der Ausübung dieser Befugnis das Gemeinschaftsrecht beachten[334].

---

332 *EuGH*, Urt. v. 18.11.1999, C-275/98, Slg. 1999, I-8291, Rn. 31 – Unitron, NZBau 2000, 91.

333 Vgl. außerdem die EuGH Urteile vom 7. Februar 1984 in der Rechtssache 238/82 - Duphar u. a., Slg. 1984, 523, Rn. 16; v. 28. April 1998 in der Rechtssache C - 158/96 - Kohll, Slg. 1998, I-1931, Rn. 41.

334 *EuGH*, Urt. v. 28.04.1998, C-120/95, Slg. 1998, I-1831, Rn. 4 – Decker/Caisse de maladie des employés privés. Vgl. dazu *Schulte*, in: von Maydell/Ruland/Becker, Sozialrechtshandbuch, § 33 Rn. 213; *Bardenhewer-Rating/Niggemeier*, in: von der Groeben/Schwarze, EG Art. 152, Rn. 38; Reese/Stallberg, in: Dieners/Reese, § 17 Rn. 48.

Nach der Rechtssache Watts, in der der EuGH eine sehr weite Erstreckung der Grundfreiheiten auf das Gesundheitswesen vornahm,[335] schien sich das Ende der nationalen Souveränität im Gesundheitswesen anzukündigen, obwohl der Wortlaut des EG-Vertrages in dieser Hinsicht eindeutig schien. Nach und nach werde, so die Vermutung, der EuGH die nationalen Kompetenzen aushöhlen, bis der EU-Gesetzgeber sich nur noch entscheiden könne, den EU-Vertrag zu ändern oder den EuGH zur Raison zu rufen. Jedoch deuteten bereits die Entscheidung AOK-Bundesverband und Fenin, zumindest nach Meinung einiger Kommentatoren, auf ein Anderes hin. Nach dem Urteil des EuGH zur Rechtmäßigkeit des Mehr- und Fremdbesitzverbots von Apotheken[336], in dem eine nationale Regelung, die in den Bereich der Grundfreiheiten fällt, als durch das Gesundheitssystem gerechtfertigt angesehen wurde, scheinen sich diese Befürchtungen insgesamt nicht zu bestätigen. Es ist vielmehr davon auszugehen, dass der EuGH Souveränität der Nationalstaaten im Grundsatz akzeptiert.

II. Adressaten der Grundfreiheiten und die funktionale Betrachtungsweise

Die Krankenkasse müssten bei Abschluss und Durchführung der Rabattverträge als Adressaten der Grundfreiheiten in Betracht kommen. Die Grundfreiheiten richten sich ausdrücklich an die Mitgliedstaaten, auch an die Bundesrepublik Deutschland (BRD). Aber auch die Krankenkassen als Teil der mittelbaren Staatsverwaltung sind den Grundfreiheiten verpflichtet.

Die umfassende Bindung der Verwaltung ist dabei etwas schwieriger zu begründen als die der Gesetzgebung und Rechtsprechung, deren hoheitlicher Charakter offenbar zu Tage tritt,[337] was an der Vielgestaltigkeit ihrer Aufgaben, Organisations- und Handlungsformen[338] liegt. In den Mitgliedstaaten divergiert die Verteilung der staatlichen Verwaltungsarbeit erheblich; gleichzeitig ermangelt es der Gemeinschaft an der Kompetenz und einem eigenen Verwaltungsunterbau, so dass sie auf die Vollzugstätigkeit der nationalen Behörden angewiesen ist.[339] Wären nicht sämtliche mitgliedstaatliche und mit Verwaltungsaufgaben betraute Stellen den Grundfreiheiten verpflichtet, so liefe die gewollte Wirkung der Grundfreiheiten, ob bei der Anwendung des EU-Rechts oder der Anwendung nationalen Rechts, leer.[340] Die unmittelbare Anwendbarkeit der Grundfreiheiten auf alle Verwaltungsebenen ist damit eine

---

335 *EuGH*, Urt. v. 16.05.2006, C-372/04, Slg. 2006, I-4326 – Watts.

336 *EuGH*, Urt. v. 19.05.2009, C-171/07 u.a., Slg. 2009, I-4171 – Apothekerkammer des Saarlandes u.a.

337 *Kingreen*, in: Callies/Ruffert, EG Art. 28, Rn. 105.

338 *Pieroth/Schlink*, Grundrechte, Rn. 165.

339 *Becker*, in: Schwarze, EU-Kommentar, EG Art. 28, Rn. 19 ff.

340 *Becker*, in: Schwarze, EU-Kommentar, EG Art. 28, Rn. 19 ff.

Ausprägung des Grundsatzes des effet utile[341] (praktische Wirksamkeit), durch den der EuGH die Grundfreiheiten des Gemeinsamen Marktes erst wirksam zur Geltung brachte.[342]

Daraus folgt zwingend, dass der Begriff des Mitgliedstaates funktional - das meint in diesem Zusammenhang „verhaltensbezogen" - zu interpretieren ist. Damit ist - in Abgrenzung zum Begriff des Staates im formellen Sinne - durch die Grundfreiheiten derjenige gebunden, der öffentliche Aufgaben erfüllt, sei er auch nach nationalem Verständnis privater, also nicht staatlicher Akteur. Dies gilt auch dann, wenn dem Privaten keine öffentlichen Aufgaben im eigentlichen Sinn übertragen wurden, dem Staat sein Handeln aber zurechenbar ist.[343] Es muss nach dieser Auslegung unerheblich sein, durch wen der Staat die Verwaltungsaufgaben erfüllt.[344] Auch die Krankenkassen, die als rechtsfähige Körperschaften des öffentliche Rechts (§ 4 Abs. 1 SGB V) Teil der mittelbaren Staatsverwaltung sind,[345] sind daher an die Grundfreiheiten gebunden, wenn sie öffentlichen Aufgaben nachgehen. Der Abschluss von Rabattverträgen ist im Sozialgesetzbuch geregelt und Teil der öffentlichen Aufgabe der Krankenkassen im Zusammenhang mit der Arzneimittelversorgung der Versicherten.

III. Der Begriff der Maßnahme

Der Abschluss der Rabattverträge entfaltet auf vielfältige Weise Wirkung auf die Versorgung mit Arzneimitteln. Diese Effekte müssten unter den Begriff der Maßnahme zu fassen sein.

Die Rabattverträge werden von den Krankenkassen selbst abgeschlossen. Ihre besondere Wirkung auf die Leistungserbringer entfalten sie aber nicht durch die Verträge selbst, sondern durch gesetzliche Vorschriften, die ihre Wirkung an die Rabattverträge knüpfen, teilweise auch durch die Möglichkeit der Kranken-

---

341 Vgl. dazu *Streinz*, Der „effet utile" in der Rechtsprechung des Gerichtshofs der Europäischen Gemeinschaften, in: FS Everling, 1995, S. 1491 (1499); *Potacs*, Der Effet utile als Auslegungsgrundsatz, EuR 2009, 465 ff.

342 *EuGH*, C-120/78, Slg. 1979, 649 ff. – Rewe/Bundesmonopolverwaltung für Branntwein; *EuGH*, C-33/74, Slg. 1974, 1299 ff.– van Binsbergen; *EuGH*, C-2/74, Slg. 1974, 631 ff. – Reyners; dazu *Streinz*, Der „effet utile" in der Rechtsprechung des Gerichtshofs der Europäischen Gemeinschaften, in: FS Everling, Bd. II, 1995, S. 1491 (1499).

343 Erforderlich ist dann ein Zurechnungstatbestand, vgl. hierzu *EuGH*, Urt. v. 05.11.2002, C-325/00, Slg. 2002, I-9977 ff. – CMA Gütezeichen. Hier stellte der EuGH bei der privatrechtlichen Organisation „CMA-Gütegemeinschaft" u.a. ab auf den öffentlichrechtlichen Zweck der Aufgabe und die Einflussnahmemöglichkeit des Staates, die durch Richtlinien eines Fonds verwirklicht wurde.

344 *Kingreen*, in: Callies/Ruffert, EG Art. 28, Rn. 106.

345 Zur Bindung der mittelbaren Staatsverwaltung vgl. auch *EuGH*, C-292/92, Slg. 1993, I-6787, Rn. 14 ff. – Hünermund u.a.; C-309/99, Slg. 2002, I-1577, Rn. 119 ff. – Wouters u.a., berufsständische Kammern; *Leible*, in: Grabitz/Hilf, EG Art. 28, Rn. 5.

kassen, mit Ärzten und sonstigen Leistungserbringern begleitende Verträge abzuschließen und sonstige unterstützende Maßnahmen durchzuführen.

Der Begriff der Maßnahme ist weit auszulegen. In Betracht kommen Rechts- und Verwaltungsvorschriften; sogar eine Verwaltungspraxis in die Richtung, öffentliche Lieferaufträge zu vergeben, zumindest wenn sie sich hinreichend verfestigt hat und einen bestimmten Grad an Allgemeinheit aufweist.[346] Auch nicht zwingende Normen genügen, soweit sie zur Verhaltenssteuerung geeignet sind.[347] Der Umstand, dass eine Maßnahme fakultativ, also nicht zwingend ist, nimmt dieser nicht den Charakter eines Handelshemmnisses, da seine Verwendung den Absatz der fraglichen Erzeugnisse gegenüber den Erzeugnissen, die davon nicht profitieren, begünstigt oder begünstigen kann.[348]

Dass die Krankenkassen und die pharmazeutischen Unternehmer die Rabattverträge „freiwillig" abschließen, spricht somit nicht gegen den Charakter eines Handelshemmnisses.

Als mitgliedstaatliche Maßnahme sind somit nicht nur das Verhalten der Krankenkassen bzgl. des Abschlusses und der Durchführung der Rabattverträge zu bewerten, sondern alle vom Staat erlassenen Regelungen und ihm damit zurechenbaren Anreizwirkungen, die auf die bestmögliche Wirksamkeit der Rabattverträge als Kostensenkungsinstrument hinzielen. Dazu gehören die modifizierte Aut-idem-Regelung, die den Apotheken die Abgabe der Rabattarzneimittel vorschreibt, aber auch die Anreize für die Ärzte, die Substitution zuzulassen und die finanziellen Anreize für die Patienten. Auch die Rahmenverträge nach § 129 SGB V zwischen Apotheken und Krankenkassen, die das Verhalten der Apotheken bezüglich der Abgabe von Rabatt- und sonstigen Arzneimitteln regeln, sind dem Staat zurechenbar, da er den Vertragsparteien den Auftrag zum Abschluss des Rahmenvertrages erteilt hat.[349]

IV. Grenzen der Zurechenbarkeit: Das autonome Verhalten Privater

Auch eine mögliche Unternehmenseigenschaft der Krankenkassen, die näher unten im Rahmen des Kartellrechts thematisiert wird, würde dem nicht entgegen stehen.[350] Die Zurechenbarkeit wird nicht etwa dadurch unterbrochen, dass ein

---

346 *EuGH*, C-21/84, Slg. 1985, 1355 – Kommission/Frankreich: protektionistische oder diskriminierende Verwaltungspraxis; *Leible*, in: Grabitz/Hilf, EU-Kommentar, EG Art. 28, Rn. 5; dazu *Müller-Graff*, in: von der Groeben/Schwarze, EG Art. 28, Rn. 291.

347 *Müller-Graff*, in: von der Groeben/Schwarze, EG Art. 28, Rn. 291; ähnliche *Becker*, in: Schwarze, EU-Kommentar, EG Art. 28, Rn. 92.

348 *EuGH*, Urt. v. 05.11.2002, C-325/00, Slg. 2002, I-9977 ff. – CMA Gütezeichen; *EuGH*, Slg. 1978, 1935 = NJW 1979, 483, Rn. 26 – Eggers.

349 Vgl. *Schickert*, PharmR 2004, 47 (48).

350 *Becker*, in: Schwarze, EU-Kommentar, EG Art. 28, Rn. 19 ff; *Schickert*, PharmR 2004, 47 (48).

Unternehmen einer wirtschaftlichen Aktivität am Markt nachgeht, solange noch eine maßgebliche Einflussnahme der öffentlichen Hand besteht.

Ohne bereits die im Vergaberecht zu erörternde Frage der Einflussnahme des Staates auf die Krankenkassen vorwegnehmen zu müssen, ist festzustellen, dass die Krankenkassen auch durch die Einführung von Wettbewerbselementen nicht solcherart in die private Sphäre entlassen wurden, dass sie der maßgeblichen Einflussnahme des Staates entzogen sind, da sie nach wie vor öffentlich-rechtliche Körperschaften sind (§ 4 Abs. 1 SGB V). Dies ist ausreichend. Denn die Hürde für öffentliche Unternehmen, sich der Wirkung der Grundfreiheiten zu entziehen, ist hoch:

Nicht zurechenbar (und damit Maßstab) ist nämlich das autonome Verhalten Privater.[351] Staatliche Maßnahmen sind daher von den Aktivitäten Privater (Unternehmen, Einzelpersonen) abzugrenzen. Die Wahrscheinlichkeit, dass die Krankenkassen zukünftig als Private in diesem Sinne eingestuft werden, ist im Moment als sehr gering anzusehen.[352]

V. Originär den Krankenkassen zuzurechnende Maßnahme

Ob die Beeinträchtigung der Grundfreiheiten nun durch die Krankenkassen oder den Gesetzgeber erfolgt, ist bei Einleitung eines Vertragsverletzungsverfahrens oder sonstiger Verfahren nicht erheblich, da Haftungssubjekt bei einem Verstoß die BRD[353] ist. Da es im Rahmen des Vergaberechts aber auf die Frage der Zurechenbarkeit der Maßnahmen ankommt, soll bereits hier kurz ausgeführt werden, warum nicht nur der konkrete Abschluss, sondern alle zwingenden und nicht zwingenden Anreizwirkungen nach hier vertretener Auffassung den Krankenkassen zugerechnet werden müssen. Grundsätzlich wurde hierzu schon in § 1 ausgeführt.

Erstens wurden die zwingenden Regelungen, die etwa die Apotheken oder die Vergütung der Ärzte betreffen, zwar nicht von den Krankenkassen geschaffen, sondern vom Gesetzgeber, wurden aber allein für die Krankenkassen geschaffen, weil sie selbst vergleichbare Regelungen durch Kollektivverträge nicht erzwingen konnten. Eine Regelung aber, die allein für eine staatliche Institution geschaffen wurde, kann dieser richtigerweise auch als eigene zugerechnet werden. Die Krankenkassen haben zweitens die freie Entscheidung darüber, ob sie die Regelungen durch den Abschluss der Rabattverträge in Gang setzen bzw. wirksam machen, haben also insoweit durch Entschließungsermessen eine gewisse Regelungshoheit und machen sich die Regelungen durch Gebrauch zu Ei-

351 *Müller-Graff*, von der Groeben/Schwarze, EG Art. 28, Rn. 290, 302.

352 Näheres zum staatlichen Einfluss auf die Krankenkassen wird beim persönlichen Anwendungsbereich des Vergaberechts geschildert.

353 Vgl. nur *EuGH*, Urt. v. 05.11.2002, C-325/00, Slg. 2002, I-9977 ff. – CMA Gütezeichen.

gen. Drittens und vor allem können die Krankenkassen jedoch aufgrund ihres Ermessens, wie und mit welchem Inhalt sie die Rabattverträge abschließen, selbst darüber bestimmen, ob die Rabattverträge diskriminierende oder sonstige objektiv unerwünschte Wirkungen haben oder nicht. Die Regelungen des Gesetzgebers enthalten selbst noch keine Festlegung oder Bevorzugung bestimmter Präparate, sind also insofern neutral. Es entspricht dem Gebot der Rechtsklarheit und der Praktikabilität, die Krankenkassen als vorrangiges Zurechnungssubjekt für die Wirkungen der Rabattverträge anzusehen.

Die Lenkungswirkung der Regulierung ist den Krankenkassen somit zurechenbar. Das Regulierungsumfeld stellt keinen gesetzlichen Rahmen dar, der von den Rabattverträgen zu trennen wäre, sondern wurde nur für die Krankenkassen zur Umsetzung der Rabattverträge geschaffen. Diese Regeln werden, vergleichbar mit Vertragsregeln, selbst von den Krankenkassen aktiviert. Von den Krankenkassen intendierte und gesetzlich angeordnete Rechtsfolgen sind damit weitgehend identisch.

VI. Maßnahme gleicher Wirkung wie eine mengenmäßige Einfuhrbeschränkung

Art. 34 AEUV verbietet alle mengenmäßigen Einfuhrbeschränkungen sowie alle Maßnahmen gleicher Wirkung zwischen den Mitgliedstaaten. Eine mengenmäßige Einfuhrbeschränkung ist in den Rabattverträgen nicht zu sehen. Eine Maßnahme gleicher Wirkung wird vom EuGH seit dem „Dassonville-Urteil" definiert als jede Handelsregelung der Mitgliedstaaten, die geeignet ist, den innergemeinschaftlichen Handel unmittelbar oder mittelbar, tatsächlich oder potenziell zu behindern.[354] Restriktionen der Arzneimittelerstattung können sich nach dem EuGH unmittelbar auf den Arzneimittelabsatz und mittelbar auf die Importmöglichkeiten auswirken und könnten daher die Voraussetzungen einer Maßnahme gleicher Wirkung[355] erfüllen.[356] Ohne Rabattvertrag wird einem Hersteller der Absatz bei bestimmten Arzneimitteln erschwert sein, so dass diese Voraussetzung erfüllt ist.

---

354 St. Rspr. seit *EuGH*, Urt. v. 11.07.1974, C-8/74, Slg. 1974, I-837, Rn. 5 – Dassonville; vgl. dazu u.a. *Veelken*, EuR 1977, 311 (322 ff.); zur Folgerechtsprechung vgl. Müller-Graff, in: von der Groeben/Schwarze, EG Art. 28, Rn. 38 ff.; *Becker*, in: Schwarze, EU-Kommentar, EG Art. 28, Rn. 37 ff.; *Luchs*, in: Lenz/Borchardt, EUV/EGV-Kom., EG Art. 28, Rn. 23 ff.

355 Zu Beispielen für sozialrechtliche und arzneimittelrechtliche Regelungen, die eine solche Wirkung entfalten können, und für w.Nw. vgl. *Müller-Graff*, in: von der Groeben/Schwarze, EG Art. 28, Rn. 174, insb. Fn. 476.

356 Für die Beeinträchtigung der Warenverkehrsfreiheit genügen bereits potentielle Auswirkungen auf den innergemeinschaftlichen Handel, st. Rspr. seit *EuGH*, Urt. v. 11.07. 1974, C-8/74, Slg. 1974, I-837, Rn. 5 – Dassonville. Bezüglich Erstattungsrestriktionen vgl. *EuGH*, Urt. v. 07.02.1984, C-238/82, Slg. 1984, 523, Rn. 20 – Duphar u.a.

Eine Einschränkung gilt seit dem Keck-Urteil des EuGH für reine Verkaufsmodalitäten, wenn sie unterschiedslos für alle Wirtschaftsteilnehmer gelten und auf den Absatz inländischer und importierter Waren faktisch die gleiche Wirkung haben.[357] Die negativen Wirkungen der Verweigerung des Abschluss eines Rabattvertrages sind für die inländischen und ausländischen Firmen gleich, treffen aber eben nicht alle Wirtschaftsteilnehmer, sondern nur diejenigen ohne Rabattvertrag. Auch scheint es sich nicht um Verkaufsmodalitäten zu handeln, weil sie die aus Sicht des Arztes austauschbaren Arzneimittel betreffen. Danach wäre eine Rechtfertigung erforderlich.

Dabei ist aber zu beachten, dass der EuGH Preisregulierungen sowie Erstattungsrestriktionen dennoch nicht als Maßnahmen gleicher Wirkung qualifiziert, solange sie diskriminierungsfrei vorgenommen werden. Im Bereich der Preisregulierung von Arzneimitteln milderte die Rechtsprechung das üblicherweise aus der Warenverkehrsfreiheit abgeleitete Beschränkungsverbot schon früh in ein Diskriminierungsverbot ab, was im Folgenden an den dafür maßgeblichen Urteilen gezeigt wird, die dann in die sog. Transparenzrichtlinie mündeten.

1. Preisregulierung – Das Urteil Roussel

Allgemein mit der Preisregulierung pharmazeutischer Produkte beschäftigte sich der EuGH erstmals in der Rechtssache Roussel, bei der es um eine niederländische Regelung ging, welche nur die importierten Arzneimittel betraf und den großen Margen der Importeure entgegenwirken sollte, welche die Medikamente in Billiglohnländern herstellen ließen. Die Sonderregel schrieb vor, dass für importierte Arzneimittel Preise ab Fabrik zugrunde gelegt werden mussten, die im Erzeugerland vor einem bestimmten Datum galten. Für inländische Produkte in den Niederlanden galt hingegen nur eine Regelung, die die Preise ab einem bestimmten Datum einfror und sie zur Basis machte.

Der EuGH urteilte mit der gewohnten Formel, dass als Maßnahmen gleicher Wirkung (wie mengenmäßige Beschränkungen) alle Maßnahmen anzusehen sind, die geeignet sind, den Handelsverkehr zwischen Mitgliedstaaten unmittelbar oder mittelbar, tatsächlich oder potenziell zu behindern. Er spezifizierte, dass Preisregelungen als solche nicht den mengenmäßigen Beschränkungen gleichzustellen sind, wenn sie unterschiedslos für inländische wie eingeführte Erzeugnisse gelten. Sie könnten jedoch eine solche Wirkung entfalten, wenn die Preise so niedrig seien, dass der Absatz der eingeführten Erzeugnisse entweder unmöglich gemacht oder gegenüber inländischen Erzeugnissen erschwert werde. Die niederländische Regelung wurde für unvereinbar mit Art. 28 EG (a.F.) erklärt. Aus der Roussel Entscheidung folgte aber grundsätzlich, dass nationale Preisregulierungen nicht per se dem freien Warenverkehr entgegen stehen.

---

357 *EuGH*, Urt. v. 24.11.1993, Slg. 1993, I-6097 (6131), Rn. 16 – Keck und Mithouard; dazu u.a. *Becker*, in: Schwarze, EU-Kom., EG Art. 28 Rn. 47-50.

Grundsätzlich wurde den Mitgliedsstaaten damit grünes Licht für die Preisregulierung gegeben, solange sie nicht den Vertrieb der importierten Arzneimittel im Vergleich zum innerstaatlichen Vertrieb erschwere, es also keine Diskriminierung bedeute[358]. Das war deshalb überraschend, weil der Gerichtshof nicht die Auswirkungen der Beschränkung auf den Handel in den Blick nahm, was er sonst zu tun pflegte[359]. Dies wird als Ausdruck des generellen Respekts gegenüber nationaler Preisregulierung als integralem Bestandteil innerstaatlicher Wirtschaftspolitik gewertet[360]. Daneben wäre nach dem bisherigen Maßstab des EuGH, nachdem rein ökonomische Gründe keine Rechtfertigung bieten durften, nahezu jede Preisregulierung unzulässig gewesen, soweit keine anderen Rechtfertigungsgründe greifbar waren[361].

2. *Erstattungsregelungen – Das Urteil Duphar*

Der EuGH hat bereits früh für die sogenannten Negativ- und Positivlisten entschieden, dass sie keine Maßnahme gleicher Wirkung darstellen, wenn sie aufgrund objektiver Beurteilungsmaßstäbe gebildet würden, die eine Diskriminierung nach ihrem Ursprung ausschlössen.[362]

Dem Gerichtshof zufolge sind im Rahmen eines nationalen Systems der Pflichtversicherung gegen Krankheit getroffene Maßnahmen, die den Versicherten das Recht versagen, sich auf Kosten der Krankenversicherung mit namentlich genannten Arzneimittel zu versorgen, mit der Warenverkehrsfreiheit vereinbar, wenn

- bei der Auswahl der ausgeschlossenen Arzneimittel eine Diskriminierung aufgrund des Ursprungs der Erzeugnisse unterbleibt und
- diese Auswahl auf objektiven und nachprüfbaren Kriterien beruht, wie zum Beispiel darauf, dass auf dem Markt andere, billigere Erzeugnisse mit gleicher therapeutischer Wirkung erhältlich sind oder dass auf diese Weise Medikamente aus arzneimitteltherapeutischen Gründen von der Erstattung ausgeschlossen werden, die zum Schutz der Volksgesundheit gerechtfertigt sind.

---

358 *Snell*, Free Movement of Pharmaceutical Products: An Overdose of Cheap Drugs?, EBLR 2003, 507 (510).

359 *Snell*, Free Movement of Pharmaceutical Products: An Overdose of Cheap Drugs?, EBLR 2003, 507 (510).

360 *Oliver/Jarvis*, Free Movement of Goods in the European Community, S. 193 – 204.

361 *Snell*, Free Movement of Pharmaceutical Products: An Overdose of Cheap Drugs?, EBLR 2003, 507 (510).

362 *EuGH*, Urt. v. 07. 02. 1984, C-238/82, Slg. 1984, 523, Rn. 20 – Duphar u.a.; *Roth*, in: Schwarze/Becker, Arzneimittel im Europäischen Binnenmarkt, EuR – Beiheft 2 – 2007, 9 (33).

Es müsse jedoch möglich sein, die Listen jederzeit zu ändern, wenn die Einhaltung der betreffenden Kriterien dies verlange. Dass diese für den Fall einer Negativliste entwickelten Grundsätze (Auflistung der nicht erstattungsfähigen Arzneimittel) sinngemäß auch im Falle von Positivlisten (Auflistung der erstattungsfähigen Arzneimittel) gelten würden, wurde bereits vor Erlass der Transparenzrichtlinie durch die Kommission in einer entsprechenden Mitteilung festgestellt[363].

VII. Rechtfertigung

Rabattverträge, bei denen nicht auf die unterschiedslose Behandlung der Arzneimittel in Hinsicht auf den Ursprungsort geachtet wurde, die also die gerade geschilderten Kriterien außer Acht lassen, müssten gerechtfertigt sein. Zur Rechtfertigung werden (mangels einschlägigen normierten Ausnahmen) die immanenten Schranken heranzogen, nach denen eine Maßnahmen nicht gegen den freien Warenverkehr verstößt, wenn sie unterschiedslos für einheimische und eingeführte Waren gilt und notwendig ist, um zwingenden Erfordernissen gerecht zu werden[364].

Auch Erstattungsrestriktionen für Arzneimittel durch die Staaten können danach gerechtfertigt werden. Nach dem EuGH stellt „eine erhebliche Gefährdung des finanziellen Gleichgewichts des Systems der sozialen Sicherheit einen zwingenden Grund des Allgemeininteresses" dar, der die Einschränkung der Warenverkehrsfreiheit durch Erstattungsrestriktionen rechtfertigen kann.[365]

Die Rabattverträge haben naturgemäß aber meistens zumindest eine gewisse Lenkungswirkung, so dass im Fall einer willkürlichen Auswahl auch ein Verstoß gegen die Warenverkehrsfreiheit vorläge. Zudem müsste das Vorliegen einer erheblichen Gefährdung des finanziellen Gleichgewichts des Systems vom betreffenden Mitgliedstaat dargelegt werden,[366] was jedenfalls im Fall Decker

363 Mitteilung der *Kommission* zur Frage der Vereinbarkeit der von den Mitgliedstaaten auf dem Gebiet der Arzneimittel-Preiskontrolle und der Kostenerstattung getroffenen Maßnahmen mit Artikel 30 EWG-Vertrag, Nr. C 310/7 (Überschrieben mit: 86/C 310/08), ABl. EG Nr. 310/7 v. 04.12.1986.

364 Vgl. nur *EuGH*, Urt. v. 20.02.1979, C-120/78, Slg. 1979, 649, Rn. 8 – Cassis de Dijon.

365 *EuGH*, Urt. v. 28.04.1998, C-120/95, Slg. 1998, I-1831, Rn. 4 – Decker/Caisse de maladie des employés privés; vgl. *Roth*, in: Schwarze/Becker, Arzneimittel im Europäischen Binnenmarkt, EuR – Beiheft 2 – 2007, 9 (33); *Schickert*, PharmR 2004, 47 (49).

366 *EuGH*, Urt. v. 23.04.1998, Slg. 1991, I-1931 (1950), Rn. 52 – Kohll; zur Beweislast für die Gefährdung der Gesundheit und des finanziellen Gleichgewichts der Systeme sozialer Sicherheit durch eine nationale Regelung, wonach die Inanspruchnahme von medizinischen Leistungen in andern Mitgliedstaaten vom Sozialversicherungsträger genehmigt werden muss; *Mestmäcker/Schweitzer*, § 2 Rn. 60.

nicht gelang.[367] Im Ergebnis ist damit davon auszugehen, dass die mangelnde Berücksichtigung zulässiger[368] Kriterien bei der Auswahl der rabattierten Medikamente einen Verstoß gegen die Warenverkehrsfreiheit darstellen würde.

Der Grundsatz der Transparenz gilt nach Meinung des EuGH in diesen Fällen immer, da er erst festzustellen helfe, ob die Auswahl unter Berücksichtigung des Diskriminierungsverbotes getroffen wurde; er gilt also für alle Auswahlentscheidungen, die in den Schutzbereich der Warenverkehrsfreiheit fallen.[369]

Vorrangig sind jedoch speziellere Normen zu prüfen - so z.B. das Vergaberecht und das Kartellrecht. Die oben aufgezeigten Leitlinien dienen dann als Auslegungshilfen. Zunächst ist noch darauf einzugehen, ob in der Transparenzrichtlinie 89/105/EWG[370] eine einschlägige spezifische Gemeinschaftsregelung auf dem betreffenden Gebiet bestehen könnte, die rechtliche Maßstäbe für die Rabattverträge aufstellt.

VIII. Speziellere Unionsregelungen

Sofern eine spezifische Unionsregelung besteht, ist die staatliche Regelung zunächst auf ihre Vereinbarkeit mit dieser Vorschrift zu überprüfen. Durch eine solche Regelungen wird die Prüfung der Grundfreiheiten allerdings nicht obsolet. Denn die Vereinbarkeit einer mitgliedstaatlichen Regelung mit dem Sekundärrecht der EU erübrigt nicht das Erfordernis der Vereinbarkeit mit dem Primärrecht.[371] Vorrangiger Prüfungsmaßstab wäre jedoch die speziellere Norm. Die oben beschriebenen Maßstäbe sind bei der Auslegung der spezielleren Normen zu berücksichtigen.

Dies ist in den meisten Fällen das Vergaberecht, welches in § 10 thematisiert wird. Bei seiner Auslegung, oder auch wenn kein öffentlicher Auftrag vorliegt, ist jedoch auf die aus der Warenverkehrsfreiheit folgenden Prinzipien zurückzugreifen. Insbesondere können Richtlinien und Leitlinien der Kommission hier Maßstäbe setzen.

Eine solche Regelung könnte die Richtlinie 89/105/EWG des Rates vom 21. Dezember 1988 sein - betreffend die Transparenz von Maßnahmen zur Regelung der Preisfestsetzung bei Arzneimitteln für den menschlichen Gebrauch und ihre Einbeziehung in die staatlichen Krankenversicherungssysteme (sog. Transparenzrichtlinie).

---

367 *EuGH*, Urt. v. 28.04.1998, C-120/95, Slg. 1998, I-1831, Rn. 4 – Decker/Caisse de maladie des employés privés; *Reese/Stallberg*, in: Dieners/Reese, § 17 Rn. 48.

368 Hierzu sogleich unten.

369 *EuGH*, Urt. v. 18.11.1999, C-275/98, Slg. 1999, I-8291, Rn. 31 – Unitron, NZBau 2000, 91.

370 Dazu sogleich unten.

371 *EuGH*, C-158/96, Slg. 1998, I-1931 Ziff. 25 – Kohll; *Jarass*, in: EuR 2000, S. 720.

Eine staatliche Auflistung von Arzneimitteln, aus der die automatische Kostenübernahme für ein Arzneimittel auf dieser Liste folgt, während andere Arzneimittel nur unter zusätzlichen Voraussetzungen erstattet werden, fällt als sog. Positivliste unter die Transparenzrichtlinie[372], woraus sich zwingend besondere Verfahrensvorschriften ergeben. Dabei kam es in einem Verfahren der Kommission gegen die Republik Österreich zur Frage, welche nationalen Arzneimittelverzeichnisse bereits als Positivliste zu verstehen sind. Der EuGH urteilte: „Der Umstand, dass in einem Mitgliedstaat ein Verzeichnis und nicht eine Positivliste besteht und nach vorheriger Bewilligung auch andere Arzneimittel verordnungsfähig sind, ändert nichts an dem allein entscheidenden Gesichtspunkt, dass die Aufnahme eines Arzneimittels in das Verzeichnis in der Regel eine automatische Kostenübernahme nach sich zieht“.[373] Dieser Interpretation des EuGH, mit der er das Arzneimittelverzeichnis in Österreich als Positivliste im Sinne der Richtlinie einstufte, lag der Sachverhalt zugrunde, dass für die Verordnung jedes nicht auf der Liste befindlichen Arzneimittels eine besondere vorherige Bewilligung durch die Krankenkasse erforderlich war.

Diese Beurteilung von Arzneimittelempfehlungen wirft die Frage auf, ob nicht auch die Rabattverträge im Ergebnis einer Positivliste im Sinne dieser Richtlinie gleichkommen. Der Abschluss eines klassischen Rabattvertrages hat für das Arzneimittel zur Folge, dass für Ärzte Anreize bestehen, es vorrangig zu verordnen bzw. eine Substitution zuzulassen. Auch für die Patienten bestehen durch finanzielle Vorteile Anreize für einen solchen Austausch. Dies kommt einer staatlichen Empfehlung gegenüber den Ärzten und Patienten für bestimmte Arzneimittel gleich. Dadurch, dass verschiedene Krankenkassen viele einzelne Rabattverträge über unterschiedliche Präparate abschließen, kommt es aus Sicht des Arztes, dem diese rabattierten Präparate durch seine Verordnungssoftware angezeigt werden, zu einer Art Listenbildung. Jedenfalls wird ihm auf dem Computerbildschirm eine Auswahl der rabattierten Präparate angezeigt, die einer Auswahl von nicht rabattierten Arzneimitteln gegenübersteht.

Mehrere Argumente sprechen allerdings dagegen, dass man in diesen Wirkungen der Rabattverträge eine Positivliste sehen kann. Zunächst gibt es kein Genehmigungserfordernis für die Verordnung nicht rabattierter Arzneimittel. Zudem sind die Urheber der Empfehlung unterschiedliche Krankenkassen, also nicht eine Körperschaft, die eine Liste herausbringt. Daher ist es den Patienten auch ein leichtes, den speziellen Rabattverträgen, die ihre Krankenkasse abge-

---

372 Richtlinie 89/105/EWG des Rates vom 21. Dezember 1988 betreffend die Transparenz von Maßnahmen zur Regelung der Preisfestsetzung bei Arzneimitteln für den menschlichen Gebrauch und ihre Einbeziehung in die staatlichen Krankenversicherungssysteme; EuGH, Urt. v. 27.11.2001, C-424/99, Slg. 2001, I-9285 – Kommission ./. Republik Österreich.

373 *EuGH*, Urt. v. 27.11.2001, C-424/99, Slg. 2001, I-9285 – Kommission ./. Republik Österreich.

schlossen hat, zu entgehen. Sie können die Krankenkasse, und damit die für sie geltende „Liste", wechseln. Die Rabattverträge, obwohl von Seiten der Krankenkassen als Empfehlung zu verstehen, ändern auch nichts an der automatischen Kostenübernahme für ein Arzneimittel, sofern es ein Arzt verordnet hat. Somit können in den Rabattverträgen i.V. mit den staatlicherseits geschaffenen Anreizen grundsätzlich keine Positivlisten im Sinne des Art. 6 der Transparenzrichtlinie gesehen werden.

Allerdings nimmt der EuGH erfahrungsgemäß eine sehr weiter Auslegung der Richtlinie vor. Und im Rahmen einer Untersuchung der Europäischen Kommission des Arzneimittelmarktes wurde bereits der Vorschlag gemacht wurde, dass alle Arten von Erstattungsrestriktionen wie Therapieleitlinien und Empfehlungslisten Gegenstand der Transparenzrichtlinie werden sollen.[374] Dann würden aufgrund ihrer Auswirkungen auch die Rabattverträge davon erfasst. Folge einer solchen Änderung der Transparenzrichtlinie wäre dann die unmittelbare Bindung der Krankenkassen an deren Verfahrensvorschriften beim Abschluss und der Durchführung der Rabattverträge.

Der Rechtsgedanke der Transparenz wird auch unmittelbar aus dem EU-Recht hergeleitet, so dass die Richtlinie dem Rechtsgedanken nach auch für solche innerstaatliche Rechtsinstitute angewendet wird, die - wie die Rabattverträge - dem Wortlaut nach unmittelbar nicht darunter fallen.

Da in einer Mitteilung der Kommission als Reaktion auf die Urteile Roussel und Duphar speziell auf Problematik der Diskriminierung von Herstellern bei der Auswahl von Arzneimitteln eingegangen wurde, können diese Ausführungen, ohne unmittelbar rechtsverbindlich zu sein, Anhaltspunkte dafür liefern, wann nach Meinung der Kommission und des EuGH eine Diskriminierung vorliegen könnte und wann die Transparenzrichtlinie auch gegen ihren Wortlaut mithilfe des *„effet utile"* Anwendung finden könnte.

Zwei Jahre vor Erlass der Transparenzrichtlinie im Jahre 1988 hatte die Kommission durch diese Mitteilung ihre Ankündigung[375] für den Arzneimittelsektor wahr gemacht, ungerechtfertigten Handelshemmnissen nicht mehr nur durch einzelne Vertragsverletzungsverfahren zu begegnen. Vielmehr sollte ein systematischer Ansatz verfolgt werden, in dem allgemeine Mitteilungen veröffentlicht würden, in denen die Rechtslage insbesondere mit Blick auf die damaligen Artikel 30 bis 36 des EWG Vertrages für einen ganzen Wirtschaftssektor oder hinsichtlich einer bestimmten Art von Hemmnissen erläutert werde. Ergebnis für den Arzneimittelsektor war die „Mitteilung zur Frage der Vereinbarkeit der von den Mitgliedstaaten auf dem Gebiet der Arzneimittel-Preiskontrolle und

374 Vgl. auch *European Commission*, Pharmaceutical Sector Inquiry, Preliminary Report, DG Competition Staff Working Paper, 28. November 2008, S. 399.

375 Im Weißbuch über die Vollendung des Binnenmarktes, KOM 85, 310, Ziffern 155 u. 156.

der –Kostenerstattung getroffenen Maßnahmen mit Artikel 30 EWG-Vertrag“[376]. Nach Meinung der Kommission zählte zu den Sektoren, deren Rechtslage vorrangig einer Erläuterung bedurften, der Arzneimittelsektor.

Die Kommission wollte durch die Mitteilung nicht der oben geprüften Transparenzrichtlinie vorgreifen, sondern die Verpflichtungen der Mitgliedstaaten selbst darlegen, wie diese vom Gerichtshof zuvor ausgelegt worden waren und wie die Kommission sie in eigener Verantwortung anzuwenden gedachte, um die Einheit des Binnenmarktes zu verwirklichen.

Als Grundlage für die Erläuterung werden in der Mitteilung die oben erwähnten Urteile des EuGH in der Rechtssache Roussel und in der Rechtssache Duphar genannt, die nach Meinung der Kommission Leitlinien für die Auslegung böten, „mit denen sie eine striktere Kontrolle der Anwendung der Vertragsbestimmungen über den freien Warenverkehr – insbesondere die damaligen Artikel 30 bis 36 EWG-Vertrag – gewährleisten“ könne.[377]

Die Kommission benennt in dieser Mitteilung zunächst Merkmale, die den Arzneimittelmarkt deutlich von Märkten anderer Verbrauchsgüter unterscheiden:

„Zum einen hat der Endverbraucher eines Arzneimittels im allgemeinen nur einen sehr geringen Einfluss auf die Wahl des Arzneimittels, zumindest was die ärztlich verschriebenen Medikamente betrifft. Hinzu kommt, dass die Nachfrage nach einem Arzneimittel üblicherweise mit der Behandlung einer bestimmten Erkrankung verbunden ist und die Arzneimittel untereinander nur in geringem Maße austauschbar sind. Zum anderen ist der Arzneimittelmarkt dadurch gekennzeichnet, dass die Einrichtungen der sozialen Sicherheit die Krankheitskosten tragen.“[378]

In Kenntnis dieser Tatsachen nennt es die Kommission „verständlich“, dass die Mitgliedstaaten die Kosten einzudämmen versuchen, die zum größten Teil von der Allgemeinheit getragen werden. Preiskontrollen und Einschränkungen der Erstattung seien daher Teil der Gesundheitspolitik der Mitgliedstaaten und zielten darauf ab, allen Bürgern die bestmögliche Behandlung zuteilwerden zu lassen, ohne übermäßige Belastungen für den Staat hervorzurufen.[379]

Die Kommission schlussfolgert daraus, dass derartige Maßnahmen „grundsätzlich mit dem Gemeinschaftsrecht vereinbar“ seien, „sofern ihre beschränkenden Wirkungen für den freien Warenverkehr nicht außer Verhältnis stehen zu dem legitimen Zweck, der damit verfolgt wird.“ Insbesondere dürften solche

---

376 Vgl. im Folgenden: Mitteilung der *Kommission* zur Frage der Vereinbarkeit der von den Mitgliedstaaten auf dem Gebiet der Arzneimittel-Preiskontrolle und der Kostenerstattung getroffenen Maßnahmen mit Artikel 30 EWG-Vertrag, Nr. C 310/7 (Überschrieben mit: 86/C 310/08), ABl. EG Nr. 310/7 v. 04.12.1986.

377 Mitteilung der *Kommission*, a.a.O., Nr. C 310/7.

378 Mitteilung der *Kommission*, a.a.O.

379 Mitteilung der *Kommission*, a.a.O.

Maßnahmen keine unterschiedliche Behandlung zu Lasten aus anderen Mitgliedstaaten eingeführter Erzeugnisse beinhalten; vor allem dürften sie nicht dazu führen, dass der Absatz der letzteren unrentabel oder erschwert wird; auch dürften bestimmte Einfuhrströme nicht unmöglich oder kostenintensiver als andere gemacht werden. Die Mitteilung beschäftigt sich nach den gerade geschilderten allgemeinen Bemerkungen zunächst mit der Kontrolle der Arzneimittelpreise,[380] um dann zur Frage der Erstattung der Arzneimittelkosten Stellung zu nehmen, die vorliegend interessiert.

a) Ausschluss von Erzeugniskategorien

Bei der Bestimmung der Gruppen oder Kategorien von Erzeugnissen, die erstattungsfähig oder von der Erstattung ausgeschlossen sind, sei danach von allgemeinen objektiven Kriterien therapeutischer Art auszugehen. Wenn für die Erstattung therapeutische Klassen bestimmt werden, könnten sie demnach nicht auf ein einziges Erzeugnis oder einen einzigen aktiven Stoff reduziert werden; denn durch die Zulassung einer Klasse würde dies ermöglichen, ein bestimmtes Erzeugnis zu erstatten und durch den Ausschluss einer anderen Klasse ein anderes Erzeugnis mit gleicher Heilwirkung nicht zu erstatten. Ist die Erstattung einer therapeutischen Kategorie genehmigt, so müssen nicht notwendigerweise alle Erzeugnisse dieser Kategorie erstattet werden; der gezielte Ausschluss von Erzeugnissen kann dann nur in der nachstehend angegebenen Weise erfolgen.

b) Ausschluss bestimmter Erzeugnisse

Der Ausschluss von der Erstattung oder die Nichtzulassung namentlich genannter Arzneimittel zur Erstattung muss sich auf eine Beurteilung der (wirtschaftlichen) Kosten und des (therapeutischen) Nutzens der Behandlung im Vergleich mit anderen Behandlungen gründen. Diese Beurteilung kann bei Arzneimitteln, deren Wirksamkeit nicht bewiesen wurde oder deren Kosten zu hoch sind, gemäß den Gemeinschaftsrichtlinien zum Ausschluss von der Erstattung und zu bestimmten Indikationen führen, die für die soziale Sicherheit ungerechtfertigte Ausgaben zur Folge haben können.

c) Generelle Leitlinie

Ganz allgemein ist die Kommission der Ansicht, dass die Behandlungskosten das einzige Kriterium wirtschaftlicher Art sind, das für die Zulassung zur Erstattung oder den Ausschluss von der Erstattung eines bestimmten Arzneimittels maßgeblich sein darf. Ein Arzneimittel kann somit von der Erstattung ausgeschlossen werden, weil auf dem Markt ein oder mehrere Arzneimittel mit glei-

---

380 Hier werden Preisgestaltung und Preisstopp behandelt.

cher Heilwirkung erhältlich sind, sofern bei deren Beurteilung die Indikationen und Nebenwirkungen jedes einzelnen Medikaments berücksichtigt werden. Beim Vergleich der Behandlungskosten sind die voraussichtliche Dosierung und Behandlungsdauer zu beachten, die die betreffende Therapiewirkung ermöglichen.

d) Die Arzneimittelrichtlinien und die Therapiehinweise des GBA als Bewertungskriterien für Arzneimittel

Die bereits oben geschilderten (insb. § 3 I 6.) Therapieempfehlungen des GBA für Ärzte innerhalb der Arzneimittelrichtlinien enthalten umfassende Informationen für die Bewertung von Arzneimitteln, unter anderem in Form der Festbetragsgruppen.

Zur wirtschaftlichen Verordnung gehört auch die Verpflichtung des Vertragsarztes, sich im Rahmen des Möglichen (Zeitproblem) über die Preise der von ihm verordneten Arzneimittel zu unterrichten[381].

Hier werden innerhalb der Arzneimittelrichtlinie des Gemeinsamen Bundesausschusses (§ 73 Abs.1 S. 2 Nr. 6 SGB V) Arzneimittel unter Berücksichtigung der Arzneimittelbewertungen so zusammengestellt, dass dem Arzt eine wirtschaftliche und zweckmäßige Auswahl ermöglicht wird.

Orientiert sich die Krankenkasse bei der ihr im Rahmen der Rabattverträge möglichen Beeinflussung der Arzneimittelströme, so dürfte weder ein Verstoß gegen die Warenverkehrsfreiheit noch gegen die Transparenzrichtlinie vorliegen. Zudem zeigt dies auch die Grenze einer Diskriminierungsmöglichkeit seitens der Krankenkasse auf. Sie hat bei der eigenen Bewertung nicht weiter zu gehen als es das umfassende Bewertungssystem für Arzneimittel aus Sicht des Arztes vorsieht. Denn weitergehende Informationen werden dem Arzt im Rahmen seiner Verordnung nicht zur Verfügung gestellt. Auch ist den Krankenkassen weder rechtlich noch finanziell möglich, ein eigenes, dem Gemeinsamen Bundesausschuss überlegenes Bewertungssystem einzurichten. Sie können und müssen sich also voll an diesem Bewertungssystem orientieren, welches den oben geschilderten europarechtlichen Kriterien hinsichtlich der Bewertung von Arzneimittel entspricht. Denn es berücksichtigt die Behandlungskosten sowie den Nutzen von Arzneimitteln auf wissenschaftlicher Basis.

---

381 Die Kassenärztlichen Vereinigung, die Kassenärztliche Bundesvereinigung und die Krankenkassen und ihre Verbände habe die Vertragsärzte auch vergleichend über preisgünstige verordnungsfähige Leistungen und Bezugsquellen, einschließlich der jeweiligen Preis und Entgelte zu informieren sowie nach dem allgemeinen Stand der medizinischen Erkenntnisse Hinweise zu Indikationen und therapeutischen Nutzen zu geben (§ 73 Abs. 8 SGB V).

IX. Zwischenergebnis

1. Eine Krankenkasse ist unmittelbar - als Teil der mittelbaren Staatsverwaltung - den Grundfreiheiten unterworfen und kann sich insoweit nicht durch den Verweis auf Fehler des Gesetzgebers (z.B. hinsichtlich der Anreizmechanismen, soweit diese im Ergebnis zu einer Diskriminierung führen) „exkulpieren". Die sozialrechtlichen Anreizmechanismen zur Wirkung der Rabattverträge sind ihr zuzurechnen; sie aktiviert diese; von ihr intendierte und gesetzlich angeordnete Folgen sind weitgehend identisch. Im spezielleren Vergaberecht und Kartellrecht können die aus diesen Regimen folgenden Grundsätze, insbesondere der Transparenzgrundsatz, als Auslegungshilfen dienen.
2. Aus der Warenverkehrsfreiheit sowie ggf. aus der entsprechenden Anwendung der Transparenzrichtlinie ist vor allem das Gebot für die Krankenkassen abzuleiten, die Rabattverträge transparent zu vergeben und sich bei der Auswahl der Arzneimittel an objektiven und sachlichen Kriterien, wie sie z. B. durch die Festbetragsgruppen und bzw. durch die Arzneimittelrichtlinien des Gemeinsamen Bundesausschusses zur Verfügung stehen, zu orientieren. Dadurch können sie einer Sanktionierung durch eine extrem weite Auslegung der Transparenzrichtlinie durch den EuGH entgegen.
3. Die Krankenkassen können die Verletzung der Transparenzrichtlinie und der Warenverkehrsfreiheit verhindern, indem sie sich beim Kostenvergleich der Arzneimittel an den Festbetragsgruppen orientieren. Diese zeigen sowohl im Bereich wirkstoffgleicher als auch wirkstoffverschiedener Arzneimittel auf, welche Arzneimittel aus Behandlerperspektive miteinander vergleichbar sind und fußen bei der Preisfestsetzung auf den Kriterien, die auch die Kommission für den Vergleich von Arzneimitteln zugrunde gelegt hat. Wählen die Krankenkassen unter diesen vergleichbaren Arzneimitteln jeweils die günstigsten aus, so ist eine Verletzung der Warenverkehrsfreiheit äußerst unwahrscheinlich.
4. Die Beachtung dieser Kriterien ist im Rahmen der Auslegung des (die Grundfreiheiten konkretisierenden) Vergaberechts zu berücksichtigen. Besondere Bedeutung habe diese Ausführungen für Verträge, die nach ihrem Auftragswert unter den Schwellenwerten liegen, oder bei denen aus anderen Gründen keine formelle Ausschreibung erforderlich ist.

   Daraus folgt die Empfehlung, auch in diesen Fällen vergabeähnliche, zumindest aber transparente Verfahren durchzuführen, um eine Kollision mit der Warenverkehrsfreiheit auszuschließen. Bereits ein inhaltlich korrektes, aber intransparenter Vorgehen kann dabei „qua seiner selbst" mit der Warenverkehrsfreiheit in Konflikt geraten, da die Grundfreiheiten auch eine verfahrensrechtliche Dimension haben, die bei mangelnder

Transparenz bereits verletzt sein könnte.
Der Grundsatz der Transparenz gilt nach Meinung des EuGH in diesen Fällen immer, da er erst festzustellen helfe, ob die Auswahl unter Berücksichtigung des Diskriminierungsverbotes getroffen wurde; er gilt also für alle Auswahlentscheidungen, die in den Schutzbereich der Warenverkehrsfreiheit fallen.

§ 10 Kartellvergaberecht

I. Anwendbarkeit innerhalb des Sozialrechts

§ 69 Abs. 2 SGB V[382] ordnet die Anwendung „der Vorschriften des Vierten Teils des Gesetzes gegen Wettbewerbsbeschränkungen" für die Rechtsbeziehungen in Absatz 1 an. Davon sind auch die Rechtsbeziehungen zwischen Krankenkassen und pharmazeutischen Unternehmern betroffen.[383]

Die ausdrückliche Vorgabe der (vor dem AMNOG) „entsprechenden Anwendung" des Vergaberechts in § 69 SGB V erfolgte erst durch das Gesetz zur Weiterentwicklung der Organisationsstrukturen in der gesetzlichen Krankenversicherung (GKV-OrgWG)[384]. Dies war nicht zuletzt Folge des in Literatur und Rechtsprechung geführten Streits um den Rechtsweg und die Anwendung des Vergaberechts auf die Rabattverträge.[385] Der Gesetzgeber bestätigte in diesem Gesetz durch die Änderung materieller und prozessrechtlicher Vorschriften[386] die Auffassung in zuvor ergangenen Urteilen zweier Senate des Bundessozialgerichts[387], nach der die in § 130a Abs. 9 SGB V vorgenommene Rechtswegzuweisung zu den Sozialgerichten weit auszulegen sei und auch für etwaige Vergaberechtsstreitigkeiten gelte.[388]

Betrachtete man angesichts dieser Gesetzgebungsgeschichte den bisherigen Wortlaut (alte Fassung) „soweit die dort genannten Voraussetzungen erfüllt sind", wurde zweierlei klar. Der Gesetzgeber wollte einerseits die Rabattverträge dem Sozialrechtsweg zuweisen, er wollte aber gleichzeitig den daneben ge-

---

382 Eingeführt durch das GKV-Wettbewerbsstärkungsgesetz v. 26.03.2007, BGBl. I S. 378.

383 Vgl. hierzu bereits oben, § 1.

384 15.12.2008, BGBl. I Nr. 58, S. 2426 - 2444.

385 Vgl. bereits die Nachweise in § 1 zu § 69 SGB V. Zur Diskussion vgl. *BSG*, Beschl. v. 22.04.2008, B 1 SF 1/08 R, NZBau 2008, 527. Die Streitigkeiten zwischen Zivil- und Sozialgerichten über die Eröffnung des Rechtsweg in Vergaberechtsstreitigkeiten wurden durch die Änderungen in den §§ 29, 142a, 207 SGG zugunsten der Sozialgerichte entschieden. Ursprünglich standen sich dabei die Positionen des *LSG Stuttgart*, NZBau 2008, 194 (198 f.) sowie der *VK Baden-Württemberg*, Beschl. v. 26.01.2007 – 1 VK 82/06 (beide für den sozialrechtlichen Rechtsweg) auf der einen Seite und die des *OLG Düsseldorf*, NZBau 2008, 194, (198 f.); *VK Bund*, A&R 2007, 271 (271 f.) (für den zivilrechtlichen Rechtsweg) auf der anderen Seite gegenüber. Dem Sozialgericht schloss sich (hinsichtlich des Rechtswegs) das *BSG*, NZS 2009, 38 ff. an, dem Zivilgericht der *BGH*, NJW 2008, 3222. Die Gesetzesreform erfolgte, bevor es zu einer Vorlage an den Gemeinsamen Senat kam. Anhängige Verfahren gingen gem. § 207 SGG in den Fällen des § 124 Abs. 2 S. 1 GWB auf das *BSG* über, vgl. auch *BSG*, Beschl. v. 22.04.2009, B 3 KR 2/09 D, Rn. 15 (juris).

386 Diese werden sogleich geschildert.

387 *BSG* v. 22.04.2008 – B 1 SF 1/08 R; *BSG* v. 06.10.2008 – B 3 SF 2/08.

388 Vgl. dazu *Masuch*, NZS 2009, 241 u. 242; zuvor *Wenner*, SozSich 2008 S. 316 ff.

führten Streit, ob Krankenkassen überhaupt unter das Vergaberecht fallen bzw. ob die Einzelverträge öffentliche Aufträge sind[389], nicht präjudizieren. Bekräftigt wird dies im Umkehrschluss durch die Abgrenzung zum Begriff der „entsprechenden Anwendung" der §§ 19 - 21 GWB. Denn diese Begrifflichkeit wurde nach der Begründung des Vermittlungsausschusses zum GKV-WSG gerade deswegen gewählt, da eine unmittelbare Anwendung der GWB Vorschriften nicht möglich sei.[390] Die Krankenkassen erfüllten weder nach deutschen noch nach europäischem Recht die Begriffsmerkmale, die von der Rechtsprechung an ein Unternehmen gestellt würden. Dennoch sei es Wille des Gesetzgebers, auch ohne die Unternehmenseigenschaft der Krankenkassen, dass die Rechtsfolgen der §§ 19 bis 21 GWB auch für diese gelten sollten.[391] Damit handelt es beim Verweis auf das Kartellrecht im Gegensatz zu der Verweisung auf das Vergaberecht nur um eine partielle[392] Rechtsgrundverweisung.

Durch das AMNOG wurden nun durch den ausdrücklichen Verweis auf den „Vierten Teil" des GWB die dortigen Zuständigkeitsregelungen vollumfänglich für anwendbar erklärt. Die bisherige Aufspaltung des Rechtswegs in Vergaberechtsstreitigkeiten - mit der Zuständigkeit der LSG in zweiter Instanz - wurde beendet.[393] § 124 Abs. 2 S.1 GWB wurde gestrichen. Das bedeutet, dass das nunmehr in zweiter Instanz zuständige OLG von bisherigen Entscheidungen des LSG ohne Vorlagepflicht an den BGH abweichen kann.[394]

Keine Änderungen erfolgt hinsichtlich der Art der Verweises: Es handelt sich weiterhin um einen Rechtsgrundverweis, das heißt alle Voraussetzungen der 97 ff. GWB samt den für Anwendbarkeit zu erreichenden Schwellenwerten für die Aufträge müssen für die jeweiligen Rabattverträge vorliegen[395].

---

389 Gegen die Einstufung der Krankenkassen als öffentliche Auftraggeber noch *BayOLG*, Beschl. v. 23.05.2004, Verg 6/04. Vgl. bereits oben Fn. 385 und unten im Rahmen des persönlichen Anwendungsbereichs.

390 Gesundheitsausschuss in Drs. 16/4242 v. 01.02.2007.

391 Gesundheitsausschuss in Drs. 16/4242 v. 01.02.2007.

392 Auf die partielle Rechtsgrundverweisung wird im Rahmen der Erörterung des Kartellrechts eingegangen.

393 *Wolf/Jäckel*, PharmR 2011, 1 (6); § 29 Abs. 5 SGG wurde dafür gestrichen. Die Beschwerdeinstanz war vor den Änderungen durch das AMNOG eine andere als im üblichen Vergabeverfahren. Für Streitigkeiten über Entscheidungen von Vergabekammern, die Rechtsbeziehungen nach § 69 SGB V betreffen, waren gem. § 29 Abs. 5 SGG, § 116 GWB die Landessozialgerichte zuständig. § 142a Abs. 1 SGG ordnete für das Verfahren die entsprechende Anwendung der §§ 115 Abs. 2 S. 2 bis 5, 116 Abs. 1 und 2, 117 bis 123 sowie der Vorschriften über Schadensersatz bei Rechtsmissbrauch (§ 125 GWB) und Anspruch auf Ersatz des Vertrauensschadens (§ 126 GWB) an. Zudem bestand die Möglichkeit der Divergenzvorlage zum BSG (§ 142a Abs. 4 SGG i.V. mit § 124 Abs. 2 GWB).

394 *Wolf/Jäckel*, a.a.O.

395 *Becker/Kingreen*, § 69 Rn. 52; *Rehmann/Paal/Willenbruch*, A&R 2011,159 (161).

II. Allgemeines

1. Funktionen des Kartellvergaberechts

Unter „Vergaberecht" wird die Gesamtheit der Normen verstanden, die den „Einkauf" durch staatliche oder staatsnahe Rechtsträger regeln.[396] Der Begriff des Einkaufs wird dabei in einem umfassenden Sinn verstanden und betrifft jede vertragliche und entgeltliche Beschaffung von Sach- oder Dienstleistungen, die zur Erfüllung der Aufgaben des Rechtsträgers erforderlich sind.[397]

Das nationale Vergaberecht oder Haushaltsrecht diente ursprünglich allein der Sicherstellung einer wirtschaftlichen und sparsamen Verwendung öffentlicher Mittel.[398] Demgegenüber stehen beim Europäischen Vergaberecht, das in Richtlinien[399] kodifiziert von den Mitgliedstaaten gem. Art. 288 Abs. 3 AEUV umzusetzen war, die Grundfreiheiten im Zentrum, das Vergaberecht flankiert diese; sein Ziel ist die wirksame Öffnung der Vergabemärkte und die Entwicklung eines Wettbewerbs auf dem Gebiet der öffentlichen Aufträge.[400]

Das gemeinschaftliche Vergaberecht soll die staatlichen Beschaffungsmärkte für den freien Wettbewerb öffnen[401]. Auch der EuGH hat ausgeführt, dass die Vergaberichtlinie – und damit das Vergaberecht an sich – die tatsächliche Verwirklichung der Grundfreiheiten zum Ziel haben.[402] Ohne effektive vergaberechtliche Kontrollen wäre es den Mitgliedstaaten - ähnlich dem mittelalterlichen Hoflieferantentum –[403] möglich, sämtliche Aufträge willkürlich zu vergeben, um ihre bevorzugten heimischen Unternehmen zu subventionieren.

Vergaberecht und das Verbot von Beihilfen sollen gemeinsam Wettbewerbsverzerrungen durch den Staat zugunsten einzelner Unternehmen verhin-

---

396 Vgl. die umfassende Darstellung bei *Rittner/Dreher*, Europ. u. dt. Wirtschaftsrecht, § 30 Rn. 1 ff.

397 *Boesen*, in: Kompendium Öffentliches Wirtschaftsrecht, Rn. 1; unter Verweis auf Ausführungen zur wirtschaftlichen und wirtschaftspolitischen Bedeutung öffentlicher Aufträge von *Pache*, DVBl 2001, 1781 (1782) und *Puhl*, VVDStRL 60 (2001), 456 (458 f.).

398 *Rittner/Dreher*, Europ. u. dt. Wirtschaftsrecht, § 30 Rn. 1.

399 Einen Überblick über das Richtlinienprogramm der EU gibt *Dreher*, in: Immenga/Mestmäcker, GWB, Vor § 97 ff., Rn. 6 ff. Das im Folgenden hauptsächlich relevante Vergaberecht wurde in der Richtlinie 2004/18/EG kodifiziert.

400 Zu den Funktionen des Vergaberechts vgl. *Rittner/Dreher*, Europ. u. dt. Wirtschaftsrecht, § 30, Rn. 5 ff.; insb. zum Wettbewerbsbegriff *Niebuhr*, in: Niebuhr/Kulartz/Kus/Portz, Kommentar zum Vergaberecht (2000), § 97 Rn. 7 ff., § *Schlegel*, SGb 2007, 701 (710) mit Verweis auf *Sormani-Bastian*, Vergaberecht und Sozialrecht, Diss. 2006, S. 36 ff.

401 Erwägungsgrund 2 der RL 2004/18/EG.

402 *EuGH*, Urt. v. 10.03.1987, C-199/85, Slg. 1987, 1039 – Kommission/Italien.

403 *Frenz*, Handbuch Europarecht, Bd. 3, Rn. 1700, unter Verweis auf Huber, Kampf um den öffentlichen Auftrag, 2002.

dern. Es sollen allen Unternehmen möglichst gleiche Chancen im Zuschlagswettstreit gegeben werden. Zentrales Mittel ist somit die Chancengleichheit, nicht die vollständige Gleichbehandlung der Unternehmen. Die Individualität der Unternehmen wird konserviert und respektiert,[404] auch soweit damit Ungleichheiten verbunden sind. Allein die wirtschaftliche Leistungsfähigkeit wird zum Kriterien, was eine wettbewerbsfremde staatliche Begünstigung ausschließen soll. Diese Gleichheit in den Ausgangsbedingungen i.S.v. Chancengerechtigkeit auf der einen Seite bei gleichzeitigem Wettstreit allein nach dem Kriterium der wirtschaftlichen Leistungsfähigkeit auf der anderen Seite ist typisch für die Wettbewerbsfreiheit.[405]

Der so verstandene Wettbewerbsgrundsatz ist somit das tragende Prinzip des Vergaberechts[406] und eine zentrale Auslegungsleitlinie für die konkreten Vergabevorschriften in GWB, VgV (Vergabeverordnung) und in den Verdingungsordnungen.[407]

2. *Grundzüge des Kartellvergaberechts*

Nach den allgemeinen Grundsätzen des Vergaberechts beschaffen öffentliche Auftraggeber Waren nach Maßgabe der Vergaberechtsvorschriften des GWB im Wettbewerb und im Wege transparenter Vergabeverfahren (§ 97 Abs. 1 GWB). Die Teilnehmer an einem Vergabeverfahren sind gleich zu behandeln, es sei denn, eine Benachteiligung ist auf Grund des GWB ausdrücklich geboten oder gestattet, § 97 Abs. 2 GWB. Mittelständische Interessen sind vornehmlich zu berücksichtigen, und zwar durch Teilung der Aufträge in Fach- und Teillose[408] (§ 97 Abs. 3 GWB). Aufträge werden an fachkundige, leistungsfähige sowie gesetzestreue und zuverlässige Unternehmen vergeben (§ 97 Abs. 4 GWB).

Der Vertragsschluss erfolgt im deutschen Vergaberecht durch Zuschlag. Dieser entfaltet Wirkung durch den Zugang der Mitteilung des Zuschlags bzw. bei einem verspäteten oder abgeänderten Zuschlag durch eine entsprechende Annahmeerklärung des Bieters.[409] Der Zuschlag wird auf das wirtschaftlichste Angebot erteilt (§ 97 Abs. 5 GWB). Die Bundesregierung darf durch Rechtsverordnung mit Zustimmung des Bundesrates bestimmte Einzelheiten regeln (§ 97

---

404 *Frenz*, Handbuch Europarecht, Bd. 3, Rn. 3071 f.

405 *Frenz*, a.a.O.

406 *Fehling*, in: Pünder/Schellenberg, § 97 Rn. 54 unter Verweis auf Luber, VergabeR 2009, 14 (24).

407 *Fehling*, in: Pünder/Schellenberg, § 97 Rn. 54.

408 Legaldefinition in § 97 Abs. 3 S. 2 GWB: Werden Leistungen in der Menge aufgeteilt, handelt es sich um Teillose; werden sie nach Art oder Fachgebiet getrennt, handelt es sich um Fachlose.

409 Allg. Meinung, vgl. nur *Dreher*, in Immenga/Mestmäcker, GWB § 99 Rn. 5, § 115 Rn. 13 f.

Abs. 6 GWB), ergänzend ist daher die darauf gestützte Vergabeverordnung heranzuziehen, die in § 4 VgV wiederum auf den zweiten Abschnitt des Teils A der Vergabe- und Vertragsordnung für Leistungen verweist (dessen §§ hier als „VOL/A EG" bezeichnet werden), die somit die dritte „Kaskade" im System des Vergaberechts bildet.[410] Die VOL ist in die Teile A und B unterteilt. Teil A enthält die Vorschriften, nach denen eine Vergabe öffentlicher Aufträge durchzuführen ist. Teil B enthält die allgemeinen Vertragsbedingungen, die dem Vertrag zwischen dem öffentlichen Auftraggeber und dem Bieter, der den Zuschlag erhält, zugrunde liegen.[411]

Die Unternehmen haben Anspruch darauf, dass der Auftraggeber die Bestimmungen über das Vergabeverfahren einhält (§ 97 Abs. 7 GWB). Die Vorschriften des Kartellvergaberechts gelten nur für Aufträge, welche die Auftragswerte erreichen oder überschreiten, die durch Europäisches Recht festgelegt sind (Schwellenwerte).[412] Die aktuellen Schwellenwerte ergeben sich aus der VO (EG) Nr. 1422/2007[413]. Die Schätzung der Auftragswerte ist in § 3 VgV beschrieben. Welche Maßgaben für den Unterschwellenbereich gelten, wird im Anschluss an die Erörterung des sachlichen Anwendungsbereichs thematisiert.

Das Kartellvergaberecht wurde im Jahre 2009 reformiert,[414] dabei standen eine mittelstandsgerechte Modernisierung sowie die Umsetzung von EU-Vergaberichtlinien im Vordergrund.[415]

---

410 § 4 VgV verweist nun auf die Bestimmungen des 2. Abschnittes in der Fassung der Bekanntmachung vom 20. November 2009 (BAnz. Nr. 196a vom 29. Dezember 2009), geändert durch die Bekanntmachung vom 19. Februar 2010 (BAnz. Nr. 32 vom 26. Februar 2010, BAnz. S. 755). Die neue VOL/A, deren §§ in Abschnitte 2 hier - „VOL/A EG" genannt werden, um Verwechslungen mit der VOL/A, Abschnitt 1, auszuschließen, verwendet das System der a-Paragrafen nicht mehr. Das sog. Schubladensystem der VOL/A mit seinen vier Abschnitten wurde abgeschafft, vgl. *Müller-Wrede* (auch Hrsg.), VOL/A Kommentar, Einleitung IV., Rn. 8. (Nach § 1a Abs. 1 VOL/A a.F. galten bei der Vergabe von Lieferaufträgen die Bestimmungen der a-Paragrafen zusätzlich zu den Basisparagrafen. Soweit die Bestimmungen der a-Paragrafen nicht entgegenstanden, blieben die Basisparagrafen unberührt.).

411 *Müller-Wrede* (auch Hrsg.), VOL/A Kommentar, Einleitung V., Rn. 11.

412 § 100 Abs. 1 GWB.

413 Im generischen Bereich im offenen Verfahren nach § 101 Abs. 2 GWB (s.u.) beträgt der Schwellenwert derzeit 206000 Euro. Die Schwellenwerte wurden zum 01.01.2008 neu festgesetzt durch VO (EG) Nr. 1422/2007 v. 04.12.2007, ABl. v. 05.12.2007, L 317, vgl. *Gabriel*, NZS 2008, 455 (457).

414 Gesetz zur Modernisierung des Vergaberechts, BGBl. I 790 - 798.

415 Vgl. nur *Kus*, NZBau 2009, 21 ff.; *Byok*, NVwZ 2009, 551 ff.; *Dreher/Hoffmann*, NZBau 2009, 216 ff.; *Gabriel*, NJW 2009, 2011 ff.

3. Nachprüfungsverfahren und Rechtsweg

Die Unternehmen können ihren Anspruch auf korrekte Behandlung bei der Vergabe im Nachprüfungsverfahren verfolgen, welches durch Antrag eingeleitet wird (§ 107 Abs. 1 GWB). Dabei reicht es aus, wenn die Antragstellerin darlegt, dass sie bei Wertung ihres Angebots Zuschlagschancen gehabt hätte, es muss nicht dargelegt werden, dass sie den Zuschlag erhalten hätte oder eine „echte Chance" auf den Zuschlag gehabt hätte.[416] Die Vergabekammer ist an die Anträge nicht gebunden und kann auch unabhängig davon auf die Rechtmäßigkeit des Vergabeverfahrens einwirken (§ 114 Abs. 1 GWB). Ein wirksam erteilter Zuschlag kann nicht aufgehoben werden. Die Zustellung eines Nachprüfungsantrags hat jedoch nach § 115 Abs. 1 GWB einen Suspensiveffekt, da ab diesem Zeitpunkt bis zu einer Entscheidung der Vergabekammer und dem Ablauf der Beschwerdefrist nach § 117 Abs. 1 GWB der Zuschlag nicht erteilt werden darf.

Ein Vertrag kann unwirksam sein, wenn der Auftraggeber gegen § 101a GWB verstoßen hat; insbesondere, wenn er es unterlassen hat, die betroffenen Bieter, deren Angebote nicht berücksichtigt werden, zu informieren und eine Frist von 15 Tage vor Vertragsabschluss einzuhalten. Gleiches (Unwirksamkeit des Vertrages) gilt, wenn der Auftraggeber einen öffentlichen Auftrag unmittelbar an ein Unternehmen erteilt, ohne andere Unternehmen am Vergabeverfahren zu beteiligen und ohne dass dies aufgrund Gesetzes gestattet ist. Beide Verstöße müssen jedoch innerhalb einer bestimmten Frist in einem Nachprüfungsverfahren festgestellt werden, vgl. § 101 b Abs. 1 a.E. i.V. mit Abs. 2 GWB.[417]

Rechte aus § 97 Abs. 7 GWB sowie sonstige Ansprüche gegen öffentliche Auftraggeber, die auf die Vornahme oder das Unterlassen einer Handlung in einem Vergabeverfahren gerichtet sind, können nur vor den Vergabekammern[418] und dem Beschwerdegericht geltend gemacht werden (§ 104 Abs. 2 GWB). Die Zuständigkeit der ordentlichen Gerichte für die Geltendmachung von Schadensersatzansprüchen und die Befugnisse der Kartellbehörden bleiben unberührt (§ 104 Abs. 3 GWB).

Durch das AMNOG werden nun wieder - im Gegensatz zur vorherigen Rechtslage - die Zivilgerichte als Beschwerdeinstanz für zuständig erklärt.[419]

---

416 *BVerfG*, Beschl. v. 29.07.2004, 2 BvR 2248/03, NVwZ 2004, 1224 ff.; *BGHZ* 159, 186, 191f.; *BSG*, Beschl. v. 22.04.2009, B 3 KR 2/09 D, Rn. 18 (juris), SozR 4-0000.

417 Str. ist daher, ob von schwebender Wirksamkeit, so *Dreher/Hoffmann*, NZBau 2009, 216 ff. und NZBau 2010, 201 ff., oder schwebender Unwirksamkeit ausgegangen werden muss, Nw. bei den zuvor Genannten.

418 Einzelheiten zu den Vergabekammer regeln die §§ 105 ff. GWB.

419 Siehe bereits oben § 10 I und die Änderungen in § 69 SGB V und § 51 Sozialgerichtsgesetz (SGG).

III. Persönlicher Anwendungsbereich: Öffentlicher Auftraggeber gem. § 98 Nr. 2 GWB

Deutlich wird aus den §§ 97 ff. GWB, dass die Krankenkassen öffentliche Auftraggeber im Sinne des GWB sein müssen, damit der persönliche Anwendungsbereich eröffnet ist. Der EuGH hat die Krankenkassen in seiner Entscheidung vom 11.06.2009[420] als öffentliche Auftraggeber eingestuft.

Die ausdrückliche gesetzliche Rechtsgrundverweisung in § 69 SGB V legt es nahe, die Krankenkassen nicht bereits per se als öffentliche Auftraggeber einzuordnen, weil sie im Anhang III der Vergabekoordinierungsrichtlinie (VKR)[421] genannt sind. Dennoch wird man dieser Tatsache eine Vermutungswirkung nicht absprechen können, zumal die Mitgliedstaaten den Anhang III der Richtlinie nicht einseitig ändern können[422]. Eine unwiderlegliche Vermutung begründet die Benennung im Anhang nach überzeugender Auffassung des EuGH jedoch nicht, da der Gemeinschaftsrichter eine Handlung der Organe der Europäischen Gemeinschaften im Vorabentscheidungsverfahren gem. Art. 267 Abs. 1 Buchst. b AEUV überprüfen kann und somit im vorliegenden Fall auch prüfen muss, ob die Kriterien zur Erstellung der Liste im Einzelfall beachtet wurden.[423]

§ 98 Nr. 1 GWB zählt zunächst Gebietskörperschaften und deren Sondervermögen als klassische öffentliche Auftraggeber[424] auf, zu diesen zählen die Krankenkassen aber nicht.

Der hier näher zu prüfende § 98 Nr. 2 GWB zählt zu den öffentlichen Auftraggebern auch juristische Personen des öffentlichen Rechts, die zu dem besonderen Zweck gegründet wurden, im Allgemeininteresse liegende Aufgaben nicht gewerblicher Art zu erfüllen, wenn der Staat sie einzeln oder gemeinsam durch Beteiligung oder sonstige Weise überwiegend finanziert oder über ihre Leitung die Aufsicht ausübt. Dabei muss hinsichtlich der Einflussnahmemöglichkeit des Staates entweder das Merkmal der Finanzierung oder der Aufsicht vorliegen.[425]

---

420 *EuGH*, Urt. v. 11.06.2009, C-300/07, Slg. 2009, I-4779 – Oymanns.

421 Richtlinie 2004/18/EG über die Koordinierung der Verfahren zur Vergabe öffentlicher Bauaufträge, Lieferaufträge und Dienstleistungsaufträge, Abl. EG L 134, S. 114.

422 Schlussanträge des *Generalanwalts Mazák* v. 16.12.2008, C-300/07, Rn. 30.

423 *EuGH*, Urt. v. 11.06.2009, C-300/07, Slg. 2009, I-4779, Rn. 44 u. 45 – Oymanns.

424 Vgl. stellvertretend nur *Bungenberg*, in: Loewenheim/Meessen/Riesenkampff, GWB § 98, Rn. 6 ff.

425 Die auch in Art. 1 Abs. 9 Unterabs. 2 Buchst. a, b und c der Richtlinie 2004/18 erwähnten Tatbestandsmerkmale müssen kumulativ erfüllt sein, bezüglich auf die Art der Einflussnahme reicht eine Möglichkeit aus, zur Richtlinie vgl. *EuGH*, Urt. v. 11.06.2009, C-300/07, Slg. 2009, I-4779, Rn. 48 – Oymanns.

Der Auftraggeberbegriff des GWB ist kein institutioneller oder statischer Begriff, sondern vielmehr ein funktionaler, also handlungsbezogener Begriff.[426] Das bedeutet, dass nicht formal auf die (innerstaatlich definierte) Staatseigenschaft abgestellt wird, sondern, wie auch bei den Grundfreiheiten, derjenige als staatlicher Auftraggeber eingestuft wird, der staatlichen Einflüssen ausgesetzt ist, sich sozusagen wie „der Staat" verhält (verhaltensbezogene Sichtweise[427]). Die funktionale Auslegung wurde von den deutschen Vergabenachprüfungsinstanzen nachvollzogen.[428]

Die Merkmale „juristische Person" und „im Allgemeininteresse liegende Aufgaben" in § 98 Nr. 1 GWB sind erfüllt: Krankenkassen (juristischer Personen)[429] haben als Solidargemeinschaft die Aufgabe, die Gesundheit der Versicherten zu erhalten, wiederherzustellen oder ihren Gesundheitszustand zu bessern.[430] Sie dienen daher dem Zweck, im Allgemeininteresse liegende Aufgaben zu erfüllen. Besonders erörterungswürdig sind dagegen die Voraussetzungen der Nichtgewerblichkeit, der Finanzierung und der Aufsicht.

1. Nichtgewerblichkeit der Aufgabenerfüllung

Das Merkmal der Nichtgewerblichkeit ist nach dem EuGH vom Merkmal der im Allgemeininteresse liegenden Aufgaben zu unterscheiden. Innerhalb dieser Aufgaben wird daher als einschränkendes Merkmal zwischen gewerblichen und nicht gewerblichen Aufgaben unterschieden.[431] Bei der Prüfung ist jeweils von der aktuellen Tätigkeit auszugehen, um zweckwidrige Umgehungen der Vorschrift zu vermeiden, obwohl der Wortlaut der Vorschrift auf die besondere Zwecksetzung zum Gründungszeitpunkt abstellt.[432] Es ist daher die jeweils aktuelle Situation, also die aktuelle Tätigkeit der Krankenkassen in den Blick zu nehmen.

---

426 Was schon aus den EU-Vergaberichtlinien folgt, vgl. *Dreher*, in: Immenga/Mestmäcker, GWB § 98, Rn. 6; *Bungenberg*, in: Loewenheim/Meessen/Riesenkampff, GWB § 98, Rn. 6 ff.

427 Letztlich dem Grundsatz des effet utile folgend, vgl. auch § 9 zum funktionalen Staatsbegriff der Grundfreiheiten.

428 *OLG Düsseldorf*, v. 05.05.2004 – VII Verg 78/03, NZBau 2004, 398 (399) für den vergaberechtlichen Unternehmensbegriff; *Dreher*, in: Immenga/Mestmäcker, GWB § 98, Rn. 6.

429 Krankenkassen sind rechtsfähige Körperschaften des öffentlichen Rechts mit Selbstverwaltung, § 4 Abs. 1 SGB V.

430 § 1 SGB V.

431 *EuGH*, Urt. v. 10.11.1998, C-360/96, Slg. 1998, I-6821, Rn. 32 ff. – Gemeinde Arnheim = WuW/E Verg 164.

432 *EuGH*, Urt. v. 12.12.2002, C-470/99, Slg. 2002, I-11617 - Universale Bau AG = WuW/E Verg 701, Rn. 56 ff.; *Bungenberg*, in: Loewenheim/Meessen/Riesenkampff, GWB § 98, Rn. 17.

a) Die Zweifel an der Nichtgewerblichkeit

Bezüglich der Nichtgewerblichkeit der Aufgabenerfüllung der Krankenkassen werden bisweilen Zweifel angemeldet.

Wegen der Einführung von Wettbewerbselementen zwischen den Krankenkassen wird argumentiert, dass auch ein regulierter Wettbewerb ein Wettbewerb sei[433] und das unternehmerische Handeln der Krankenkassen möglicherweise zu einer Gewerblichkeit der Aufgabenerfüllung führen könne.[434] Dies gelte besonders vor dem Hintergrund, dass das Vergaberecht dem Ziel einer ökonomisch sachgerechten und diskriminierungsfreien Auftragsvergabe diene, dieses Ziel aber ohnehin bereits durch die Anwendung des Wettbewerbsrechts erreicht werden könne.

Dabei wird nicht verkannt, dass ein Überschneidungsbereich zwischen Unternehmen und öffentlichen Auftraggebern, zumindest theoretisch, möglich sei.[435] Die Gefahr der nicht marktgerechten Entscheidung, die die Anwendung des Vergaberechts erforderlich mache, wäre aber bei den Krankenkassen nicht mehr gegeben, da sich diese in einem Wettbewerb befänden und sich durch nicht marktgerechte Entscheidungen ohnehin selbst schädigen würden. Zudem könne auch aus dem Kartellrecht eine Verpflichtung zur Ausschreibung erwachsen.[436]

Von anderer Stelle wird ausgeführt, der Einkauf von Arzneimittel durch die Krankenkassen richte sich nach den Gesetzmäßigkeiten eines funktionsfähigen Wettbewerbs auf Märkten, also im Kern nach Angebot und Nachfrage - eine Korrektur durch das Vergaberecht dürfe erst dann erfolgen, wenn ein sog. Fall des Marktversagens vorliege.[437] Dies sei aber nicht der Fall.

b) Sinn und Zweck des Merkmals und die Auslegung durch den EuGH

Maßgebend für die Beurteilung der Nichtgewerblichkeit ist eine teleologisch-europarechtliche Auslegung, nach der solche Auftraggeber von den Zwängen des Vergaberechts befreit sind, die bei ihrer Aufgabenerfüllung in jeder Hinsicht dem allgemeinen Druck des Wettbewerbs im Binnenmarkt unterfallen.[438]

Wer den Funktionsbedingungen des Marktes, also der Kapitalmehrungsmaxime mit der ständigen Androhung der Insolvenz bei Misserfolg unterworfen ist, bedarf nicht der Kontrolle durch das Vergaberecht. Er wird von selbst auf eine transparente und nichtdiskriminierende Auswahl zu Zwecken der Profitmaxi-

433 *Kingreen*, MedR 2004, 188 (189).
434 *Kingreen*, MedR 2004, 188 (193).
435 *Kingreen*, MedR 2004, 188 (193).
436 *Kingreen*, MedR 2004, 188 (193).
437 *Schwintowski/Klaue*, PharmR 2011, 469 (474 f.).
438 Vgl. grundsätzlich *Dreher*, in: Immenga/Mestmäcker, GWB § 98, Rn. 75 ff. m.w.Nw.

mierung achten. Eine Beschränkung des Bieterkreises können sich solche Unternehmen folglich nicht leisten, da jede Wettbewerbsbeschränkung höhere Beschaffungskosten oder Angebote minderer Qualität nach sich zieht.[439]

„Nichtgewerblich tätigen Auftraggebern kann dies egal sein, sofern sie ohne oder jedenfalls nicht primär mit Gewinnerzielungsabsicht handeln (bzw. eventuelle Überschüsse für die eigenen Projekte verwenden müssen), nicht im Wettbewerb zu anderen Leistungserbringern stehen oder die mit der Tätigkeit verbundenen Risiken nicht selbst zu tragen haben."[440] Hier liegt der Anwendungsbereich des Vergaberechts und damit ist der Eingrenzungszweck des Merkmals der Nichtgewerblichkeit umschrieben.

Diese Bewertung hat nach dem EuGH in einer Gesamtwürdigung unter Berücksichtigung aller rechtlichen und tatsächlichen Umstände zu erfolgen, die zur Gründung der Einrichtung geführt haben und die die Voraussetzungen beschreiben, unter denen die Einrichtung ihre Tätigkeit ausübt, wie

- das Fehlen von Wettbewerb auf dem relevanten Markt bzw. dessen Beschränkung,
- das Fehlen einer vordergründigen Gewinnerzielungsabsicht,
- das Fehlen bzw. die Einschränkung der Übernahme der mit der Tätigkeit verbundenen Risiken und
- die ganz oder überwiegend aus öffentlichen Mitteln erfolgende Finanzierung der Aufgabenerfüllung.[441]

Die einzelnen Elemente haben dabei nur eine Indizwirkung.[442] Liegt ein Indiz nicht vor, befreit dies also nicht automatisch von der Anwendung des Vergaberechts.

So scheidet z.B. eine Gewinnerzielungsabsicht für die Krankenkassen aus.[443] Denn Hauptzweck des Handelns der Krankenkassen ist die Versorgung der Versicherten. Mit § 30 Abs. 1 SGB IV besteht zwingende Eingrenzung der wettbewerblichen Möglichkeiten, da die Versicherungsträger nur Geschäfte zur Erfüllung ihrer gesetzlich vorgeschriebenen oder zugelassenen Aufgaben führen und ihre Mittel nur für diese Aufgaben sowie die Verwaltungskosten verwenden dürfen. Ein darüber hinausgehendes Interesse der Gewinnerzielung haben sie nicht;

---

439 *Pünder*, in Pünder/Schellenberg, § 98 Rn. 31.

440 A.a.O.

441 *EuGH*, Urt. v. 10.05.2001, C-223/99, Slg. 2001, I-3605 – Agorà und Exelsior = WuW/E Verg 443, Rn. 38; *EuGH* Urt. v. 27.02.2003, C-373/00, Slg. 2003, I-1931, Rn. 61 – Adolf Truley; eingehend zu Kriterien, *Dreher*, in: Immenga/Mestmäcker, GWB § 98, Rn. 79 ff.

442 *Pünder*, in Pünder/Schellenberg, § 98 Rn. 31.

443 Ebenso *EuGH*, Urt. v. 11.06.2009, C-300/07, Slg. 2009, I-4779, Rn. 49 – Oymanns.

vielmehr dürfen sie als Körperschaft, die die Selbstverwaltung ermöglichen soll, nur die Beiträge erheben, die zur Erfüllung ihrer Aufgaben erforderlich sind[444].

Als Indiz befreit dies aber - wie ausgeführt - nicht perse von der Anwendung des Vergaberechts. Denn auch Einrichtungen, die keine Gewinnerzielungsabsicht verfolgen, deren Geschäftsführung aber an Leistungs-, Effizienz- und Wirtschaftlichkeitsgesichtspunkten auszurichten ist, und die in einem wettbewerblich geprägten Umfeld tätig werden, erfüllen Aufgaben gewerblicher Art und sind daher keine öffentlichen Auftraggeber.[445]

Im Wettbewerb stehen die Krankenkassen tatsächlich. Ein irgendwie gearteter Wettbewerb befreit aber nicht von der Anwendung des Vergaberechts. Der EuGH hat dazu ausgeführt, dass das Fehlen von Wettbewerb keine notwendige Voraussetzung für die Annahme eines öffentlichen Auftraggebers sei,[446] und dass „das Vorliegen eines entwickelten Wettbewerbs allein nicht auf das Nichtvorliegen einer im Allgemeininteresse liegenden Aufgabe nichtgewerblicher Art schließen“[447] lasse.[448]

Nach dem EuGH schließt die Existenz von Wettbewerb es nicht aus, dass sich der Auftraggeber von anderen als wirtschaftlichen Überlegungen leiten lässt.[449] Wettbewerb, so sein Verständnis, sorgt zwar für Disziplinierung im Sinne der Wirtschaftlichkeit, allerdings nur bei bestimmter Form (Marktwettbewerb) und einer entsprechenden „Rationalitätsvermutung“. Denn auch das Vor-

---

444 Dies folgt mittelbar aus § 220 SGB V, auch wenn sich das Kostendeckungsprinzip nun auf die Festsetzung des allgemeinen Beitragssatzes nach § 241 Abs. 1 SGB V bezieht. Mit § 30 Abs. 1 SGB IV besteht eine zwingende Eingrenzung der sonst vorgesehenen wettbewerblichen Möglichkeiten. Die Versicherungsträger dürfen nur Geschäfte zur Erfüllung ihrer gesetzliche vorgeschriebenen oder zugelassenen Aufgaben führen und ihre Mittel nur für diese Aufgaben sowie die Verwaltungskosten verwenden. Sonstige Aktivitäten (§ 194 Abs. 1a SGB V) bedürfen jeweils einer spezifischen Ermächtigungsgrundlage. Gewinne hat eine Krankenkasse kann die Krankenkasse in Prämienzahlungen umzulegen (§ 242 SGB V). Vgl. bereits § 1, Motive der Krankenkassen zum Abschluss von Rabattverträgen, und § 2, Wettbewerb zwischen den Krankenkassen.

445 *EuGH*, Urt. v. 10.05.2001, C-223 u. 260/99, Slg. 2001, I-3605 – Agorà und Exelsior = WuW/E Verg 443.

446 *EuGH*, Urt. v. 10.11.1998, C-360/96, Slg. 1998, I-6821, Rn. 47 ff. – Gemeinde Arnheim = WuW/E Verg 164.

447 *EuGH* v. 27.02.2003, C-373/00, Slg. 2003, I-1931, Rn. 61 – Adolf Truley; *EuGH* v. 22.05.2003, C-18/01, Slg. 2003, I-5321, Rn. 51 – Korhonen.

448 Dazu *Pünder*, in Pünder/Schellenberg, § 98 Rn. 32; Reidt/*Stickler*/Glahs, Vergaberecht, GWB § 98, Rn. 17b.

449 *EuGH*, Urt. v. 10.05.2001, C-223/99, Slg. 2001, I-3605, Rn. 36 – Agorà und Exelsior; *EuGH* v. 27.02.2003, C-373/00, Slg. 2003, I-1931 Rn. 61 – Adolf Truley.

liegen eines entwickelten Wettbewerbs hat eben nur Indizwirkung für die Gewerblichkeit.[450]

Zu fragen ist mit anderen Worten, ob der Markt-Wettbewerb als dominierender Verteilungsmechanismus für die Steuerung des Unternehmens vom Staat gewählt wurde, oder nicht.[451] Dabei muss das wettbewerblich orientierte Umfeld eine bestimmte Intensität erreicht haben, die die Unternehmenssteuerung den Marktregeln verpflichtet und marktfremde Rationalitäten ausschließt. Die Krankenkassen müssten mit den Worten des EuGH „unter normalen Marktbedingungen tätig" sein.[452]

Ob sich aus dem Kartellrecht eine Verpflichtung zur Ausschreibung ergibt, stellt keinen überzeugenden Gesichtspunkt zur Auslegung des Vergaberecht dar. Auch dass parallel auch das Kartellrecht zur Anwendung kommen kann, ist für sich betrachtet kein Gegenargument gegen die Anwendung des Vergaberechts, weil das Vergaberecht auf das Wettbewerbsrecht weder im nationalen noch im europäischen Bereich abgestimmt wurde.[453] Zur Überschneidung von Vergaberecht und Kartellrecht und zur unterschiedlichen Auslegung der Begriffe (Nicht-) Gewerblichkeit und Wirtschaftlichkeit soll erst nach Erörterung beider Rechtsgebiete Stellung genommen werden. An dieser Stelle soll dagegen nur auf den Begriff der Gewerblichkeit (bzw. Nichtgewerblichkeit) eingegangen werden.

c) Normale Marktbedingungen?

Die Zweifel an der Nichtgewerblichkeit beruhen vor allem darauf, dass primär auf das Verhältnis zwischen den Krankenkassen und pharmazeutischen Unternehmern abgestellt wird. Zu Recht werden hier Marktelemente erkannt, insbesondere beim Abschluss der Rabattverträge.

Nur auf dieses Verhältnis abzustellen, wird aber den vom EuGH aufgestellten Kriterien nicht gerecht. Ein solch intensiver Wettbewerbsdruck, wie er Voraussetzung für die Befreiung von der Anwendung des Vergaberechts ist, kann nur über den Wettbewerb im Bereich der Versicherten erzeugt werden.

Im Sinne von Effizienz und Effektivität der Gesundheitsversorgung zielt der Wettbewerb zwischen den Krankenkassen bis heute darauf ab, auf den Anbieterwettbewerb der Leistungserbringer (Ärzte, Apotheker, pharmazeutische Un-

---

450 *EuGH* v. 22.05.2003, C-18/01, Slg. 2003, I-5321, Rn. 51 – Korhonen; *OLG Düsseldorf*, Urt. v. 22.05.2007 VII-Verg 16/07, NZBau 2007, 733, 734.

451 Ähnlich *GA Léger*, C-44/96, Rn. 69 - Mannesmann Anlagenbau Austria AG; dazu *Bungenberg*, in: Loewenheim/Meessen/Riesenkampff, GWB § 98, Rn. 25.

452 St. Rspr. des *EuGH* u.a. v. 16.10.2003, C-283/00, Slg. 2003, I-11697, Rn. 82 – Siepsa; *EuGH* v. 22.05.2003, C-18/01, Slg. 2003, I-5321, Rn. 51 – Korhonen; dazu *Dreher*, in: Immenga/Mestmäcker, GWB § 97 Rn. 78.

453 *Byok/Jansen*, NVwZ 2005, 53 (54); vgl. insoweit auch die Ausführungen zum Kartellrecht.

ternehmer) überzugreifen, denn dort findet die gesundheitliche Leistungserstellung statt[454].

Der Marktwettbewerb im „Nachfragebereich“ wird immer nur so stark sein, wie es der Wettbewerb „Angebotsbereich“ zulässt. Das „Ende einer Krankenkasse“ (Insolvenz) entscheidet sich im Angebotsbereich, also im Verhältnis zu den Versicherten, nicht im Verhältnis zu den Leistungserbringern.

Im Rahmen der umfassenden Betrachtung, inwieweit die Krankenkassen in einem wirtschaftlichen Wettbewerb mit anderen Versicherungen stehen, ist also primär das Verhältnis zwischen Krankenkassen und Versicherten zu betrachten. Wenn es einen funktionsfähigen Markt gibt, kann dieser wohl nur aus einer hinreichenden Nachfragebezogenheit (Orientierung an den Versicherten) oder Verwerfungen bei der Regulierung entstehen. Da es keine hinreichend großen Verwerfungen gibt, die eine Risikoselektion zulassen (§ 6), ist vorliegend vor allem auf die Nachfragebezogenheit einzugehen, also zu fragen, ob die Versicherten durch ihr Nachfrageverhalten bei den Krankenkasse ein hinreichend marklogisches Verhalten auslösen.

Eine Marktsteuerung erscheint dabei nicht von vornherein ausgeschlossen. Der Gesetzgeber wollte zumindest eine gewisse Marktlogik erzeugen. Die Beurteilung erscheint nicht leicht. Ein Wettbewerb mit Privaten, an dem man sich orientieren könnte, besteht nicht. Aufgrund der Pflichtmitgliedschaft bilden die gesetzlichen Krankenkassen „als Block“ zusammengefasst, eine Art Monopol. Innerhalb dieses Monopols herrscht dabei Wettbewerb. Folgende Punkte lassen aber an einer vollkommenen Marktrationaliät (zumindest noch) zweifeln.

- Zwischen den Krankenkassen besteht ein Finanzausgleich. Aus diesem werden die Verwaltungskosten herausgenommen, was Wettbewerb erzeugt. Die Kosten sind aber gedeckelt, was den Wettbewerb wiederum einschränkt.[455]
- Auch kommt es aufgrund der Komplexität des Finanzausgleichs zu inkohärenten Verwerfungen im System. Könnten diese durch die Kassen ausgenutzt werden? Entspricht eine solche Ausnutzung dann einer Marktlogik, weil sie - insoweit unzweifelhaft - mit dem Solidarsystem in einem gewissen Maße bricht? Oder spricht dies gerade für ein marktfremdes staatliches Verhalten? Und: Erzeugt die Insolvenzmöglichkeit tatsächlich die gleichen „(Existenz-)Ängste“ und den gleichen Druck zur Gewinnmaximierung wie in der Privatwirtschaft? Dies sind schwierige Fragen, die für den Nachweis einer Marklogik aber eindeutig beanwortet werden müssten.

Wirft die Marktlogik eines Kassenwettbewerbs bereits an diesen Stellen Zweifelsfragen auf, könnte zudem aber ohnehin nur dann eine Marklogik beste-

454 SV-Rat Gesundheitswesen, BT-Drs. 15/5670, S. 31.

455 § 4 Abs. 4 SGB V; vgl. *Becker/Kingreen*, NZS 2010, 417 (ebd.).

hen, wenn die eigentlichen Kunden, die Versicherten, die notwendige Marktlogik durch marktkonformes Verhalten erzeugten. Das ist aber fraglich:

- Das Verbot der Risikobewertung und der Koppelung des Risikos an die Beiträge bzw. der Einschränkung der Leistungen aus diesem Grund spricht dagegen - denn der die Versicherungsleistung nachfragende Versicherte erhält von jeder Krankenkasse die gleichen Hauptleistungen und bezahlt an sie denselben Beitrag. Anders gesagt: Die Krankenkassen konkurrieren nur sehr eingeschränkt um die Finanzierung durch die Versicherten anhand der Hauptleistungen, da die Finanzierung relativ zum Einkommen festgesetzt und die Leistungen nach Bedarf und nicht nach Zahlungsfähigkeit verteilt werden. Zudem erfolgt die Finanzierung teilweise unmittelbar durch den Staat.[456]
- Es erscheint zumindest zweifelhaft, dass die Versicherten eine hinreichende Marktlogik durch den Qualitäts- und Preiswettbewerb, der in Randbereich besteht, erzeugen können. Viele Beurteilungskriterien eines Nachfragers sind ausgeschaltet. Zum größten Teil ist der Preis und das Produkt festgelegt. Zusatzleistungen und Zusatzbeiträge sollen hier zwar aber die Nachfragerfunktion stimulieren. Dies erscheint aber zweifelhaft. Viel Versicherte scheinen immer noch nicht zu wissen, dass man die Krankenkasse wechseln kann - oder halten dies für kompliziert und nachteilig. Wie auch, aggressive Werbung wird nicht gemacht. Die Werbemaßnahmen der einzelnen Krankenkassen sind sehr zurückhaltend, was wohl auch an den insofern strengen Aufsichtsbehörden liegt, die bei zu „schrillen" Kampagnen eingreifen würde und deren schlichte (Aufsichts-)Existenz wohl bereits eine Marktverzerrung bewirkt. Wie aber sollten die leisen Töne der Krankenkassen angesichts der Reizüberflutung der Werbeindustrie dann gehört werden?
- Auch das System der Rabattverträge selber erweist sich als zu intransparent, um aus Sicht der Versicherten als Wettbewerbsindikator gelten zu können. Denn wie sollen die Versicherten wissen, welche Arzneimittel sie bei der nächsten Versicherung erhalten? Die Funktionsweise der Verträge ist zu komplex dafür.
- Auch inwieweit das System der Rabattverträge die echten Markverhältnisse simulieren kann, erscheint fraglich.

Bei einer privaten Versicherung könnte sich im Hinblick auf die Rabattverträge folgendes Szenario abspielen: Ein Versicherungspaket wird geschnürt: Wäre es zu teuer, gingen die Versicherten. Wäre es zu günstig, geriete die Ver-

---

456 Der Bund leistet Zahlungen zur pauschalen Abgeltung der Aufwendungen der Krankenkassen für versicherungsfremde Leistungen (§ 221 Abs.1 SGB V) und es erfolgen weitere Ausgleichszahlungen der Krankenkassen untereinander (Gesundheitsfonds, Risikopool).

sicherung in eine finanzielle Schieflage. Werden vor diesem Hintergrund Rabattverträge abgeschlossen, so muss die Krankenkasse die Patienten zu diesen Produkten hinlenken. Dies kann sie entweder durch Beeinflussung der Apotheker und Ärzte (zusätzliche Kosten, Transaktionskosten, Gefahr der finanziellen Schieflage, Gefahr des schlechten Rufs) oder durch Ausschluss anderer Arzneimittel (Gefahr der schlechten Versorgung, Patienten kündigen). Die gesetzlichen Krankenkassen dagegen haben weder Transaktionskosten noch die Beschränkung der Auswahl zu verantworten. Sie können auf den Arzt oder Apotheker (als „Sündenbock") verweisen, falls der Patient sich beschwert, dass er sein altes Arzneimittel nicht mehr erhält. Die meisten Patienten durchschauen das System ohnehin nicht. Neben diesen widersprüchlichen Informationen werden sie auch die Wechselwirkung zwischen Wirtschaftlichkeitsprüfung und Rabattverträgen nicht verstehen. Angesichts dieser Intransparenzen dürfte kein Anreiz bestehen, die Kasse aus Gründen der Rabattverträge zu wechseln.

Anderes dürfte bei privaten Krankenversicherungen geschehen, wenn sie für den Patienten nachteilhafte Rabattverträge abschlössen: Schränkten sie den Leistungsumfang auch nur indirekt ein: Verbraucherverbände und staatliche Stellen dürften umgehend zur Stelle sein und die Versicherten zum Wechsel auffordern. Dies passiert im System der Krankenversicherung so nicht. Eine gewisse staatliche „Protegierung", auch bedingt durch die Intransparenz des Systems, ist wohl nicht zu leugnen. Kein Verbraucherverband hat - soweit ersichtlich - bisher den Abschluss von bestimmten Rabattverträgen kritisiert. Dies erscheint auch kaum möglich. Denn die Rabattverträge werden von anderen Mechanismen überlagert, so dass eindeutige Zuordnungen schwerlich vorgenommen werden können.

Es ist deswegen zweifelhaft, ob die Krankenkassen beim Abschluss der Rabattverträge hinreichend marktlogisch diszipliniert sind und sich deshalb ihre Rabattvertragspartner so sorgfältig aussuchen müssen wie private Versicherungen dies müssten.

„Schnellschüsse" auf Kosten der konkurrierenden Pharmaunternehmen (schnelle Vertragsabschlüsse) blieben ohne erkennbares Risiko, da die Transaktionskosten (ohne Ausschreibung) - marktuntypisch - sehr gering sein dürften.

Dass mit den oben zitierten Worten den Krankenkassen die Auswahl der Vertragspartner „egal" ist, davon ist nicht auszugehen. Genauso wenig ist aber klar, ob sie die mit der Tätigkeit verbundenen Risiken wirtschaftlich vollständig tatsächlich selbst zu tragen haben und sich in jedem Fall entsprechend marktkonform verhalten - dies ist in einem dermaßen komplexen System, wie es die Regulierung der Arzneimittelbeschaffung bildet, fraglich.

d) Zwischenergebnis

Dass die Krankenkassen bereits jetzt einer hinreichenden Marktlogik unterliegen, erscheint zwar nicht unbedingt abwegig. Sollten die Krankenkassen beim

Abschluss der Rabattverträge marktlogisch verhalten, wäre das Vergaberecht ausgeschlossen. Die Befürworter eines solchen Ausschlusses müssten aber eine plausible Begründung für ein hinreichend marktlogisches Verhalten liefern. Dies tun sie, soweit ersichtlich, bisher nicht.

Es ist deswegen zweifelhaft, ob die Krankenkassen beim Abschluss der Rabattverträge hinreichend marktlogisch diszipliniert sind und sich deshalb ihre Rabattvertragspartner so sorgfältig aussuchen müssen wie private Versicherungen dies müssten. „Schnellschüsse" auf Kosten der konkurrierenden Pharmaunternehmen (schnelle Vertragsabschlüsse) blieben ohne erkennbares Risiko, da die Transaktionskosten (ohne Ausschreibung) - marktuntypisch - sehr gering sein dürften.

Dass die Krankenkassen insoweit in einem Wettbewerb zueinander stehen, ändert daran nichts. Es besteht die Gefahr mangelnder Disziplinierung durch fehlenden Marktwettbewerb, was zu außerwettbewerblicher Mittelverwendung führen kann. Eine Vermutung für marktlogisches Verhalten besteht gegenwärtig nicht.

Dass die Krankenkassen in Zukunft einer hinreichenden Marktlogik unterliegen könnten, erscheint nicht abwegig. Sollten sich die Krankenkassen beim Abschluss der Rabattverträge marktlogisch verhalten, wäre u.a. das Vergaberecht ausgeschlossen. Die Befürworter eines solchen Ausschlusses müssten aber überzeugende Argumente für ein hinreichend marktlogisches Verhalten liefern. Dies tun sie, soweit ersichtlich, bisher nicht.

Das Kriterium der Nichtgewerblichkeit wird - gerade auch aufgrund des Fehlens hinreichender Marktlogik - danach (noch) von der wohl h.M. zutreffend als erfüllt angesehen.[457]

Die Krankenkassen handeln daher, solange sie nicht dem vollen Marktwettbewerb ausgesetzt sind, nicht gewerblich im Sinne des Vergaberechts.

Der EuGH selbst zweifelte zuletzt mit keinem Wort an der Nichtgewerblichkeit der Aufgabenerfüllung der Krankenkassen, sondern stellte dies mit Hinweis auf die fehlende Gewinnerzielungsabsicht ohne weiteres fest.[458]

2. *Öffentliches Beherrschungsverhältnis*

Wie oben geschildert, ist die dritte Voraussetzung ein staatliches Beherrschungsverhältnis, welches hier durch das Merkmal der Finanzierung (§ 98 Nr.

---

457 Neben den bereits zitierten vgl. *EuGH*, Urt. v. 11.06.2009, C-300/07, Slg. 2009, I-4779, Rn. 49 – Oymanns; *OLG Düsseldorf* v. 23.5.2007, VII-Verg 50/06, NZBau 2007, 525, 526; 1. *VK des Bundes* v. 5.9.2001, VK 1-23/01; *VK Hamburg* v. 21.4.2004, VgK FB1/04; *VK Niedersachsen* v. 21.9.2004, 203-VgK-42/2004; *VK Düsseldorf* v. 31.8.2006, VK-38/2006-L; *Koenig/Klahn/Schreiber*, ZESAR 2008, 5, 7 ff.

458 *EuGH*, Urt. v. 11.06.2009, C-300/07, Rn. 49.

2 Var. 1 GWB) oder der Aufsicht über die Leitung (§ 98 Nr. 2 Var. 1 GWB) nahe liegt.

a) Überwiegende Finanzierung durch den Staat, § 98 Nr. 2 Var. 1 GWB

Der Staat finanziert eine juristische Person, wenn er ihr unmittelbar Gelder zur Verfügung stellt oder wenn er sie per Gesetz verpflichtet, diese von Dritten einzuziehen[459]. Die Krankenkassen dürfen die Beiträge der Mitglieder und der Arbeitgeber auf der Grundlage von § 223 Abs. 1 SGB V fordern. Diese richten sich nach den Einnahmen der Versicherten[460]. Alle weiteren Modalitäten sind durch den Gesetzgeber festgelegt[461]. Seit dem Jahr 2009 legt die Bundesregierung gem. § 241 Abs. 1 SGB V auch den Beitragssatz fest. Diese Beiträge sind die Hauptfinanzierungsquelle der Kassen.[462] Unter Zugrundelegung des eben genannten Begriffsverständnisses werden die Krankenkassen somit (mittelbar) vom Staat finanziert.

Nicht als Finanzierung durch den Staat zu werten sind allerdings Zuwendungen, die eine Gegenleistung des Privaten für die Tätigkeit der juristischen Person darstellen[463]. Eine solche Gegenleistung könnte in der Beitragszahlung des Versicherten zu sehen sein.

Eine spezifische Gegenleistung setzt nach den EuGH voraus, dass diese zwischen den Verbrauchern und den Einrichtungen vereinbart wird oder dass die Beiträge zumindest dem Staat gegenüber als Gegenleistung für eine bestimmte Aufgabenerfüllung zu qualifizieren sind. Seine Ausführungen, konkret bezogen auf die Krankenkassen,[464] lassen folgenden Schluss zu: Dienen Zahlungen der Erhaltung eines Krankenversicherungssystems, so sind sie nicht als Gegenleistung in diesem Sinne zu qualifizieren.

Dass generell die Leistung einer Versicherung nicht erst in der Zahlung der Versicherungssumme im Schadensfall, sondern bereits in der Absicherung selbst besteht, kommt nach der Argumentation des EuGH keine Bedeutung zu, da der Schwerpunkt hier auf der Vorhaltung eines Systems durch Beiträge liege.[465] Daraus, dass die Bürger als Leistung des Staates das Produkt „Versicherungs-

---

459 *EuGH*, Urt. v. 13.12.2007, C-337/06, Slg. 2007, I-11173, Rn. 34 u. 39 – Bayerischer Rundfunk; Urt. v. 11.06.2009, C 300/07, Rn. 51.

460 § 3 S. 2 SGB V.

461 *Knispel*, SozSicherheit 2008, 110 (115) m.w.Nw.

462 Daneben leistet der Bund noch Zahlungen zur pauschalen Abgeltung der Aufwendungen der Krankenkassen für versicherungsfremde Leistungen (§ 221 Abs. 1 SGB V) und es erfolgen weitere Ausgleichszahlungen der Krankenkassen untereinander (Gesundheitsfonds, Risikopool).

463 *EuGH*, Urt. v. 03.10.2000, C-380/98, Slg. 2000, I-8035, Rn. 21 – University of Cambridge.

464 *EuGH*, Urt. v. 11.06.2009, C-300/07, Slg. 2009, I-4779, Rn. 53.

465 *EuGH*, a.a.O.

schutz" erhalten, kann daher nicht gefolgert werden, dass dies auch eine Gegenleistung im Sinne der EuGH-Rechtsprechung darstellt. Generalanwalt Mazák leitet das Fehlen einer spezifischen Gegenleistung daraus ab, dass die Pflicht zur Leistungserbringung von der tatsächlichen Zahlung der Versicherungsbeiträge unabhängig sei[466]. Dieser Argumentation folgt auch der EuGH. Als weiteres Argument führt der EuGH an, dass in der Praxis der Arbeitgeber den Beitragsanteil des Versicherten von dessen Gehalt einbehält und der Beitrag somit sogar ohne Interventionsmöglichkeit des Versicherten zwangsweise eingezogen wird.[467] Die Krankenkassen werden somit vom Staat im Sinne des Beherrschungsmerkmals finanziert und stellen bereits nach diesem Tatbestandsmerkmal öffentliche Auftraggeber dar.

b) Staatsaufsicht über die Leitung, § 98 Nr. 2 Var. 2 GWB

Alternativ könnte noch ein weiteres Merkmal der Beherrschung erfüllt sein. Hinter dem Merkmal der Aufsicht des Staates (§ 98 Nr. 2 Var. 2 GWB) steht, ebenso wie bei der Finanzierung, der Gedanke, dass der Staat die juristische Person beeinflussen kann. Der Staat übt im SGB V eine engmaschige Rechtsaufsicht über die Krankenkassen aus. Daher wird schon aus diesem Grund häufig von Staatsaufsicht über die Leitung ausgegangen. Im sozialrechtlichen Schrifttum wird allerdings darauf hingewiesen, dass die Analyse des Aufsichtsrechts „von zahlreichen unzutreffenden Annahmen" ausging.[468] Vor allem die Spruchpraxis des BSG zum Aufsichtsrecht werde nicht beachtet. Dieses betone in ständiger Rechtsprechung, den Kassen müsse nach dem Grundsatz der maßvollen Ausübung der Aufsicht eine aufsichtsrechtlich nicht beeinflussbare Gestaltungs- und Entscheidungsfreiheit in allen Bereichen verbleiben.[469] Nach Ansicht des Generalanwalts[470] genügt jedoch bereits eine „generelle Abhängigkeit". Generalanwalt Mazák zitiert die Rechtssache Adolf Truley[471]. Die Beeinflussung durch den Staat könne nicht bereits im Fall einer rein nachprüfenden Kontrolle erfolgen, wenn jedoch die laufende Verwaltung im Hinblick auf ihre Wirtschaftlichkeit und andere Kriterien überprüft werde, was bei den Krankenkassen der Fall zu sein schiene, könne man nach dem EuGH von einer Beeinflussung sprechen.[472] Dass die Aufsichtsbehörde nicht die Befugnis habe, Beschaffungsentscheidungen der Krankenkassen zu kassieren, hält er nicht für ausschlaggebend, da es auf eine generelle Abhängigkeit ankomme. Der EuGH ging in seiner Ent-

466 Schlussanträge des *Generalanwalts Mazák* v. 16.12.2008, C-300/07, Rn. 41.
467 *EuGH*, Urt. v. 11.06.2009, C-300/07, Slg. 2009, I-4779, Rn. 56.
468 Vgl. dazu die Nw. bei *Knispel*, SozSich 2008, 110 (114).
469 *Knispel*, SozSich 2008, 110 (114).
470 Schlussanträge des *Generalanwalts Mazák* v. 16.12.2008, C-300/07, Rn. 41.
471 *EuGH*, Urt. v. 27.02.2003, C-373/00, Slg. 2003, I-1931, Rn. 70 u. 74 – Adolf Truley.
472 Schlussanträge des *Generalanwalts Mazák* v. 16.12.2008, C-300/07, Rn. 41.

scheidung auf diese Tatbestandsvariante nicht mehr ein.[473] Die Frage kann hier letztlich offenbleiben, da ein Beherrschungsmerkmal für die Einstufung als öffentlicher Auftraggeber ausreicht.[474]

3. Zwischenergebnis

Der Marktwettbewerb im „Nachfragebereich" wird immer nur so stark sein, wie es der Wettbewerb „Angebotsbereich" zulässt. Das Ende einer Krankenkassen entscheidet sich im Angebotsbereich, also im Verhältnis zu den Versicherten, nicht im Verhältnis zu den Unternehmern.

Krankenkassen sind somit öffentliche Auftraggeber im Sinne des GWB, weil sie neben der Erfüllung der sonstigen Tatbestandsmerkmale überwiegend vom Staat finanziert werden.[475]

IV. Sachlicher Anwendungsbereich: Öffentlicher Auftrag gem. § 99 GWB

Zwar spricht § 97 Abs. 1 GWB ganz allgemein davon, dass öffentliche Auftraggeber ihre Waren nach Maßgabe der folgenden Vorschriften beschaffen. Aus der Systematik[476] ergibt sich aber, dass dazu noch die Einstufung der Tätigkeit als öffentlicher Auftrag erforderlich ist, der den sachlichen Anwendungsbereich eröffnet.

Öffentliche Aufträge sind entgeltliche Verträge zwischen öffentlichen Auftragnehmern und Unternehmen, die Liefer-, Bau- oder Dienstleistungen zum Gegenstand haben, und Auslobungsverfahren, die zu Dienstleistungsaufträgen führen sollen.[477] Dass es sich bei den Rabattverträgen um öffentlich-rechtliche Verträge handelt, steht der Anwendung des Vergaberechts nicht entgegen. Die Vergaberechtskoordinierungsrichtlinie differenziert nicht nach dem Rechtsre-

---

473 *EuGH*, Urt. v. 11.06.2009, C-300/07, Slg. 2009, I-4779, Rn. 58.

474 Bezüglich auf die Art der Einflussnahme reicht eine Möglichkeit aus, zur Richtlinie vgl. auch *EuGH*, Urt. v. 11.06.2009, C-300/07, Slg. 2009, I-4779, Rn. 48. Dies lässt sich auch aus der Entscheidung *EuGH*, Urt. v. 11.06.2009, C-300/07, Slg. 2009, I-4779, Rn. 58 folgern.

475 So nun die überwiegende Rechtsprechung: *EuGH*, Urt. v. 11.06.2009, C-300/07, Slg. 2009, I-4779, Rn. 58 (allerdings ausdrücklich nur für die erste Variante) auf Vorlagebeschluss des *OLG Düsseldorf* v. 23.05.2007, Verg 50/06, NZBau 2007, 525. Zuvor bereits: *LSG Baden-Württemberg* v. 17.02.2009, L 11 WB 381/09; *OLG Düsseldorf* v. 23.05.2007, Verg 50/06; *Vergabekammer Bund*, Beschl. v. 07.05.2007, VK1-26/07; A.A. noch BayOLG, Beschl. v. 23.05.2004, Verg 6/04. Vgl. auch die umfangreichen Literaturnachweise bei *Dreher/Hoffmann*, NZBau 2009, 273 (273).

476 Vgl. §§ 79 – 99 GWB.

477 § 99 Abs. 1 GWB.

gime der Verträge; das GWB-Vergaberecht ist dementsprechend auszulegen[478]. Diese Lesart der Richtlinie ist durch den EuGH ausdrücklich bestätigt worden[479].

Ohne eine Auftragserteilung ist das Vergaberecht unanwendbar, weshalb nur Fälle erfasst werden, in denen öffentliche Auftraggeber als Nachfrager auftreten, nicht jedoch solche, in denen sie Anbieter sind.[480] Auch muss die erbrachte Leistung auf vertraglicher Grundlage erbracht werden. Leistungen, die auf Grund von Gesetzen, Verordnungen, Gründungsstatuten etc. erbracht werden, unterfallen dem Kartellvergaberecht nicht.[481] Das Vergaberecht will nur marktrelevante Beschaffungsvorgänge erfassen.[482]

1. Abgrenzung zwischen den Auftragsarten

Um Bauleistungen und Auslobungsverfahren (§ 99 Abs. 1 GWB) geht es bei Rabattverträgen eindeutig nicht, daher kommen nur Lieferaufträge und Dienstleistungsaufträge in Betracht. Ein Lieferauftrag ist vorrangig zu prüfen.

Dies gilt auch deswegen, weil für Dienstleistungsaufträge im Gesundheitsbereich mit Art. 21 VKR in Verbindung mit Anhang VII der Verordnung Nr. 213/2008, Nr. 25 eine Bereichsausnahme für Dienstleistungen im „Gesundheits-, Veterinär- und Sozialwesen“ existiert[483] und diese daher vom Anwendungsbereich des Vergaberechts ausgenommen sind.

Rabattverträge sind also dann öffentliche Aufträge im Sinne des GWB, wenn sie eine Lieferleistung in Form einer Ware zum Gegenstand haben, was im Folgenden zu prüfen ist.

2. Lieferauftrag

Lieferaufträge sind Verträge zur Beschaffung von Waren, die u.a. den Kauf betreffen. Die Verträge können auch Nebenleistungen umfassen.[484] Durch die Rabattverträge selbst werden unmittelbar keine Arzneimittel nachgefragt. Sie könnten aber dennoch als Lieferaufträge zu behandeln sein, wenn man hinsichtlich der Rabattvereinbarungen von Rahmenvereinbarungen gem. § 4 VOL/A EG ausginge und den einzelnen Abruf der Medikamente als Konkretisierung dieser Rahmenvereinbarung in Form von Einzelaufträgen ansähe.

---

478 Vgl. nur *Burgi*, NZBau 2008, 480 (482); *Dreher/Hoffmann*, NZBau 2009, 273 (274).

479 *EuGH*, Urt. v. 12.07.2001, C-399/98, Slg. 2001, I-5409 – Milano et Lodi.

480 *Dreher*, in: Immenga/Mestmäcker, GWB § 99, Rn. 6.

481 *Dreher*, in: Immenga/Mestmäcker, GWB § 99, Rn. 6; Wegener, in: Pünder/Schellenberg, § 99 Abs. 1 Rn. 5.

482 *Wegener*, a.a.O.

483 *Burgi*, NZBau 2008, 480 (483).

484 § 99 Abs. 2 GWB.

Solche Rahmenvereinbarungen lassen sich streng genommen nicht unter den Begriff des öffentlichen Auftrags i.S.d. § 99 Abs. 1 GWB subsumieren, weil es insoweit an der Unmittelbarkeit des Beschaffungsvorgangs fehlt. Sie werden öffentlichen Aufträgen aber gleichgesetzt, weil die auf ihrer Grundlage zu vergebenden Einzelaufträge sonst dem Wettbewerb entzogen wären.[485] Daher sind auch Rahmenverträge auszuschreiben.

Bei Beschaffungen mittels Rahmenvereinbarungen ist also zwischen zwei Stufen zu unterscheiden: Auf der ersten werden die wesentlichen Vertragsbedingungen durch Abschluss des Rahmenvertrags festgelegt, wozu neben der Laufzeit der Vereinbarung insbesondere der in Aussicht genommene Preis und das Auftragsvolumen gehören. Die zweite Stufe betrifft den Abruf der betreffenden Güter bei Bedarf durch Einzelverträge.[486]

Eine Einordnung der Rabattverträge als Rahmenverträge setzt also, neben der rechtlichen Einstufung als Rahmenvereinbarung, voraus, dass Arzneimittel durch Einzelaufträge bei Bedarf abgerufen werden. Ob bzw. wann und in welcher Form diese Voraussetzungen vorliegen, ist im Einzelnen umstritten.

Festzuhalten ist aber, dass nur die Feststellung eines solchen einer Krankenkasse zurechenbaren Einzelabrufs überhaupt zu einer Einstufung als auszuschreibender Rahmenvertrag führt, da wie oben ausgeführt, Rahmenverträge sonst gar nicht unter den Begriff des öffentlichen Auftrags subsumiert werden könnten. Sie werden den öffentlichen Aufträgen nur deswegen gleichgesetzt, weil die auf ihrer Grundlage zu vergebenden Einzelaufträge sonst dem Wettbewerb entzogen wären.[487]

Damit ist es jedenfalls nicht zulässig, allein vom Vorliegen einer Rabattvereinbarung, die man als Rahmenvertrag einstuft, auf eine Ausschreibungspflichtigkeit bzw. auf einen öffentlichen Auftrag zu schließen. Vielmehr muss jeweils begründet werden, inwiefern es sich um Einzelaufträge handelt, die diesem Rahmenvertrag nachfolgen.

Bei der nun folgenden Untersuchung werden zunächst Einzelheiten zum Rahmenvertrag erläutert. Darauf folgt die Behandlung der umstrittenen Frage, ob und ggf. wann es sich beim Einzelabruf der Arzneimittel um Einzelaufträge der Krankenkassen handeln kann.

---

485 Müller-Wrede/*Poschmann*, VOL/A Kommentar, § 4 EG, Rn. 1 ff.; Müller-Wrede/*Kaelble*, GWB-Vergaberecht, § 99 Rn. 33; *Frenz*, Handbuch Europarecht, Bd. 3, Rn. 3050 unter Verweis auf GA Lenz, Schlussantr. v. 16.02.1995, C-79/49, Rn. 25.

486 Üblicherweise werden Rahmenvereinbarungen bei der bedarfsorientierten Beschaffung wiederkehrender Leistungen abgeschlossen, so *Leinemann*, VergabeR, S. 313, Rn. 885.

487 Müller-Wrede/*Poschmann*, VOL/A Kommentar, § 4 EG, Rn. 1 ff.; Müller-Wrede/Kaelble, GWB-Vergaberecht, § 99 Rn. 33; Frenz, Handbuch Europarecht, Bd. 3, Rn. 3050 unter Verweis auf GA Lenz, Schlussantr. v. 16.02.1995, C-79/49, Rn. 25.

3. Rahmenvereinbarungen

Nach Art. 1 Abs. 5, 32 RL 2004/18/EG ist eine Rahmenvereinbarung eine Vereinbarung mit einem oder mehreren Unternehmen, in der die Bedingungen für Einzelaufträge festgelegt werden, die im Laufe eines bestimmten Zeitraumes vergeben werden sollen, insbesondere über den in Aussicht genommenen Preis und gegebenenfalls die in Aussicht genommene Menge. Rahmenvereinbarungen nach der Beschreibung in § 4 VOL/A EG sind öffentliche Aufträge, die die Auftraggeber an ein oder mehrere Unternehmen vergeben können, um die Bedingungen für Einzelaufträge, die während eines bestimmten Zeitraums vergeben werden sollen, festzulegen, insbesondere über den in Aussicht genommenen Preis.

Da die rechtliche Ausgestaltung der Rahmenvereinbarung nicht vorgeben ist, kommen einseitig verbindliche Rahmenvereinbarungen, beidseitig verpflichtende Rahmenvereinbarungen und unverbindliche Rahmenvereinbarungen in Betracht. Am häufigsten werden einseitige verbindliche Rahmenvereinbarungen geschlossen, bei denen sich das Unternehmen einseitig gegenüber dem Auftraggeber verpflichtet, die vertraglich festgelegten Leistungen auf Abruf zu erbringen.[488]

Bei Rahmenvereinbarungen müssen zwar die wesentlichen Vertragsbestandteile in der Rahmenvereinbarung enthalten sein, die Positionen müssen aber nicht im Einzelnen feststehen (§ 4 Abs. 1 VOL/A EG). So reicht es hinsichtlich des in Aussicht genommenen Preises aus, wenn die Berechnungsgrundlage offengelegt oder eine Preisgleitklausel vereinbart wird.[489] Sofern die Vertragsbedingungen bereits in der abgeschlossenen Rahmenvereinbarung enthalten sind, können die Einzelaufträge ohne erneuten Aufruf zum Wettbewerb an die an der Rahmenvereinbarung beteiligten Unternehmen vergeben werden (§ 4 Abs. 5 lit. a VOL/A EG).

Die Vorschrift spricht nur vom Abschluss mit mehreren Unternehmen, gilt aber entsprechend, wenn nur ein einziges Unternehmen an der Rahmenvereinbarung beteiligt ist.[490] Die Auftraggeber dürfen für dieselbe Leistung nicht mehrere Rahmenvereinbarungen vergeben (§ 4 Abs. 1 VOL/A EG). Wird eine Rahmenvereinbarung mit mehreren Unternehmen geschlossen, so müssen mindestens drei Unternehmen beteiligt sein, sofern eine ausreichend große Zahl von Unternehmen die Eignungskriterien und eine ausreichend große Zahl von zulässigen Angeboten die Zuschlagskriterien erfüllt (§ 4 Abs. 4 VOL/A EG).

Auch Rabattverträge können danach Rahmenverträge darstellen. Zunächst erfolgt die Festlegung für Bedingungen für den Einzelabruf der Arzneimittel in

488 *Haak/Reimnitz*, in: Willenbruch/Bischoff, § 3a VOL/A, Rn. 169.
489 *VK Bund*, Beschl. v. 20.05.2003, VK 1 35/03; Leinemann, VergabeR, Rn. 886, S. 313.
490 *Mader*, EuZW 2004, 425; *Haak/Degen*, VergabeR 2005, 164 (166); *Leinemann*, VergabeR, Rn. 894, S. 414.

den Rabattverträgen. Die Rabatte werden bereits abstrakt in den Rahmenverträgen vereinbart und können für den Einzelfall berechnet werden. Hinzu kommen teilweise Lieferverpflichtungen der pharmazeutischen Unternehmen, die häufig durch eine Vertragsstrafe abgesichert sind.[491] Nach hier vertretener Ansicht ist eine solche Beurteilung aber kein hinreichendes Kriterium, um zu einer Ausschreibungspflicht zu gelangen. Entscheidend ist, welche Qualität dem konkretisierenden Einzelabruf zukommt.

4. Konkretisierender Einzelabruf

Da die Rahmenverträge den öffentlichen Aufträgen nur gleichgesetzt werden, weil die auf ihrer Grundlage zu vergebenden Einzelaufträge sonst dem Wettbewerb entzogen wären,[492] ist die Nachfrage nach Arzneimitteln aufgrund von Rabattverträgen daraufhin zu untersuchen, ob tatsächlich von konkretisierenden Einzelaufträgen gesprochen werden kann.

Dass die Krankenkassen bei diesem Einzelabruf die Arzneimittel nicht „zu Gesicht" bekommen, hindert die Annahme eines Auftrags nicht. Voraussetzung für diesen ist nicht die Lieferung von Waren an den Auftraggeber selbst. Sie kann, wie im Fall von Medikamenten im Rahmen des Sachleistungsprinzips, auch an Dritte erfolgen[493].

Es kommt insbesondere nicht darauf an, dass die Ware nach dem Vertragszweck in das Eigentum des Auftraggebers übergeht.[494] Maßgeblich ist die Verschaffung der tatsächlichen Verfügungsgewalt. Eine eigene Verfügungsgewalt (im Sinne einer tatsächlichen Sachherrschaft) der Krankenkassen ist nicht erforderlich[495].

a) Rabattverträge als reines Kostensenkungsinstrument oder entgeltlicher Beschaffungsvorgang?

Die Einordnung der Rabattverträge als Beschaffungsvorgang ist umstritten. Um die Schwierigkeit der Einordnung zu verdeutlichen, ist von zwei Extremsituationen auszugehen:

- Könnten die Krankenkassen die Ärzte zur Abgabe bestimmter Arzneimitteln verpflichten, wäre das Konstrukt wegen der unmittelbaren

---

491 *Stolz/Kraus*, VergR 2008, 1 (3).

492 Müller-Wrede/*Poschmann*, VOL/A Kommentar, § 4 EG, Rn. 1 ff.; Müller-Wrede/*Kaelble*, GWB-Vergaberecht, § 99 Rn. 33; *Frenz*, Handbuch Europarecht, Bd. 3, Rn. 3050 unter Verweis auf *GA Lenz*, Schlussantr. v. 16.02.1995, C-79/49, Rn. 25.

493 *EuGH*, C-76/97, Slg. 1998, I-5357 - Tögel; Schlussanträge des *Generalanwalts Mazák* v. 16.12.2008, C-300/07, Rn. 64-71; *Kamann/Gey*, PharmR 2009, 114 (117).

494 *Wegener*, in: Pünder/Schellenberg, § 99 Rn. 74.

495 *Burgi*, NZBau 2008, 480 (484);

Einwirkung auf die Leistungserbringer unstreitig als Beschaffung anzusehen.[496]

- Hätten die Krankenkassen dagegen keinerlei Einfluss auf die Verteilung und würden die Rabatte auch ohne konkrete Absatzsteigerung bezahlt, also nur für den eventuell „werbewirksamen Effekt" der Rabattverträge oder „Spill-Over-Effekt",[497] läge eher der Vergleich mit einer unverbindlichen Werbekampagne und einer reinen Preissetzungsmaßnahme nahe, die der Staat für Produkte vorsieht. Aus Sicht der Krankenkasse handelte es sich um ein reines Kostensenkungsinstrument ohne jede Anteilnahme an der Beschaffung. Für einen Beschaffungsvorgang würde ein solches Verhalten nicht ausreichen. Die Tätigkeit wäre grundrechts- und grundfreiheitsrelevant; eine staatliche Marketing bzw. reine Kostensenkungs-Maßnahme. Es würden die aus der Warenverkehrsfreiheit hergeleiteten Vorgaben gelten[498], die u.a. auch zur Schaffung einer Transparenzrichtlinie geführt haben und zumindest zum Transparenzgebot verpflichten; teilweise sogar zur entsprechenden Anwendung vergaberechtsähnlicher Vorschriften zur Verhinderung einer Diskriminierung.[499]

Die Folgen der Rabattverträge sind keinem der beiden Szenarien eindeutig zuzurechnen, weswegen die Einordnung umstritten ist.

b) Diskussion: Rabattverträge als reines Kostensenkungsinstrument ohne Beschaffungscharakter?

Gegen die Qualifizierung der Rabattverträge als öffentliche Aufträge werden mehrere Gründe angeführt.

---

496 Dies wäre das Konzept der offenen, kasseninternen Positivlisten, ob § 2.

497 Spill-over-Effekt meint dabei ein „Überschwappen" der Vorteile aus den Rabattverträgen, z. B. indem einige Kunden an die bisher verordneten Medikamente aus Compliance Gründen gebunden sind, wie dies bis jetzt häufig beim Wechsel von der stationären in die ambulante Behandlung zu beobachten ist, vgl. 3 III.

498 Vgl. oben § 3 A.

499 Wie oben im Zusammenhang mit der Warenverkehrsfreiheit unter § 9 geschildert, sind dabei nach Meinung der Kommission auf Basis der Rechtsprechung des EuGH die Behandlungskosten das einzige Kriterium wirtschaftlicher Art, das für die Zulassung zur Erstattung oder den Ausschluss von der Erstattung eines bestimmten Arzneimittels maßgeblich sein darf. Ein Arzneimittel kann somit von der Erstattung ausgeschlossen werden, weil auf dem Markt ein oder mehrere Arzneimittel mit gleicher Heilwirkung erhältlich sind, sofern bei deren Beurteilung die Indikationen und Nebenwirkungen jedes einzelnen Medikaments berücksichtigt werden. Beim Vergleich der Behandlungskosten sind die voraussichtliche Dosierung und Behandlungsdauer zu beachten, die die betreffende Therapiewirkung ermöglichen.

Es wird eingewendet, es würden in den Rabattverträgen keine Abnahmepflichten für Arzneimittel auf Seiten der Krankenkassen begründet[500]. Dies spricht aber nicht gegen die Einordnung als Rahmenverträge, da diese in der Praxis sogar sehr häufig nur einseitige Pflichten vorsehen.[501]

Weiter wird argumentiert, die Mitbewerber würden nicht automatisch von Arzneimittellieferungen ausgeschlossen, denn es könnten - theoretisch - beliebig viele Rabattverträge abgeschlossen werden.[502] Dieses Argument muss in der Tat berücksichtigt werden, wenn die Krankenkassen mit allen Anbietern vergleichbarer Arzneimittel Rabattverträge abschließen, es also keinen benachteiligten Wettbewerber gibt. In dieser Situation käme es wohl auch nicht zu einem (zulässigen) Nachprüfungsantrag.

Das Argument spricht aber nicht gegen die Ausschreibungspflicht von Rabattverträgen, die nicht mit allen Anbietern abgeschlossen werden, wie es in der Praxis auch der Fall ist (die Rabatte werden durch die Exklusivität erst erzeugt, die damit Vertragszweck der meisten Rabattverträge ist). Das LSG Baden-Württemberg[503] macht die Einstufung als Rahmenvertrag aus diesem Grund davon abhängig, ob den Herstellern Exklusivität zugesichert wird, weil erst dadurch der Wettbewerbsvorteil entstünde, den der Auftraggeber dem Unternehmen einräumt.[504]

Dies lässt aber den Fall außer Betracht, dass keine Zusicherung von Exklusivität erfolgte, die Krankenkassen aber dennoch keine Verträge mit anderen pharmazeutischen Unternehmern abschließen, es also zu einer verdrängenden Wirkung auf Kosten der Mitbewerber käme (faktische Exklusivität). Dieser Gedanke macht klar, dass objektiv darauf abgestellt werden muss, ob die Krankenkassen die Nachfrage nach Medikamenten nach dem Vertragszweck durch Exklusivität beeinflussen wollen und nicht subjektiv auf die Zusicherung der Exklusivität abgestellt werden kann. Die Geltung des Vergaberechts darf insofern nicht von konkreten Vertragsklauseln abhängen und damit zur Disposition der Vertragsparteien stehen.[505] Wird dagegen im Rahmenvertrag allen Anbieter ein transparentes Beitrittsrecht eingeräumt, kann das Vergaberecht sehr wohl zur Disposition stehen (vgl. dazu unten: Abgrenzung von der Warenbeschaffung zum Zulassungsverfahren).

Das Kriterium „Zusicherung von Exklusivität" dient dieser Rechtsprechung wohl auch nur zur Abwehr von Versuchen, das Vergaberecht als Verzögerungsinstrument zu missbrauchen. Dieses wird im Antrag der beteiligten Krankenkas-

---

500 *Engelmann*, jurisPK - SGB V, § 69 Rn. 230.

501 Vgl. nur *Haak/Reimnitz*, in: Willenbruch/Bischoff, § 3a VOL/A, Rn. 169.

502 *LSG Baden-Württemberg*, Beschl. v. 28.10.2008, L11 KR 4810/08 ER-B (juris); *Engelmann*, jurisPK-SGB V, § 69 Rn. 231.

503 Beschl. v. 28.10.2008, L 11 KR 481/08 ER-B, VergabeR 2008, 182 (188).

504 Vgl. auch *Byok*, GesR 2007, 553.

505 So auch *Lietz/Natz*, A&R 2009, 3 (6).

se im Verfahren vor dem *LSG Baden-Württemberg* angedeutet. Die Antragsgegnerin führte hier aus, dass das antragstellende Unternehmen es vehement ablehne, selbst einen Rabattvertrag mit der Krankenkasse abzuschließen[506] (wozu sie nach eigenem Bekunden bereit gewesen wäre), und daher allein das Interesse hätte, den Vertragsschluss mit einem anderen Unternehmen zu verhindern. Tatsächlich ist eine Instrumentalisierung des Vergaberechts in diesem Punkt möglich und schwer zu verhindern. Zwar besteht die Möglichkeit, bereits eine Antragsbefugnis des Unternehmens gem. § 107 Abs. 2 GWB abzulehnen. Dies beschränkt sich aber auf seltene Ausnahmenfälle.[507]

Gerade diese Probleme[508] sind aber auch der vornehmliche Grund für die vorrangige Anwendung des Offenen Verfahrens. Die Transparenz und das Gleichbehandlungsgebot sollen solche undurchsichtigen Verhältnisse zu vermeiden helfen. Insofern trage das Merkmal der „Zusicherung von Exklusivität" gerade zur Intransparenz bei, die das Vergaberecht - im Interesse aller - verhindern möchte.

Man dürfe überdies, so die Kritik, die Vorteile gegenüber den Mitbewerbern, die sich aus den Rabattverträgen ergäben, nicht den Krankenkassen zurechnen. Denn wenn sich Vorteile für Mitbewerber ergäben, so resultierten diese Vorteile nicht aus den Rabattverträgen, sondern aus den sozialrechtlichen Rahmenbedingungen, durch die die pharmazeutischen Unternehmen die Chance erhielten, über Rabattverträge ihren Umsatz zu stabilisieren. Damit fehle es auch an einer Entgeltlichkeit der Arzneimittelrabattverträge.[509] Wie gleich unten gezeigt wird, kann aber an der Entgeltlichkeit kaum gezweifelt werden - vielmehr dürften diese Zweifel eher bei der Frage eine Rolle spielen, ob auch die „Beschaffung" einer Ware vorliegt.

---

506 Dabei ist zu beachten, dass die Krankenkassen nach den Vorgaben der VOL/A EG für dieselbe Leistung nicht mehrere Rahmenvereinbarungen vergeben dürfen (§ 4 Abs. 1 VOL/A EG). Wird eine Rahmenvereinbarung mit mehreren Unternehmen geschlossen, so müssen mindestens drei Unternehmen beteiligt sein, sofern eine ausreichend große Zahl von Unternehmen die Eignungskriterien und eine ausreichend große Zahl von zulässigen Angeboten die Zuschlagskriterien erfüllt(§ 4 Abs. 4 VOL/A EG).

507 Es ist beispielsweise nicht erforderlich, dass das i.S. des § 107 Abs. 2 GWB erforderliche Interesse am Auftrag durch ein Angebot kundgetan wurde. Denn die Antragstellerin kann insofern geltend machen, dass es ihr aufgrund der konkreten Ausgestaltung des Vergabeverfahrens für den fraglichen Auftrag nicht zumutbar gewesen sei, ein Angebot zu erstellen und abzugeben, vgl. *OLG Düsseldorf*, Beschl. v. 08.09.2004, VII-Verg 38/04 und Beschl. v. 09.07.2003, VII-Verg 26/03; *OLG Jena*, Beschl. v. 06.06.2007, 9 Verg 3/07; *OLG Frankfurt*, Beschl. v. 29.Mai 2007, 11 Verg 12/06; *BkartA Bonn*, Beschl. v. 22.08.2008, VK 2 – 73/08.

508 Also die Frage, ob der Antragssteller das Instrument des Vergaberechts missbraucht oder ob es dem öffentlichen Auftraggeber daran gelegen war, Aufträge mit fragwürdiger Wirtschaftlichkeit zu vergeben.

509 *Engelmann*, jurisPK-SGB V, § 69 Rn. 234; Brixius/Esch, S. 53.

Selbst wenn aber die Steuerungswirkung den Krankenkassen zugerechnet würde - so die weitere ablehnende Argumentation -, fehle es bei den Krankenkassen an einer Nachfragemöglichkeit im Sinne einer Dispositionsbefugnis. Dabei wird auf die Verschreibungspflichtigkeit der Arzneimittel hingewiesen. Diese dürften nur aufgrund einer ärztlichen Verordnung von den Apotheken abgegeben werden. Der Arzt sei wegen seiner Therapiefreiheit in seiner Entscheidung frei. Von einem Einfluss der Krankenkassen könne folglich nicht gesprochen werden.[510]

Der Einwand, dass der Arzt wegen seiner Therapiefreiheit in seiner Entscheidung frei ist, ist richtig. Wer an dieser Stelle aber nicht weiter zwischen verschiedenen Arzneimitteln differenziert, übersieht die gesetzgeberische Wertung im Bereich der Festbeträge, wo bei der Mehrzahl der Arzneimittel ein Preiswettbewerb sogar gesetzlich geboten ist, die Ärzte also zu Preisvergleichen angehalten werden (die Festbeträge „sollen einen wirksamen Preiswettbewerb auslösen", vgl. § 35 Abs. 5 S. 1 SGB V). Wie aber könnte ein Preiswettbewerb zwischen verschiedenen Arzneimitteln stattfinden, wenn sich der Arzt in keinem Fall bei der Wahl der Arzneimittel beeinflussen ließe? Das Argument trifft aber auf besondere Arten von Rabattverträgen durchaus zu und wird bei der hier vertretenen Differenzierung in Bezug auf verschiedene Arzneimittel unten wieder aufgenommen.

Zusammengefasst ist nach dieser Ansicht zwischen den Rabattverträgen und deren Auswirkungen eine Trennung vorzunehmen. Die Auswirkungen der Rabattverträge werden nicht den Krankenkassen zugerechnet, diese sind nur Vertragsabschlussstelle für das „Verwaltungsverfahren Rabattvertrag" und ansonsten „passiver" Träger mittelbarer Staatsverwaltung.

Die sozialgerichtliche Rechtsprechung nahm in der Vergangenheit insofern eine vermittelnde Position ein: Es erscheine zwar zweifelhaft, ob Arzneimittelrabattverträge ausnahmslos als öffentliche Lieferaufträge qualifiziert werden könnten. Wenn den Unternehmen von den Krankenkassen im Vertrag jedoch Exklusivität zugesichert werde, leite sich aus diesem Umstand in Verbindung mit der Ersetzungsverpflichtung der Apotheken ein echter Wettbewerbsvorteil her[511], der zur Einstufung als öffentlicher Auftrag führen müsse.[512]

Nach der Gegenmeinung, die Rabattverträge grundsätzlich als öffentliche Aufträge bewertet, wurde es umgekehrt sogar abgelehnt, eine Lenkungswirkung für den öffentlichen Auftrag zu fordern. Dieser Begriff sei nicht Tatbestands-

510 Vgl. *LSG Baden-Württemberg*, Beschl. v. 28.10.2008, L 11 KR 4810/08 ER-B (juris), Rn. 40; *Engelmann*, jurisPK-SGB V, § 69 Rn. 229.

511 Der zur Erzielung eines möglichst hohen Rabattes gewährt werde.

512 Vgl. nur *LSG Baden-Württemberg*, Beschl. v. 23.01.2009, L 11 WB 5971/08; Beschl. v. 28.10.2008, L 11 KR 4810 ER-B; *LSG NRW*, Beschl. v. 08.04.2009, L 21 KR 27/09 SFB, Rn. 28 (juris).

merkmal des Lieferauftrags.[513] Richtig ist, dass im Vergaberecht von einer Beeinflussungsmöglichkeit des öffentlichen Auftragsgebers für die Warenströme nicht die Rede ist. Dies hängt aber wohl damit zusammen, dass dies bei der klassischen Nachfragesituation nicht notwendig ist. Denn die Entscheidung für einen Anbieter lenkt die Güter in diesen Fällen automatisch. Bei der Einstufung als öffentlicher Auftrag ist daher zu fordern, dass die Tätigkeit einer Nachfragetätigkeit gleichkommt.

Nach § 97 GWB „beschaffen" öffentliche Auftraggeber Waren im Wettbewerb. Lieferaufträge sind per Definition Verträge „zur Beschaffung" von Waren, § 99 Abs. 2 S. 1 GWB. Aus dieser Formulierung ist ein Element der Nachfragedisposition herauszulesen. Hätten die Krankenkassen tatsächlich keinerlei Einfluss auf den Strom der Medikamente, so wäre kaum zu erklären, wieso es sich bei dem Rahmenvertrag um einen Vertrag für später abzuschließende Lieferverträge handeln soll. Denn Lieferverträge wären es nur dann, wenn die Krankenkassen auch einen nachfragähnlichen Einfluss auf den Kauf des Medikaments hätten. Ohne jede Beeinflussungsmöglichkeit der Krankenkassen wäre die Konstruktion von Rabattverträgen als Rahmenverträgen kaum vorstellbar, sie steht und fällt mit der Annahme einer disponierenden Beeinflussungsmöglichkeit.

c) Der Begriff der Entgeltlichkeit

§ 99 GWB erfasst nur entgeltliche Verträge. „Die Funktion der Entgeltlichkeit liegt darin, die wirtschaftliche Ausrichtung der erfassten Aufträge in Abgrenzung z. B. zu wohltätigen oder rein privaten, außerrechtlichen Leistungsbeziehungen zum Ausdruck zu bringen."[514] Um dem Vergaberecht größtmögliche Geltung zu verschaffen und Umgehungen zu vermeiden (*effet utile*) ist der Begriff funktional und daher weit auszulegen.[515] Jede geldwerte Leistung kann darunter fallen.[516]

Die Entgeltlichkeit der Rabattverträge kann nach wohl mittlerweile ganz überwiegender Meinung leicht begründet werden[517]. Dies ist im Ergebnis überzeugend.

513 Siehe z. B. *VK Bund*, VK 3- 107/08, S. 14.

514 Vgl. nur *Dreher*, in: Immenga/Mestmäcker, GWB, § 99 Rn. 20.

515 *OLG Düsseldorf* v. 5. 5. 2004 – VII–Verg 78/03, NZBau 2004, 398 (399); *BayObLG* v. 27. 2. 2003 – Verg 1/03, VergabeR 2003, 329; *Dreher*, in: Immenga/Mestmäcker, GWB, § 99 Rn. 20.

516 *VK Bund* vom 26. 5. 2000, WuW/E Verg 354; *OLG Düsseldorf* vom 2. 8. 2000 WuW/E Verg 350 f. -Verlagsvertrag; *OLG Düsseldorf* v. 5. 5. 2004 – VII–Verg 78/03, NZBau 2004, 398, 399; *Dreher*, in: Immenga/Mestmäcker, GWB, a.a.O.; *Koenig/Klahn/Schreiber*, GesR 2007, 550 (565).

517 *Becker/Kingreen*, § 69 Rn. 56, bezeichnen dieses Merkmal sogar als „unproblematisch" unter Verweis auf *OLG Düsseldorf*, NZBau 2008, 194 (196); *Dreher/Hoffmann*, NZBau

Dass der Abschluss eines Rahmenvertrages keinen wohltätigen, rein privaten und damit außerrechtlichen Leistungsbeziehungen dient, dürfte kaum zur Diskussion stehen. Die positive Bestimmung der entgeltlichen Leistung im Rahmen eines Rahmenvertrags ist nicht ganz so einfach.

Abgestellt werden kann hier auf die in der Regel erhöhte Absatzchance, die ein Rabattvertrag für das Unternehmen bietet, welches sich aus den sozialrechtlichen Anreizmechanismen ergibt, die durch die Krankenkassen - ihr funktional zurechenbar (vgl. § 9) - aktiviert werden.

Daneben kann man auch auf sonstige Vorteile der Unternehmer durch einen Rabattvertrag abstellen, etwa durch werbewirksame Effekte. So werben die Unternehmer in Fachzeitschriften mit abgeschlossenen Rabattverträgen, wohl um damit die (vermeintlich) überlegene Qualität ihrer Produkte zu unterstreichen.

Die Entgeltlichkeitskomponente dürfte in einigen Sonderfällen von Rabattverträgen (§ 3 III, Motivation der pharmazeutischen Unternehmer) variieren. Auch ein sog. „Spill-over-Effekt“[518], der erst nach Ablauf eines Rabattvertrages zum Tragen kommt, dürfte nach der weiten Auslegung des Begriffs zu einer Entgeltlichkeit führen. Nach Auslauf des Rabattvertrages kann das Unternehmen auf einen Spill-over-Effekt in einen „Nach-Rabattvertragsmarkt“ hoffen. Spill-over-Effekt meint dabei ein „Überschwappen“ der Vorteile aus den Rabattverträgen, z. B. indem einige Kunden an die bisher verordneten Medikamente aus Compliance Gründen gebunden sind, wie dies bis jetzt häufig beim Wechsel von der stationären in die ambulante Behandlung zu beobachten ist.

In Abgrenzung zum Merkmal der Beschaffung (dazu unten) können sogar solche rabattvertragsbedingten Vorteile unter das Merkmal der Entgeltlichkeit gefasst werden, die berufsrechtswidrig durch eine fehlerhafte Auswahl durch Arzt oder Apotheke zustandekommen, sofern diese aus unzulässigen Gründen Rabattvertragspräparate vorziehen. Denn anders als beim Merkmal der Beschaffung (dazu unten) ist eine unmittelbar Zurechnung des Verhaltens nicht notwendig. Eine mittelbare Zurechnung für sozialrechtlich möglicherweise falsch gesetzte Anreize dürfte für die Weite des Entgeltsbegriffs ausreichen.

Selbst die reine Bestärkung eines Entschlusses des Arztes, ein Arzneimittel zu verordnen, dürfte zu einer Entgeltlichkeit durch die gesetzten Anreize führen. In diesen Fällen hätte der Arzt die Verordnung - aus Nutzengesichtspunkten - ohnehin vorgenommen, wird aber zusätzlich durch finanzielle Anreize zu seiner Verordnung bestärkt. Denn allein die „geistige Beschäftigung“ des Arztes mit diesem Produkt in Koppelung mit finanziellen Anreizen könnte eine positiven

---

2009, 273 (275 ff.); *Wendtland*, Beck-OK, § 69 Rn. 25;vgl. auch *Kern*, S. 474, der zutreffend analysiert, dass Rabatt- und Rahmenvereinbarungen „primär ein „Problem“ der „Nachfrageautonomie“ der gesetzlichen Krankenkassen“ sind.

518 Vgl. bereits § 3 III.

Effekt auf den Bekanntheitsgrad des Produktes aus Sicht der Ärzte haben, der betriebswirtschaftlich als Vorteil „verbucht" werden könnte.

Letztlich dürfte schon rein betriebswirtschaftlich eine Vermutung bestehen, dass die Rabattverträge seitens der Unternehmer nicht aus altruistischen Motiven abgeschlossen werden.

Die neuere vergaberechtliche Rechtsprechung[519] verkürzt die Problematik allerdings teilweise in unzulässiger Weise, indem sie allein auf das Entgelt für die auf der Rahmenvereinbarung beruhenden „Einzelverträge" abstellt.

Dass ein solcher Einzelvertrag nur mit der Apotheke zustande kommt und das Entgelt an die Apotheke gezahlt wird, spricht für sich genommen nicht gegen diese These, da insofern von einem Vertragsabruf im funktionalen Sinn ausgegangen werden kann (dazu unten).

Das Abstellen auf das Entgelt wäre aber nur dann zutreffend, wenn die Zahlung des Entgelts vom Abschluss des Rabattvertrages abhängt.

Die Zahlung der Krankenkassen erfolgt aber aufgrund des gesetzlichen Leistungsanspruchs des Versicherten und damit unabhängig vom Bestehen eines Rabattvertrags. Insofern muss begründet werden, wo denn der Zusammenhang zwischen dem Rahmenvertrag und dem Entgelt für den sog. Einzelabruf bestehen soll.

Der Rabattvertrag wirkt sich nicht auf Zahlung „an sich" aus oder legt diese Zahlung fest, sondern nur auf die höhere Wahrscheinlichkeit des Zustandekommens eines solchen Vertrages. Realisiert sich im Einzelfall die höhere Absatzchance nicht, so besteht keinerlei Zusammenhang zwischen dem sog. Einzelabruf und dem Rabattvertrag. Die Entgeltlichkeit eines Einzelabrufs liegt daher nicht in jedem Fall vor, sondern nur, wenn sie in ihm eine erhöhte Absatzchance realisiert.

Anders gesagt folgt der Zusammenhang zwischen dem Rahmenvertrag und dem Entgelt für den Einzelvertrag allein aus dem Differenzbetrag, also dem Rabatt, den das Unternehmen an die Krankenkasse auf Grund der Rabattverträge zu zahlen hat und aus nichts anderem. Auf diesen Rabatt kann aber nicht abgestellt werden, denn dieser fließt vom Unternehmen an die Krankenkassen und nicht umgekehrt. Abgestellt werden kann insofern nur auf die erhöhte Absatzchance.

Nimmt man mit der oben zitierten Rechtsprechung eine Entgeltlichkeit des Einzelabrufs auch in den Fällen an, in denen kein Zusammenhang zwischen dem Rabattvertrag und dem Einzelabruf besteht, sich also keine erhöhte Absatzchance realisiert, so verlöre das Merkmal der Entgeltlichkeit jegliche Abgrenzungsfunktion. Es würde ad absurdum (Zirkelschluss) geführt: Jede Zahlung ohne Be-

519 Vgl. nur *OLG Düsseldorf*, Beschl. v. 11.01.2012, VII-Verg 57/11, Verg 57/11, Rn. 53 - Open-House-Rabattvertrag, unter Verweis auf die eigene ständige Rspr., die Ausführungen der Vergabekammern und die Rechtsprechung des LSG NRW.

zug zu einem Vertrag könnte dann zur Entgeltlichkeit eines Vertrages führen, ohne Rücksicht darauf, ob die Hauptleistung zu wohltätigen oder sonstigen Zwecken erfolgte. Zugespitzt erscheinen die Rabatte der pharmazeutischen Unternehmen bei dieser Begründung als Schenkung, da für sie kein Grund zu bestehen scheint (da das Entgelt für das Arzneimittel ohnehin gezahlt wird). Dies würde gerade gegen eine Entgeltlichkeit sprechen.

Mindestbegründungsaufwand sollte daher der Hinweis auf die erhöhten Absatzchancen eines Unternehmens sein, evtl. unter Rückgriff auf die sozialrechtlichen Anreizmechanismen. Auch in einem Rahmenvertrag muss abstrakt eine Entgeltlichkeit festgelegt sein (§ 4 Abs. 1 VOL/A EG spricht „insbesondere" vom „Preis").[520] Dies spricht zusätzlich gegen eine isolierte Betrachtung der Entgeltzahlung durch die Krankenkasse.

d) Der Abruf der Arzneimittel und der Auftragsbegriff

Die Leistung im Rahmen eines öffentlichen Auftrags muss, trotz aller Regulierung, auf vertraglicher Grundlage erbracht werden. Leistungen, die auf Grund von Gesetzen, Verordnungen, Gründungsstatuten etc. erbracht werden, unterfallen dem Kartellvergaberecht nicht.[521]

aa) Kein Auftrag im rechtlichen Sinn

Ein weiterer, den Rabattvertrag konkretisierender Auftrag im rechtlichen Sinne kommt nach hier vertretener Ansicht bei Abgabe des Arzneimittels an den Patienten zwischen Krankenkasse und pharmazeutischem Unternehmer nicht zustande.

Natürlich ist es theoretisch möglich, sich eine rechtliche Konstruktion vorzustellen, nach der im Sinne eines Streckengeschäfts der ursprüngliche Rabattvertrag schließlich auch auf die später erfolgende Übereignung des Arzneimittels hinzielt oder in diesem Wege sogar ein Einzelauftrag erteilt wird.

Es erscheint aber sehr zweifelhaft, hier noch von einem konkreten rechtsgeschäftlichen Willen der Parteien auszugehen, wenn die Abgabe der Arzneimittel auf der sozialrechtlichen Regulierung beruht und sich gerade ohne den ausdrücklich oder konkludent erklärten Willen der Parteien vollzieht, sobald ein Rabattvertrag geschlossen wurde. Dies würde die Besonderheit ausblenden, dass intendierte und gesetzlich angeordnete Rechtsfolgen in diesem Fall identisch sind.

Die Apotheker geben die rabattierten Arzneimittel nicht ab, weil der Rabattvertrag sie dazu verpflichten würde. Eine solche Wirkung inter omnes kommt

520 Vgl. auch *VK Bund*, Beschl. v. 20.05.2003, VK 1 35/03; *Leinemann*, VergabeR, S. 313 (Rn. 886).

521 *Dreher*, in: Immenga/Mestmäcker, GWB § 99, Rn. 6.

dem Rabattvertrag gerade nicht zu. Sie geben die Arzneimittel auf Grund gesetzlicher Anordnung ab, was sie in die Nähe einer Leistung auf gesetzlicher Grundlage rückt, für die das Vergaberecht nicht gilt.

Abschließend bleibt festzustellen, dass von einem konkretisierenden Einzelauftrag im rechtlichen Sinne nur schwerlich ausgegangen werden kann, da die Krankenkassen und die pharmazeutischen Unternehmer willentlich nur den Rabattvertrag abschließen, ansonsten aber auf staatliche Regulierung vertrauen müssen.

bb) Funktionaler bzw. erfolgsbezogener Auftragsbegriff

Allerdings ist ein Auftrag im rechtlichen Sinne möglicherweise auch nicht notwendig, wenn eine gesetzliche Regulierung nur für eine Institution geschaffen wird, die diese Regulierung auch in Gang setzten kann und insoweit Regelungshoheit besitzt, wenn in der Wirkung ansonsten keine Unterschiede zu einem Auftrag bestehen.

Ansonsten könnte jeder Staat nach seinem Belieben durch die Änderung der Regulierung die Anwendung des Vergaberechts verhindern. Somit ist die Möglichkeit eines funktionalen Auftrags zu erörtern, der nicht darauf abstellt, ob ein Auftrag im rechtlichen nationalen Sinne vorliegt, sondern nur eine auftragsgleiche Wirkung voraussetzt, die durch einen Vertrag ausgelöst wird.

cc) Der Abruf von Rabattarzneimitteln als Auftrag im funktionalen Sinn

Auch an anderer Stelle ist insofern nicht auf das nationale Recht abgestellt worden. Generalanwalt *Jacobs* hielt es in seinen Schlussanträgen zur Rechtssache AOK Bundesverband[522] für die Beurteilung, ob die Krankenkassen als Einkäufer (Nachfrager) zu beurteilen seien, für unerheblich, „wie die vertraglichen Beziehungen, die dem Kauf der Arzneimittel zugrunde liegen, nach nationalem Recht zu beurteilen sind.“ Auch nach dem EuGH ist eine Gesamtbetrachtung des Vertrages in seinem faktischen und rechtlichen Kontext erforderlich[523]. Dies spricht dafür, die Wirkungen der Rabattverträge ebenso wie die Rabattverträge selbst in die Ermittlung, ob ein Auftrag vorliegt, mit einzubeziehen.

Diese Sichtweise ist im Hinblick auf den *effet utile* geboten, denn die Geltung des europäischen Rechts kann nach der Rechtsprechung des EuGH nicht von nationaler Reglementierung abhängen. Der Grundsatz des *effet utile* wird vom EuGH auf das gesamte Gemeinschaftsrecht bezogen, auch auf das Sekun-

---

522 *EuGH*, Urt. v. 16.03.2004, C-264/01 u.a., Slg. 2004, I-2493, Rn.68 – AOK-Bundesverband.

523 *EuGH*, C-29/04, Slg. 2005, I-9705 – Mödling; C-220/05, Slg. 2007, I-385, Rn. 40 – Auroux u.a.; *Kamann/Gey*, PharmR 2009, 114 (117).

därrecht,[524] welches u. a. in Form der VKR[525] für das Vergaberecht besteht und Anwendungs- und Auslegungsvorrang genießt (vgl. auch Art. 288 Abs. 3 AEUV). Im Hinblick auf den *effet utile* ist den EU-Vergaberichtlinien eine Auslegung zu geben, die sie nicht „ihrer praktischen Wirksamkeit beraubt". Sie sind daher funktional und ggf. auch weit auszulegen.[526]

Es kann daher auch ein Auftrag im funktionalen, nicht rechtlichen Sinne ausreichen. Das ist ein Sachverhalt, der - nach nationalem Verständnis - zwar keinen Auftrag im rechtlichen Sinne darstellt, aber eine gleiche Wirkung wie ein Auftrag hat, indem ein Nachfrager über ein Gut disponiert.

Damit existiert neben dem funktionalen *Auftraggeberbegriff* ein funktionaler *Auftragsbegriff*. Während beim Auftraggeber eine funktionale Sichtweise eine verhaltensbezogene Sichtweise meint, die auf die Tätigkeit abstellt, ist beim Auftrag unter „funktional" dann eine erfolgsbezogene Sichtweise zu verstehen, die auf die gleiche Wirkung abstellt bzw. darauf, das innerstaatliche Reglementierungen, die durch einen Vertrag ausgelöst werden, ebenso funktionieren wie eine Auftragserteilung. Im Folgenden ist aber zu klären, welche Anforderungen an eine auftragsgleiche Wirkung zu stellen sind.

Der Einordnung der Rabattverträge als öffentliche Aufträge steht nicht entgegen, dass der Einzelabruf nicht auf unmittelbare Veranlassung der Krankenkasse erfolgt, sofern diese nur eine Dispositionsbefugnis bei diesem Vorgang hat, ihr also in diesem Moment das Handeln des Arztes und der Apotheke zuzurechnen ist.[527] Dass die Anreizwirkungen den Krankenkassen zugerechnet werden können, weil intendierte und gesetzliche Rechtsfolgen weitgehend identisch sind, wurde bereits dargelegt.[528]

Bedingung und Grenze für eine solche Auslegung muss dabei sein, dass die Leistung, trotz aller Regulierung, auf vertraglicher Grundlage erbracht wird. Leistungen, die auf Grund von Gesetzen, Verordnungen, Gründungsstatuten etc. erbracht werden, unterfallen dem Kartellvergaberecht nicht.[529] Die Leistung, die

---

524 Z. B. *EuGH*, C-248/04, Slg. 2006, I-10211, Rn. 45 – Koninklijke Coöperatie Cosun; EuGH, Urt. v. 18.10.2008, C-298/07, Slg. 2008, I-7841, Rn. 20 – Verbraucherzentrale Bundesverband; allg. dazu Potacs, Effet utile als Auslegungsgrundsatz, EuR 2009, 465 ff.

525 Richtlinie 2004/18/EG des Europäischen Parlaments und des Rates vom 31.03.2004 über die Koordinierung der Verfahren zur Vergabe öffentlicher Bauaufträge, Lieferaufträge und Dienstleistungsaufträge (VKR).

526 St. Rechtspr. des *EuGH*, v. 28.10.1999, C-328/96, Slg. 1999, I-7479, Rn. 75 - Kommission/Österreich; *EuGH* v. 15.05.2003, C-214/00, Slg. 2003, I-4667, Rn. 56 - Kommission/Spanien; *EuGH* v. 16.10.2003, C-283/00, Slg. 2003, I-11697, Rn. 75 - Siepsa; *Dreher*, in: Immenga/Mestmäcker, GWB, Vor § 97 ff., Rn. 96.

527 Im Ergebnis ebenso *Koenig/Klahn/Schreiber*, GesR 2007, 559 (565 ff.); *Dreher/ Hoffmann*, NZBau 2009, 273 (277).

528 Vgl. § 9 Warenverkehrsfreiheit.

529 *Dreher*, in: Immenga/Mestmäcker, GWB § 99, Rn. 6.

die pharmazeutischen Unternehmer erbringen, erbringen sie nicht aufgrund von Gesetzen oder sonstiger hoheitlicher Maßnahmen - Ausgangspunkt jeder Beeinflussung der Krankenkassen ist der Rabattvertrag, so dass diese Kautele in den meisten Fällen in der Praxis (zu den Zweifelsfällen vgl. sogleich die Ausführungen zum Merkmal der „Beschaffung") eingehalten sein dürfte.

5. Kriterien für den Einzelabruf im funktionalen Sinne

Es wurde gezeigt, dass nur ein Zustandekommen von konkretisierenden Einzelaufträgen zur Anwendung des Vergaberechts führen kann und die Argumentation mit den Rahmenverträgen insofern eine legitime Konstruktion, aber keine Begründung darstellt.

Der Kritik an der Bewertung der Rabattverträge als öffentliche Aufträge konnte im Großen und Ganzen nicht gefolgt werden. Allerdings lassen sich aus den teilweise durchaus schlüssigen Argumenten Differenzierungskriterien herleiten.

Nicht gefolgt werden kann auch der Meinung, die die Entgeltlichkeit als entscheidendes Kriterium für die Einstufung als Öffentliche Aufträge sieht. Vielmehr wird der Begriff der Entgeltlichkeit zu Recht weit ausgelegt und ist bei Rabattverträgen regelmäßig erfüllt.

Festzumachen ist die Problematik der Beurteilung von Rabattverträgen daran, ob die Einzelabrufe „zur Beschaffung von Waren" dienen oder nicht. Es überzeugt nicht, diesem Merkmal keine Eingrenzungsfunktion zuzugestehen. Denn dann hätte der Wortlaut „Beschaffung" keinerlei Bedeutung.

Gerade hier wirft das Sozialrecht mit seinen komplexen Regelungen Zweifel auf. Denn handelt es sich bei einem Rabattvertrag schon seiner Funktion nach nicht um einen Vertrag zur Nachfrage von Waren, sondern um ein reines Kostensenkungsinstrument bzw. Preissetzungsinstrument ohne jeden Allokationscharakter seitens der Krankenkassen hinsichtlich eines Produkts, dass sie ohnehin bezahlen müssen, scheidet die Einstufung als Lieferauftrag schon begriffsnotwendig aus. Es spricht daher vieles dafür, das Merkmal der Beschaffung von Waren nur dann anzunehmen, wenn eine disponierende Auswahlmöglichkeit für die Krankenkassen hinsichtlich der Arzneimittel besteht. Dies wird jedenfalls im Fall von Kontrahierungszwängen von einer überzeugenden Linie der Rechtsprechung und Literatur angenommen.

a) Die Abgrenzung der Warenbeschaffung vom Zulassungsverfahren (Konzession)

Das Merkmal der Beschaffung wird in Teilen der Rechtsprechung und Literatur so verstanden, dass das Vergaberecht dann keine Anwendung findet, wenn es an einer Auswahlentscheidung der Krankenkassen fehlt, z.B. wenn die Krankenkassen mit jedem interessierten Unternehmen kontrahieren möchte. Dies wird damit begründet, dass es bei einem Kontrahierungszwang an einer möglichen diskriminierenden Auswahlentscheidung fehlt, die zu verhindern gerade Sinn und Zweck des Vergaberechts sei.

aa) Die Auswahlentscheidung hinsichtlich der Vertragspartner als Beschaffungskriterium

Der Begriff der „Beschaffung" dient nach dieser Meinung dazu, die rein öffentlich-rechtlichen Handlungsweisen der Krankenkassen ohne Entscheidungsspielraum, bei der sie einem Kontrahierungszwang unterliegen (z.B. Kollektivverträge oder Hilfsmittelverträge mit nachträglichem Beitrittsrecht gem. § 127 Abs. 2a SGB V) von solchen mit Handlungsspielraum abzugrenzen.[530]

Das Landessozialgericht NRW[531] hat übereinstimmend damit angenommen, bei einem (rechtlich) gesicherten jederzeitigen Beitrittsrecht eines Dritten entfalle der Charakter des Vertrages als öffentlicher Auftrag. Dies betraf Hilfsmittelverträge gem. § 127 Abs. 2a SGB V, die einen Kontrahierungszwang vorsehen.

Eine solche Ausnahme vom Vergaberecht entspricht auch grundsätzlich der Leitlinie des EuGH, soweit es um Konzessionen geht. Nach dem EuGH sind Aufträge nicht zwingend in Form öffentlicher Aufträge zu vergeben. In einem Urteil vom 10. September 2009[532] zum Verhältnis zwischen Dienstleistungsauftrag und Dienstleistungskonzession führte er aus, das EU-Recht schreibe nicht vor, dass Aufträge zwingend in Form öffentlicher Aufträge zu vergeben seien, wenn eine rechtmäßige Alternative bestehe.[533] Diese Alternative bestand dort in einer Dienstleistungskonzession. Eine Konzession ist durch die Einräumung eines Rechts zur Verwertung der eigenen Leistung gekennzeichnet, bei der der Auftragnehmer auch das wirtschaftliche Risiko für die Verwertung dieses Rechts trägt und weiter keine Gegenleistung erhält.[534] Dies gleicht dem Fall, dass die Krankenkassen mit jedem Unternehmen einen Rabattvertrag abschließen wollen.

530 *Becker/Kingreen*, § 69 Rn. 55, m.w.Nw. und unter Verweis auf *Byok*, GesR 2007, 553/556; *Kaltenborn*, GesR 2011, 1/2; *v. Langsdorff*, HKVR, § 15 Rn. 46; *Lange*, Sozialrecht und Vergaberecht, 156; *Szonn*, NZS 2011, 245/247.

531 Beschluss vom 14.04.2011, NZBau 2010 = VergabeR 2010, 1026 zu Hilfsmittelverträgen nach § 127 Abs. 2 SGB V.

532 C-206/08, Slg. 2009, I-8377 - Eurawasser.

533 Vgl. zu dieser Rechtsprechung vor dem Hintergrund der Rabattverträge, *OLG Düsseldorf*, Beschl. v. 11.01.2012, VII-Verg 57/11, Verg 57/11, Rn. 57 - Open-House-Rabattvertrag; unter Verweis auf *Jaeger*, ZWeR 2005, 31.

534 *Koenig/Klahn/Schreiber*, GesR 2007, 550 (565).

Das OLG Düsseldorf hält es vor dem Hintergrund der EuGH Rechtsprechung für „nicht von vorherein ausgeschlossen, dass auch im Rahmen von Rabattverträgen bloße "Zulassungen" nicht dem Vergaberecht unterfallen“.[535]

Könne jedes - geeignete - Unternehmen ohne Probleme einen Vertrag mit dem Auftraggeber schließen, fehle es an einer Auswahl des Auftraggebers mit den damit verbunden Problemen der Diskriminierung unter den Bietern, dem das Vergaberecht entgegen treten wolle. Dann entfiele auch der Wettbewerbsvorteil der Unternehmen.

Es stellt allerdings strenge Anforderungen an die Annahme eines solchen Zulassungsverfahrens auf. Es setze zum einen hinreichende Publizität des Zulassungsverfahrens und zum anderen klare Regeln über den Vertragsschluss und -beitritt sowie die strikte Beachtung der Chancengleichheit voraus. Könne dabei z.B. nur ein Unternehmen auf den Inhalt des Vertrages Einfluss nehmen und bleibe Dritten nur die Wahl zwischen dem Vertragsbeitritt oder dem Verzicht auf die Teilnahme, so ermögliche dies bereits eine Diskriminierung mit der Folge einer Ausschreibungspflicht.

Das OLG Düsseldorf vermutet mit anderen Worten im Fall einer (exklusiven) Beeinflussung der Vertragsinhalte durch ein Unternehmen allein wegen der Gefahr einer Diskriminierung unwiderleglich das Vorliegen eines ausschreibungspflichtigen Beschaffungsvorgangs.

bb) Folgerungen für den Beschaffungsbegriff

Der so verstandene Begriff des Beschaffungsvorgangs[536], der einen Entscheidungsspielraum der Krankenkassen statuiert - und zwar als Eingrenzungskriterium des Öffentlichen Auftrags und als Abgrenzungskriterium Sozialrecht vs. Vergaberecht - kann überzeugen. Die Grundfreiheiten als Triebfeder des Vergaberechts erfordern keine Anwendung dort, wo keine Diskriminierung droht.[537]

Damit ein Rabattvertrag als „Zulassung“ aufgrund von Vertragsklauseln vom Vergaberecht ausgenommen ist, dürften die Kriterien des OLG Düsseldorf anzuwenden sein. Letztlich muss dafür in den Vertrag ausdrücklich ein jederzeitiges und transparentes Beitrittsrecht Dritter aufgenommen werden. Besteht dagegen eine gewisse Unklarheit, ob tatsächlich ein gleichwertiges Angebot vorliegt, liegt die Gefahr einer Diskriminierung nahe und es ist - im Rahmen einer

---

535 *OLG Düsseldorf*, Beschl. v. 11.01.2012, VII-Verg 57/11, Verg 57/11, Rn. 57 - Open-House-Rabattvertrag; unter Verweis auf *Jaeger*, ZWeR 2005, 31; sowie bezüglich des wegen der „Auswahlentscheidung“ geführten Streits unter Verweis auf *Otting*, NZBau 2010, 734 ff.; *Zimmermann*, NZBau 2010, 739 ff.; *Gabriel/Weiner*, VergabeR 2010, 142 ff.; *Gabriel*, in Münchner Kommentar, Beihilferecht Vergaberecht, Anl. zu § 98 Nr. 4 Rn. 125; *Szon*, NZS 2011, 245 ff.; *Czaki/Freundt*, NZS 2011, 766 ff.

536 Vgl. die zu Anfang genannte These und dazu *Becker/Kingreen*, § 69 Rn. 55, m.w.Nw.

537 Vgl. § 10 II. Funktionen des Vergaberechts.

unwiderleglichen Vermutung - nicht mehr von einem reinen Zulassungssystem auszugehen.

Die der Eingrenzung der Beschaffungsbegriffs entgegengesetzte These, der Gesetzgeber habe europarechtlich in jedem Fall zwingend einen Handlungsspielraum für die Krankenkassen zu schaffen,[538] und daher müsse auch in jedem Fall ein öffentlicher Auftrag vorliegen, überzeugt weder im Hinblick auf die dem entgegenstehende nationale und europäische Rechtsprechung, noch argumentativ: Art. 168 Abs. 7 AEUV überlässt allein den Mitgliedstaaten die Entscheidung, ob sie ihr Gesundheitssystem wettbewerblich ausgestalten oder nicht.[539] „Diese Grundentscheidung liegt auch dem Vergaberecht zugrunde, das daher nach seinem Sinn und Zweck nur anwendbar ist, wenn das nationale Gesundheitsrecht wettbewerbliche Entscheidungsspielräume der Krankenkassen vorsieht.“[540]

Unterliegen Krankenkassen also einem rechtlichen oder selbstgewählten Kontrahierungszwang, liegt kein öffentlicher Auftrag vor. Für den öffentlichen Auftraggeber ist eine so verstandene mögliche Auswahlentscheidung Voraussetzung für eine „Beschaffung“ und damit für die Einstufung seines Vertrages als öffentlicher Auftrag.

b) *Die primär preisbasierte Auswahlentscheidung als Beschaffungsmerkmal im Fall der Rabattverträge*

Wenn aber das Vergaberecht keine Anwendung findet, soweit die Krankenkassen einem (gesetzlich oder vertraglich begründeten) Kontrahierungszwang mit allen Anbietern unterliegen, so besteht - allein aus Gründen der kohärenten Auslegung des Unionsrechts - auch in anderen Fällen eines Kontrahierungszwangs keine Notwendigkeit, dass Vergaberecht anzuwenden, wenn also z.B. ein produktbezogener Kontrahierungszwang in Bezug auf ein einzelnes Unternehmen besteht, die Krankenkasse also auch in diesem Fall keine Auswahlentscheidung trifft.

Im Fall der Arzneimittelbeschaffung muss die Krankenkasse die Auswahlentscheidung Dritten überlassen.

Auch in diesen Fällen unterliegt sie mitunter einem echten Kontrahierungszwang, bei dem eine Dispositionsmöglichkeit nicht vorliegt (vgl. bereits § 5 und § 8) und der nach hier vertretener Ansicht nicht zu einem öffentlichen Auftrag mangels Beschaffung führt.

---

538 *Czaki/Freundt*, NZS 2011, 766 (767 f.); BKartA v. 12. 11. 2009, VK 3 – 193/09; *Stolz/Kraus*, MedR 2010, 86 (92 ff.).

539 *Becker/Kingreen*, § 69 Rn. 55.

540 *Becker/Kingreen*, a.a.O.; unter Verweis auf BT-Drs. 16/10609, 52; vgl. *LSG NRW* v. 14. 4. 2010, L 21 KR 69/09 SFB; *Knispel*, GesR 2009, 236 (238) f.; *Rixen*, GesR 2006, 49 (55); *Schäffer*, ZESAR 2009, 374 (379); *Sormani-Bastian*, ZESAR 2010, 13, ebd.

Da die Krankenkasse die Allokationsentscheidung Dritten (Ärzte und Apothekern) überlässt,[541] kommt es darauf an, ob diese eine Auswahlentscheidung zugunsten der Krankenkassen vornehmen, diese der Krankenkasse also zurechenbar ist und sie zum disponierenden Nachfrager macht oder im Gegenteil die Krankenkassen nur in der Rolle eines Finanzierers des Arzneimittels auftritt, der einem Kontrahierungszwang hinsichtlich einer nicht zurechenbaren Auswahlentscheidung der Leistungserbringer unterliegt. Letzteres würde ihrer herkömmlichen Stellung im Rahmen der korporativen Koordination entsprechen (vgl. § 8).

Ein solcher Kontrahierungszwang ohne Ausschreibungspflicht entsteht, so die hier vertretenen These, bei einer primär nutzenorientieren Verordnungsentscheidung, während eine primär preisbasierte Auswahlentscheidung zu einer Ausschreibungspflicht führt.

Allgemein ist aber zunächst auf das Kriterium der Zurechenbarkeit der Allokationsentscheidung eines Dritten im Vergaberecht einzugehen.

aa) Die zurechenbare Auswahlentscheidung durch einen selbständigen und unabhängigen Dritten

Die Allokationsentscheidung wird jeweils durch Arzt oder Apotheker getroffen. Dass die Krankenkassen als Vergabestelle die Auswahl der Produkte nicht selber vornimmt, ist eine Besonderheit.

Ärzte und Apotheker sind rechtlich selbständige und prinzipiell unabhängige Entscheidungsträger. Es wurde an anderer Stelle bereits überzeugend nachgewiesen, dass konkrete Ansätze für Zurechnungskriterien in der Gesetzgebung oder der vergaberechtlichen Rechtsprechung in diesen Fällen fehlen.[542]

Insofern ist auf die in § 8 gebildeten Kriterien zurückzugreifen, die auf die wirtschaftswissenschaftliche und durch die Rechtsprechung konkretisierte Definitionen eines Nachfrager zurückgehen.

Sollen Dritte die Auswahl einer Ware zugunsten einer Verwaltungseinheit vornehmen, so muss ein hinreichender Einfluss auf die Entscheidung des Dritten gegeben sein, der diese Allokationsentscheidung als Entscheidung der (insoweit disponierenden) Verwaltungseinheit erscheinen lässt („Zurechenbarkeit der Allokationsentscheidung").

Der Krankenkasse muss mit anderen Worten als disponierender Nachfrager der Arzneimittel in Erscheinung treten.

Dabei interessiert nur das Merkmal der *Disposition*, welches Angebot und Nachfrage tatsächlich zusammenführt, nicht aber die sonstigen Merkmal eines

541 *Kern*, S. 471 f.

542 Hierzu *Kern*, S. 219 ff.

Nachfragers, nämlich die Bezahlerfunktion (Krankenkasse) oder die Verbrauchsfunktion (Patient).[543]

Einen solchen zurechenbaren und hinreichend starken nachfragemäßigen Beschaffungseinfluss erhalten die Krankenkassen beim Abschluss von Rabattverträgen durch die gesetzlichen Anreizmechanismen,

- *sofern eine sog. primär preisbasierte Auswahlentscheidung durch Arzt oder Apotheker möglich ist*[544]
- *und diese bereit sind, eine solche Auswahlentscheidung zugunsten der Krankenkassen vorzunehmen.*

Sofern eine primär preisbasierte Auswahlentscheidung möglich ist, ist eine Austausch-Bereitschaft, aufgrund der gesetzlichen Anreizmechanismen und angesichts der Vielzahl von Einzelabrufen, die aufgrund eines Rahmenvertrags ausgelöst werden, bei mindestens einem Einzelabruf zu vermuten. Das Vorliegen eines Einzelabrufs durch einen solchen Austausch führt allerdings bereits zu einem ausschreibungspflichtigen Rahmen-Rabattvertrag, so dass es für die Bestimmung des Merkmals der Beschaffung hauptsächlich auf die Feststellung des Merkmals einer preisbasierten Auswahlentscheidung ankommt.

Umgekehrt kann - wie dies teilweise getan wird - von grundsätzlicher Austauschbereitschaft Dritter aufgrund von Anreizmechanismen nicht auf einen disponierenden Einfluss der Krankenkassen geschlossen werden. Es kann also vom ersten Merkmal auf das zweite Merkmal, nicht aber umgekehrt vom zweiten Merkmal auf das erste Merkmal geschlossen werden.

Denn der Arzt hat sich vorrangig an der therapeutischen Bewertung im Einzelfall zu orientieren. Ansonsten würde er gegen seine berufsrechtlichen Pflichten verstoßen. Wäre also der Nutzen eines Arzneimittels gegenüber allen anderen Therapieformen im Einzelfall überwiegen, können auch noch so starke finanzielle Anreize nicht zu einer preisbasierten Verordnung eines anderen Arzneimittels führen.

Wenn ein solches Fehlverhalten auch nicht auszuschließen ist, würde sich daraus dennoch keine der Krankenkasse zurechenbare Dispositionsentscheidung ergeben.[545] Die Krankenkassen trifft bei eigenständig handelnden Leistungserbringern weder ein zurechenbares Verschulden noch eine Kontrollpflicht.[546] Ein eigenständiges und rechtswidriges Verhalten Dritter unterbricht sozusagen den Zurechnungszusammenhang.

Auch eine Bestärkung des unabhängig gefassten Verordnungsentschlusses des Arztes durch finanzielle Anreize führt nicht zu einer der Krankenkassen zu-

543 Vgl. zusammenfassend § 8.

544 In Abgrenzung zu einer primär nutzenbasierten Verordnung, vgl. zusammenfassend § 5.

545 So das *OLG Düsseldorf* zu der Zurechenbarkeit einer möglichen berufsrechtswidrigen Auswahl eines Arzneimittels durch einen Apotheker, Beschl. v. 24.11.2011, VII-Verg 62/11, Verg 62/11, Rn. 54 (= VergabeR 2012, 482 ff.).

546 *OLG Düsseldorf*, a.a.O.

rechenbaren Dispositionsentscheidung, da diese in diesem Fall bereits gefallen ist oder ohnehin gefallen wäre. (Sie kann dagegen als Argument für eine Entgeltlichkeit der Rabattverträge genutzt werden, da hier jeder potentielle geldwerte Vorteil ausreicht und solche Anreize den werbewirksamen Bekanntheitsgrad von Arzneimitteln aus Sicht der Verkehrskreise steigern können.)

Ohne einen disponierenden Einfluss ist - soweit möglich - ggf. der Dritte als öffentlicher Auftraggeber zu behandeln, da die Allokationsentscheidung ihm zuzurechnen ist. Die evtl. Bestärkung einer bereits gefallenen Allokationsentscheidung eines Dritten ist keiner Beschaffung durch diese Verwaltungseinheit gleichzusetzen.

Dies führt aber nicht zu einer Ausschreibungspflicht. Weder der Arzt noch der Gemeinsame Bundesausschuss fallen unter den Anwendungsbereich des Vergaberechts. Auch der Spitzenverband Bund im Fall von Verträgen gemäß § 130b SGB V ist kein öffentlicher Auftraggeber, da er keine zurechenbare Auswahlentscheidung zwischen Arzneimitteln wahrnimmt, sondern nur eine Preissetzung vornimmt bzw. der Arzt keine ihm zurechenbare preisbasierte Auswahlentscheidung wahrnimmt.

Zusammenfassung zum Zurechnungskriterium

Die Krankenkassen lassen die Auswahl durch selbständige freiberuflich tätige Dritte (Ärzte und ggf. Apotheker) vornehmen. Voraussetzung für eine Zurechnung der Auswahlentscheidung für Rabattarzneimitteln sind

i) neben hinreichenden Anreizmechanismen (die u.a. zu einer Entgeltlichkeit des Rahmenvertrags führen, wobei es auch entgeltliche Elemente gibt, die mit der Beschaffung nichts zu tun haben)
ii) die Möglichkeit einer primär preisbasierten Auswahlentscheidung durch den Dritten. Eine primär nutzenorientiere Verordnung führt dagegen nicht zu einer Zurechnung der ärztlichen Auswahlentscheidung.

Kann bei Arzneimitteln eine preisbasierte Auswahlentscheidung vorgenommen werden, so ist die andere Voraussetzung, die tatsächliche Wirkung der Anreizmechanismen, zu vermuten. Denn durch einen Rahmenvertrag werden hunderte bis tausende Einzelabrufe ausgelöst. Dass es in diesem Fall nicht wenigstens einmal zu einer (potentiell diskriminierenden) Auswahlentscheidung mit Rücksicht auf die gesetzten Anreize kommt, die der Krankenkassen zuzurechnen sind, erscheint unwiderlegbar.

Entscheidend für die Rahmenverträge als öffentliche Aufträge ist somit die Frage, ob es im Fall Einzelabrufs (im funktionellen Sinne) zu einer primär preisbasierten Auswahlentscheidung durch Arzt oder Apotheker kommt.

bb) Die Feststellung einer primär preisbasierte Auswahlentscheidung in Abgrenzung zu einer primär nutzenorientiere Auswahlentscheidung auf der Verfahrensebene

Geht man also vom entscheidenden Merkmal einer preisbasierten Auswahlentscheidung aus, stellt sich allerdings das Problem, dass im teilweise komplexen Verordnungsprozess (vgl. § 2) nicht immer nachvollzogen werden kann, wann eine preisbasierte Auswahlentscheidung erfolgt und wann nicht.

Wann es zu einer primär preisbasierten Auswahlentscheidung kommt, ist aber nur bei Ärzten problematisch, während dies bei Apothekern im Fall eines Austauschs immer gegeben ist, da diese keine therapeutische Entscheidung treffen dürfen.

Daher führt jede Auswahlentscheidung der Apotheker, nicht aber jede Auswahlentscheidung der Ärzte zu einer der Krankenkasse zurechenbaren Auswahlentscheidung.

Eine „Kapitulationserklärung“ ob dieser Unaufklärbarkeit auf der ärztlichen Ebene mit der Folge, dass „gefahrenbasiert“ jeder Rabattvertrag auszuschreiben sei, ist jedoch - anders als dies die wohl herrschende Meinung tut - nicht abzugeben.

Für bestimmte Gruppen von Arzneimittel dürften insoweit typische Geschehensabläufe vorliegen, die auf der streitigen Verfahrensebene zu (widerleglichen) Vermutungen führen können. Auf der Ebene der Ärzte ist daher mit - im Einzelfall widerleglichen - Vermutungsregelungen zu arbeiten.

Besteht bei Abschluss eines Rahmenrabattvertrags die Vermutung, dass es in mindestens einem Fall zu einer primär preisbasierten Auswahl durch den Arzt kommt, so führt dies als Einzelabruf im funktionellen Sinn zu einer Ausschreibungspflichtigkeit des Rahmen-Rabattvertrages. Wie oben gezeigt reicht eine einzige mögliche diskriminierende Auswahlentscheidung aus, um den Rahmen-Rabattvertrag zu einem ausschreibungspflichtigen öffentlichen Auftrag zu machen.

Hierzu *Beispiel 1:* Dieses Verschreibungsverhalten wird sich vor allem dann zeigen, wenn die therapeutische Vergleichbarkeit wissenschaftlich und transparent belegt ist, also bei Arzneimitteln im Bereich der Festbetragsgruppen.

Eine solche Entscheidung setzt auf Seiten des Arztes die therapeutische Vergleichbarkeit mehrerer Arzneimittel und die Erkenntnis voraus, dass keines dieser Arzneimittel den anderen Arzneimittel eindeutig therapeutisch überlegen ist.

In diesem Fall wird er sich für das Arzneimittel entscheiden, welches das wirtschaftlichste unter den verfügbaren Präparaten ist. Dies ist aber mitunter schwer zu beurteilen (vgl. § 3). Insofern wird er auf die Therapieempfehlungen bzw. die Festbetragsgruppen zurückgreifen.

Durch die Wahl eines Rabattarzneimittels kann er aber schneller zu einer Verordnung finden und sich insofern von komplexen Wirtschaftlichkeitserwägungen befreien. Er wird dabei von entsprechenden Computerprogrammen unterstützt, so dass eine entsprechende rabattorientierte Auswahl zumindest in einigen Fällen zu vermuten ist.

In solchen Fällen besteht daher die Vermutung, dass es in mindestens einem Fall zu einer Verordnung eines Arzneimittels mit Rücksicht auf einen Rabattvertrag kommt.

Nach hier vertretener Auffassung ist eine solche Auswahlentscheidung der Krankenkasse dagegen nicht zuzurechnen, die durch den Arzt primär nutzenorientiert aufgrund einem Alleinstellungsmerkmal des Arzneimittels im Einzelfall vorgenommen wird und durch die Apotheke (Stichwort Importarzneimittel, vgl. unten die Fallgruppe 3) nicht mehr abänderbar ist.

Hierzu *Beispiel 2:* Ein Arzneimittel ist aufgrund eines Zusatznutzens das einzig therapeutisch sinnvolle Arzneimittel und es hat keine Parallelimportkonkurrenten, durch die es in der Apotheke ausgetauscht werden könnte.

Eine solche primär nutzenorientierte Verordnung findet statt, wenn der Arzt im Einzelfall von einem therapeutischen Vorteil des Arzneimittels gegenüber allen anderen Arzneimitteln ausgeht.

Nur eine primär preisbasierte Auswahlentscheidung führt zu einer Zurechenbarkeit. Bei einer primär nutzenorientierten Verordnung orientiert sich der Arzt zwar allgemein am Wirtschaftlichkeitsgrundsatz, dies ist jedoch kein spezifisches Charakteristikum der Rabattverträge. Er nimmt aber keinen direkten Preisvergleich vor, der Nutzen ist insofern vorrangig zu beachten. Eine solche Verordnung erfolgt unabhängig von den Anreizen durch Rabattverträge, denn diese können auf die Nutzenbewertung von Arzneimittel keinen Einfluss nehmen.[547]

In diesen Fällen besteht die (widerlegliche) Vermutung, dass es in keinem Fall zu einer Verordnung nur auf der Grundlage des Bestehens eines Rabattvertrages kommt. Die Verordnung erfolgt unabhängig davon, ob ein Rabattvertrag besteht.

Solche Verordnungen erfolgen vor allem dann, wenn die Arzneimittel nicht in Festbetragsgruppen eingeteilt sind und ein sog. Zusatznutzen festgestellt ist, also insbesondere auch bei Rabattverträgen über Arzneimittel mit Zusatznutzen gemäß § 130c SGB V.

Bestärkt ein Rabattvertrag dabei lediglich eine getroffene Entscheidung, führt auch dies nicht zu einer „Beschaffung“ durch die Krankenkasse.

---

547 *Kern*, S. 473, erkennt die Schwierigkeiten bei der Zurechnung nicht substitutionsfähiger Arzneimittel an, nimmt aber an, dass Lenkungseffekte regelmäßig schon kraft Gesetzes bestünden.

Da eines der notwendigen Merkmale einer Zurechenbarkeit - die preisbasierte Auswahlentscheidung - nicht vorliegt, ändert die Stärke der Anreizmechanismen - anders als mitunter argumentiert wird - dann nichts an der Feststellung, dass keine Beschaffung vorliegt.

Denn allein die Bestärkung einer bereits gefassten Allokationsentscheidung lässt diese nicht „als Allokationsentscheidung der Verwaltungseinheit" erscheinen. Sie bringt die Krankenkasse nicht in die Rolle eines disponierenden Nachfragers. Vielmehr hat sie dann die ihr herkömmlich in der korporativen Koordination zugedachte Rolle eines reinen Finanzierers, der einem Kontrahierungszwang unterliegt.

Zusammenfassend zur Vermutungsregelung

Wie bereits in § 5 und § 8 geschildert wurde, ist es bei bestimmten Arzneimittelgruppen schwer vorherzusehen, wie die Auswahlentscheidung erfolgt. Dem kann aber auf der Verfahrensebene mit Vermutungsregelungen begegnet werden.

Dabei gilt, dass hinsichtlich eines Arzneimittelrahmenvertrages eine einzige mögliche (vermutete) preisbasierte Auswahlentscheidung ausreicht (also ein einziger preisbasierter, der Krankenkasse zurechenbarer Einzelabruf), um die Rahmenverträge ausschreibungspflichtig zu machen.

In Beispiel 1 wird aufgrund der Vergleichbarkeit in den Festbetragsgruppen eine preisbasierte Auswahlentscheidung in mindestens einem Fall vermutet werden können. Das löst die Ausschreibungspflicht für den Rahmen-Rabattvertrag aus. In Beispiel 2 wird grundsätzlich vermutet werden können, dass eine solche nicht stattfindet. Damit dürfte hier in der Regel kein zurechenbarer Beschaffungsvorgang und daher kein öffentlicher Auftrag vorliegen. Ausnahmen können hier aber bestehen, falls in der Praxis aufgrund besonderer Umstände dennoch ein Austausch durch die Ärzte oder Apotheker vorgenommen werden könnte. Dies ist vom pharmazeutischen Unternehmen darzulegen.

cc) Erläuterung zu Beispiel 1

Eine Auswahlentscheidung trifft die Krankenkasse durch Arzt oder Apotheker folglich dann, wenn ihr eine solche durch eine sog. preisbasierte Auswahlentscheidung vermittelt wird.

Kennzeichen bzw. Folgen einer sog. primär preisorientierten Auswahlentscheidung sind:

- Die Rabattverträge treten an die Stelle einer solchen Auswahlentscheidung und vermitteln der Krankenkasse die nötige Dispositionsmacht. Der Verteilungsmechanismus der korporativen Koordination stellt sich dann in den Dienst einer von der Krankenkasse verantworteten Auswahl- und Allokationsentscheidung. Die Krankenkasse wird dann disponierender Nachfrager (vgl. § 8).

- Das vertragsgegenständliche Arzneimittel kann vom Arzt oder Apotheker durch einen relativ leichten Wirtschaftlichkeitsvergleich mit anderen Arzneimittel verglichen werden. Dies ist in der Regel der Fall bei Festbetragsarzneimitteln.
- Wird bei dieser Ausgangslage ein rabattiertes Arzneimittel verschrieben, so ist davon auszugehen, dass aufgrund der Anreizwirkungen die Interessen bezüglich der Auswahl genau dieses Arzneimittels bei Krankenkassen, Versicherten und Arzt übereinstimmen, die Krankenkassen durch den Abschluss eines Rabattvertrages aber den entscheidenden Anreiz für diese Verschreibung gesetzt hat.
- In diesen Fällen kann man davon ausgehen, dass die Krankenkassen echte Nachfrager der Arzneimittel sind. Wie oben in § 2 ausgeführt, bedienen sie sich durch die Preisverhandlung und die nachfolgende marktähnliche Beeinflussung der Mechanismen eines Marktes. Diese Marktmechanismen können den Krankenkassen individuell zugerechnet werden und führen dazu, dass sie Angebot und Nachfrage zusammenführen, indem sie mittelbar (scil.: über die Mittler Arzt bzw. Apotheker) über das Arzneimittel disponieren.[548]

Wird auf dieser Grundlage ein Austausch des Arzneimittels vorgenommen, so liegt ein Auftrag im Sinne des Vergaberechts vor, weil die durch den Rabattvertrag in Gang gesetzten Wirkungen die gleichen wie die eines Auftrags im rechtlichen Sinn sind.

dd) Erläuterung zu Beispiel 2

Kennzeichen bzw. Folgen einer primär nutzenorientieren Auswahlentscheidung sind:

- Die Verordnung erfolgt zwar unter Berücksichtigung des Wirtschaftlichkeitsgrundsatzes, jedoch vor allem aufgrund der vorteilhaften Wirkung des Arzneimittels im Vergleich mit anderen Therapien.
- Dominierend ist in diesem Moment nicht der Preisvergleich, sondern die Abwägung der erwarteten Vorteile mit den Risiken der Verschreibung eines neuartigen Arzneimittels.[549]
- Die Krankenkasse wird durch einen Rabattvertrag über ein solches Arzneimittel kein echter Nachfrager.[550] Zwar stellt auch hier die Preisverhandlung der Krankenkassen mit dem pharmazeutischen Unternehmer ein Markt-Element dar. Die Letztentscheidung für oder gegen

548 *Kern*, S. 472, spricht von Nachfrageautonomie.

549 Vgl. § 5.

550 Vgl. § 8.

die Arzneimittelabgaben erfolgt aber nicht dominierend aufgrund einer marktähnlichen Entscheidung der Krankenkasse. Da die therapeutische Wirkung den Ausschlag für die Entscheidung gibt, sind Nachfrager hier Arzt und Patient und ggf. die weiteren korporativen Gremien, die die Richtlinien für die Entscheidung aufgestellt haben.

- Die Krankenkasse muss die Kosten für das Arzneimittel im System der korporativen Koordination übernehmen, ohne ein Veto einlegen zu dürfen. Die Nachfrage erfolgt aufgrund eines Kontrahierungszwangs. Der Rahmen-Rabattvertrag ist damit ein reiner Kostensenkungsvertrag, nicht aber ein Beschaffungsvertrag. Hier besteht der Anreiz auf Seiten der Krankenkasse für den Abschluss eines Vertrages in der Möglichkeit, die Kosten der zu akzeptierenden Entscheidung Dritter möglichst zu senken, keinesfalls jedoch in einer Mengenausweitung zugunsten eines Herstellers (wie bei klassischen Rabattverträgen).
  Denn der flächendeckende Einsatz neuartiger Arzneimittel wäre finanziell kaum tragbar. Deutlich wird im Gegensatz zu klassischen Rabattverträgen, dass der Wille der Krankenkasse in diesem korporativ und kollektivvertraglich geprägten System keine dominierende Rolle spielt.[551] Die Krankenkasse setzt hier keinen ursprünglichen Anreiz, sondern verstärkt allenfalls schon gefallene Entscheidungen, was einer reinen Kostensenkungsmaßnahme ohne Nachfragecharakter gleichkommt.
- Die Nachfrageentscheidung trifft der Arzt unter Rückgriff auf die Leitlinien der korporativen Gremien. Die korporativen Gremien sind keine öffentlichen Auftraggeber, da allein das Aufstellen von Richtlinien keine Nachfragetätigkeit ist. Der Arzt ist selbst kein öffentlicher Auftraggeber, da ihm die Staatsnähe fehlt. Auch kann seine Entscheidung nicht der Krankenkassen zugerechnet werden, weil der Nutzen der Therapie im Vordergrund steht und daher die Entscheidung von einem Rabattvertrag weitestgehend unabhängig ist.
- Ein Rabattvertrag kann auf die Nutzenbewertung der Arzneimittel keinen Einfluss nehmen. Selbst wenn sich ein Arzt aufgrund bestimmter Anreize ein berufsrechtswidrig bei der Nutzenbewertung an einem Rabattvertrag orientieren würde, änderte dies an der mangelnden Zurechenbarkeit nichts. Aufgrund seiner beruflichen Eigenständigkeit wäre er selbstverantwortlich. Ein berufsrechtswidriges Handeln frei und eigenverantwortlicher handelnder Leistungserbringer, die ihrerseits dem

551 Vgl. Teile 1 und 2 insbesondere § 5 und § 8.

Versorgungsauftrag gem. § 70 SGB V dem Versicherten gegenüber unterworfen sind, ist der Krankenkasse generell nicht zurechenbar.[552]

- Ob der Rabattvertrag die gefallene Entscheidung bestärkt, ist nicht relevant. Ist die Entscheidung gefallen, ist sie der Krankenkasse ex post nicht mehr zurechenbar.
- Eine einem Auftrag vergleichbare Wirkung seitens der Krankenkasse besteht hier nicht. Gleiches wird in der Regel auch bei Risk-Share-Vereinbarungen[553] zutreffen, die nicht auf der Vereinbarung eines Mengenrabattes beruhen.
- Entgeltlichkeit. Dass es in solchen Fällen zu Bestärkungen der Verordnungsentscheidungen oder einem für die pharmazeutischen Unternehmen günstigen Werbeeffekt oder zu weiteren günstigen Effekten („Spill-Over-Effekt") kommen kann, ist dem Merkmal der Entgeltlichkeit zuzuschlagen, führt aber nicht zu einer Beschaffung.

ee) Abgrenzung der „Beschaffung" zum Merkmal der Entgeltlichkeit

Die Anforderungen an das Merkmal der Beschaffung sind also im Fall des Einzelabrufs im funktionellen Sinn strenger als an die „Entgeltlichkeit" eines übergeordneten Rahmenvertrages.[554] Die Einführung des Merkmals der Auswahlentscheidung führt zu einer schärferen Trennung der Begriffe der Entgeltlichkeit und der Beschaffung.

Ist das Merkmal der Beschaffung bei Drittentscheidungen (aufgrund der hinreichenden Beeinflussung der Allokationsentscheidung des Dritten durch die staatliche Einheit) erfüllt, dann ist jedenfalls auch das Merkmal der Entgeltlichkeit gegeben.

Dass Merkmal der Entgeltlichkeit kann, beispielsweise bei Rabattverträgen mit angestrebtem Vorteilen in einem Nachvertragsmarkt aber auch dann erfüllt sein, wenn keine Vermutung für eine preisbasierte Auswahlentscheidung besteht.

Es kann im Gegensatz zum Merkmal der Beschaffung sogar dann erfüllt sein, wenn ein berufsrechtswidriges Verhalten der Leistungserbringer zu einer Absatzerhöhung von Rabattarzneimitteln führt. Ein solches sozial- oder berufsrechtswidriges Verhalten ist der Krankenkassen im Rahmen der Beschaffung nicht zurechenbar, es führt zu keiner Beschaffung durch die Krankenkasse.

---

552 Vgl. hinsichtlich der Apotheker *OLG Düsseldorf*, Beschl. v. 24.11.2011, VII-Verg 62/11, Verg 62/11, Rn. 36 ff. (= VergabeR 2012, 482 ff.).

553 Vgl. § 2.

554 Soweit auch *Kern*, der aber allein die auf die Stärke der Anreize abzustellen scheint, S. 473 f.

Allein die der Krankenkasse zurechenbare preisbasierte Auswahlentscheidung führt aber zur Einstufung des Warenabrufs als Vertrag zur Beschaffung von Waren.

Insofern kann - anders als dies mitunter angenommen wird - eine Verstärkung der Anreize („Verstärkung der Entgeltlichkeit") nicht ab einer bestimmten Schwelle zu einer Beschaffung der Krankenkasse führen.

Besteht die Möglichkeit einer preisbasierten Auswahlentscheidung, spricht schon die Verpflichtung des Arztes zu wirtschaftlichem Verhalten bei gleichzeitiger Komplexität der Verordnungsentscheidung, die häufig auch von zeitlichen Zwängen gekennzeichnet ist, dass er sich der preisbezogenen Auswahlentscheidung durch die Wahl eines rabattierten Arzneimittels entledigt.

Der Anreiz folgt streng genommen nicht aus dem Abschluss der Rabattverträge, sondern entspringt dem auch vorher geltenden Effizienz- und Wirtschaftlichkeitsgebot. Insofern dürfte die Benennung der sonstigen Anreize für den Arzt nicht entscheidend sein, auch die Stärke der Anreize spielt keine Rolle.

Im Fall vieler Einzelabrufe wird vor dem Hintergrund des allgemeinen Wirtschaftlichkeitsgebots (und damit aufgrund eines schon vor Einführung und unabhängig von den Rabattverträge geltenden vergleichsweise schwächsten Effekts) allein aus Zeitnot der Arzt sich der oftmals schwierigen Preisentscheidung entledigen. Kann dies nur in einem denkbaren Fall vermutet werden, reicht dies schon für eine Beschaffung aus und führt zu einem ausschreibungspflichtigen Rahmenvertrag.

Dagegen sind starke Anreize als sicheres Indiz einer Entgeltlichkeit aufzuführen, äußerst schwache Anreize können dagegen an der Entgeltlichkeit Zweifel lassen, wenn nicht auf andere Effekte (z.B. Spill-Over-Effekte) abgestellt werden kann.[555]

Besteht umgekehrt nicht die Möglichkeit einer preisbasierten Auswahlentscheidung, können auch noch so große Anreize nicht zu einer der Krankenkasse zurechenbaren Beschaffung führen.

Sie ist und bleibt solange die alleinige Entscheidung des Arztes, solange eine preisbasierte Auswahlentscheidung weder durch ihn noch durch den Apotheker (Stichwort: Reimportkonkurrenten) nicht vorgenommen werden konnte.

Stärkere Anreize habe daher nur Auswirkungen auf das Merkmal der Entgeltlichkeit: Es ist dann eindeutiger zu bejahen.

Sonstige mittelbare Steuerungsinstrumente, die nicht unmittelbar mit der preisbasierten Auswahlentscheidung durch Arzt oder Apotheker zusammenhän-

555 Spill-over-Effekt meint dabei ein „Überschwappen" der Vorteile aus den Rabattverträgen, z. B. indem einige Kunden an die bisher verordneten Medikamente aus Compliance Gründen gebunden sind, wie dies bis jetzt häufig beim Wechsel von der stationären in die ambulante Behandlung zu beobachten ist. Diese beziehen sich auf den nachvertraglichen Zeitraum, vgl. § 3 III.

gen, stellen nur Anreize dar, aber erzeugen per se keinen Entscheidungsspielraum für die Kassen.

c) Zusammenfassung der Argumente für das Merkmal der primär preisbasierten Auswahlentscheidung eines Dritten als Element des Beschaffungsbegriffs im Rahmen von Rabattverträgen

Zusammenfassend sprechend vor allem folgende Argumente für solches eingrenzendes Kriterium einer „Auswahlentscheidung" im Rahmen des Beschaffungsbegriffs:

- Eine Warenbeschaffung ist ohne hinreichende Dispositionsmacht nicht vorstellbar. Setzt jemand Anreize für den Absatz eines Produktes, ohne selbst über die Nachfrage zu entscheiden, handelt es sich dabei gewöhnlich um eine Werbeagentur oder einen Vergeber von Konzessionen. Funktionieren die Krankenkassen als Konzessionsvergeber, der zwar die Produkte finanzieren muss und deshalb die Kosten senken will, aber keine hinreichende Einflussmöglichkeit auf die Produkte hat, so unterliegen sie nicht dem Vergaberecht, sondern der Transparenzrichtlinie und den Grundfreiheiten. Die reine Preissetzung für Produkte ist noch keine Nachfrage.
- Die der Eingrenzung des Beschaffungsbegriffs entgegengesetzte These, der Gesetzgeber habe europarechtlich in jedem Fall zwingend einen Handlungsspielraum für die Krankenkassen zu schaffen,[556] und daher müsse auch in jedem Fall ein öffentlicher Auftrag vorliegen, überzeugt weder im Hinblick auf die dem entgegenstehende nationale und europäische Rechtsprechung, noch argumentativ: Art. 168 Abs. 7 AEUV überlässt allein den Mitgliedstaaten die Entscheidung, ob sie ihr Gesundheitssystem wettbewerblich ausgestalten oder nicht.[557] „Diese Grundentscheidung liegt auch dem Vergaberecht zugrunde, das daher nach seinem Sinn und Zweck nur anwendbar ist, wenn das nationale Gesundheitsrecht wettbewerbliche Entscheidungsspielräume der Krankenkassen vorsieht."[558]
- Beim konkretisierenden Einzelabruf handelt es sich um keinen Auftrag im rechtlichen Sinn. Nach dem effet utile muss dieser aber zumindest die Wirkung eines Auftrags im rechtlichen Sinn haben, da eine weite Auslegung nur im Hinblick auf die Grundfreiheiten erfolgen darf. Da-

556 *Czaki/Freundt*, NZS 2011, 766 (767 f.); *BKartA* v. 12. 11. 2009, VK 3 – 193/09; *Stolz/Kraus*, MedR 2010, 86 (92 ff.).

557 *Becker/Kingreen*, § 69 Rn. 55.

558 *Becker/Kingreen*, a.a.O.; unter Verweis auf BT-Drs. 16/10609, 52; vgl. *LSG NRW* v. 14. 4. 2010, L 21 KR 69/09 SFB; *Knispel*, GesR 2009, 236 (238) f.; *Rixen*, GesR 2006, 49 (55); *Schäffer*, ZESAR 2009, 374 (379); *Sormani-Bastian*, ZESAR 2010, 13, ebd.

für ist mindestens zu fordern, dass die Krankenkasse eine hinreichende Dispositionsmacht hat.

- Im Vergaberecht muss die erbrachte Leistung auf vertraglicher Grundlage erbracht werden. Leistungen, die auf Grund von Gesetzen, Verordnungen, Gründungsstatuten etc. erbracht werden, unterfallen dem Kartellvergaberecht nicht.[559] Das Vergaberecht will nur marktrelevante Beschaffungsvorgänge erfassen.[560] Das Beispiel 2 bildet einen Kontrahierungszwang auf Grundlage der korporativen Koordination und ähnelt somit der Beschaffung auf gesetzlicher Grundlage.
- Hier die Grenze des öffentlichen Auftrags zu sehen, dafür spricht auch, dass die Warenverkehrsfreiheit einer Förderung innovativer Arzneimittel nicht entgegensteht, da nach Rechtsprechung des EuGH und Konkretisierung der Kommission keine Diskriminierung vorläge.[561] Wurde daher die hier gewählte Auslegung aufgrund des effet utile gewählt, um eine bestmögliche Entfaltung der Grundfreiheiten zu erreichen, muss diese Auslegung spätestens dann ihre Grenze finden, in der eine Verletzung der Grundfreiheiten denkmöglich nicht mehr vorliegen kann.
- An anderer Stelle wird insofern übereinstimmend eine „Nachfrageautonomie“[562] der Krankenkasse gefordert, die dem öffentlichen Auftragsbegriff immanent sei. Träfen Dritte die Entscheidung, so verfüge „ein öffentlicher Auftraggeber nur dann über Nachfrageautonomie, wenn er die Entscheidung steuern könne.“[563] Auch diese Begriffswahl kann überzeugen. Zwar wird an anderer Stelle dieser Untersuchung das Kriterium des Vorliegens einer Auswahlentscheidung als „maßgebliches Kriterium“ abgelehnt.[564] Als Leitlinie für eine Nachfrageautonomie wird allerdings ausdrücklich benannt, „dass eine diskriminierende Auswahlentscheidung des Auftraggebers auf die endgültige Nachfrageentscheidung durchschlagen“ könne und an anderer Stelle wird die Einstufung als öffentlicher Auftrag im Ergebnis dann verneint, wenn „kein von der Kasse initiierter und beeinflussbarer Bieterwettbewerb besteht,“ was auf das Kriterium der Auswahlentscheidung hinauszulaufen scheint.[565]

---

559 *Dreher*, in: Immenga/Mestmäcker, GWB § 99, Rn. 6; *Wegener*, in: Pünder/Schellenberg, § 99 Abs. 1 Rn. 5.

560 *Wegener*, a.a.O.

561 Vgl. § 9 am Ende.

562 So die von *Kern*, S. 472, gewählte Begrifflichkeit.

563 *Kern*, a.a.O.

564 *Kern*, S. 335.

565 *Kern*, S. 337.

- Auch in der Gesetzesbegründung zum AMNOG zu § 130b SGB V[566] wird die Terminologie der Auswahlentscheidung verwendet. Mit der Vereinbarung eines Erstattungsbetrags sei keine Auswahlentscheidung zugunsten einzelner Arzneimittel verbunden. Sie habe ebenso wenig verordnungslenkende Wirkung wie die Festsetzung von Festbeträgen. Ausschreibungspflichtig seien diese Vereinbarungen daher nicht. Richtig ist, dass die Erstattungsbeträge tatsächlich keine Auswahlentscheidung der Ärzte erlauben, die einer bestimmten Krankenkassen als diskriminierende Auswahlentscheidung zurechenbar wären und zwar unabhängig davon, welche Anreize auf die Ärzte wirken. Das liegt daran, dass es sich um Kollektivverträge handelt. Sie bewirken eine Preisfestsetzung und haben keinen Beschaffungscharakter.
- Ähnlich wie Verträgen nach § 130b Abs. 8 SGB (reine Preissetzung) kann die nutzenbasierte Auswahlentscheidung des Arztes nicht einer Krankenkasse, sondern dem Arzt und allen Gremien der korporativen Koordination zugerechnet werden. Der Mechanismus der korporativen Koordination benutzt insofern zwar Elemente des Markt-Preis-Mechanismus für die Entscheidungsfindung. Die Entscheidung ist aber dem „Kollektiv" als Nachfrager zuzurechnen, nicht einer einzelnen Krankenkasse.
- Eine primär nutzenbasierte Auswahlentscheidung ist dem Verteilungsmechanismus der korporativen Koordination zuzurechnen. Sie übernimmt die Bewertung und Entscheidung aus Sicht des Nachfragers. Sie stellt sich in diesem Fall nicht in den Dienst eines von der Krankenkasse aktivierten Markt-Preis-Mechanismus.
- Diese hier vertretene Eingrenzungsfunktion des Begriffs verträgt sich mit der Systematik des Vergaberechts. Sie läuft insbesondere nicht dem Vorschrift des § 3 Abs. 4 lit c) zuwider, da sie nicht dessen Regelungsbereich betrifft (sogleich unten). Zudem hat sie den Vorteil, eine bessere Abgrenzung der „sozialrechtlichen Anreize" (Entgeltlichkeit) vom Merkmal der „Warenbeschaffung" zu ermöglichen (soeben oben): Die sozialrechtlichen Anreize allein, dies wird damit deutlich, machen einen Rabattvertrag noch nicht zum öffentlichen Auftrag. Allgemein gesprochen: Gesetzliche Anreize gegenüber Dritten allein führen nicht zu einer vergaberechtlich relevanten Beschaffung zugunsten einer Verwaltungseinheit.
- Der Widerspruch, dass dieses Merkmal nicht eingrenzend wirken kann, weil § 3 Abs. 4 lit c) EG-VOL/A eine ausdrückliche Regelung vorsieht, ist nur ein scheinbarer. Gemäß § 97 GWB beschaffen öffentliche Auftraggeber Leistungen im Wettbewerb. Das Vergaberecht geht also

566 BT-Drs. 17/3211 zu Nr. 17 (§ 130b).

davon aus, dass es hinsichtlich aller Beschaffungen einen Markt mit mehrere Anbietern gibt, so dass ein Wettbewerb zu unterstellen ist. Aufgabe des § 3 Abs. 4 lit c) EG-VOL/A ist es daher, hier eine Korrektur vorzunehmen, falls nur ein Anbieter in Betracht kommt und in diesen Fällen ein Verhandlungsverfahren zuzulassen. Keineswegs enthält aber § 97 GWB eine Vermutung dahin, ob überhaupt eine Warenbeschaffung vorliegt. Dies ist bereits beim Begriff des Öffentlichen Auftrags zu prüfen.

- Die Frage der Darlegungs- und Beweislast bezüglich eines therapeutischen Alleinstellungsmerkmals von Arzneimitteln aus Sicht der Verkehrskreise ist erst im Rahmen des Beschaffungsbedarfs bzw. des § 3 Abs. 4 lit c) EG-VOL/A zu klären und wirft mitunter komplexe pharmarechtliche Fragen auf (dazu unten V.). Sie wird durch die hier vertretene These nicht dem pharmazeutischen Unternehmer auferlegt. Dies wäre auch unzulässig, da im materiellen Vergaberecht diese Beweislast gerade der Krankenkasse aufgebürdet wird (vgl. unten zum materiellen Vergaberecht). Die Anforderung an eine Erschütterung der Vermutung ist weit niedriger anzusetzen und erfordert nur eine schlüssige Darlegung. Erfolgt diese, hat die Krankenkasse wieder die volle Darlegungs- und Beweislast, so dass im Zweifelsfall von einem öffentlichen Auftrag auszugehen ist.

Es geht nämlich nicht um eine positive Klärung eines therapeutischen Alleinstellungsmerkmals im Einzelfall, sondern nur um den typisierten Ausschluss von Verordnungsvorgängen, auf die Rabattverträge aus berufsrechtlichen Gründen in der Regel keinen disponierenden Einfluss haben. Dabei muss nicht im Einzelfall ermittelt werden, ob ein Arzneimittel ein therapeutisches Alleinstellungsmerkmal hat. Es geht lediglich darum, solche Fälle aus dem Anwendungsbereich der Rabattverträge auszuscheiden, in denen der Arzt aus berufsrechtlichen Gründen vorrangig eine Verordnung aufgrund des Nutzens des Arzneimittels vornimmt, und es insofern nicht zu einer preisbasierten Steuerung durch die Rabattverträge kommen kann. An die Erschütterung der Vermutung sind daher keine hohen Anforderungen zu stellen. Für die Erschütterung der tatsächlichen Vermutung braucht das pharmazeutische Unternehmen im Einzelfall nicht den Nachweis einer therapeutischen Vergleichbarkeit zu erbringen. Es reicht die schlüssige Darlegung, dass ein Austausch in Betracht kommt, beispielsweise durch die Anführung der Möglichkeit eines Parallelimports oder dadurch, dass der Rabattvertrag auch über Anwendungsgebiete eines Arzneimittels geschlossen wurde, in denen es kein Alleinstellungsmerkmal aufweist.

Die überwiegend vertretene uferlose Einstufung der Rabattverträge als öffentliche Aufträge darf also durchaus angezweifelt werden, wenngleich sie aus praktischen Gründen einiges für sich hat: Während die hier vorgebrachten Argumente für eine feinere Differenzierung sprechen, ist es in der Praxis einfacher, alle Rabattverträge zunächst als öffentliche Aufträge zu behandeln.

Wie die Systematik des Vergaberechts (ausführlich unten beim Vergabeverfahren) zeigt, bedeutet eine Einstufung als öffentlicher Auftrag auch nicht zwangsläufig, dass eine öffentliche Ausschreibung vorgenommen werden muss. In den hier geschilderten Fällen der therapeutischen Vorteilhaftigkeit eines Patentarzneimittels kann eventuell eine Vergabe im Verhandlungsverfahren erfolgen, wie unten im materiellen Teil zum Vergaberecht näher ausgeführt wird.

Das aus den Grundfreiheiten folgende Transparenzgebot ist für jeden Vertragsabschluss - unabhängig, ob dem Vergaberecht unterfallend oder nicht - ohnehin zwingend.[567]

Zu den Maßgaben für die Rabattverträge, die nicht dem Vergaberecht unterfallen, vgl. unten (VI. Bereiche außerhalb der Ausschreibungspflichten).

6. *Verfahrensbezogene Konsequenzen für ausgewählte Fallgruppen*

a) *Fallgruppe 1 (Arzneimittel in homogenen Festbetragsgruppen)*

Es dürfte regelmäßig eine Vermutung dafür bestehen, dass es in mindestens in einem Fall (unter hunderten bis tausenden) des Einzelabrufs von Arzneimitteln, für die ein Rahmen-Rabattvertrag besteht, zu einer rabattvertragsorientierten Auswahlentscheidung durch den Arzt kommt, wenn ein Rabattvertrag ein Arzneimittel betrifft, welches in eine Festbetragsgruppe eingeordnet ist.

Vor vornherein keiner Vermutungsregelung bedarf es betreffend der Fallgruppe der wirkstoffgleichen Arzneimittel in Festbetragsgruppen, da insofern eine gesetzliche Verpflichtung der Apotheker zum Austausch gegen eine Rabattvertragsarzneimittel besteht.

Da bereits eine zurechenbare Auswahlentscheidung den Rahmenvertrag zum öffentlichen Auftrag macht, besteht eine Ausschreibungspflicht. Das betrifft grundsätzlich sowohl Generika wie auch Patentarzneimittel in Festbetragsgruppen. Zu Einschränkungen vgl. sogleich unten.

b) *Fallgruppe 2 (Arzneimitteln in inhomogenen Festbetragsgruppen und Arzneimittel außerhalb der Gruppen ohne Zusatznutzen/therapeutische Verbesserung):*

Für solche Arzneimittel, die nicht in eine Festbetragsgruppe eingeteilt werden können, obgleich sie keinen Zusatznutzen haben, und für Arzneimittel in inhomogenen Festbetragsgruppen ist zwar nicht in jedem Fall von der Möglichkeit einer preisbasierten Auswahlentscheidung auszugehen.

---

567 Vgl. § 9 am Ende.

Es dürfte allerdings eine Vermutung für eine preisbasierte Auswahlentscheidung bestehen aufgrund der Informationen, die den Ärzten durch die Therapiehinweise des GBA und andere Gremienempfehlungen vorliegen. Insbesondere wird der Arzt in der Regel von keinem besonderen „Zusatznutzen“ ausgehen und ein solcher somit in der Regel keinen Ausschlag für eine Verordnung geben, sofern dieser dem Arzneimittel offiziell abgesprochen wurde. Die jeweilige Krankenkasse könnte die daraus resultierende Vermutung für eine Auswahlentscheidung allerdings widerlegen, indem sie darlegt, dass für den Arzt keine direkte Vergleichsmöglichkeit zu anderen Arzneimittel besteht (beispielsweise aufgrund einer besonders einfachen Anwendung als Alleinstellungsmerkmal des Arzneimittels, die alle Patienten bevorzugen) und er eine Ersetzung nicht vornehmen würde. Eine solche Darlegung wird u.a. auf Grundlage der Therapiehinweise des GBA zu geschehen haben.

c) Fallgruppe 3 (Originalarzneimittel mit Reimport-Konkurrenten):

Solche Patentarzneimittel, die einen echten Zusatznutzen haben und ihre Reimport-Konkurrenten verschaffen nach der Regelung im ANMOG der Krankenkassen eine Dispositionsmacht, da die Apotheke zur vorrangigen Abgabe verpflichtet ist. Der Apotheker nimmt hier eine preisbasierte Auswahlentscheidung zugunsten der Krankenkasse vor. Daher kann die Vermutung, dass bei Arzneimittel mit Zusatznutzen gemäß § 130c SGB V (sog. Solisten), aufgrund des Zusatznutzens eine primäre nutzenbasierte Auswahlentscheidung erfolgt, durch die pharmazeutischen Unternehmer widerlegt werden. Zwar ist die Entscheidung des Arztes der Krankenkassen nicht zurechenbar, der Apotheker ist aber unter bestimmten Voraussetzungen beim Vorliegen von Importarzneimitteln zum Austausch verpflichtet, so dass durch den Apotheker eine zurechenbare Auswahlentscheidung stattfinden kann. Die Beweislast, dass keine Auswahlentscheidung stattfinden, kann, liegt danach bei der Krankenkasse.

Wendet sich ein Parallelimporteur gegen einen Rabattvertrag gemäß § 130c SGB V, weil dieser einen Originalarzneimittelhersteller ohne Ausschreibung begünstige, so kann die Krankenkassen nicht einwenden, dass ein Vertrag mit dem Parallelimporteur ohnehin nicht in Betracht käme, weil sein Bezugsarzneimittel nicht die Bewertung nach § 130b SGB V durchlaufen hat.

Denn eine hinreichenden Dispositionsmacht bzw. eine hinreichenden Einflussmöglichkeit hängt nicht davon ab, ob ein Rabattvertrag nach § 130a SGB V oder 130c SGB V geschlossen werden kann, sondern nur von der theoretischen Austauschbarkeit durch die Apotheke, welche schon bei Existenz eines Bezugsarzneimittels besteht. Diese Vertragsarten sind insofern gleichberechtigt zu behandeln.

Die Möglichkeit einer theoretische Austauschbarkeit kann zudem nicht durch die Krankenkassen dadurch widerlegt werden, dass sie vorbringt, das entsprechende Zeichen des Importarzneimittels nicht an die Apotheke zu melden (und es dadurch erst abgabefähig zu machen) und letzteres dadurch unverkäuflich zu machen. Ob sie dies kann (und aus Gründen der Warenverkehrsfreiheit muss) ist im Rahmen des materiellen Vergaberechts festzustellen. Dies hängt von der tatsächlichen Lieferfähigkeit ab.

Ob die Krankenkassen dann tatsächlich ausschreiben muss, richtet sich dann u.a. nach der Norm des § 3 Abs. 4 lit c) EG-VOL/A oder auch nach der problematischen Frage der tatsächlichen Lieferfähigkeit des Parallelimporteurs. Diese Fragen werden dann in einem entsprechenden Verfahren zu problematisieren sein. Das Vorliegen eines öffentlichen Auftrags dürfte in diesen Fällen hingehen unzweifelhaft bzw. nicht zu widerlegen sein.

d) Fallgruppe 4 (Originalarzneimittel mit Zusatznutzen ohne Reimport-Konkurrenten):

Solche Patentarzneimittel, die einen echten Zusatznutzen, aber keine Reimport-Konkurrenten haben, verschaffen der Krankenkasse üblicherweise keine Dispositionsmacht. Denn aufgrund ihrer Vorteilhaftigkeit hätte sie der Arzt ohnehin ausgewählt.

Auf die therapeutische Bewertung haben die Rabattverträge keinen Einfluss. Hier tritt der Kontrahierungszwang der Krankenkassen in den Vordergrund.

Welche Motive die pharmazeutischen Unternehmer auch immer mit dem Abschluss eines solchen Rabattvertrages verfolgen, für die Krankenkassen sind diese in diesem Moment ein reines Kostensenkungsinstrument.

Die Beschaffung erfolgt nicht durch sie, sondern folgt dem Mechanismus der korporativen Koordination.

Es besteht hier eine Vermutung dafür, dass eine nutzenbasierte Auswahlentscheidung, damit ein Kontrahierungszwang und daher kein öffentlicher Auftrag besteht.

Die Vermutung kann der rechtsschutzsuchende Mitbewerber dadurch erschüttern, indem er einen Anwendungsfall schlüssig darlegt, in dem der Arzt trotz des Zusatznutzens eine Wahlmöglichkeit zwischen dem rabattierten Patentarzneimittel und einem anderen Arzneimittel sieht, bspw. weil das Konkurrenz-Arzneimittel andere Vorteile hat, die den Zusatznutzen im Einzelfall aufwiegen. Dies dürfte aber aufgrund der Aussagen des Bewertungsverfahrens gemäß § 130b SGB V schwerfallen.

Ein pharmazeutischer Unternehmer kann die Vermutung der fehlenden Einflussmöglichkeit aufgrund primär nutzenorientier Verordnungsweisen auch erschüttern, wenn er schlüssig darlegt, dass das Arzneimittel in einigen Anwendungsgebieten keinen therapeutisch relevanten Zusatznutzen aufweist.

Die Anforderungen an eine solche Darlegung sind nicht hoch anzusetzen. Es reicht eine schlüssige Darlegung aus. Danach hat die Krankenkasse die volle

Darlegungs- und Beweislast für eine primär nutzenorientierte Verordnung in jedem von den Rabattverträgen erfassten Einzelfall.

e) Auswirkung in der Praxis

Die 4. Fallgruppe soll einen Perspektivwechsel ermöglichen, der zur Sprache bringen soll, dass sozialrechtliche Regulierung nicht nahtlos auf das Vergaberecht passt. In der Praxis dürfte dieser Perspektivwechsel, folgt man ihm inhaltlich oder nicht, keine Auswirkungen haben. Den Krankenkassen ist jedenfalls zu empfehlen, die Vorschriften des Vergaberechts analog anzuwenden und ein transparentes Verfahren vorzusehen, welches europarechtlich Grundlage des Handelns der Verwaltung sein muss. In diesen Fällen kann ggf. § 3 Abs. 4 lit c) EG-VOL/A (ggf. analog) einschlägig sein, also ein Verhandlungsverfahren ohne Ausschreibung zulässig sein. Die Krankenkassen müssen die Vorschriften dann aber nicht wortwörtlich anwenden, sondern jeweils dem Sinn dem und Zweck der Warenverkehrsfreiheit entsprechend und im Geist der Transparenzrichtlinie (dazu unten „Bereiche außerhalb der Ausschreibungspflichten".)

V. Materielle Anwendung des Vergaberechts

Während die formellen Vorschriften, soweit deren Anwendung angeordnet ist, nicht durch das SGB V modifiziert wurden, galten die materiellen Vorschriften bisher nach § 69 Abs. 2 S. 3 SGB V a.F. mit der Maßgabe, dass der Versorgungsauftrag der gesetzlichen Krankenkassen besonders zu berücksichtigen war.[568] Die Gesetzesbegründung führte zum Versorgungsauftrag aus, dass bei der Anwendung der vergaberechtlichen Vorschriften zu beachten sei, dass die Verpflichtung zur Sicherung medizinisch notwendiger, aber auch wirtschaftlicher Versorgung aller Versicherten nicht gefährdet werde.[569]

Der Gesetzgeber hat den bisherigen Verweis auf den Versorgungsauftrag in § 69 SGB V gestrichen. Er ging aber davon aus, dass sich die Anwendung bereits aus dem Sozialrecht ergebe[570] und der Grundsatz (normiert in § 70 SGB V) somit auch weiterhin zu berücksichtigen sei.[571] Das OLG Düsseldorf hat diese Haltung für seine Rechtsprechung bereits bestätigt.[572]

Diese Besonderheit ist zu berücksichtigen, da die Verträge unmittelbar dazu dienen, den gesetzlichen Auftrag der Krankenkassen zur Versorgung der Versicherten zu erfüllen und sie daher einem besonderen Regelungsregime unterlie-

568 Eingeführt durch das Gesetz zur Weiterentwicklung der Organisationsstrukturen in der gesetzlichen Krankenversicherung v. 15.12.2008, BGBl. I, S. 2426.

569 Vgl. BT-Drucks. 16/10609, S. 66 f.

570 BR-Dr. 484/10 (neu), S. 40.

571 BT-Dr. 17/3698, S. 74; *Säcker/Kaeding*, MedR 2012, 15 (19).

572 *OLG Düsseldorf*, Beschl. v. 24.11.2011, VII-Verg 62/11, Verg 62/11, Rn. 54 (= VergabeR 2012, 482 ff.); hierzu *Schweitzer/Becker*, WRP 2012, 382 (387), Fn. 81.

gen.[573] Die Vorschriften des Vergaberechts, z. B. der VOL/A EG[574], müssen insofern im Lichte des SGB V ausgelegt werden. Mitgestaltend herangezogen werden die sozialrechtlichen Vorschriften auch z. B. bei der Leistungsbeschreibung oder den Eignungs- und Zuschlagskriterien.

Die Berücksichtigung geschieht innerhalb der Grenzen des EU-Vergaberechts.[575] Damit findet sie ihre Grenze in solchen Bestimmungen, deren Umsetzung die Europäischen Vergaberechtsrichtlinien, speziell die VKR[576], zwingend erfordern,[577] da dem deutschen Gesetzgeber generell zu unterstellen ist, dass er die Vergaberechtsrichtlinien europarechtskonform umsetzen wollte. Somit ist bei einer Modifizierung der Vorschriften durch das Sozialrecht stets zu bedenken, ob die Umsetzungspflicht bzgl. der Richtlinien dadurch verletzt werden könnte.

Eine Gefährdung der sozialrechtlichen Regelung wird z. B. darin gesehen, dass durch den Stopp einer Ausschreibung die von den Pharmaunternehmen festgesetzten Preise gelten und die Kassen das ihnen durch die gesetzliche Regelung eröffnete Einsparpotenzial nicht nutzen könnten. Daher wird u.a. für eine Berücksichtigung dieses Aspekts besonders bei Entscheidungen über die Gestattung des Zuschlags während eines Nachprüfungsverfahrens plädiert.[578]

1. Überblick zu den Fragestellungen beim Abschluss von Rabattverträgen

Die Vergabe von öffentlichen Lieferleistungen erfolgt im sog. offenen Verfahren[579], es sei denn, es ist auf Grund des GWB etwas anderes gestattet, § 101 Abs. 1 und 7 GWB, § 3 VOL/A EG.

Offene Verfahren sind Verfahren, in denen eine unbeschränkte Anzahl von Unternehmen öffentlich zur Abgabe von Angeboten aufgefordert wird, § 101 Abs. 2 GWB. Die Krankenkassen haben als Auftraggeber nach § 98 GWB bei der Vergabe von Lieferaufträgen gem. § 4 VgV die Vorschriften 2. Abschnittes

---

573 *BSG*, Beschl. v. 22.04.2008, B 1 SF 1/08 R, SozR 41500, § 51 Nr.4 Rn. 54, GesR 2008, 532.

574 *OLG Düsseldorf*, Beschl. v. 20.10.2008, VII Verg 64/08, VergabeR 2009, 173 (175) – Alpha-Blocker.

575 *Kamann/Gey*, PharmR 2009, 114 (116) m.w.Nw.

576 Richtlinie 2004/18/EG des Europäischen Parlaments und des Rates vom 31.03.2004 über die Koordinierung der Verfahren zur Vergabe öffentlicher Bauaufträge, Lieferaufträge und Dienstleistungsaufträge (VKR).

577 *OLG Düsseldorf*, Beschl. v. 20.10.2008, VII Verg 64/08, VergabeR 2009, 173 (175) – Alpha-Blocker; Gabriel NZS 2008, 455 ff.

578 *Knispel*, GesR 2009, 236 (239).

579 Für eine Übersicht der Tätigkeiten des öffentlichen Auftraggebers bei einer öffentlichen Ausschreibung vgl. die Abbildung bei *Blome*, Abb.8, S. 48. Das offene Verfahren entspricht im Vergleich zu den anderen Vergabearten am besten den marktwirtschaftlichen Prinzipien, *Reidt*/Stickler/Glahs, Vergaberecht, § 101 Rn.8.

der Vergabe- und Vertragsordnung für Leistungen (die Vorschriften werden hier in Abgrenzung zur alten VOL/A mit VOL/A EG bezeichnet) anzuwenden.[580]

Eine ausnahmsweise Zulässigkeit des Verhandlungsverfahren gemäß § 3 Abs. 3 lit. b) VOL/A dürfte für alle Arten von Rabattverträgen ausscheiden. Insbesondere die Unsicherheiten hinsichtlich der Abnahmemenge erfüllen dieses Kriterium nicht,[581] da dies einer Rahmenvereinbarung bis zu einem gewissen Grad immanent ist.[582] Auf die Verfahrenswahl bei patentgeschützten Rabattverträgen ist unten näher einzugehen.

Da die §§ 97 ff. GWB nicht darauf abzielen, vorzuschreiben, was beschafft werden darf, sondern nur, wie ein etwaiger Beschaffungsvorgang auszugestalten ist, darf der Auftraggeber prinzipiell frei bestimmen, was er beschaffen möchte.[583] Die Freiheit wird als Beschaffungsfreiheit, Nachfrageautonomie oder Dispositionsbefugnis bezeichnet.[584]

Begrenzungen unterliegt diese Freiheit abgesehen davon, dass die Fragen des Beschaffungsgegenstandes und des Beschaffungsverfahrens ineinander greifen können, gemäß der Vorschrift des § 8 VOL/A EG.[585]

Eine entscheidende Einschränkung der Beschaffungsfreiheit enthält § 8 Abs. 7 VOL/A EG. Danach dürfen bestimmte Erzeugnisse oder Verfahren nur dann ausdrücklich vorgeschrieben werden, wenn dies durch die Art der zu vergebenden Leistung gerechtfertigt ist.

Krankenkassen dürften gemäß dem Grundsatz der Beschaffungsfreiheit zwar grundsätzlich selbst entscheiden, ob sie bspw. wirkstoffbezogen oder anwendungsbezogen (also auf bestimmte Krankheitsbilder bezogen) ausschreiben. In der Praxis sieht das jedoch anders aus.

---

580 § 4 VgV verweist nun auf die Bestimmungen es 2. Abschnittes in der Fassung der Bekanntmachung vom 20. November 2009 (BAnz. Nr. 196a vom 29. Dezember 2009), geändert durch die Bekanntmachung vom 19. Februar 2010 (BAnz. Nr. 32 vom 26. Februar 2010, S. 755). Die neue VOL/A, Abschnitt 2, dessen §§ hier „VOL/A EG" genannt werden, um Verwechslungen auszuschließen, verwendet das System der a-Paragrafen nicht mehr. Das sog. Schubladensystems der VOL/A mit seinen vier Abschnitten wurde abgeschafft, vgl. *Müller-Wrede* (auch Hrsg.), VOL/A Kommentar, Einleitung IV., Rn. 8. (Nach § 1a Abs. 1 VOL/A a.F. galten bei der Vergabe von Lieferaufträgen die Bestimmungen der a-Paragrafen zusätzlich zu den Basisparagrafen. Soweit die Bestimmungen der a-Paragrafen nicht entgegenstanden, blieben die Basisparagrafen unberührt.).

581 Vgl. *Kern*, S. 376.

582 Vgl. die Ausführung zu Rahmenvereinbarungen sogleich, sowie Müller-Wrede/ *Poschmann*, VOL/A Kommentar, § 3 EG, Rn. 50.

583 Vgl. *OLG Düsseldorf*, Beschl. v. 06.06.2005, VII-Verg 26/05; Beschl. v. 14.04.2005, VII-Verg 93/04; *Dreher*, in: Immenga/Mestmäcker § 99 Rn. 8;

584 *Dreher*, in: Immenga/Mestmäcker § 99 Rn. 8.

585 Soweit *BkartA* Bonn, 22.08.2008, VK 2 – 73/08, Rn. 173 (juris).

Legitimes Ziel und aus Sicht der Krankenkassen und damit gerechtfertigt ist es, die Wahl des Beschaffungsgegenstands so vorzunehmen, dass ein möglichst großer Rabattwettbewerb vor dem Hintergrund der Versorgung der Versicherten entfacht wird.

Dabei müssen sie im Prinzip eine möglichst große Bandbreite von Arzneimittel unter den Beschaffungsgegenstand fassen. Dies wäre durch eine indikationsbezogene Ausschreibung möglich, die alle Arzneimittel zu Behandlung bestimmter Leiden umfasst. Die Arzneimittel müssen zur Entfachung eines Rabattwettbewerbs aber auch durch den Arzt oder Apotheker gegeneinander ausgetauscht werde können. Wird der Beschaffungsgegenstand aber so weit gewählt, dass die bietenden Unternehmen sich sicher sein können, dass - mangels gegenseitiger Austauschbarkeit aufgrund unterschiedlicher Wirkungsweisen und Nebenwirkungen - in vielen Fällen kein Austausch stattfinden würde, so werden diese auch keine hohen Rabatte anbieten. Der Wettbewerb würde abgeschwächt.

Wählen die Krankenkassen (um der Schwierigkeit der Abschwächung des Wettbewerbs zu entgehen) daher einen besonders engen Beschaffungsgegenstand (z.B. eine wirkstoffbezogene Ausschreibung), der einige austauschbare Arzneimittel allein wegen eines anderen Wirkstoffs vom möglichen Bieterkreis faktisch ausschließt, so wäre das nicht nur erneut - mangels eines optimalen Bieterwettbewerbs - selbstschädigend, sondern im Hinblick auf die Versorgung der Versicherten als Grund der Beschaffung der Arzneimittel nicht gerechtfertigt.[586] Denn wenn die Patienten ein Magenschutzmittel nachfragen, so werden sie dann zufrieden sein, wenn dieses wirksam ist. Welcher genaue Inhaltsstoff dagegen in ihm enthalten ist, dürfte sie in diesem Moment weniger interessieren.

Kriterium für die Weite der Leistungsbeschreibung ist somit die Austauschbarkeit der Arzneimittel durch Arzt oder Apotheker. Je leichter die Austauschbarkeit, desto enger kann der Beschaffungsgegenstand festgelegt werden. Die Austauschbarkeit hängt wiederum von der im - Einzelfall komplexen - therapeutischen Vergleichbarkeit ab.

So darf die Krankenkasse im Bereich der wirkstoffgleichen Arzneimitteln, deren Wettbewerbsgruppen sich aus Generika und Altoriginalen zusammensetzen(vgl. § 3 I 5. a), aufgrund des wirksamen Wettbewerbs in den Festbetragsgruppen grundsätzlich rein wirkstoffbezogen (und damit eng) ausschreiben.[587] Solche Arzneimittel werden im Prinzip durch die Apotheken verpflichtend und damit besonders häufig gegeneinander ausgetauscht. Eine breite, indikationsbezogene Ausschreibung könnte dagegen teilweise zu einem Leerlaufen der Ra-

---

586 Vgl. nur *VK Bund*, Beschl. v. 30.10.2009, Az.: VK1-188/09; OLG Düsseldorf, Beschl. vom 17.01.2011, Az.: VII Verg 2/11 - interferon beta 1b; vgl. die Nw. bei *Kern*, S. 353 ff.

587 *LSG Baden-Württemberg*, Beschl. v. 17.02.2009, Az.: L 11 WB 381/09, ZMGR 2009, 94.

battverträge führen, da die Möglichkeit einer Austauschbarkeit im Einzelfall sehr unterschiedlich wäre und aufgrund der Intransparenz kaum zu einem Bieterwettbewerb führen würde, der durch die Festbetragsgruppen eigentlich schon vorgegeben ist.

Würde sie dies aber auch im Bereich von Arzneimitteln tun, die nicht mit ihrem Wirkstoff, sondern allein bezüglich bestimmter Anwendungsgebiete miteinander konkurrieren, so würden sie alle anderen in diesem Indikationsbereich ebenso fähigen Anbieter von vorherein ausschließen, und daher einen Bieterwettbewerb gerade verhindern, obgleich ein Austausch durch den Arzt unproblematisch erfolgen könnte. Zu einem Bieterwettbewerb käme es erst gar nicht. Eine solche Einengung des Wettbewerbs wäre nicht nur selbstschädigend - weil kein Rabattwettbewerb erzeugt würde. Er wäre vergaberechtlich trotz des Prinzips der Beschaffungsfreiheit unzulässig, weil im Hinblick auf die Versorgung der Versicherten als Grund der Beschaffung nicht gerechtfertigt.[588] Denn wenn - um auf das bereits genannte Beispiel zurückzugreifen, diese ein Magenschutzmittel haben wollen, so werden sie dann zufrieden sein, wenn dieses wirksam ist. In diesen Fällen ist die anwendungsbezogene Ausschreibung geboten.[589]

Die Krankenkasse wird daher in der Regel kein Interesse daran haben, den Bieterwettbewerb unnötig zu verengen, da erst durch ihn größtmögliche Rabatte generiert werden. Sie kann sich insofern leicht an den verschiedenen Stufen der Festbetragsgruppen orientieren, die insofern eine Vergleichbarkeit der Präparate ermöglichen (vgl. § 3 I 7 a). So einfach diese Grundsätze sind, so steckt der Teufel jedoch im pharmakologischen Detail.[590] So stellte sich u.a. die Frage, inwieweit insofern Generika auf Grund unterschiedliche Wirkungszeiten im Körper miteinander aus Sicht der Verkehrskreise tatsächlich miteinander vergleichbar sind.[591]

Mangels eigenen Sachverstands und besserer Erkenntnismöglichkeit haben sich insofern Krankenkassen und Rechtsprechung an den Arzneimittelrichtlinien und dazu ergehenden Entscheidung des Gemeinsamen Bundessauschusses zu orientieren.[592] Ob die gesetzlichen Krankenkassen insofern indikationsbezogen oder – zumindest auch – wirkstoffbezogen oder wirkstoffgruppenbezogen aus-

---

588 Vgl. nur *VK Bund*, Beschl. v. 30.10.2009, Az.: VK1-188/09; OLG Düsseldorf, Beschl. vom 17.01.2011, Az.: VII Verg 2/11 - interferon beta 1b; Vgl. die Nw. bei Kern, S. 353 ff.

589 *Mandl*, S. 86 ff. u. 257.

590 Vgl. die oben genannte Rechtsprechung.

591 *LSG Baden-Württemberg*, Beschl. v. 17.02.2009, Az.: L 11 WB 381/09, ZMGR 2009, 94.

592 *LSG Baden-Württemberg*, Beschl. v. 17.02.2009, Az.: L 11 WB 381/09, ZMGR 2009, 94; *OLG Düsseldorf*, Beschl. v. 22.10.2008, I-27 U 2/08, VergabeR 2009, 176 (181) – ESP; *VK Bund*, Beschl. v. 30.10.2009, Az.: VK1-188/09; *OLG Düsseldorf*, Beschl. vom 17.01.2011, Az.: VII Verg 2/11 - interferon beta 1b.

schreiben dürfen, bedarf einer Betrachtung der (komplexen) Situation im Einzelfall, die - soweit möglich - auch die Festbetragsgruppen zu berücksichtigen hat.[593]

Besondere Schwierigkeit werfen dabei Produkte auf, die außerhalb der Festbetragsgruppen stehen, weil sie sich nicht in diese einordnen lassen oder diese einen therapeutischen Nutzen bzw. Zusatznutzen haben, über die also Rabattverträge nach § 130c SGB V abgeschlossen werden können.

Hier ist grundsätzlich eine Festlegung des Beschaffungsbedarfs auf dieses Präparat bzw. dessen bestimmtes therapeutisches Alleinstellungsmerkmal möglich, denn eine wettbewerbliche Orientierungsmöglichkeit anhand der Festbetragsgruppen besteht nicht.[594] Die Vergabekammer Bund entschied insoweit, dass selbst bei relevanten Unterschieden zwischen einzelnen Präparaten ein wettbewerbliches Verfahren dann möglich ist, wenn es eine erhebliche Schnittmenge von Patienten/Krankheitsbildern gibt, in denen die Präparate gleichermaßen anwendbar sind.[595] Dies könnte auch die Rabattverträge gemäß § 130c SGB V betreffen[596], wobei dies im Fall eines des Zusatznutzens kaum gegeben sein dürfte. Betroffen sein könnten vor allem solche Arzneimittel ohne Zusatznutzen, die sich in keine Festbetragsgruppe einordnen lassen. Bezüglich der Patentarzneimittel ist im Folgenden näher (7.) darauf einzugehen, welches Vergabeverfahren aus Sicht der Krankenkassen in diesen Fällen zu wählen ist.

Teil der Beschaffungsfreiheit ist es auch, einen in der Vergangenheit liegenden Stichtag für das Vorliegen bestimmter Umstände auf Bieterseite zu verlangen, solange sonstige vergaberechtliche Prinzipien nicht verletzt werden, bzw. eine sachliche Rechtfertigung für eine solche Vorgehensweise besteht.[597]

---

593 *OLG Düsseldorf*, Beschl. v. 22.10.2008, I-27 U 2/08, VergabeR 2009, 176 (181) – ESP I; *Mandl*, S. 86, 256. Nach Auffassung des Bundesministeriums für Gesundheit (BMG) sind auch Rabattvereinbarungen zulässig, die sich auf einzelne zugelassene Indikationen eines Arzneimittels beschränken, vgl. dazu und zu Schwierigkeiten bei diesen Verträgen *Hess*, in: Kasseler Kommentar Sozialversicherungsrecht, § 130a Abs. 8 SGB V, Rn. 17.

594 So auch *Kern*, S. 362.

595 *VK Bund*, Beschl. v. 15.08.2008, VK 3-107/08 u.a. Rn. 66, 68 - ESP.

596 *Kaufmann*, PharmR 2011, 223 (228).

597 Somit dürften die Krankenkassen von den Bietern verlangen können, bereits vor der Abgabe des Angebots mit denen von ihnen angebotenen Präparaten in der sog. „Lauer-Taxe" gelistet zu sein und die Bieter ansonsten ausschließen. Erst die Listung in der Lauer-Taxe macht die Abrechnung zwischen Apotheken und gesetzlichen Krankenkassen möglich, so dass - unstreitig - die Listung ab Vertragsbeginn jedenfalls erfolgt sein muss.

Obwohl es unverhältnismäßig sein kann, wenn Zulassungsvoraussetzungen bereits vor Vertragsbeginn erfüllt sein müssen (so *EuGH*, v. 27.10.2005, C-234/03, Slg. 2005, I-9315, Rn. 7 ff, - Contse/Insalud.), wurden hier von der Rechtsprechung sachliche Rechtfertigungen für diese Verhaltensweisen angenommen. Diese Begründungen sind nicht von der Hand zu weisen. Die vorzeitige Listung in der Lauer-Taxe gibt den Kranken-

Nach § 8 Abs. 1 VOL/A EG ist die Leistung so eindeutig und so erschöpfend zu beschreiben, dass alle Bewerber die Beschreibung im gleichen Sinne verstehen können und die Angebote miteinander verglichen werden können.[598] Um eine einwandfreie Preisermittlung zu ermöglichen, sind alle sie beeinflussenden Umstände festzustellen und in den Verdingungsunterlagen anzugeben.[599]

Die Vorschrift des § 8 Abs. 1 Nr. 3 VOL/A 2006 schrieb in diesem Zusammenhang vor, dass dem Auftragnehmer keine ungewöhnlichen Wagnisse für bestimmte Umstände aufgebürdet werden durften. In § 8 Abs. 1 VOL/A-EG findet sich diese Bestimmung nicht mehr.

Das OLG Düsseldorf hat dazu überzeugend ausgeführt,[600] dass der Wegfall der noch in der VOL/A 2006 enthalten gewesenen Vorschrift augenscheinlich kein Redaktionsversehen darstellt. Das Verbot der Auferlegung eines ungewöhnlichen Wagnisses sei damit jedenfalls formal kein Rechtsgrundsatz mehr. Ob der Grundsatz in der Sache noch fortbestehe, hänge davon ab, ob und inwieweit er anderen, weiter geltenden Rechtsvorschriften immanent sei. Insoweit scheint auch bei denjenigen, die eine Fortgeltung des Grundsatzes annehmen, Einigkeit zu bestehen.[601] Als selbständiger Grundsatz kann er somit nicht mehr in die Beurteilung der Vertragsklauseln einfließen.[602]

---

kassen z. B. bessere Möglichkeiten, das Einsparvolumen sowie die Wirtschaftlichkeit der Angebote zu ermitteln . Bei den Ausschreibungsbedingungen der AOK wurde es von der Rechtsprechung daher auch als zulässig angesehen, dass der Zeitpunkt, zu dem Produkte in der Lauer-Taxe gelistet sein mussten, vor dem eigentlichen Vertragsschluss lag ; vgl. *VK Baden-Württemberg*, Beschl. v. 27.11.2008, 1 VK 52/08 und 53/08*; LSG Baden-Württemberg*, Beschl. v. 23.01.09, L 11 WB 5971/08, S. 52 f.; *VK Bund*, Beschl. v. 23.01.2009, VK 3 - 194/08; *LSG NRW*, Beschl. v. 08.04.2009, L 21 KR 27/09 SFB, Rn. 39 (juris); *VK Düsseldorf*, Beschl. vom 04.02.2009, Az.: VK-45/2008 L/Z; kritisch *Kamann/Gey*, PharmR 2009, 114 (120); *Kern*, S. 365 ff.

598 Die Leistungsbeschreibung ist „von fundamentaler Bedeutung" für das gesamte Beschaffungsverfahren, da sie den sachlichen Gehalt der Angebote und den Inhalt des abzuschließenden Vertrags festlegt und auch die Kriterien vorgibt, an die der Auftraggeber bei der Wertung der Angebote gebunden ist, vgl. Kulartz/Marx/Portz/*Prieß*, § 8 Rn. 1, mit Verweis auf VK Lüneburg, Beschl. v. 07.09.2005, VgK-38/2005; Beschl. v. 12.04.2002, 203-VgK-05/2002.

599 Wenn sämtliche Zuschlagskriterien, einschließlich deren Gewichtung spätestens in den Verdingungsunterlagen benannt sind, kann nicht mit Erfolg gerügt werden, die Ermittlung der Wirtschaftlichkeit der Angebote sei ein einem intransparenten Verfahren durchgeführt worden, LSG NRW, Beschl. v. 08.04.2009, L 21 KR 27/09 SFB, Rn. 49.

600 *OLG Düsseldorf*, Beschl. v. 24.11.2011, VII-Verg 62/11, Verg 62/11, Rn. 54 (= VergabeR 2012, 482 ff.).

601 Vgl. die Nachweise bei *Düsseldorf*, Beschl. v. 24.11.2011, VII-Verg 62/11, Verg 62/11, Rn. 54 (= VergabeR 2012, 482 ff.); *VK Sachsen*, Beschluss vom 10.05.2011 1/SVK/009-11.

602 Vgl. allg. *Prieß* in Kulartz/Marx/Portz/Prieß, § 8 VOL/A-EG Rn. 39 ff.

Die Bekanntmachung ist auf elektronischem oder auf anderem Wege unverzüglich dem Amt für amtliche Veröffentlichungen der Europäischen Gemeinschaften zu übermitteln (§ 23 VOL/A EG). Die Angebotswertung lässt sich in 4 Schritte[603] aufteilen, wobei die Eignungs- und Zuschlagskriterien zentral für die Bewertung sind.[604]

Nach dem Ausschluss von Angeboten wegen der in § 19 VOL/A EG aufgeführten Gründe[605], der Überprüfung der Eignung der Bieter anhand der Eignungskriterien (§ 97 Abs. 4 GWB, § 2 VOL/A EG)[606] und dem Ausschluss der Angebote mit außergewöhnlich tiefen Preisen (§ 19 VOL/A EG)[607] folgt die Zuschlagsentscheidung (§ 19 VOL/A EG), die den Vertragsschluss darstellt.

Die Zuschlagsentscheidung ergeht anhand[608] der Zuschlagskriterien für das wirtschaftlichste Angebot. Der niedrigste Angebotspreis allein ist nicht entscheidend. (§ 97 Abs. 5 GWB, § 21 Abs. 1 VOL/A EG).[609] § 19 Abs. 9 VOL/A EG führt exemplarisch einige Kriterien auf.[610]

Die Krankenkassen dürfen bei den Gründen für die Nichtberücksichtigung, die sie gem. § 22 VOL/A EG den nicht berücksichtigten Bietern mitzuteilen ha-

---

603 Vgl. auch *BSG*, Beschl. v. 22.04.2009, B 3 KR 2/09 D, Rn. 20 (juris), SozR 4-0000.

604 Vor der eigentlichen Angebotswertung findet noch die formelle und inhaltliche Angebotsprüfung gem. § 23 Nr.1, 2 VOL/A a.F. statt, *Blome*, S. 52.

605 Zum Ausschluss eines Bieters wegen Abweichung von Vorgaben der Leistungsbeschreibung, vgl. *BSG*, Beschl. v. 22.04.2009, B 3 KR 2/09 D, Rn. 27 (juris), SozR 4-0000.

606 Die Eignungs- und Zuschlagskriterien sind bei der Angebotswertung strikt zu trennen, so dass ein „mehr an Eignung“ nicht ausschlaggebend für den Zuschlag sein kann, vgl. *Blome*, S. 54 m.w.Nw. Gem. § 97 Abs. 4 S. 2 GWB können sog. vergabefremde Kriterien berücksichtigt werden, wenn sie im sachlichen Zusammenhang mit dem Auftragsgegenstand stehen und sich aus der Leistungsbeschreibung ergeben. Andere oder weitergehende Anforderung dürfen an Auftragnehmer nur gestellt werden, wenn dies durch Bundes- oder Landesgesetz vorgesehen ist. Ausführlich dazu *Kling*, Zur Zulässigkeit vergabefremder Regelungen im Recht der öffentlichen Auftragsvergabe.

607 Zum Ausschluss eines Bieters wegen unangemessenem Preis-Leistungs-Verhältnis, vgl. *BSG*, Beschl. v. 22.04.2009, B 3 KR 2/09 D, Rn. 33.

608 -und nach Gewichtung der Zuschlagskriterien- (§ 19 VOL/A EG). Bei Nennung sämtlicher Zuschlagskriterien -einschließlich deren Gewichtung- spätestens in den Verdingungsunterlagen, kann nicht mit Erfolge gerügt werden, die Ermittlung der Wirtschaftlichkeit der Angebote sei in einem intransparenten Verfahren durchgeführt worden, so *LSG NRW*, Beschl. v. 08.04.2009, L 21 KR 27/09 SFB, Rn. 49.

609 Mit dem Verfolgen des alleinigen Zuschlagskriteriums des niedrigsten Preises hatte man im deutschen Vergaberecht schlechte Erfahrungen gemacht, daher wurden die insofern offenen EU-Vergaberichtlinien im deutschen Vergaberecht einschränkend umgesetzt, vgl. *Blome*, S. 53.

610 Der Auftraggeber berücksichtigt bei der Entscheidung über den Zuschlag verschiedene durch den Auftragsgegenstand gerechtfertigte Kriterien, beispielsweise Qualität, Preis, Zweckmäßigkeit, Lieferzeitpunkt.

ben, Informationen zurückhalten, wenn die Weitergabe den Gesetzesvollzug vereiteln würde oder sonst nicht im öffentlichen Interesse läge oder die berechtigten Geschäftsinteressen von Unternehmen oder den fairen Wettbewerb beeinträchtigen würde.

In der VOL/B sind allgemeine Vertragsbedingungen für öffentliche Aufträge geregelt. § 11 VOL/A EG statuiert das sog. Einbeziehungsgebot der Klauseln der VOL/B.[611] Diese Allgemeinen Vertragsbedingungen (VOL/B) sind vom öffentlichen Auftraggeber grundsätzlich zum Vertragsgegenstand zu machen.

Zusätzliche „Allgemeine Vertragsbedingungen" dürfen der VOL/B nicht widersprechen. Ausnahmen von diesem Grundsatz sind möglich, § 11 S. 3 VOL/A EG.

Nur spezifische auftragsbezogene Gründe, die im Vergabevermerk zu dokumentieren sind, können zu einer Abweichung von § 11 S. 1 führen. Satz 2 soll diesen Grundsatz absichern. „Die VOL/B soll als maßgebliche Vertragsordnung nicht „durch die Hintertür" ausgehebelt werden. Ein Flickenteppich aus VOL/B- und zusätzlichen AGB-Regelungen muss vermieden werden. Ziel ist ein in sich stimmiges Regelwerk."[612]

2. *Besonderheiten von Rahmenvereinbarungen*

Für Rahmenvereinbarungen[613] wie die Rabattverträge regelt u.a. § 4 VOL/A EG Besonderheiten, wobei es sich entgegen der systematischen Stellung nicht um eine besondere Verfahrensart handelt.[614] Auch hier ist der Grundsatz vom Vorrang des Offenen Verfahrens zu beachten. Daher sind die Bestimmungen in § 101 Abs. 5 GWB und § 3 VOL/A EG, die ausnahmsweise eine Vergabe im Verhandlungsverfahren gestatten, nicht allein deshalb anzuwenden, weil die konkreten Auftragsbedingungen zum Zeitpunkt des Vertragsschlusses nicht feststehen.[615] Das in Aussicht genommene Auftragsvolumen ist so genau wie möglich zu ermitteln und zu beschreiben, braucht aber nicht abschließend festgelegt zu werden. Die Auftraggeber dürfen für dieselbe Leistung nicht mehrere Rahmenvereinbarungen vergeben (§ 4 VOL/A EG).

---

611 Vgl. nur *Bitterich*, in: Pünder/Schellenberg, § 9 VOL/A, Rn. 1 und § 11 VOL/A EG Rn. 1 (wo auf die Kommentierung bei § 9 VOL/A verwiesen wird).

612 So *Bitterich*, in: Pünder/Schellenberg, § 9 VOL/A, Rn. 6, 7 und § 11 VOL/A EG Rn. 1 (wo auf die Kommentierung bei § 9 VOL/A verwiesen wird).

613 Wie bereits oben zitiert handelt es sich bei Rahmenvereinbarungen nach § 4 VOL/A EG um öffentliche Aufträge, die die Auftraggeber an ein oder mehrere Unternehmen vergeben können, um die Bedingungen für Einzelaufträge, die während eines bestimmten Zeitraums vergaben werden sollen, festzulegen, insbesondere über den in Aussicht genommenen Preis. Die Einordnung in § 3a VOL/A a. F. war ungenau, da es sich nicht um eine besondere Verfahrensart handelt, *Leinemann*, VergabeR, Rn. 884, S. 312.

614 *Leinemann*, VergabeR, Rn. 884, S. 312.

615 *Grönig*, VergR 2005, 156 (159); Leinemann, VergabeR, Rn. 889, S. 314.

Die besondere Gefährdungslage bei Rahmenverträgen liegt darin, dass sich Unternehmen oftmals über Gebühr binden lassen und auch sonst ungewöhnlichen Risiken aussetzen, da die Vereinbarungen die Einzelaufträge einer erneuten Ausschreibung entziehen und den Vertragspartnern eine bevorzugte Wettbewerbsposition zukommt.[616] Dies ist zwar richtig, einen allgemeinen Schutz vor Selbstschädigung bietet das Vergaberecht aber nicht, weshalb Rahmenverträge generell zulässig sind.

Die Entscheidung der Krankenkassen für das Instrument der Rahmenvereinbarung im Fall der Rabattverträge ist danach zulässig, da dieses Instrument die einzige Möglichkeit bietet, von der gesetzlich eingeräumten Möglichkeit des Abschlusses von Rabattverträgen Gebrauch zu machen.[617] Ein missbräuchliches Verhalten wäre z. B. erst dann anzunehmen, wenn dem Unternehmen inakzeptable Risiken aufgebürdet werden oder eine Ausschreibung der Rahmenvereinbarung zu vergabefremden Zwecken vorgenommen wird.[618]

Den Abschluss einer Rahmenvereinbarung befolgen die Auftraggeber gem. der Verweisung in § 4 VgV die Verfahrensvorschriften des zweiten Abschnitts der VOL/A. Die Einzelaufträge sind nur zwischen den von Anbeginn an der Rahmenvereinbarung beteiligten Auftraggebern und Unternehmen zulässig (§ 4 Abs. 2 VOL/A EG).

3. Gebot zu Mehrpartnerverträgen?

Aus der Vorschrift des § 3a Nr. 4 Abs. 2 VOL/A a.F. ließ sich keine Verpflichtung herleiten, den Abschluss von Rahmenverträgen mit mehr als nur einem pharmazeutischen Unternehmen vorzusehen, weshalb die Sozialgerichte von der Zulässigkeit solcher Modelle ausgingen.[619] Dies ist im Ergebnis zutreffend. Die Argumentation, dass durch die Berücksichtigung von 3 Unternehmen diesen zwingend der Anreiz genommen werde, ein wirtschaftliches Angebot abzugeben, da eine Spekulation auf das zweit- oder drittwirtschaftlichste Angebot stattfände, überzeugte aber nicht.[620]

Dagegen spricht das Funktionieren des niederländischen Rabatt-System, wo u.a. Meistgebote in einem bestimmten Prozentrahmen berücksichtigt werden: Dort wurde den Versicherungen erlaubt, die Erstattung der Arzneimittel für häufig verschriebene, nicht patentierte Arzneimittel auf die billigsten Anbieter für

---

616 *Haak/Reimnitz*, in: Willenbruch/Bischoff, Vergaberecht, § 3a VOL/A Rn. 173.

617 *LSG NRW*, Beschl. v. 08.04.2009, L 21 KR 27/09 SFB, Rn. 34 (juris); vorgehend *BKartA*, Beschl. v. 24.02.2009, VK 3-203/08.

618 Müller-Wrede/*Poschmann*, VOL/A Kommentar, § 4 EG, Rn. 10 ff.

619 *LSG NRW*, Beschl. v. 08.04.2009, L 21 KR 27/09 SFB, Rn. 35 (juris).

620 So aber *LSG NRW*, Beschl. v. 08.04.2009, L 21 KR 27/09 SFB, Rn. 35 (juris).

einen bestimmten Zeitraum zu beschränken.[621] Die Auswahl der Anbieter ähnelt einem Vergabeverfahren, bei dem der Bieter mit dem geringsten Preis den Zuschlag erhält. Dabei wählen einige Versicherer die günstigsten Anbieter mit einer Preisspanne von 5 % aus, um die Lieferfähigkeit sicherzustellen. Für den relativ niedrigen Preis erhalten die ausgewählten Unternehmen das exklusive Belieferungsrecht für einen Zeitrahmen von etwa sechs bis zwölf Monaten. Durch die Preisermäßigungen und auch Substitutionseffekte werden große Ersparnisse erwartet. Zudem rechnet man damit, dass nicht ausgewählte Unternehmen ihre Preise senken werden, um für solche Versicherung attraktiver zu werden, die noch keine Vorzugsbedingungen mit Unternehmen vereinbart haben. Verstöße gegen das Wettbewerbsrecht, die vom niederländischen Generikaverband geltend gemacht wurden, hielten die niederländischen Gerichte nicht für gegeben.

Die Kommission untersucht im Rahmen ihrer Sector Inquiry, inwieweit die Versicherer Absprachen mit anderen Beteiligten treffen könnten, auf ihre Rechte auf Vorzugsbedingungen im Gegenzug zu Kostensenkungen zu verzichten. Die Kommission nahm dabei eine abwartende Position ein, vor allem was die Frage der Weitergabe von Vorteilen an die Verbraucher angeht. Diese Vorteile könnten in Form von verbesserten Gesundheitsleistungen oder reduzierten Beiträgen (bzw. langsamer steigenden Beiträgen) bestehen.[622]

Ein solches System wäre auch in Deutschland denkbar, wobei der Handlungsspielraum der Krankenkassen allerdings erheblich eingeschränkt würde.

4. *Verbot von Mehrpartnerverträgen?*

In Deutschland wurde jüngst die umgekehrte Frage durch das OLG Düsseldorf entschieden[623], und zwar, unter welchen Voraussetzungen Rahmenvereinbarungen mit mehreren Partnern zulässig sind, wenn kein erneuter Abruf zum Wettbewerb erfolgen kann, obgleich die Vertragsbedingungen in den Rahmenvereinbarungen (scheinbar) nicht abschließend festgelegt sind. Diese Frage war schon zuvor Gegenstand einiger Entscheidungen der VK Bund und des LSG Nordrhein-Westfalen gewesen, bevor sich die Zuständigkeiten durch das AMNOG änderten.[624]

---

621 Vgl. im Folgenden *European Commission*, Pharmaceutical Sector Inquiry, Preliminary Report, DG Competition Staff Working Paper, 28. November 2008, S. 124 f.

622 *Commission*, Pharmaceutical Sector Inquiry, Preliminary Report, DG Competition Staff Working Paper, 28. November 2008, S. 125.

623 *OLG Düsseldorf*, Beschl. v. 24.11.2011, VII-Verg 62/11, Verg 62/11, Rn. 54 (= VergabeR 2012, 482 ff.).

624 Vgl. nur *LSG Nordrhein-Westfalen*, Beschl. vom 19.11.2009, Az.: L 21 KR 51/09; *VK Bund*, Beschl. v. 03.08.2009, Az.: VK3-142 (u.a.)/09; vgl. die eingehende Analyse von *Kern*, S. 396 ff.

Dem liegt folgende Problematik zugrunde: Wird eine Rahmenvereinbarung mit mehreren Unternehmen geschlossen, so müssen mindestens drei Unternehmen beteiligt sein, sofern eine ausreichend große Zahl von Unternehmen die Eignungskriterien und eine ausreichend große Zahl von zulässigen Angeboten die Zuschlagskriterien erfüllt§ 4 Abs. 4 VOL/A EG.

Die Einzelleistungen sind grundsätzlich nach den in der Rahmenvereinbarung festgelegten Vertragsbedingungen ohne erneuten Aufruf zum Wettbewerb zu vergeben. Sind die Vertragsbedingungen in der Rahmenvereinbarung nicht abschließend festgelegt, so hat ein neuer Aufruf zum Wettbewerb zu erfolgen (Art. 32 Abs. 4 S. 2 RL 2004/18/EG). Letzterer würde aber bei Rabattverträgen nicht funktionieren. Daher stellte sich die Frage, inwieweit die Rahmenverträge konkrete Vorgaben an die Apotheker vorsehen müssen, wie diese die Auswahl zwischen den Rabattpräparaten vorzunehmen haben.

Das OLG Düsseldorf maß den Inhalt der Vereinbarungen am Maßstab der vergaberechtlichen Anforderungen der Objektivität, Transparenz und des Diskriminierungsverbots. Dafür leitete es aus diesen Grundsätzen Kriterien speziell für die besondere Situation der Abgabe von Arzneimitteln in der Apotheke ab und kam zu dem Schluss, dass den Grundsätzen durch die gegenwärtigen Ausschreibungen, obgleich sie keine konkreten Vorgaben an die Apotheken enthielten, genüge getan wurde.

Die von den Unternehmen gerügten Unwägbarkeiten und Erschwernisse seien „im Wesen des Mehrfach-Rahmenvertrages begründet und diesem Vertragsmodell, das in Art. 32 VKR und § 4 Abs. 5 VOL/A-EG ausdrücklich für zulässig erachtet“ werde, „immanent“. Insbesondere könne die Krankenkasse „kraft ihrer Stellung im Versorgungssystem den Bedarf nicht selbst“ bestimmen. Die Risiken stammten also anders als bei herkömmlichen Auftraggeber nicht aus ihrer „Sphäre“.

Im Gegenteil würden im Rahmen der genannten Vorschriften sogar Verfahren allgemein akzeptiert, die den Bietern weit höhere Kalkulationswagnisse auferlegten als das Ausschreibungsmodell der Krankenkassen im zugrundeliegenden Fall.

Die Arzneimittelhersteller seien sämtlich markterfahren, bedürften also keines besonderen Schutzes vor den besonderen Verhältnissen des Arzneimittelmarktes. Die gesetzlichen und vertraglichen Vorgaben seien ihnen bekannt.

Das Wahlrecht der Apotheker sei ein sozial- und apothekenrechtlich gebundenes Ermessen. Es werde durch die berufsrechtlichen Vorgaben in § 1 Abs. 1 ApoG (Gesetz über das Apothekenwesen), § 1 BApO (Bundes-Apothekerordnung) und die sozialrechtliche Vorgaben, insbesondere des sozialrechtlichen Versorgungsauftrags (§ 70 SGB V) ausreichend gelenkt.

Die Entscheidung der Apotheker dürfe nur auf Grundlage sachbezogener Gesichtspunkte erfolgen. Vorrang genössen dabei Gesichtspunkte, die in der Person des Versicherten lägen. Dazu gehörten neben der Verträglichkeit die Präferenzen das Versicherten, etwa aufgrund einer vorherigen Erfahrung mit dem Arzneimittel. Fehlten solche Gründe, so könnten praktische Aspekte wie etwa die Bevorratung und Verfügbarkeit eine Rolle spielen. Käme es zu einer diskriminierenden Auswahl, verstoße dies bereits gegen die Apothekerpflichten. Sie sei der Krankenkasse nicht zuzurechnen. Der Apotheker sei eigenverantwortlich tätig. Eine Pflicht zur Kontrolle der Apotheker träfe die Krankenkasse nicht.

In der Literatur wird dem beigepflichtet,[625] allerdings eine gesetzliche Präzisierung der Bevorratungspflichten für den Fall gefordert, dass eine wettbewerbsschädigende Sogwirkung zugunsten eines Arzneimittelherstellers einträte, der die meisten Bieterwettbewerb gewinne.

Diesen Fällen kann aber vergaberechtlich nicht begegnet werden. Es erscheint angebracht, in den Kollektivverträgen zwischen Krankenkassen und Apothekern solche Präzisierungen zu formulieren.

Dass durch Mehrpartnerverträge per se den Bietern kein unzumutbares Risiko im vergaberechtlichen Sinn aufgebürdet wird, dürfte in den meisten Fällen zutreffen. Die Argumentation des OLG Düsseldorf überzeugt. Die Pflichten der Apotheker sind bereits äußerst detailliert geregelt. Berufsrechtswidriges Verhalten selbständiger Leistungserbringer kann der Krankenkasse nicht zugerechnet werden. Im Gegenteil kann aus dem Versorgungsauftrag der Krankenkassen (§ 70 SGB V) sogar die Pflicht folgen, mehrere Partner zu berücksichtigen, um die Auswahl für die Patienten zu erhalten und damit die Chance zu verbessern, dass diese nicht auf ein neues Arzneimittel umsteigen müssen bzw. möglichst auf ein solches umsteigen können, welches für sie persönlich das Verträglichste ist.

5. *Laufzeit der Verträge*

Die Laufzeit einer Rahmenvereinbarung darf vier Jahre nicht überschreiten, es sei denn der Auftragsgegenstand oder andere besondere Umstände rechtfertigen eine Ausnahme (§ 4 Abs. 7 VOL/A EG). Nach dem AMNOG erfolgt gem. § 130a Abs. 8 S. 6 SGB V die Vereinbarung von Rabatten für eine Laufzeit von zwei Jahren. Dabei ist laut Vorschrift der Vielfalt der Anbieter Rechnung zu tragen. Dies verschärft kraft § 69 SGB V die Regelungen der VOL/A EG zu den Rahmenverträgen in zulässiger Form, da nach der Formulierung der Richtlinie „vier Jahre nicht überschreiten" ein Unterschreiten dieser Maßgabe auch europarechtlich unbedenklich ist. Ab Inkrafttreten der Regelung ist somit eine Laufzeit von über 2 Jahren in der Regel unzulässig. Dies soll langfristige Exklusivverträge mit Verdrängungswirkung verhindern und die mit den Rabattverträgen verbundenen Begünstigungen gleichmäßiger auf verschiedene Unternehmen verteilen.

625 *Schweitzer/Becker*, WRP 2012, 382 (387); A.A. aber *Kern*, S. 403 ff.

6. Das Wirtschaftlichkeitsgebot

Wie oben bereits ausgeführt, hat die Zuschlagsentscheidung anhand der Zuschlagskriterien für das wirtschaftlichste Angebot zu erfolgen. Der niedrigste Angebotspreis allein ist nicht entscheidend. (§ 97 Abs. 5 GWB, § 21 Abs. 1 VOL/A EG).[626] § 19 Abs. 9 VOL/A EG führt exemplarisch einige Kriterien auf.[627]

Die Wahl der Kriterien für die Zuschlagserteilung ist dabei grundsätzlich den öffentlichen Auftraggebern überlassen. Nach dem Wirtschaftlichkeitsgebot kommen dabei nur Kriterien in Betracht, die der Ermittlung des wirtschaftlich günstigsten Angebots dienen.[628] Durch die Ermittlung einer an diesen Kriterien orientierten Gesamtwirtschaftlichkeitsmaßzahl[629] je Wirkstoff ist das Wirtschaftlichkeitsgebot erfüllt.

a) Das Kriterium der Sortimentsbreite

Als Kriterium für die Ermittlung des wirtschaftlichsten Angebots wird von den Krankenkassen üblicherweise auch Sortimentsbreite herangezogen.

Das Wertungskriterium der „Sortimentsbreite“, dass solche pharmazeutischen Unternehmen begünstigt, die möglichst viele unterschiedliche Arzneimittel desselben Wirkstoffs anbieten können, ist im Hinblick auf den Auftragsgegenstand zulässig,[630] denn die Voraussetzung des Austauschs durch die Apotheke ist an so viele Voraussetzungen gekoppelt (§ 3 I 10), dass ein Rabattvertrag ansonsten weitgehend leerlaufen könnte und damit kaum Rabatte einspielen könnte. Bereits eine andere Darreichungsform würde bei einer solchen inhaltlichen Einschränkung den Austausch in der Apotheke verhindern, selbst wenn der

---

626 Mit dem Verfolgen des alleinigen Zuschlagskriteriums des niedrigsten Preises hatte man im deutschen Vergaberecht schlechte Erfahrungen gemacht, daher wurden die insofern offenen EU-Vergaberichtlinien im deutschen Vergaberecht einschränkend umgesetzt, vgl. *Blome*, S. 53.

627 Der Auftraggeber berücksichtigt bei der Entscheidung über den Zuschlag verschiedene durch den Auftragsgegenstand gerechtfertigte Kriterien, beispielsweise Qualität, Preis, Zweckmäßigkeit, Lieferzeitpunkt.

628 *Summa/Kullak*, in: jurisPK-VergR, 2. Aufl 2008, § 97 GWB, Rn. 98.

629 Diese werden von den Krankenkassen gebildet, um unterschiedliche Arzneimittel miteinander vergleichen zu können. Sofern die Formeln transparent, diskriminierungsfrei und bei der Ausschreibung offengelegt sind, ist dies unproblematisch. Gängige zulässige Kriterien zur Ermittlung sind Preisvergleichsgruppen, Verordnungszahlen aus der Vergangenheit. Das Angebot mit höchsten sog. Gesamtwirtschaftlichkeitsmaßzahl erhält den Zuschlag.

630 St. Entscheidungspraxis des *LSG Nordrhein-Westfalen*, Beschl. v. 08.10.2009, Az.: L 21 KR 39/09 SFB; *LSG Baden Württemberg*, Beschl. v. 23.01.2009, Az.: L 11 WB 5971/08, VergabeR 2009, 452 ff; VK Bund, Beschl. v. 06.10.2009, Az.: VK2-165/09; vgl. auch *Kern*, S. 384 m.w.Nw.

Rabattvertragspartner ein solches Arzneimittel im Angebot hätte. Auf der ärztlichen Ebene würde es aufgrund der Vielfalt der zugelassenen Produkte und der Informationsüberflutung kaum zu einer passgenauen Verordnung kommen.

Dies zeigt, dass das „sortimentsbreiteste“ Angebot meist das wirtschaftlichste sein wird, auch wenn ein Unternehmen hinsichtlich einzelner Darreichungsformen einen „unschlagbaren“ Preis anbietet. Fragen ergeben sich in diesem Zusammenhang aber hinsichtlich der Mittelstandsschutzregeln, dazu unten (9.).

b) Pflicht zur Abgabe des gesamten wirkstoffbezogenen Produktportfolios und das Cost Shifting

Auch eine damit korrespondierende Pflicht zur Abgabe eines Angebotes für alle Produkte pro Wirkstoff wird in der Rechtsprechung für zulässig befunden. Von der Vergabekammer Baden-Württemberg[631] wurde zwar eine Pflicht zum Angebot wirkstoffbezogener Unternehmensportfolien u.a. als Verstoß gegen das Wirtschaftlichkeitsgebot eingestuft. Dies wurde jedoch von der VK Baden-Württemberg sowie der VK Bund abgelehnt.[632]

Unwirtschaftlicher im Sinne der Wirtschaftlichkeitsmaßzahl wird das Angebot dadurch für solche Unternehmen, die mehrere Produktlinien im Markt haben, von denen eine teurer (Parallelimportlinie), die andere günstiger (Generikalinie) ist.[633] Werden nun beide Preiskategorien in die Berechnung der Wirtschaftlichkeitsmaßzahl eingeführt, so führt dies zu einer höheren Wirtschaftlichkeitsmaßzahl und daher zu einer verminderten Chance im Bieterwettbewerb. Dass durch dieses Vorgehen, wie die Vergabekammer meint, ein unwirtschaftliches Angebot einem wirtschaftlichen vorgezogen wird, erscheint aber zweifelhaft.

Denn nicht nur im Sinne des Versorgungsauftrags, sondern auch im Interesse einer möglichst hohen Rabattgewährung (und damit unmittelbar im Interesse der Wirtschaftlichkeit) erscheint es geradezu zwingend, so viele Angebote wie möglich unter einen Vertrag zu fassen, um die Rabattverträge möglichst umfassend zu aktivieren.

Die Krankenkasse haben im Gegenzug durch die oben beschriebene Privilegierung bei der Wirtschaftlichkeitsmaßzahl (vgl. Wertungskriterium der „Sortimentsbreite“ oben) allerdings einen interessengerechten Ausgleich zu schaffen. Damit wird der Nachteil im Bieterwettbewerb verringert.[634]

Soweit es sich bei den Produktlinien allerdings um sich überschneidende „reine Doppelangebote“ handelte, wäre diese Privilegierung nicht gegeben und

---

631 Beschl. v. 30.12.2008, Az.: 1 VK 51/08.

632 *LSG Baden-Württemberg*, Beschl. v. 17.02.2009, Az.: L 11 WB 381/09, ZMGR 2009, 94 ff.; *VK Bund*, Beschl. v. 28.07.2009, Az.: VK3-142/09, hierzu *Kern*, S. 371 ff.

633 Dazu im Einzelnen *Kern*, S. 371.

634 *Kern*, S. 372.

die Unternehmen könnten nur dann ausweichen, wenn sie eigene Gesellschaften für den Vertrieb der Produktlinien einsetzten.[635] Dies erscheint vordergründig zunächst „hart“ und aus Sicht der Krankenkassen auch nicht notwendig „wirtschaftlich“.

Allerdings muss sich der Auftraggeber grundsätzlich nicht in die Sphäre der Auftragnehmer „hineinversetzen“, indem er ihrer Produktpolitik folgt; er kann die Art der Beschaffung unabhängig davon selber bestimmen. Würden die Krankenkassen insofern jeweils die doppelten Produkte des Anbieter aus Ihrer Bewertung herausnehmen, würden sie geradezu einen Anreiz für die pharmazeutischen Unternehmer schaffen, konkurrierende teurere Produktlinien für Arzneimittel zu bilden.

Gegen die Setzung solcher Anreize dürften aber in einem solidarisch organisierten Gesundheitssystem erhebliche Bedenken bestehen. Obwohl hohe Listenpreise bei gleichzeitigen inoffiziellen darunter liegenden „Rabattpreisen“ den in § 4 beschriebenen Parallelhandel behindern können und insofern per se unerwünscht sind, gibt es langfristig auch gewichtige Argumente für ein rechtlich geschütztes Interesse der Krankenkassen eines Solidarsystems, hohe Listenpreise gar nicht erst zuzulassen.

Dies zeigt die Situation in den USA:[636] Folge des in § 4 beschriebenen Rabattsystems in den USA anhand kasseninterner Positivlisten (Formularies) war eine stetige Erhöhung der „offiziellen“ Listenpreise als Ausweichreaktion der pharmazeutischen Unternehmen auf die Rabattgewährung an einzelne große Krankenkassen.

Durch das Prinzip der Kostenverlagerung (Cost Shifting) und Preissteigerungen in Märkten, in denen ihnen keine mächtigen Krankenversicherungen gegenüber standen, konnte ein Teil der verloren gegangenen Deckungsbeiträge durch höhere Arzneimittelausgaben von marktmachtlosen Verbrauchern kompensiert werden.

Genau diese Verbraucher waren aber jene, die sich keinen oder nur einen schlechten Krankenversicherungsschutz leisten konnten. Somit wurde der Zugang zu günstigen Arzneimittel für diese Patienten erschwert. Zum Teil konnten durch die Preissteigerung immer höhere Rabatte (zugunsten der „Reichen“ auf Kosten der „Armen“) sogar ohne jeden Verlust gewährt werden. Damit werden teilweise die überproportionalen Preissteigerungen im US-Pharmamarkt erklärt.

Zwar gibt es insofern keine „marktmachtlosen“ Verbraucher im deutschen Gesundheitssystem. An deren Stelle könnten aber marktschwache Krankenkassen treten.

---

635 *Kamann/Gey*, PharmR 2009, 114 (120); *Willenbruch*, PharmR 2009, 534 (545).

636 *Friske*, Mehr Markt und Wettbewerb in der deutschen Arzneimittelversorgung?, S. 207 ff., m.w.Nw.

Wenn durch die Praxis der Pharmaunternehmen, teure parallele Produktlinien zu kreieren, marktschwächere Krankenkassen stärker belastet würden, was wegen der Intransparenz der Arzneimittelverteilung der Fall sein kann, so könnte jeder Anreiz zur Bildung solcher Produktlinien zu einem solchen „Cost Shifting" führen. Daraus folgenden Insolvenzen der Krankenkassen wären Ergebnis der Produktpolitik der Hersteller und gerade nicht des gewollten Wettbewerbs der Krankenkassen um mehr Effizienz bei der Leistungserstellung.

Auch wenn diese Entwicklung aufgrund der in Deutschland bestehenden Systembesonderheiten nicht vollumfänglich übertragen werden kann, sollte es den Krankenkassen folglich gestatten werden, ihre Zuschlagskriterien durch Ermittlung der Wirtschaftlichkeit auf eine Art und Weise zu gestalten, dass ein sehr hoher Listenpreis nicht notwendig privilegiert wird. Dies kommt den anderen Krankenkassen im Solidarsystem zugute, indem sie auch ohne Rabattverträge keine „Mondpreise" zu bezahlen haben und sollte vergaberechtlich nicht beanstandet werden.

Auch bei der Ermittlung der Wirtschaftlichkeitsmaßzahl dürfte daher zulässig sein, hohe offizielle Listenpreise der pharmazeutischen Unternehmen nicht neutral in die Bewertung einfließen zu lassen, sondern insofern Abwertungen vorzunehmen, obschon dies der Gleichbehandlung der Anbieter im ersten Moment zuwiderzulaufen scheint.

Durch das AMNOG wurde das Problem hinsichtlich neuer Arzneimittel insoweit entschärft, als dass ohnehin Preisverhandlungen über solche Präparate stattfinden. Dies bedeutet die Abschaffung der innerstaatlichen Wirkung der Listenpreise.

7. *Wahl der Verfahrensart bei nicht austauschbaren oder patentgeschützten Arzneimitteln*

Rabattverträge über Arzneimittel können wegen des Schutzes von Ausschließlichkeitsrechten (z.B. Patentrecht) nach § 101 Abs. 7 GWB, § 3 Abs. 4 lit. c) VOL/A EG[637] ohne vorherige öffentliche Vergabebekanntmachung[638] im Verhandlungsverfahren[639] ohne Teilnahmewettbewerb direkt mit dem Hersteller ge-

637 Die Vorschrift geht auf Art. 31 Nr. 1 lit. b) der Richtlinie 2004/18/EG des Europäischen Parlaments und des Rates vom 31.03.2004 über die Koordinierung der Verfahren zur Vergabe öffentlicher Bauaufträge, Lieferaufträge und Dienstleistungsaufträge (VKR) zurück.

638 Es ist zwischen zwei Varianten des Verhandlungsverfahrens zu unterscheiden. Dasjenige nach vorheriger Öffentlicher Vergabebekanntmachung und dasjenige ohne Bekanntmachung, vgl. *Leinemann*, VergabeR, Rn. 870, S. 308.

639 Das Verhandlungsverfahren ohne Vergabebekanntmachung ist nur in wenigen Ausnahmenfällen zulässig und entspricht der freihändigen Vergabe des Abschnitts 1 der VOL/A. Ob im Einzelfall ein solcher Ausnahmefall vorliegt, ist anhand strenger Kriterien zu ermitteln, *Leinemann*, VergabeR, Rn. 877, S. 310 f. Die das Verhandlungsver-

schlossen werden, zu dessen Gunsten das Ausschließlichkeitsrecht besteht, wenn der Auftrag aus diesem Grund nur von diesem durchgeführt werden kann.

a) Therapeutisches Alleinstellungsmerkmal

Dies ist aber nur dann der Fall, wenn allein dieses Unternehmen ein Patent an dem betreffenden Medikament besitzt, dieses Medikament nicht zu anderen Konditionen von Dritten angeboten werden kann[640] und es zudem nachvollziehbare und nachweisbare sachliche Gründe dafür gibt, dass nur dieses Medikament im Rahmen der Beschaffung in Betracht kommt und insofern eine Alleinstellung bzw. Ausschließlichkeit vorliegt.[641]

Eine weite Auslegung der Vorschrift mit Rücksicht auf den Versorgungsauftrag der Krankenkassen (§ 70 SGB V) kommt nicht in Betracht, da die VKR in Art. 23 Abs. 8 und Art. 31 Nr. 1 lit. b) abschließende Regelungen über die Berücksichtigung von Patenten im Vergabeverfahren enthält.[642] Die Krankenkasse muss beweisen, dass nur ein bestimmter Anbieter für die Ausführung des Auftrags in Betracht kommt.[643]

Da von der Krankenkasse vor allem die therapeutische Wirkung eines Arzneimittels und der Preis beachtet werden, werden nur solche Patente in Betracht kommen, die einen direkten therapeutischen Bezug haben.

---

fahren erlaubenden Ausnahmetatbestände sind nach der Rechtsprechung des EuGH eng auszulegen, *Leinemann*, a.a.O., Rn. 871, S. 309, mit Verweis auf Ebert, Möglichkeiten und Grenzen im Verhandlungsverfahren, S. 113 f; so auch *OLG Düsseldorf*, Beschl. v. 20.10.2008, VII Verg 64/08, VergabeR 2009, 173 (175) – Alpha-Blocker. Da eine nach § 107 Abs. 3 GWB rechtzeitig erhobene Rüge eines Bieters die gesamte Vergabe gefährden kann, sind Auftraggeber gut beraten, sich im Zweifel gegen die Durchführung eines Verhandlungsverfahrens zu entscheiden, so *Leinemann*, a.a.O., Rn. 879, S. 311 unter Verweis auf EuGH, VergabeR 2004, 710 (713).

640 Zur Einfuhr von Medikamenten aus dem EU-Bereich in diesem Zusammenhang, *OLG Düsseldorf*, Beschl. v. 20.10.2008, VII Verg 64/08, VergabeR 2009, 173 (175) – Alpha-Blocker. Ist unklar, ob die Möglichkeit der Einfuhr von vergleichbaren Arzneimitteln besteht, ist auszuschreiben. Die Importeure sind dann ggf. als nicht hinreichend leistungsfähig zu behandeln, vgl. *OLG Düsseldorf*, Beschl. v. 22.10.2008, I-27 U 2/08, VergabeR 2009, 176 (177) – ESP I.

641 *Gabriel*, NZS 2008, 455 (458ff.) mit weiteren Ausführungen zum Nachweis einer Alleinstellung; *Mandl*, S. 86 u. 256. Vgl. auch *OLG Düsseldorf*, Beschl. v. 20.10.2008, VII Verg 64/08, VergabeR 2009, 173 (175) – Alpha-Blocker.

642 Vgl. *OLG Düsseldorf*, Beschl. v. 20.10.2008, VII Verg 64/08, VergabeR 2009, 173 (175) – Alpha-Blocker; *Gabriel*, NZS 2008, 455 ff.

643 Allg. für den öffentlichen Auftraggeber: *EuGH*, Urt. v. 02.06.2005, C-394/02, Slg. 2005, 4713; *Leinemann*, VergabeR, Rn. 871. Speziell zu Krankenkassen: *M. Wille*, A&R 2008, 164 (164) mit Verweis auf *EuGH*, Urt. v. 02.06.2005, C-394/02, Slg. 2005, 4713; VK Bund, Beschl. v. 20.05.2003, VK 1-35/03, jeweils zur Parallelvorschrift des § 3 Nr.4 lit. a) VOB/A.

Solange die gleichbleibende Qualität, Wirksamkeit und Sicherheit besteht, ist es unerheblich, wie ein Medikament hergestellt wird, so dass Patente, mit welchem ein Herstellungs-, Arbeits- oder Anwendungsverfahren geschützt wird (also die Gruppe der Verfahrenspatente[644]) grundsätzlich keine Rolle spielen dürften.

Auch ein Verwendungspatent dürfte danach nicht bedeutsam sein, soweit für den Arzt die Vergleichbarkeit besteht. Wiewohl sie sich auf eine bestimmte Sache beziehen sind Verwendungspatente nämlich eine Unterart der Verfahrenspatente indem sie nur eine bestimmte Verwendung der ansonsten verletzungsfrei benutzbaren Sache schützen.[645]

Dabei ist die bloße Herstellung der Sache, deren Verwendung geschützt ist, zwar keine Patentverletzung. Bereits die „sinnfällige Herrichtung des Stoffes" zur geschützten Verwendung verletzt aber als „Beginn der Verwendung"[646] das Patentrecht.[647] Die dadurch breitgefächerten Möglichkeiten von Verletzungshandlungen zeigen die Unverwertbarkeit des Kriteriums für die ärztliche Verschreibung: Formulierung und Konfektionierung des Medikaments, Dosierung und gebrauchsfertige Verpackung, Gestaltung als Tablette, Ampulle, Salbe etc., die dem Arzneimittel beigefügte Gebrauchsanleitung, Bezeichnung des Erzeugnisses in Lieferscheinen und Rechnungen[648].

(Patentierte) Analogpräparate ohne Neuheit und Zusatznutzen fallen zwar grundsätzlich ebenfalls unter die Ausnahme. Allerdings muss mit Rücksicht auf die Einschränkung der Beschaffungsfreiheit (vgl. bereits oben 1. Überblick) eine Ausschreibung erfolgen, wenn ein und derselbe (Versorgungs-) Auftrag mit verschiedenen Patenten erfüllt werden kann, weil diese dieselben pharmakologischen und klinischen Wirkungen und sonst keine indikationsspezifischen Vorteile haben. Dies gilt besonders bezüglich vergleichbarer Präparate in denselben Festbetragsgruppen.[649]

Kann ein Versorgungsauftrag aber aus Sicht der Krankenkassen nur mit einem bestimmten Patent erfüllt werden, dann ist die Krankenkasse berechtigt, einen Vertrag ohne Ausschreibung im Wege des Verhandlungsverfahrens abzuschließen.[650] Dabei sollte sich die Krankenkasse bei ihrer Begründung aber an den Richtlinien des GBA[651] orientieren[652], und wird dabei dort besonders sorg-

644 Allgemein *Nieder*, Die Patentverletzung, Rn. 18.

645 A.a.O., Rn. 18.

646 *BGH* GRUR 1992, 305 – Heliumeinspeisung.

647 Vgl. nur *BGH* GRUR 1990, 508/509 – Spreizdübel; LG Düsseldorf, Urteil vom 7. 4. 1998, AZ: 4 O 32/79, E 1998, 51; *Nieder*, Die Patentverletzung, Rn. 58.

648 *Nieder*, Die Patentverletzung, Rn. 58, m.w.Nw. zur ständigen Rechtsprechung.

649 *M. Wille*, A&R 2008, 164 (167); vgl. dazu die Ausführung zum sachlichen Anwendungsbereich des Kartellvergaberechts.

650 Zu den Risiken sei auf die Ausführungen zum Verhandlungsverfahren verwiesen.

651 Gemeinsamer Bundesausschuss, vgl. Teil 1, D II.

fältige Begründungen liefern müssen, wenn das Arzneimittel in eine „Patent-Festbetragsgruppe“[653] eingeordnet ist. Denn hier besteht zumindest ein Indiz für die Vergleichbarkeit, die zur Verpflichtung einer Ausschreibung führen könnte.

Da die Festbetragsgruppen aber inhomogen sein können und ein Zusatznutzen für die Krankenkassen versorgungspolitisch oder wettbewerblich interessant sein kann, der vom G-BA nicht berücksichtigt wurde, kann die Krankenkasse im Einzelfall darlegen, dass dennoch nur ein Hersteller für die Versorgung in Betracht kam.[654]

Beachtet werden muss auch, dass das Arzneimittelrecht jenseits des Patentrechtes noch weitere Rechte kennt, die eine monopolartige Verwertung des Arzneimittels ermöglichen. § 24a und § 24b AMG gewähren dem Erstanbieter im Rahmen der generischen Zulassung besondere Verwertungs- und Vermarktungsrechte. Auch dieses könnte möglicherweise eine Direktausschreibung rechtfertigen.[655]

Wie bereits oben ausgeführt, hat die Vergabekammer Bund entschieden, dass selbst bei relevanten Unterschieden zwischen einzelnen Präparaten ein wettbewerbliches Verfahren dann möglich ist, wenn es eine erhebliche Schnittmenge von Patienten/Krankheitsbildern gibt, in denen die Präparate gleichermaßen anwendbar sind.[656] Dies könnte auch die Rabattverträge gemäß § 130c SGB V betreffen[657], wobei dies im Fall eines des Zusatznutzens kaum gegeben sein dürfte. Betroffen sein könnten vor allem solche Arzneimittel ohne Zusatznutzen, die sich in keine Festbetragsgruppe einordnen lassen.

Die Krankenkasse ist in keinem Fall zur Wahl des Verhandlungsverfahrens verpflichtet, da das Vergaberecht davon ausgeht, dass möglichst wettbewerbsoffen auszuschreiben ist.[658] § 3 Abs. 4 lit. c) entfaltet insofern keine bieterschützende Wirkung.[659] Inhaber von Ausschließlichkeitsrechten werden im offenen Verfahren hinreichend dadurch geschützt, dass Mitbieter ggf. als nicht hinreichend leistungsfähig auszuschließen sind (§ 19 VOL/A EG).

---

652 Nach § 92 Abs. 1 S. 2 Nr. 6 SGB V.

653 *Reese/Gassner*, PharmR 2004, 428 ff.

654 *M. Wille*, A&R 2008, 164 (167).

655 *M. Wille*, A&R 2008, 164 (165).

656 *VK Bund*, Beschl. v. 15.08.2008, VK 3-107/08 u.a. Rn. 66, 68 - ESP.

657 *Kaufmann*, PharmR 2011, 223 (228).

658 *OLG Düsseldorf*, Beschl. v. 20.10.2008, VII Verg 64/08, VergabeR 2009, 173 (175) – Alpha-Blocker.

659 *OLG Düsseldorf*, Beschl. v. 20.10.2008, VII Verg 64/08, VergabeR 2009, 173 (175) – Alpha-Blocker; vgl. auch die Anmerkung von *Weiner*, VergabeR 2009, 189 (190).

b) Spezialfall der Konkurrenz von Originalarzneimittel und Reimportarzneimittel

Wenn ein Patentarzneimittel mit seinen Reimportwettbewerbern konkurriert, kommt allenfalls eine Vergabe nach § 3 Abs. 2 lit. a) VOL/A EG im nicht offenen Verfahren in Betracht,[660] ansonsten ist auszuschreiben[661].

Denn wie oben ausgeführt bietet ein Wirkstoffpatent keine Garantie für die Eröffnung eines Verhandlungsverfahrens, da immer auch Lizenzverträge und Parallelimporte beachtet werden müssen.[662] Besteht die theoretische Möglichkeit eines Parallelimports, „greift die Ausnahmevorschrift und damit die Verfahrensprivilegierung" gemäß § 3 Abs. 4 lit. c) nicht ein.[663]

Zu klären ist dabei aber das Verhältnis zwischen § 130c und § 130a Abs. 8 sowie das eigentliche Problem in der Praxis, nämlich die Frage des Nachweises der Lieferfähigkeit durch den Parallelimporteur.

aa) Konkurrenzverhältnis zwischen § 130c und § 130a Abs. 8 SGB V

Die Krankenkasse wird sich nicht darauf berufen können, dass kein Vertragsschluss gemäß § 130c SGB V mit dem Importeur möglich ist. Tatsächlich ist mit einem Importeur in diesem Fall nur ein Vertrag gemäß § 130a Abs. 8 möglich, da er das § 130b SGB V Verfahren nicht durchlaufen hat.[664] Schon der Grundsatz der wettbewerbsoffenen Ausschreibung erlaubt eine solche formelle Betrachtungsweise nicht.

Der § 130a Abs. 8 SGB V wird in diesem Fall aber mangels Anwendbarkeit des § 130c SGB V auch innerstaatlich nicht verdrängt - obwohl grundsätzlich eine Spezialität des § 130c SGB V anzunehmen ist.

Eine Sperrwirkung entfaltet § 130c SGB V nach dem aus der Systematik der Neuregelung zu schließenden Willen des Gesetzgebers in diesen Fällen gerade nicht, da es insofern sonst nicht zu dem gewollten Wettbewerb zwischen Original und Bezugsarzneimitteln käme[665] (vgl. § 129 Abs. 1 S. 7 SGB V sowie bereits unter § 3 II 1): Durch das AMNOG wurde zur Stimulierung dieses Wettbewerbs das Verhältnis zwischen Reimport-Präparat und rabattbegünstigten Präparat neu festgelegt: Das rabattbegünstigte Präparat hat Vorrang, vgl. § 129

---

660 So wohl auch *Kern*, S. 377. Gegen die Möglichkeit des Nichtoffenen Verfahrens *Mandl*, S. 177.

661 Die Importeure sind dann ggf. als nicht hinreichend leistungsfähig zu behandeln, vgl. *OLG Düsseldorf*, Beschl. v. 22.10.2008, I-27 U 2/08, VergabeR 2009, 176 (177) – ESP I.

662 *OLG Düsseldorf*, Beschl. v. 22.10.2008, I-27 U 2/08, VergabeR 2009, 176 (177) – ESP I; M. Wille, A&R 2008, 164 (166).

663 *Rehmann/Paal/Willenbruch*, A&R 2011, 159 (161).

664 *Wolf/Jäckel*, PharmR 2011, 1 (4).

665 BT-Drs. 17/3698, S. 76.

S. 7 SGB V. Auch im Verhältnis von Originalpräparat und Reimport hat jeweils das rabattbegünstigte Präparat Vorrang. Damit ist auch klar: Auch der Parallelimporteur kann Rabattvertragspartner sein. Zuvor konnten die Arzneimittelimporteure darauf vertrauen, dass die von ihnen angebotenen Arzneimittel unabhängig von einem rabattierten Konkurrenzprodukt abgegeben werden konnten, solange sie die Günstigkeitsregel des § 129 Abs. 1 S. 1 Nr. 2 SGB V erfüllten.

Die Steigerung des Wettbewerbs betrifft, wie oben gesagt, gerade die patengeschützten Arzneimittel, um den diesbezüglichen Wettbewerb mit den reimportierten Bezugsarzneimitteln zu stärken.

Ziel der Ausschreibung in diesem Fall ist somit entweder der Abschluss eines Vertrages gemäß 130c oder 130a Abs. 8 SGB V, diese konkurrieren insofern miteinander.

bb) Sicherstellung der Lieferfähigkeit

Ausweislich der Gesetzesbegründung[666] ist bei Rabattverträgen für Importarzneimittel sowie ihren Bezugsarzneimitteln die Lieferfähigkeit sicherzustellen; nur unter dieser Voraussetzung dürfe eine Krankenkasse an die maßgebliche Datenbank ein entsprechendes Kennzeichen melden, so dass der Apotheker das rabattierte Arzneimittel vorrangig abgeben müsse.[667]

Die Lieferfähigkeit des Parallelimporteurs ist Teil der Eignungsprüfung, die der Befassung des Auftraggebers mit dem Angebotsinhalt vorgeschaltet ist § 97 Abs. 4 S. 1 GWB, § 19 Abs. 5 VOL/A EG.

Dabei ist zwar üblicherweise von der Lieferfähigkeit auszugehen. Anderes dürfte aber gelten, wenn z.B. der Originalarzneimittelhersteller geltend macht, den Parallelimporteur nicht zu beliefern.[668] Dies muss zwar nicht zwangsläufig dazu führen, dass der Import tatsächlich nicht lieferfähig ist, da nicht notwendig davon auszugehen ist, dass der Originalhersteller den Vertrieb seiner Produkte auf dem europäischen Markt hinreichend kontrollieren kann.[669] Jedoch muss der Importeur im Zweifel darlegen und beweisen, dass seine Lieferfähigkeit besteht. Dabei reichen reine Eignungserklärungen nur im Regelfall aus, vgl. § 7 Abs. 1 VOL/A EG, die Krankenkasse kann aber nach ihrem Ermessen auch weitere Nachweise verlangen.

Im Nachweis Lieferfähigkeit wird daher auch die Hauptschwierigkeit bezüglich dieser Regelungen in der Praxis gesehen.[670] Der Bieter könne sich bei der Vertragsausführung zwar grundsätzlich der Fähigkeiten von Unterauftragnehmern bedienen und müsse dann nur deren Einsatz, sowie Art und Umfang des

---

666 BT-Drs. 17/3698, S. 53.

667 Hierzu auch *Axer*, in: Becker/Kingreen, § 129 Rn. 22.

668 *Rehmann/Paal/Willenbruch*, A&R 2011, 159 (162).

669 Einzelheiten hierzu bei *Rehmann/Paal/Willenbruch*, A&R 2011, 159 (162).

670 *Wolf/Jäckel*, PharmR 2011, 1 (5); Mandl, S. 86 ff. u. 257.

Einsatzes angeben. Der Arzneimittelimporteur habe aber diese Möglichkeit nicht, denn die von ihm durchzuführenden Tätigkeit seien nicht als Unterauftragnehmerarbeiten zu qualifizieren. Er müsse daher seine Lieferfähigkeit selber nachweisen, was ihm aber kaum gelingen werde. Er verfüge aber über keine eigenen Produktionskapazitäten und nehme auch keine fremden Produktionskapazitäten war.

Ob dies dazu führen könne, dass die Krankenkasse „vergaberechtlich ausschreiben müsse, um nachher ohnehin festzustellen, dass die Lieferfähigkeit nicht nachzuweisen“[671], wird angezweifelt.

Vielmehr dürfte die Regelung zum regelmäßigen Ausschluss der Parallelimporteure aus dem Verfahren führen, weil diese ihre Eignung nicht nachweisen können. Das wiederum dürfte entsprechende Rechtsstreitigkeiten nach sich ziehen. An einer Stelle wird wegen der Anforderungen an die Importeure die Verfassungsmäßigkeit der Regelung in Zweifel gezogen, soweit sie dem Parallelimporteuer eine Nachweispflicht auferlege, die faktisch von der Teilnahme ausschließe.[672]

Abschließend bleibt an dieser Stelle nur festzustellen: Die praktische Relevanz der Vorschrift des § 129 S. 7 SGB V für die Generierung von Rabatten und die Befeuerung des Wettbewerbs zwischen Patent- und ihren Bezugsarzneimittel ist zweifelhaft.

8. *Wirtschaftlichkeitsgrundsatz vs. Gleichbehandlungsgebot, § 97 Abs. 2 GWB*

Nach § 97 Abs. 2 GWB sind die Teilnehmer an einem Vergabeverfahren gleich zu behandeln, es sei denn, eine Benachteiligung ist aufgrund des Gesetzes ausdrücklich geboten oder gestattet. Das Gebot der Gleichbehandlung und der Chancengleichheit der Bieter ist ein zentrales Prinzip des europäischen Vergaberechts; es erfordert, dass ein gerechtes und faires Vergabeverfahren nach objektiven Maßstäben zu gestalten ist.[673]

Der öffentliche Auftraggeber darf die Leistungen jedoch selbst auswählen. Macht ein potentieller Auftragnehmer bereits aus diesem Grund die Überbürdung ungewöhnlicher Risiken geltend, so kann dies bereits eine diskriminierende Wirkung entfalten, lässt aber das Gleichbehandlungsgebot im Regelfall - entgegen einer teilweise von Vergabekammern vertretenen Auffassung - noch unberührt, da diese alle Anbieter gleichsam trifft.[674]

---

671 *Wolf/Jäckel*, PharmR 2011, 1 (5).

672 *Rehmann/Paal/Willenbruch*, A&R 2011, 159 (162).

673 *EuGH*, Slg. 2001, I-7725 – SIAC; *ders.*, Slg. 1996, I-2043, 2085 – Wallonische Busse; Leinemann, VergabeR, Rn. 10 ff., S. 5 f.

674 Vgl. nur *OLG Düsseldorf* zu den Ausführungen der Vergabekammer, Beschl. v. 24.11.2011, VII-Verg 62/11, Verg 62/11, Rn. 58 (= VergabeR 2012, 482 ff.).

Von der Vergabekammer Baden-Württemberg[675] wurde eine Pflicht zum Angebot wirkstoffbezogener Unternehmensportfolien als Verstoß gegen den Gleichbehandlungsgrundsatz eingestuft. Dies wurde jedoch überzeugend von der VK Baden-Württemberg sowie der VK Bund abgelehnt.[676] Auch hier gilt: Die Ausschreibungsbedingungen, die alle Anbieter gleichsam treffen, können nur im Ausnahmefall einen Verstoß gegen das Gleichbehandlungsgebot ergeben. Nur weil sich die Anbieter unterschiedlich im Markt verhalten und der eine Anbieter zwei Produktlinien führt, von denen eine teuer, die anderen günstig ist, und daher bei der Ermittlung der Wirtschaftlichkeitsmaßzahl ungünstiger abschneidet, weil auch seine teure Produktlinie in die Bewertung mit einbezogen wird, liegt keine Ungleichbehandlung vor. Es liegt insofern in der Sphäre des Unternehmens, seine Produktstrategie zu entwickeln und Schaden oder Gewinn mit ihr zu erleiden.

Auch gereicht die Bestimmung der Wirtschaftlichkeitsmaßzahl, insbesondere das Kriterium der Sortimentsbreite, *mittelständischen Unternehmen* mitunter zum Nachteil. Den Krankenkassen wäre es jedoch verboten, aus diesem Grund vorteilhaften Abweichungen für kleinere Unternehmen vorzusehen. Zwar sind mittelständische Interessen bei der Vergabe öffentlicher Aufträge vornehmlich zu berücksichtigen, vgl. § 97 Abs. 3 S. 3 GWB.

Aus der Formulierung „vornehmlich zu berücksichtigen" des S. 3 in § 97 Abs. 3 GWB kann nicht geschlossen werden, dass die mittelständischen Interessen vorrangig gegenüber anderen Interessen zu berücksichtigen sind, denn eine auf dieser Grundlage erfolgende unwirtschaftliche Vergabeentscheidung würde zu dem das gesamte Vergaberecht dominierenden Wirtschaftlichkeitsgrundsatz in „krassem Gegensatz" stehen.[677] Die direkte Bevorzugung mittelständischer Unternehmen stellte einen Verstoß gegen den allgemeinen Gleichbehandlungsgrundsatz dar, der Begriff „vornehmlich" ist insofern richtlinienkonform auszulegen.[678] Dem Mittelstandsschutz ist vielmehr auf andere Weise Rechnung zu tragen.

Ein besonders breites, vom Nachfrager gefordertes Produktportfolio, bspw. die Abdeckung möglichst aller Anwendungsformen innerhalb eines Wirkstoffes, kommt daher weniger mit dem Prinzip des Gleichbehandlungsgebots als mit dem Prinzip des Mittelstandsschutzes in Konflikt.

---

675 Beschl. v. 30.12.2008, Az.: 1 VK 51/08.

676 *LSG Baden-Württemberg*, Beschl. v. 17.02.2009, Az.: L 11 WB 381/09, ZMGR 2009, 94 ff.; VK Bund, Beschl. v. 28.07.2009, Az.: VK3-142/09, hierzu *Kern*, S. 371 ff.

677 *Müller-Wrede* (auch Hrsg.), GWB-Vergaberecht, § 97 Rn. 22.

678 *Fehling*, in: Pünder/Schellenberg, § 97 Rn. 92, unter Verweis auf *Dreher*, in: Immenga/Mestmäcker, § 97 Rn. 76; vgl. auch *OLG Schleswig*, v. 13.10.2000, 6 Verg 4/2000, IBR 2001, 38; BGH v. 17.2.1999, X ZR 101/97 - Krankenhauswäsche, NJW 2000, 137 ff; OLG Düsseldorf v. 8.9.2004, VII Verg 38/04 - Gebäudemanagement, NZBau 2004, 688 ff.

9. *Sortimentsverträge und Wirtschaftlichkeitsgebot vs. Mittelstandsschutzregeln, § 97 Abs. 3 GWB*

Dem Mittelstandsschutz dient die Aufteilung in Lose und evtl. die Loslimitierung, vor allem aber auch die Beteiligung in einer Bietergemeinschaft.[679]

Durch das Vergaberechtsänderungsgesetz wurde der Grundsatz der Auftragsteilung zu einer Rechtspflicht in § 97 Abs. 3 S. 2 GWB verschärft, wobei das hierin zum Ausdruck kommende Regel-Ausnahme Verhältnis schon zuvor bestand.[680] Dabei kommt die Erfahrung zum Ausdruck, dass losweise Vergaben häufig wirtschaftlicher als zusammengefasste Vergaben sind.[681]

Satz 1 in § 97 Abs. 3 GWB, der die vornehmliche Berücksichtigung der mittelständischen Interessen betont, ist in Übereinstimmung mit der Gesetzesbegründung[682] so auszulegen, dass einer Bündelung der Nachfragemacht auf Seiten des öffentlichen Auftraggebers entgegenzuwirken ist.[683] Insofern soll von der Zusammenlegung von Losen abgesehen werden.[684] Die Ausschreibung von Sortimentsverträgen (über alle Produkte eines Unternehmens) sind damit grundsätzlich unzulässig.

Der Wirtschaftlichkeitsgrundsatz steht mitunter einem in einem gewissen Spannungsverhältnis zur Losteilung. Vor allem wenn das Projekt durch die Losteilung unwirtschaftlich ist, ist eine Ausnahme von diesem Gebot zu machen.[685] Die Konfliktlage ist vergaberechtlich berücksichtigt: Nach § 97 Abs. 3 S. 2 GWB dürfen mehrere Fach- und Teillose[686] zusammen vergeben werden, wenn wirtschaftliche oder technische Gründe dies erfordern; dies impliziert eine sorgfältige Begründung des Auftraggebers.[687]

Das Kriterium der Sortimentsbreite kann mittelständischen Unternehmern allerdings trotz der Aufteilung in Lose Schwierigkeiten bereiten, wenn sog. Portfolioverträge vergeben werden, die alle Produkte eines Wirkstoffs umfassen. Hier könnte aber das zweite Instrument des Mittelstandsschutzes, die Zulassung von Bietergemeinschaften, abhelfen.

---

679 *Müller-Wrede* (auch Hrsg.), GWB-Vergaberecht, § 97 Rn. 23.

680 *Gabriel*, NJW 2009, 2011 (2012).

681 *OLG Düsseldorf*, Beschl. v. 11.07.2007, Az.: VII - Verg 10/07, IBR 2008, 233 f.; *Byok*, NVwZ 2009, 551 (551).

682 BT-Drs. 16/10117, Gesetzesbegr. zu Nr. 2a, § 97 Abs. 3.

683 *Kus*, NZBau 2009, 21 (22).

684 A.A. zum GWB a.F. das *LSG NRW*, Beschl. 08.04.2009, L 21 KR 27/09 SFB, Rn. 39.

685 *OLG Thüringen*, v. 06.06.2007, Az.: 9 Verg 3/07, VergabeR 2007, 677-682; *OLG Düsseldorf*, Beschl. v. 08.09.2004, Az.: VII - Verg 38/04, NZBau 2004, 688-690.

686 Teillos meint dabei eine Teilung des Auftrags nach Mengen, Fachlos eine Teilung des Auftrags nach inhaltlich-sachlichen Kriterien, z. B. nach verschiedenen Wirkstoffen, vgl. auch die Legaldefinition in § 97 Abs. 3 GWB.

687 *Byok*, NVwZ 2009, 551 (552); *Summa*, in: jurisPK-VergR, § 97 Rn. 62.

Doch selbst wenn erwartet werden kann, dass sich kleinere Anbieter zu Bietergemeinschaften zusammenschließen, muss dann in die Betrachtung einfließen, ob mehrere kleinere Anbieter realistischerweise die Chance haben, ein breites Produktportfolio anzubieten. Werden die mittelständischen Hersteller aber im gleichen Marktsegment mit ähnlichen Produkten tätig, so erweitert sich das Portfolio durch den Zusammenschluss nicht und führt somit nicht zu einer besseren Wirtschaftlichkeitsmaßzahl.

Eine rein marktwirtschaftliche Argumentation könnte hier lauten: Wenn nur größere Anbieter dieses Portfolio gewähren können, ist nur das Überleben dieser Firmen entscheidend für den Endverbraucher.

Fraglich erscheint aber wieder die Vereinbarkeit mit § 2 Abs. 3 S. 1 SGB V (Vielfalt der Leistungserbringer) und der Nachhaltigkeit der Versorgung. Die Positionen dürften sich einigermaßen unversöhnlich gegenüberstehen. Zusätzlich in die Waagschale einer sozialrechtlichen Interessenabwägung könnte zudem die Berücksichtigung des Versorgungsauftrags (§ 70 SGB V) der Krankenkassen fließen. Der Berücksichtigung dieser zu Lasten des Mittelstandschutzes steht das EG-Recht nicht entgegen: Im Gegenteil ist sogar fraglich, inwieweit die Vergaberechtsrichtlinien und das Primärrecht Vorschriften zulassen, die das Ziel einer - eng verstandenen - Mittelstandsförderung verfolgen.[688]

Allerdings ist nicht klar, für welche Seite die „Berücksichtigung des Versorgungsauftrags" streiten würde. Kurzfristig wäre es für die Krankenkassen möglicherweise teilweise wirtschaftlicher, möglichst wenige Lose vorzusehen und wirkstoffbezogene Portfolios auszuschreiben.

Langfristig könnte aber genau dieses Verhalten zu einem kleinen Oligopol auf Seiten der Anbieter führen, welches die Rabattverträge weitgehend wirkungslos machen könnte, da der Wettbewerb per Absprache ausgeschaltet werden könnte.

Eine Loslösung vom Kriterium der Sortimentsbreite ohne wirkstoffbezogene Portfolios würde dagegen die Rabattverträge, wie oben beschrieben (6.), teilweise leerlaufen lassen und zu einer vergleichsweise unwirtschaftlichen Ausschreibung führen.

Eine praktische Konkordanz erscheint auch bei Berücksichtigung des Versorgungsauftrags nur insofern gefunden werden zu können, dass die Krankenkassen, wie nun durch das AMNOG vorgeschrieben, regelmäßig eine Neuausschreibung vornehmen müssen. Diese gibt den Bietergemeinschaften zumindest die (theoretische) Chance, das Produktportfolio an das der großen Unternehmen anzugleichen.

---

688 *Dreher*, in: Immenga/Mestmäcker, § 97 Rn. 116. *Müller-Wrede* (auch Hrsg.), GWB-Vergaberecht, § 97 Rn. 22 m.w.Nw. zählt den Mittelstandschutz allerdings mit Verweis auf einen Leitfaden der Kommission zu einem Ziel des Gemeinschaftsrechts.

Abschließend ist daher festzustellen, dass es auch vor dem Hintergrund des Mittelstandschutzes vergaberechtlich und sozialrechtlich zulässig ist, die Sortimentsbreite bei der Wertung der Angebote zu berücksichtigen. Dies benachteiligt zwar mitunter Mittelständler faktisch und ist im ökonomischen Sinne langfristig auch nicht notwendig wünschenswert, ist aber weder durch das Sozial-, noch durch das Vergaberecht verboten. Es liegt letztlich in der Hand des Gesetzgebers, die langfristig volkswirtschaftlich sinnvollste Vorgehensweise zu bestimmen. Er hat insofern eine Einschätzungsprärogative.

Es erscheint in diesem Zusammenhang auch zulässig, nur ein Angebot pro Arzneimittel von einem Mitglied der Bietergemeinschaft zuzulassen, da hier die Begründung, dass damit verhindert werden solle, dass die Versicherten einer Krankenkasse wechselnde Medikamente erhalten, stichhaltig ist und jedenfalls durch den Verweis auf den Versorgungsauftrag im SGB V als gerechtfertigt angesehen werden muss.

VI. Bereiche außerhalb der Ausschreibungspflichten, insbesondere der Unterschwellenbereich

Wird der Schwellenwert für die Auftragsvergabe nicht erreicht, sind die §§ 97 ff. GWB und die VgV sowie die Vergabe- und Vertragsordnung von vornherein nicht anwendbar. Auch eine analoge Anwendung scheidet aus, da es an einer planwidrigen Regelungslücke fehlt. Vielmehr wollte der Gesetzgeber die Anwendbarkeit des Kartellvergaberechts nur für diejenigen Aufträge anordnen, die den Schwellenwert erreichen.[689]

Auch der weite Auftraggeberbegriff des § 98 GWB kommt nur oberhalb der Schwellenwerte zur Anwendung. Unterhalb der Schwellenwerte wird der Auftraggeber institutionell bestimmt. Damit richtet sich eine Ausschreibungspflicht gewöhnlich nach dem Haushaltsrecht von Bund, Ländern und Gemeinden.[690] Gemäß der Sondervorschrift des § 22 Abs. 1 der Verordnung über das Haushaltswesen in der Sozialversicherung (SVHV)[691] sind aber solche Verträge, die den Versorgungsauftrag der Leistungserbringer betreffen, von der grundsätzlichen Ausschreibungspflicht befreit.[692] Dies betrifft auch die Rabattverträge, die in den Versorgungsauftrag der Krankenkassen fallen. Auch ein Gebot der Nichtanwendung des § 22 Abs. 1 SVHV kann § 69 SGB V nicht entnommen werden. Der Gesetzgeber hat in § 69 Abs. 2 S. 1 SGB V ausschließlich auf das GWB Kartellvergaberecht, also auf die Vergaberechtsvorschriften oberhalb der

689 Allg. Meinung, vgl. nur *BVerfG*, Beschl. v. 13.06.2006, BVerfGE 116, 135 (153); Anm. *Bier*, jurisPR-BVerwG 23/2006, Anm. 6; ebenso *Binder* ZZP 2000, 195 (202); *Dreher*, NZBau 2002, 419.

690 *Bungenberg*, in: Loewenheim/Meessen/Riesenkampff, GWB § 98, Rn. 5.

691 BGBl. I S. 3147.

692 *Engelmann*, SGb 2008, 133 (138).

Schwellenwerte verwiesen und auch insofern nur durch eine Rechtsgrundverweisung, was keinen Willen bezüglich anderer Vergaberechtsregime erkennen lässt.

Rabattverträge müssen daher weder nach Kartellvergaberecht, noch nach einfachem nationalen Recht ausgeschrieben werden, wenn sie den Schwellenwert nicht erreichen.

1. Grundfreiheiten

Aus den europäischen Grundfreiheiten folgen aber, wie oben gezeigt, Pflichten zur Transparenz beim Abschluss von Verträgen, was neben einer Ausschreibung auch eine gerichtliche Überprüfbarkeit der angewendeten Auswahlkriterien zur Folge haben kann.[693]

Das Gemeinschaftsprimärrecht fordert im Unterschwellenbereich neben der Beachtung der Warenverkehrsfreiheit, deren Anwendbarkeit oben erläutert wurde, die Beachtung der Grundsätze der Gleichbehandlung, der Transparenz, Verhältnismäßigkeit und der gegenseitigen Anerkennung.[694] Die vom EuGH in seiner Rechtsprechung zum EG-Vertrag entwickelten allgemeinen Rechtsgrundsätze folgert er zum Teil aus den Grundfreiheiten, zum Teil aus den Gemeinschaftsgrundrechten und wendet diese auf öffentliche Aufträge an[695]. Die EU-Kommission hat dazu eine „Mitteilung zu Auslegungsfragen in Bezug auf das Gemeinschaftsrecht, das für die Vergabe öffentlicher Aufträge gilt, die nicht oder nur teilweise unter die Vergaberechtsrichtlinien fallen", herausgegeben.[696]

Dabei hilft der Grundsatz der Transparenz festzustellen, ob die Auswahl unter Berücksichtigung des Diskriminierungsverbotes getroffen wurde.[697] Die Krankenkassen müssen zuvor ihre Absicht bekunden, einen Vertrag schließen zu wollen. Die Mitteilung muss die notwendigen Informationen hinsichtlich des

---

693 *EuGH*, Rs. C-231/03, Slg. 2005, I-7287, Rn. 17 f. – Coname; *Becker/Kingreen*, in: dies., § 69 Rn. 57.

694 *EuGH*, Urt. v. 07.12.2000, C-324/98, Slg. 2000, I-10745, Rn. 60 - Teleaustria; *Zuleeg*, ZEuP 2004, 636 (642); Skouris, EuR 1998, 111 (115); *Dreher*, in: Immenga/Mestmäcker, Vor §§ 97 ff., Rn. 32; *Lorff*, ZESAR 2007, 104 (108); auf *Sormani-Bastian*, Vergaberecht und Sozialrecht, Diss. 2006, S.36 ff.

695 *EuGH*, Urt. v. 18.11.1999, C-275/98, Slg. 1999, 8291, Rn. 31 - Unitron (=NZBau 2000, 91); *EuGH*, Urt. v. 07.12.2000, C 324/98, Slg. 2000, I-10745, Rn. 60 ff.- Teleaustria (=NZBau 2001, 148 (151)); *EuGH*, Urt. v. 18.06.2002, C-92/00, Slg. 2002, I-5553, Rn. 47, NZBau 2002, 458 - Hopital Ingenieure; *EuGH*, Urt. v. 27.10.2005, C-234/03, Slg. 2005, I-9315, Rn. 23 bis 46 und 47 bis 78, NZBau 2006, 189 - Contse/Insalud; *EuGH*, Urt. v. 09.02.2006, C-226/04 und 228/04, Slg. 2006, I-1347, Rn. 32 NZBau 2006, 328 - La Cascina.

696 Abl. Nr. C 179 v. 01.08.2006, S. 2.

697 *EuGH*, Urt. v. 18.11.1999, C-275/98, Slg. 1999, 8291, Rn. 31 – Unitron (=NZBau 2000, 91).

Auftrags und des gewählten Verfahrens in möglichst offener Form enthalten, so dass den Bewerbern eine diskriminierungsfreie Teilnahme mit gleichen Zugangschancen möglich ist.[698]

Für die inhaltlichen Kriterien gilt nichts anderes als das zur Warenverkehrsfreiheit Gesagte. Denn in den dort dargelegten Kriterien, die sich aus der Warenverkehrsfreiheit hinsichtlich der Auswahl von Arzneimitteln ableiten lassen, spiegeln sich die hier genannten Grundsätze wider.

2. *Grundrechte*

Auch den deutschen Grundrechten folgen mitunter Pflichten zur Transparenz beim Abschluss von Verträgen.[699]

Art. 3 Abs. 1 GG verpflichtet die Krankenkassen als Körperschaften des öffentlichen Rechts bei der Auftragsvergabe jedoch zur Beachtung bestimmter Maßgaben gegenüber pharmazeutischen Unternehmen, die kurz erläutert werden sollen. Dagegen gewähren weder § 97 Abs. 7 GWB noch Art. 12 Abs. 1 GG Rechte gegen die Nichtberücksichtigung bei der Auftragsvergabe.[700]

Dem nicht berücksichtigten Bieter garantiert Art. 3 Abs. 1 GG mit dem allgemeinen Justizgewährungsanspruch Rechtsschutz. Einen Anspruch auf Primärrechtsschutz in Form eines Zuschlagverbotes oder ähnlichem bei Anrufung eines Gerichts, wie er mit Erreichen der Schwellenwerte besteht, folgt aus Art. 3 Abs. 1GG[701] nicht.[702]

Aus dem Anspruch auf Gleichbehandlung (Art. 3 Abs. 1 GG) folgt, dass jede staatliche Stelle bei ihrem Handeln, unabhängig von der Handlungsform und dem betroffenen Lebensbereich, die in dem Gleichheitssatz niedergelegte Ge-

---

698 *Lorff*, ZESAR 2007, 104 (108).

699 *BVerfGE* 73, 280/296; 86, 28/41; *BVerwGE* 118, 270/271 f., *Becker/Kingreen*, in: dies., § 69 Rn. 57.

700 Selbst wenn von einer grundsätzlichen Bindung der staatlichen Stelle, die einen öffentlichen Auftrag vergibt, an Art. 12 Abs. 1 GG ausgegangen werde, hänge die Reichweite dieser Grundrechtsbindung maßgeblich von der Schutzrichtung und dem Schutzgehalt des Grundrechts ab. Die Vergabe eines öffentlichen Auftrages berühre jedoch grundsätzlich nicht den Schutzbereich der Berufsfreiheit des erfolglosen Bewerbers, so *BVerfG*, Beschl. v. 13.06.2006, BVerfGE 116, 135; Anm. *Bier*, jurisPR-BVerwG 23/2006, Anm. 6.

701 Weiter führt das BVerfG aus: Ein solcher Anspruch folge auch nicht aus Art. 12 Abs. 1 GG, Art. 19 Abs. 4 GG, oder aus dem im Rechtsstaatsprinzip (Art. 20 Abs. 3 GG) verbürgten allgemeinen Justizgewährungsanspruch, dazu *BVerfG*, Beschl. v. 13.06.2006, *BVerfGE* 116, 135; mit Anm. *Bier*, jurisPR-BVerwG 23/2006, Anm. 6.

702 So das *BVerfG*, Beschl. v. 13.06.2006, dagegen lehnt die Literatur zu einem Großteil den Rückgriff auf den allg. Justizgewährungsanspruch ab, und tritt für eine grundrechtliche Verpflichtung zur Gewährleistung von effektivem Primärrechtsschutz auf Grund von Art. 19 Abs. 4 GG ein, vgl. dazu *Bungenberg*, in: Loewenheim/Meessen/ Riesenkampff, GWB § 98, Rn. 5; Dreher, in Immenga/Mestmäcker, GWB, Vor § 97 ff., Rn. 5

rechtigkeitsvorstellung zu beachten hat.[703] Dieses Handeln ist anders als die in freiheitlicher Selbstbestimmung erfolgende Tätigkeit eines Privaten stets dem Gemeinwohl verpflichtet.[704] Eine willkürliche Ungleichbehandlung kann dem Gemeinwohl nicht dienen.[705] Der staatlichen Stelle, die einen öffentlichen Auftrag vergibt, ist es daher verwehrt, das Verfahren oder die Kriterien der Vergabe willkürlich zu bestimmen.[706] Jeder Mitbewerber muss eine faire Chance erhalten, nach Maßgabe der für den spezifischen Auftrag wesentlichen Kriterien und des vorgesehenen Verfahrens berücksichtigt zu werden. Eine Abweichung von solchen Vorgaben kann eine Verletzung des Art. 3 Abs. 1 GG bedeuten.[707] Dabei kann sich der Auftraggeber am bestehenden Vergaberecht orientieren.

Hat sich die Krankenkasse aber aufgrund ihrer Grundrechtsbindung für ein konkretes Verfahren entschieden,[708] wobei ihr prinzipiell ein Auswahlermessen zusteht, so kann daraufhin für die Zukunft der Grundsatz der Selbstbindung der Verwaltung[709] dazu führen, dass der Auftraggeber dasjenige Verfahren und diejenigen Auswahlkriterien verwendet, die er auch in vergangenen Verfahren angewendet hat. Hat sich eine Krankenkasse bei Ausschreibungen unter dem Schwellenwert folglich in der Vergangenheit an der Vergabe- und Vertragsordnung für Leistungen orientiert, kann einer solchen verwaltungsinternen Regelung über Verfahren und Kriterien der Vergabe eine mittelbare Außenwirkung[710] zukommen. Auf diesem Wege kann das Vergaberecht auch auf die Rabattverträge Anwendung finden.

3. *Zwischenergebnis*

Unterhalb der Schwellenwerte[711] sind die Grundsätze der Transparenz, des Wettbewerbs und der Nichtdiskriminierung in ihren konkreten Ausformungen als Ausfluss des Willkürverbots zu beachten[712] bzw. mit dem *LSG Baden-*

703 *BVerfG*, Beschl. v. 13.06.2006, Rn. 64, BVerfGE 116, 135; Anm. *Bier*, jurisPR-BVerwG 23/2006, Anm. 6.

704 *BVerfG*, Beschl. v. 13.06.2006, Rn. 64, BVerfGE 116, 135; Anm. *Bier*, jurisPR-BVerwG 23/2006, Anm. 6.

705 *BVerfG*, a.a.O., Rn. 64.

706 *BVerfG*, a.a.O., Rn. 65.

707 *BVerfG*, a.a.O., Rn. 65.

708 Vgl. zu mögl. Verfahren und Kriterien *Sormani-Bastian*, Vergaberecht und Sozialrecht, Diss. 2006, S. 36 ff.

709 *BVerfG*, a.a.O., Rn. 65.

710 *BVerfG*, a.a.O., Rn. 65; *BVerfGE* 73, 280 (299 f.); 111, 54 (108); *BverwGE* 35, 159 (161); 104, 220 (223); BGHZ 139, 259 (267); *Dörr*, DÖV 2001, 1014 (1017).

711 Der Gesetzgeber hat in § 69 Abs. 2 S.1 SGB V ausschließlich auf das GWB Kartellvergaberecht, also auf die Vergaberechtsvorschriften oberhalb der Schwellenwerte verwiesen.

712 *Willenbruch*, PharmR 2009, 111 (113).

Württemberg, jedenfalls bei entsprechender Selbstbindung der Verwaltung, eine entsprechende Anwendung der vergaberechtlichen Vorschriften in Betracht zu ziehen.[713] Zudem sind die Grundsätze zu beachten, die der EuGH in seiner Rechtsprechung aus den Grundfreiheiten und Gemeinschaftsgrundrechten abgeleitet hat. Die Krankenkassen sollten sich daher, wollen sie Ungewissheiten bezüglich der Wirksamkeit ihrer Verträge vermeiden, an den vergaberechtlichen Leitlinien zumindest orientieren.

VII. Zwischenergebnis

1. Die Krankenkassen sind nach dem funktionalen Auftraggeberbegriff öffentliche Auftraggeber gem. § 98 GWB, wenn sie Rabattverträge abschließen.
2. Ob die Rabattverträge als öffentliche Aufträge anzusehen sind, hängt von der Art der Arzneimittel ab, die Gegenstand der Rabattvereinbarung sind.
3. Die Subsumtion unter den Begriff der Rahmenvereinbarung gem. § 4 VOL/A EG ist keine hinreichende Begründung, um den Rabattvertrag als öffentlichen Auftrag einzustufen. Es kommt dagegen in jedem Fall als Mindestvoraussetzung darauf an, ob die daraufhin erfolgende Nachfrage als Einzelauftrag in Form eines Lieferauftrags angesehen werden kann.
4. Erforderlich für einen solchen Einzelauftrag ist nicht, dass es sich um einen privatrechtlichen Vertrag handelt. Auch muss es sich nicht um einen Auftrag im rechtlichen Sinne nach nationalen Kriterien handeln. Der Grundsatz des *effet utile* gebietet hier eine funktionale Betrachtungsweise, nach der auch durch einen Vertrag ausgelöste Reglementierungen, die im Ergebnis die gleiche Wirkung wie ein Auftrag haben, als öffentlicher Auftrag zu bewerten sind, sofern die Leistungen nicht auf gesetzlicher Grundlage erfolgen, sondern durch einen Vertrag ausgelöst werden.
5. Neben den funktionalen (verhaltensbezogenen) Auftraggeberbegriff (persönlicher Anwendungsbereich) tritt somit ein funktionaler (erfolgsbezogener = „auftragsgleiche Wirkung") Auftragsbegriff (sachlicher Anwendungsbereich).
6. Rabattverträge über Festbetragsarzneimittel sind damit tendenziell als öffentlicher Auftrag zu behandeln, Rabattverträge über Arzneimittel mit neuartiger therapeutischer Wirkung in den meisten Fällen nicht. Aus dieser Unterscheidung folgt vor dem Hintergrund des AMNOG, dass alle

713 *LSG Baden-Württemberg*, Beschl. v. 27.02.2008, L 5 KR 507/08 ER-B (juris); MedR 2008, 309 ff. Unterhalb der Schwellenwerte seien gewöhnlich das Haushaltsrecht und die VOL/A 1. Abschnitt – früher sog. Basisparagraphen – anzuwenden (GWB, VgV und VOL/A zweiter Abschnitt gelten nicht). Diese sollen nach dem LSG entsprechend angewendet werden.

Arzneimittelrabattverträge gem. § 130a Abs. 8 SGB V, aber nur ein Teil der Rabattverträge gem. § 130c SGB V ausschreibungspflichtig sind.

7. Kommt man zu dem Ergebnis, dass ein Rabattvertrag über ein Patentarzneimittel als öffentlicher Auftrag einzustufen ist (entweder weil der Arzt ausnahmsweise eine direkte Möglichkeit des Preisvergleichs hat oder man generell, abweichend von der hier vertretenen Meinung, von einer unbegrenzten Anwendbarkeit des Vergaberechts auf Rabattverträge ausgeht) oder scheinen Arzneimittel aus anderen Gründen nicht austauschbar, so ist weiter zu prüfen, ob nicht ausnahmsweise eine direkte Vergabe im Verhandlungsverfahren möglich ist. Die Krankenkassen können Aufträge gem. § 3 Abs. 4 lit. c) VOL/A EG im Verhandlungsverfahren ohne Teilnahmewettbewerb vergeben, wenn der Auftrag wegen des Schutzes von Ausschließlichkeitsrechten, z.B. Patentrechten, nur von einem bestimmten Unternehmen durchgeführt werde kann. Dabei sind an die Art des Patentes strenge Anforderungen zu stellen, die tatsächlich eine Einzigartigkeit der Versorgungsmöglichkeit ergeben.
8. Die Laufzeit der Verträge darf 2 Jahre nicht überschreiten. Die nur einschränkende Anwendung des § 4 VOL/A EG, der vier Jahre vorsieht, ist sozialrechtlich durch das AMNOG gem. § 69 Abs. 2 S. 5 i.V. mit § 130a Abs. 8 SGB V möglich, da die § 4 VOL/A EG Regelung nach ihrer Formulierung nur „nach oben hin“ (d.h. mehr als 4 Jahre) zwingend ist.
9. Die gesetzlich vorgegebenen detaillierten Regelungen der „Allgemeinen Vertragsbedingungen“ (VOL/B) sind grundsätzlich gemäß § 11 VOL/A EG zum Vertragsgegenstand solcher Rabattverträge zu machen, die öffentliche Aufträge darstellen. Zusätzliche Allgemeine Vertragsbedingungen dürfen der VOL/B nicht widersprechen (§ 11 S. 2 VOL/B). Dies führt im Nachprüfungsverfahren zu einer vergaberechtsinternen AGB-Kontrolle der Rabattverträge.
10. Wird der Schwellenwert bei den Aufträgen nicht erreicht, so haben sich die Krankenkassen an Art. 3 GG und den Grundfreiheiten zu orientieren. Auch die Grundsätze der Selbstbindung der Verwaltung können in einer Pflicht zur Anwendung vergaberechtlicher Grundsätze münden.

§ 11 Europäisches Kartellrecht

Sofern Krankenkassen als Unternehmen im Sinne der Artikel 101 ff. des Vertrages über die Arbeitsweise der Europäischen Union (AEUV)[714] einzustufen wären, wäre ihr Verhalten bei Abschluss und Durchführung der Rabattverträge - sofern das Merkmal der spürbaren Beeinträchtigung des Handels erfüllt wäre[715] - am Maßstab der Art. 101 AEUV bzw. Art. 102 AEUV zu messen.

Dies hätte die Folge, dass sie eventuell bestimmte Verhaltensweisen im Rahmen der Rabattverträge und der darauf basierenden Nachfrage von Arzneimitteln gegenüber den pharmazeutischen Unternehmen zu unterlassen hätten. Wegen des Anwendungsvorrangs des Gemeinschaftsrechts[716] kann § 69 SGB V trotz seines abschließenden Charakters die Art. 101 ff. AEUV nicht ausschließen.[717]

Mit der Feststellung eines Verstoßes gegen Art. 101 AEUV oder Art. 102 AEUV wäre allerdings dann zusätzlich gem. Art. 106 Abs. 1 und 2 AEUV zu prüfen, ob der Verstoß mit der Notwendigkeit der jeweiligen Aufgaben des öffentlichen Unternehmens gerechtfertigt werden kann.[718] Fehlte den Krankenkassen aber bereits die Eigenschaft als Unternehmen, muss nicht erst auf den Rechtfertigungsgrund zurückgegriffen werden.

Der im EU-Vertrag verwendete Begriff des Unternehmens ist dort nicht näher definiert. Ausgangspunkt bei der Prüfung, ob es sich bei einer handelnden Einheit um ein Unternehmen im Sinne der Art. 101 ff. AEUV handelt, ist die Rechtsprechung des EuGH im Fall Höfner-Elser[719]. Jede Einheit, die eine wirtschaftliche Aktivität ausübt, ist danach als Unternehmen im Sinne des Wettbe-

---

714 Der Vertrag über die Arbeitsweise der Europäischen Union in der Fassung der Bekanntmachung vom 9. Mai 2008, konsolidierte Fassung des Vertrages zur Gründung der Europäischen Gemeinschaft v. 25.03.1957 (BGBl. II S. 766).

715 Zwischenstaatlichkeitsklausel und das ungeschriebene Tatbestandsmerkmal der Spürbarkeit. Dieses Merkmal ist aber weit auszulegen, vgl. st. Rspr. seit *EuGH*, Urt. v. 30.06.1966, C 56/65, Slg. 1966, 282 – Maschinenbau Ulm, und dürfte im Fall nicht ganz kleiner Krankenkassen bei der Nachfrage von Arzneimitteln regelmäßig erfüllt sein, vgl. *OLG Düsseldorf*, Urt. v. 27.06.1999, U (Kart) 36/98; *EuGH*, Urt. v. 16.03.2004, C-264/01 u.a., Slg. 2004, I-2493 – AOK-Bundesverband.

716 Ständige Rspr. seit *EuGH*, Urt. v. 15.06.1964, C-6/64, Slg. 1964, 1253 – Costa/E.N.E.L.

717 Allg. Ansicht, vgl. nur *Wolfgang Jaeger*, ZWeR 2005, 31 (47); *Schütze*, A&R 2006, 253 (254); *Sträter/Natz*, PharmR 2007, 7 (8); *Roth*, GRUR 2007, 645 (649); *Lübbig/Klasse*, A&R 2009, 51 (53).

718 *EuGH*, Urt. v. 18.06.1991, C-260/89, Slg. 1991, I-2925 Rn. 33 ff., ERT/DEP; *Kling/Thomas*, § 6, Rn. 39.

719 *EuGH*, Urt. v. 23.04.1991, C-41/90, Slg. 1991, I-1979 – Höfner-Elser. Die durch Versicherungsbeiträge finanzierte Vermittlungstätigkeit der Bundesanstalt für Arbeit wurde als unternehmerisch angesehen, vgl. Immenga/*Mestmäcker*, Art. 37 u. 90 EGV, Rn. 11.

werbsrechts zu betrachten, unabhängig von ihrer Rechtsform und der Art ihrer Finanzierung[720]. Daher unterliegt unstreitig neben privater Wirtschaftstätigkeit auch die wirtschaftliche Tätigkeit der öffentlichen Hand grundsätzlich dem EU-Kartellrecht.[721] Als Zurechnungssubjekt ist diejenige wirtschaftliche Einheit bzw. das öffentliche Unternehmen[722] zu sehen, welche der Staat für seine Zwecke einsetzt.[723]

Die wirtschaftliche Aktivität bezieht sich auch unstreitig auf jedes Handeln, das darin besteht, Güter oder Dienstleistungen auf einem Markt anzubieten[724]. Aber nicht nur der Angebotswettbewerb, sondern auch der Nachfragewettbewerb ist traditionell Gegenstand des europäischen Kartellrechts.[725] Schwierig ist aber mittlerweile die Beurteilung geworden, ob die Nachfragetätigkeit am Markt auch dann als wirtschaftliche Unternehmenstätigkeit zu behandeln ist, wenn der Nachfrager nicht als Anbieter am Markt tätig wird, um die nachgefragten Produkte oder Dienstleistungen weiterzuveräußern. Diese Problematik folgt aus der unten ausführlich behandelten EuGH Rechtsprechung im Fall Fenin.[726] Bevor auf diesen Fall eingegangen wird, soll aber zunächst geklärt werden, ob die Krankenkassen überhaupt als wirtschaftliche Nachfrager am Markt auftreten, wenn sie Rabattverträge abschließen und auf ihrer Grundlage Arzneimittel nachfragen, oder ob von vornherein gar keine wirtschaftliche Tätigkeit am Markt im Sinne der 101 ff. AEUV vorliegt.

---

720 *EuGH*, Urt. v. 16.03.2004, C-264/01 u.a., Slg. 2004, I-2493, Rn. 56 – AOK-Bundesverband unter Hinweis auf die Rechtssachen Höfner-Elser und Cisal. Diese Definition führt zur Relativität des Unternehmensbegriffs, vgl. *Lübbig/Klasse* A&R 2009, 51 (53).

721 *Aicher/Schuhmacher/Stockenhuber/Schroeder*, in: Grabitz/Hilf, EU-Kommentar, EG Art. 81, Rn. 67 ff.

722 Vgl. die nicht abschließende Definition der Transparenz-RL 80/723/EWG, ABl. 1980 L 195/35; dazu *EuGH*, C-188/80 u.a., Slg. 1982, 2545.

723 Ohne ein solches Zurechnungssubjekt ist der Staat als Zurechnungssubjekt anzusehen, *EuGH*, C-92/91, Slg. 1993, I-5383 – Tailandier; *Aicher/Schuhmacher/Stockenhuber/Schroeder*, in: Grabitz/Hilf, EU-Kommentar, EG Art. 81, Rn. 68; eine Rechtspersönlichkeit ist dafür streng genommen nicht erforderlich, h.M. dazu *Kling/Thomas*, § 4, Rn. 4 m.w.Nw.

724 *EuGH*, Urt. v. 16.06.1987, C-118/85, Slg. 1987, 2599 – Kommission vs. Italien; *Weiß*, in: Calliess/Ruffert, EGV Art. 81 Rn. 29.

725 Davon gegen die Formulierungen der Art. 101 ff. selbst aus („Ankaufspreise“, „Einkaufsbedigungen“); vgl. auch *EuGH*, Urt. v. 28.03.1958, C-298/83, Slg. 1985, 1105, Rn. 23. ff. - CICCE; EuG, Urt. v. 17.12.2003, T-219/99, Rn. 89 ff. – British Airways.

726 *EuGH*, Urt. v. 11.07.2006, C-205/03 f., Slg. 2006, I-6295 – Fenin; zuvor Schlussanträge des Generalanwalts *Maduro* vom 10.11.2005, C-205/03, Slg. 2006, I-6295 – Fenin; *EuG*, Urt. v. 04.03.2003, T-319/99, Slg. 2003, II-357 – Fenin.

I. Krankenkassen als Unternehmen bei isolierter Betrachtung des Nachfragebereichs

Zunächst soll daher isoliert das Verhältnis der Krankenkassen zu den pharmazeutischen Unternehmern betrachtet werden. Liegt schon keine wirtschaftliche Tätigkeit vor, wenn Rabattverträge abgeschlossen und auf ihrer Grundlage Arzneimittel nachgefragt werden, kann die weitere Prüfung beendet werden und bei den Krankenkassen handelt es sich schon aus diesem Grund nicht um Unternehmen.

1. Abgrenzungen zur nicht wirtschaftlichen Tätigkeit

Anerkanntermaßen liegt eine wirtschaftliche Tätigkeit jedenfalls dann nicht vor, wenn es sich um eine notwendige hoheitliche Tätigkeit des Staates[727], um den Bereich des privaten Verbrauchs[728] oder um Arbeitnehmer handelt (wobei letztere Fallgruppe im vorliegenden Zusammenhang keine Bedeutung entfaltet).[729]

Die Rabattverträge enthalten kein hoheitlich-zwingendes Element, werden vielmehr freiwillig abgeschlossen. Auf das Argument des privaten Verbrauchs ist erst unten im Bereich der Akzessorietätsthese näher einzugehen. Vordergründig erwerben die Krankenkassen die Arzneimittel jedenfalls nicht für sich selbst, so dass dieser Fall bei isolierter Betrachtung des Verhältnisses zwischen Krankenkassen und pharmazeutischen Unternehmern auszuscheiden scheint. Die generellen Ausnahmen sind danach nicht einschlägig.

Im Bereich der Verwaltung der Kranken- und Rentenversicherungssysteme nimmt der EuGH jedoch ein nicht wirtschaftliches Handeln für bestimmte Einrichtungen dann an, wenn sie solidarisch organisiert sind. Nicht nur eine hoheitliche Tätigkeit oder die private Nachfrage führt somit zur nichtwirtschaftlichen Tätigkeit, sondern auch eine rein „soziale" bzw. „solidarische" Tätigkeit, die der EuGH jedenfalls bei solchen Krankenkassen annimmt, die:

„nur die Gesetze anwenden und keine Möglichkeit haben, auf die Höhe der Beiträge, die Verwendung der Mittel und die Bestimmung des Leistungsumfangs Einfluss zu nehmen. Denn ihre auf dem Grundsatz der nationalen Solidarität beruhenden Tätigkeit wird ohne Gewinnerzielungsabsicht ausgeübt, und die

727 EuGH, Urt. v. 10.01.1994, C-364/92, Slg. 1994, I-43 – SAT Fluggesellschaft/ Eurocontrol; allg. *Bunte*, in: Langen/Bunte, Art. 81 Rn. 20 ff.

728 *Roth*, in: FK-KartR, Art. 81 Abs. 1 Grundfragen Rn. 22.

729 *Emmerich*, in: Immenga/Mestmäcker, EG Art. 81 Abs. 1 Rn. 23.

Leistungen werden von Gesetzes wegen und unabhängig von der Höhe der Beiträge erbracht.“[730]

Einrichtungen aber, „die gesetzliche Systeme der sozialen Sicherheit verwalten und nur einen Teil der genannten Merkmale aufweisen, nämlich fehlende Gewinnerzielungsabsicht, eine soziale Tätigkeit, die einer staatlichen Regelung unterliegt, die u.a. Solidaritätsanforderungen stellt“, wurden vom EuGH dagegen als Unternehmen angesehen, die eine wirtschaftliche Tätigkeit ausüben.[731]

Allerdings wurden diese Kriterien bisher nur im Verhältnis zwischen Krankenkassen und Versicherten angewandt.

Das Verhältnis zwischen Krankenkassen und pharmazeutischen Unternehmern ist nicht in diesem Sinne als solidarisch zu bezeichnen (vgl. ausführlich § 7). Sofern durch Rabattverträge direkte wirtschaftliche Beziehungen zwischen Krankenkassen und pharmazeutischen Unternehmern entstehen, bauen diese auf marktwirtschaftlichen Elementen auf. Die marktwirtschaftlichen Strukturen, die in gewissen Ansätzen zwischen Krankenkassen und pharmazeutischen Unternehmern bestehen, wurden in § 7 geschildert. Das Verhandeln um Rabatte und der Abschluss entsprechender Verträge sowie die Finanzierung der Arzneimittel reichen aus, um von einer wirtschaftlichen Tätigkeit in diesem Sinne auszugehen.

Denn wirtschaftliches Handeln nach dem weiten funktionalen Unternehmensbegriff ist grundsätzlich jede Tätigkeit am Markt - bspw. auch eine Marketingkampagne für bestimmte Produkte, die eine nachfragelenkende Wirkung erzielen kann. Eine Warenbeschaffung (wie sie in dieser Untersuchung im Bereich des Vergaberechts für manche Arzneimittel abgelehnt wurde[732]) muss - anders als im Vergaberecht - nicht vorliegen.

Den pharmazeutischen Unternehmen treten die Krankenkassen bei der Nachfrage nach Arzneimitteln nicht „solidarisch“ gegenüber, sondern nach dem Marktprinzip. Sie handeln die Rabatte aus und streben dabei - aus Sicht der Unternehmen[733] - eine Kapitalmehrung durch ersparte Aufwendungen an.

2. *Restwettbewerb*

Wäre für die Krankenkassen aber die Möglichkeit des Wettbewerbs per Gesetz von vornherein vollständig ausgeschlossen, so wäre das Gesetz nach der Recht-

---

730 *EuGH*, Urt. v. 16.03.2004, C-264/01 u.a., Slg. 2004, I-2493, Rn. 47 – AOK-Bundesverband, unter Hinweis auf die Rechtssache Poucet und Pistre, *EuGH*, Urt. v. 17.02.1993, C-159/91 u.a., Slg. 1993, I-637.

731 *EuGH*, Urt. v. 16.03.2004, C-264/01 u.a., Slg. 2004, I-2493, Rn. 49 - AOK-Bundesverband.

732 Vgl. § 10.

733 Krankenkassen dürfen freilich kein Kapital bilden, es handelt sich vorliegend um eine fiktive, weil isolierte Betrachtung der Nachfragebeziehung aus Sicht der Unternehmen.

sprechung des EuGH ein Rechtfertigungsgrund für ihr Verhalten und dieses von daher schon nicht durch das Kartellrecht zu kontrollieren.[734] Anders ist aber die Rechtslage, wenn das nationale Recht immerhin einen Restwettbewerb bestehen lässt, der zusätzlich durch autonome unternehmerische Entscheidungen beeinflusst wird.[735] Gemeint ist hier jede Art von Wettbewerb, die auf einem Markt geschieht, also ein Wettbewerb im „Smith'schen Sinne".[736]

Im Verhältnis zwischen Krankenkassen und Versicherten wurde einer solcher Wettbewerb (§ 6) zwar als nicht dominierend betrachtet. Im Verhältnis zwischen Krankenkassen und Unternehmern dürfte jedoch aufgrund der bestehenden Marktelemente (zumindest aufgrund der Rechtsprechung vor „Fenin") ein Wettbewerb geringer Intensität ausreichen - anders als im Vergaberecht. Denn umgekehrt zum Sinn und Zweck des Vergaberechts muss hier der größtmögliche Schutz der Anbieterseite vor staatlich verzerrendem Wettbewerbshandeln garantiert werden.

Ein Restwettbewerb wurde sogar in den Fällen staatlicher Preisfestsetzungen angenommen, da ein Wettbewerb, wenn auch eingeschränkt, über andere Faktoren erfolgen könne.[737] Allein dass ein Preiswettbewerb oder ein Qualitätswettbewerb im Grundsatz ausgeschlossen ist, heißt im Umkehrschluss nicht, dass der Gesetzgeber einen Marktwettbewerb vollständig unterbunden hat.

Denn es kann jeweils noch ein Restwettbewerb existieren, der in gewissem Maße für die Koordination von Angebot und Nachfrage sorgt. Die Rechtsprechung hat erkannt, dass „so wichtig der Preiswettbewerb auch sein mag - weshalb er niemals ganz beseitigt werden darf -, so ist er doch nicht die einzige wirksame Form des Wettbewerbs und auch nicht diejenige Form, die unter allen Umständen absoluten Vorrang erhalten müsste."[738] Unternehmen konkurrieren genau genommen nicht nur dadurch, dass sie Produkte oder Dienstleistungen zu einem niedrigeren Preis anbieten als ihre Wettbewerber für Produkte oder Dienstleistungen der gleichen Qualität. Wettbewerb findet auch statt, indem sie qualitätsvollere oder attraktivere Produkte oder Dienstleistungen anbieten. Daher können entsprechenden Beschränkungen unter Art. 101 Abs. 1 AEUV fallen.[739]

---

734 *EuGH*, Urt. v. 09.09.2003, C-198/01, Slg. 2003, I-8055, Rn. 52 ff. – Consorzio Industrie Fiammiferi (CIF)/Autorità Garante della Concorrenza e del Mercato, dazu Kling/Thomas, § 2, Rn. 6.

735 *EuGH*, a.a.O., Rn. 56 f.

736 Zu den möglichen Wettbewerbsarten vgl. § 2.

737 *EuGH*, a.a.O., Rn. 68 f.

738 *Metro/Komm*, Fn. 5 Rn. 21.

739 *Gippini-Fournier/Mojzesowicz*, in: Loewenheim/Messen/Riesenkampff, EGV Art. 81 Rn. 5; ebenso *Díaz*, in: Loewenheim/Meessen/Riesenkampff, Kartellrecht, EGV Art. 81 Abs. 1 Rn. 107.

Ein Verhandeln um Rabatte, also den Preis, dürfte folglich - auch ohne argumentativen Rückgriff auf die komplexe Wettbewerbssituation der Krankenkassen und trotz umfassender Reglementierung - das Erfordernis des Restwettbewerbs erfüllen.

Man kann ergänzen, dass, wenn der Markt allzu unrealistisch bzw. künstlich wäre, die verschiedenen Akteure Gegenstrategien entwickeln würden, um ihn zu umgehen. Dass dies bis jetzt nicht passiert und die Rabattverträge zahlreich abgeschlossen werden, zeigt, dass die Annahme eines Marktes – wenn dieser auch künstlich geschaffen wurde – nicht abwegig ist. Das Spiel auf dem künstlichen „Playing-Field" wird vielmehr mitgespielt – wenn auch teilweise per gesetzlicher Regulierung. Dies dürfte nach bisheriger Rechtsprechung (vor Fenin) das Kriterium des Restwettbewerbs erfüllt haben.

3. Keine Reglementierung des Marktes, sondern Teilnahme am Markt

Dabei kommt es nur darauf an, ob die Tätigkeit unter Marktbedingungen ausgeübt wird. Kein Kriterium ist - wie man es aus der Höfner-Elser Entscheidung herauslesen könnte -, ob die in Frage stehende Tätigkeit theoretisch von privaten Wirtschaftsteilnehmern ausgeübt werden könnte.

Die Abgrenzung zur Ausübung hoheitlicher Befugnisse, die an dieser Stelle oft schwierig ist, wird dagegen (mittlerweile?) anders vorgenommen: Alle Tätigkeiten, die auf eine Reglementierung des Marktes und nicht auf die Teilnahme am Markt abzielen, sind nicht wirtschaftlich.[740]

Dabei kann man dies nicht bezüglich des Handelns der Krankenkasse selbst in Zweifel ziehen, dieses ist jedenfalls keine Reglementierung des Marktes.

Aber auch die flankierenden Regelungen, die sich die Krankenkassen zu Nutze machen und dadurch erst zum Nachfrager werden, sind bei genauer Betrachtung keine solchen Reglementierungen. Die Regeln sind den Krankenkassen „als eigene" zuzurechnen, weil die Krankenkassen sie nach dem Willen des Gesetzgebers durch ihr Handeln erst „ein- oder abschalten" (vgl. § 1). Die Regeln richten sich nur darauf, die Krankenkassen zum Nachfrager zu machen, nicht jedoch unmittelbar auf die eigentlichen Marktparameter, den Preis, die Menge oder die Qualität der nachgefragten Arzneimittel. Und die Anreize für Apotheker, Ärzte und Patienten werden nicht für alle Arzneimittel erzeugt, sondern nur für Rabattarzneimittel aktiviert und stellen somit auch keine generellen Marktregeln dar.

---

740 *EuG*, Urt. v. 30.09.2004, T-313/02, Slg. 2004, II-3291, Rn. 41 – Meca-Medina. Vgl. zur Rspr. die überzeugende Analyse in den Schlussanträgen des Generalanwalts *Maduro* zur Rechtssache Fenin vom 10.11.2005, C-205/03, Slg. 2006, I-6295.

4. Gleichsetzung mit Festbeträgen?

Zuletzt stellt sich die Frage, ob der Abschluss von Rabattverträgen mit der Festbetragsfestsetzung verglichen werden kann. Im Hinblick auf die Festbeträge verneinte der EuGH bereits eine Tätigkeit der Krankenkassenverbände, die über den sozialen Zweck hinaus ging.[741]. Die Festbeträge bilden Erstattungshöchstbeträge, über die hinaus der Versicherte selbst die Kosten für ein Arzneimittel übernehmen muss. Aus zwei Gründen kann man nicht annehmen, dass die Rabattverträge den Festbeträgen einfach gleichgestellt werden können. Die Festbeträge berühren zwar die Interessen der Unternehmen, werden aber unmittelbar zu Lasten der Versicherten festgesetzt. Dabei steht den Krankenkassen kein Entschließungsermessen zu, sie müssen die Beträge festsetzen. Somit erscheint die Maßnahme eher als Leistungseinschränkung gegenüber den Versicherten, die dem Staat zuzurechnen ist. Anderes gilt bei Rabattverträgen. Es steht im Ermessen der Krankenkassen, diese abzuschließen. Sie stehen dabei allein den pharmazeutischen Unternehmen unmittelbar gegenüber, nicht hingegen den Versicherten. Zudem haben sie mitunter zurechenbare Auswirkung auf die Nachfrage nach einzelnen Arzneimitteln, müssen also dem Einkaufsverhalten der Krankenkasse zugerechnet werden. Der Nachfragebereich ist hier unmittelbar berührt, nicht nur mittelbar „als Reflex" wie im Fall der Festbeträge (so im „AOK-Urteil" [742]). Die Kriterien des EuGH in den Entscheidungen – was die Solidarität betraf –, beziehen sich jeweils auf das Verhältnis zwischen Versicherten und Krankenkassen, so dass diese nicht unmittelbar angewendet werden können[743].

5. Vergleich zur bisherigen nationalen Rechtsprechung

Nach der bisherigen nationalen Rechtsprechung wäre die Prüfung an dieser Stelle beendet gewesen, mit dem Ergebnis, dass es sich um Unternehmen handele. Denn die rechtliche Beurteilung der Beschaffungstätigkeit der öffentlichen Hand und auch der Krankenkassen wurde als wirtschaftliche Aktivität im deutschen Recht bisher von der anschließenden Verwendung der Güter strikt getrennt. Die Krankenkassen unterfielen daher in dieser Hinsicht ohne weitere Prüfung als Unternehmen dem Kartellrecht.[744]

---

741 *EuGH*, Urt. v. 16.03.2004, C-264/01 u.a., Slg. 2004, I-2493, Rn. 49 – AOK-Bundesverband.

742 *EuGH*, Urt. v. 16.03.2004, C-264/01 u.a., Slg. 2004, I-2493, Rn. 49 – AOK-Bundesverband.

743 *EuGH*, Urt. v. 16.03.2004, C-264/01 u.a., Slg. 2004, I-2493, Rn. 47, unter Hinweis auf die Rechtssache Poucet und Pistre, *EuGH*, Urt. v. 17.02.1993, C-159/91 u.a., Slg. 1993, I-637.

744 Seit *BGHZ* 36, 91 (99 ff.) – Gummistrümpfe = JZ 1962, 176 m. Anm. Stern; *OLG Schleswig*, NJW-RR 1996, 1086 (1070); ob der BGH seine Sicht anlässlich der EuGH Rechtsprechung ändert, hat er zunächst offen gelassen, vgl. *BGH* WuW/E DE-R 2161,

Stand ein öffentlich-rechtliches Handeln der Krankenkassen im Verhältnis zu den Versicherten in Rede, dessen Auswirkungen auch das Verhältnis zwischen Krankenkassen und pharmazeutischen Unternehmern betraf, so wurde zur Feststellung des privatrechtlichen und damit wirtschaftlichen Handelns die sog. Doppelqualifikationslehre[745] herangezogen.

Die Zivilgerichte gingen dabei davon aus, dass dasselbe Verhalten des Sozialversicherungsträgers im Verhältnis zu seinen Versicherten oder sonstigen Adressaten hoheitlicher Aufgabenwahrnehmung als hoheitliche Staatstätigkeit und im Verhältnis zu faktisch betroffenen Dritten als privatrechtliches und damit wirtschaftliches Handeln qualifiziert werden könne.[746]

So wurde die Selbsterbringung von Sachleistungen an die Versicherten ebenso wie die Aufklärungsaufgabe nach § 13 SGB I und § 1 S. 3 SGB V sowie die Sorge um die Wahrung des Wirtschaftlichkeitsgebots nach § 12 Abs. 1 SGB, wobei jeweils öffentlich-rechtlich geregeltes Handeln gegenüber den Versicherten vorlag, als wirtschaftliche Tätigkeit gegenüber den Unternehmen eingestuft.

Im Jahre 1999, also ein Jahr vor dem grundsätzlichen Ausschluss des Wettbewerbsrechts für einige Jahre,[747] wurde diese Lehre in zwei Gerichtsentscheidungen so weit ausgedehnt, dass hoheitliche Regelungsakte, seien es solche der sozialrechtlichen Normsetzung oder der Erlass von Verwaltungsakten - im Verhältnis zu anderen als den Adressaten (den Versicherten) ebenfalls als privatrechtliches und wirtschaftliches Handeln gegenüber Unternehmen auf dem Gesundheitsmarkt qualifiziert wurde. Das OLG Düsseldorf betrachtete den Normsetzungsakt der Festsetzung der Festbeträge als wirtschaftliches Handeln gegenüber den Unternehmen und sah die Krankenkassenverbände deswegen als Unternehmen an.[748] In einer im einstweiligen Rechtsschutz ergangenen Entscheidung des LG Hamburg[749] zu den hoheitlich erlassenen Arzneimittelrichtlinien nach § 92 Abs. 1 S. 2 Nr. 6 SGB V wurden diese ebenfalls als privatrechtliches und wirtschaftliches Handeln eingestuft.

Man ging also in der untergerichtlichen Rechtsprechung – dogmatisch gegensätzlich zum sogleich geschilderten „Fenin-Urteil" – soweit, die hoheitliche

---

2163 – Tariftreueerklärung III. Allg. zur isolierten Nachfragetätigkeit mit Annahme der Unternehmenseigenschaft *BGH* 26.10.1961, BGHZ 36, 91, 101 f.; *BGH* 07.07.1992, WuW/E BGH 2813, 2818.

745 Vgl. allg. *Stumpf*, WRP 2008, 286 ff.

746 Detaillierte Nachweise im Folgenden sowie bei *Scherer*, NJW 1989, 2724 ff; *Knispel*, NZS 1998, 563 ff.; *Ebsen*, ZfS 2000, 298 (311).

747 Durch das GKV-Gesundheitsreformgesetz 2000 vom 22.12.1999, Art. 8 Nr. 1 Buchst. b, BGBl. I S. 2626. Damit wurde der Doppelqualifikationslehre die Grundlage entzogen.

748 *OLG Düsseldorf* vom 28.08.1998, U (Kart) 19/98, NZS 1998, 567; vom 27.07.1999, U (Kart) 36/98, Pharma Recht 1999, 283.

749 *LG Hamburg* vom 31.03.1999, 315 O 115/99 u.a., MedR 1999, 268 (Leitsatz).

Natur sozialrechtlicher Rechtsbeziehungen zwischen Krankenkassen und Versicherten für grundsätzlich unbeachtlich zu erklären und wegen seiner wettbewerblichen Wirkungen auf die Unternehmen dem UWG oder GWB zu unterwerfen.

Für ein weites Verständnis der Doppelqualifikationslehre mochte zwar sprechen, dass damit möglicherweise Schutzlücken geschlossen wurden, die z. B. durch ein früher in Deutschland nicht vorhandenes bieterschützendes Vergaberecht vorhanden waren.

Eindeutig konnte jedoch die Ausdehnung dieser Lehre auf hoheitliches sozialrechtliches Handeln nicht überzeugen, da jedes staatliche Handeln wirtschaftliche Folgen hat und der Begriff des wirtschaftlichen Handelns (mit der Betonung auf „wirtschaftlich") damit als Abgrenzungskriterium gar keine Beachtung mehr gefunden hätte.

Entscheidend gegen die Ausdehnung der Lehre, die das wirtschaftliche Verhalten nur von den Auswirkungen auf eine potenzielle Marktgegenseite abhängig macht und damit auch hoheitliches Handeln wie Normsetzung erfasst, spricht, dass hier das öffentliche Recht gegen das Privatrecht ausgespielt wird und sowohl Zivilgerichte als auch Sozialgerichte für dieselben Fragen anhand unterschiedlicher Regelungsmuster zuständig wären.

Damit entschied der Zivilrichter in den vorliegenden Fällen letztlich gegen den Willen des Gesetzgebers über öffentlich-rechtliche Fragen und unterlief damit die grundsätzliche Trennung der Zuständigkeit zwischen Verwaltungsgerichten und Zivilgerichten. Rechtswegzersplitterung für dieselben Fragen und damit unterschiedliche Aussagen in Bezug auf dieselben Sachverhalte wären die Folge gewesen. Ein nach dem öffentlichen Recht, also auch den Grundrechten aller Beteiligten von den Sozialgerichten für rechtmäßig erklärtes Handeln hätte gleichzeitig von den Zivilgerichten für rechtswidrig erklärt werden können - eine zweifellos vom Gesetzgeber ungewollte Konsequenz.

Letztlich spielt dieser Ansatz das öffentliche Recht gegen das Privatrecht aus, was widersprüchlich erscheint und dem wohlverstandenen Kerngedanken des schon aus dem römischen Recht rührenden Gedanken des tertium non datur widerspricht, dass es ein Drittes „neutrales" Recht nicht geben könne.[750] Zwar ist Grundlage der Zweiteilung in öffentliches Recht und Privatrecht „nicht die Logik oder sonst eine Naturnotwendigkeit, sondern eine Dogmatik und Rechtspraxis prägende rechtshistorische Tradition aus den Zeiten des römischen Rechts, bei deren Entwicklung nicht zuletzt Zufälligkeiten und Zweckmäßigkeitsgesichtspunkte eine Rolle gespielt haben."[751]

---

750 Vgl. *Schünemann*, WRP 2000, 1001.

751 Vgl. hierzu teilweise wörtlich *Schünemann*, WRP 2000, 1001 (1006), unter Verweis auf weitere Quellen, insb. *Püttner*, Allg. Verwaltungsrecht, 7. Aufl. 1995, S. 74.

Das Vorgehen einiger Zivilgerichte griff auch, indem es „Verwaltungsrechtsschutz durch die Zivilgerichte" gewährte, bemerkenswerterweise historisch weiter zurück: Die auf Bluntschli und Gneist[752] zurückgehende Trennung der Rechtswege war historisch gegen die sog. justizstaatliche Lösung gerichtet (Verwaltungsrechtschutz durch die ordentliche Gerichtsbarkeit, für die Otto Bähr eintrat[753]) und wurde trotz der bekannten Schwierigkeiten der Trennung zwischen der Rechtsprechung auf dem Gebiet des öffentlichen und des Privatrechts vorgenommen.

6. Zwischenergebnis

Im Kartellrecht wäre nach dem traditionellen deutschen Unternehmensbegriff von einem wirtschaftlichen Handeln der Krankenkassen auszugehen gewesen, wenn die Krankenkassen Rabattverträge abschließen.

Die Beurteilung des Verhältnisses zwischen Krankenkassen und auf dem Gesundheitsmarkt tätigen Unternehmen als wirtschaftlich wurde im nationalen Bereich zuletzt also teilweise sogar ohne Rücksicht auf öffentlich-rechtliche Regelungsmuster nur anhand einer wettbewerblichen Wirkung auf die Unternehmen vorgenommen. Die Doppelqualifikationslehre war insgesamt eher durch den Wunsch der Anwendung des Wettbewerbsrechts auf die Krankenkassen als durch eine fundierte Analyse der Regelungsmuster geprägt, wodurch das Merkmal des wirtschaftlichen Handelns in den Hintergrund geriet (was wegen des lange Zeit nicht existierenden bieterschützenden Vergaberechts teilweise nachvollziehbar war).

Eine ganz andere - zur nationalen Rechtsprechung geradezu gegensätzliche - Auslegung erfuhr der Wirtschaftlichkeitsbegriff auf dem Nachfragemarkt im Gesundheitswesen durch die Rechtsprechung der europäischen Instanzen im Fall Fenin, der im Folgenden im Hinblick auf die Rabattverträge analysiert werden soll.

---

752 Der Rechtsstaat und die Verwaltungsgericht in Deutschland (1872, 2 Aufl. 1879) dazu *Sendler*, VBlBW 1989, 41 (43); *Würtenberger*, Rn. 43.

753 Der Rechtstaat - eine publizistische Studie (1864), S. 71, weil „eine völlig sichere Grenzscheidung zwischen der Rechtsprechung auf dem Gebiet des öffentlichen und des Privatrechts ... niemals zu erreichen sein" werde und das Verwaltungsrechtsverhältnis mit jenen Rechtsverhältnissen oftmals vergleichbar sei, die der Kontrolle der ordentlichen Gerichtsbarkeit unterliegen, dazu *Sendler*, VBlBW 1989, 41 (43); *Würtenberger*, Rn. 43.

II. Einbeziehung des Verhältnisses zwischen Krankenkassen und Versicherten in den Wirtschaftlichkeitsbegriff – Fenin vs. Kommission

In der Sache Fenin[754] hatte der EuGH zu entscheiden, ob Einheiten des nationalen Gesundheitssystems in Spanien als Unternehmen innerhalb des Verständnisses des Art. 81 ff. EG-Vertrags (jetzt: Art. 101 ff. AEUV) handeln, wenn sie medizinische Güter von einer Vereinigung spanischer Hersteller von Gesundheitsgütern „Federación Española de Empresas de Tecnología Sanitaria“ (kurz: Fenin) einkaufen, die den Mitgliedern des Gesundheitssystems zur Verfügung gestellt werden. Dabei wehrte sich Fenin gegen das ihrer Ansicht nach missbräuchliche und daher gegen europäisches Kartellrecht verstoßende Verhalten der spanischen Sozialversicherungsträger, Rechnungen erst lange nach Fälligkeit zu begleichen.

Der Gerichtshof folgte den Vorinstanzen in der These, dass, wenn eine Tätigkeit im Angebotsbereich wie die Gesundheitsversorgung der Versicherten keine wirtschaftliche Tätigkeit einer Vereinigung darstellt, auch die korrespondierende Tätigkeit im Nachfragebereich keine wirtschaftliche Tätigkeit dieser Einheit sei und diese (also die spanische Krankenkasse) daher auch kein Unternehmen sei.

Die Betrachtungsweise, dass der nichtwirtschaftliche Charakter einer Tätigkeit im Angebotsbereich den Effekt hat, das Handeln auf dem Nachfragemarkt vom Anwendungsbereich des Wettbewerbsrechts auszuschließen, wird teilweise durch die Wendung des „upstream/downstream-approach“ gekennzeichnet.[755] In der deutschsprachigen Literatur wird auch der Begriff der Akzessorietätsthese verwendet.[756]

Es wird im Folgenden

- gezeigt, wie das wirtschaftliche Handeln nach den Äußerungen in den Instanzen im Angebotsbereich/downstream-Bereich (Verhältnis zwischen Krankenkassen und Versicherten), welches nach dieser These ausschlaggebend für die Nachfragetätigkeit und daher besonders wichtig ist, festgestellt werden kann (unter 1.);
- und daraufhin die eigentliche Besonderheit des Fenin Urteils analysiert und bewertet, nämlich die Akzessorietätsthese an sich (scil.: Einbeziehung des Angebotsbereichs in die Bewertung des Nachfragebereichs) anhand der Rechtsprechung (unter 2.),

754 *EuGH*, Urt. v. 11.07.2006, C-205/03, Slg. 2006, I-6295 – Fenin.

755 Vgl. für die Terminologie *Krajewski/Farley*, European Law Review, 2007, 111 ff.

756 Vgl. *Mand/Münnich*, in: Voit (Hrsg.), Bewerten und Verhandeln im Arzneimittelmarkt, S. 132 ff.

um subsumierbare Kriterien für den Wirtschaftlichkeitsbegriff zu erhalten und daraus folgend für die Einordnung des Handelns der Krankenkassen beim Abschluss der Rabattverträge.

1. Wettbewerb im „downstream-Bereich" als entscheidendes Kriterium

In der Entscheidung Fenin wurde zunächst untersucht, ob das Verhältnis zwischen den staatlichen Krankenkassen und den Versicherten wirtschaftlich ausgestaltet war. Dafür wählten der Gerichtshof der ersten Instanz und der Generalanwalt (GA) *Maduro*[757] unterschiedliche Ansätze. Während der Gerichtshof erster Instanz (EuG)[758] den Poucet- und Pistre-„Test" durchführte (und damit das übliche Kriterienbündel für den Grad der Solidarität zwischen Krankenkassen und Versicherten heranzog) und innerhalb der öffentlichen Gesundheitsversorgung zum Schluss kam, dass die Tätigkeit der Krankenversicherungsträger nicht wirtschaftlich war,[759] kam es GA *Maduro* besonders darauf an zu erfahren, ob eine private Gesundheitsversorgung in Spanien co-existierte oder ob die Solidarität das gesamte System dominierte.

a) Maßstab des EuG: Poucet und Pistre Entscheidung

Nach der Poucet und Pistre Entscheidung[760] üben Einrichtungen des Gesundheitswesens keine wirtschaftliche Aktivität aus, wenn sie einer sozialen Tätigkeit nachgehen, die Tätigkeit auf dem Prinzip der Solidarität beruht und keine Gewinnerzielungsabsicht besteht. Wenn daher eine Pflichtmitgliedschaft besteht, die Beiträge einkommensabhängig festgelegt sind und nicht im Zusammenhang mit den bedarfsgerecht verteilten Leistungen stehen, die die Versicherten erhalten, üben sie danach keine wirtschaftliche Aktivität aus.[761] Nach dieser Formel entschieden die Kommission und das Gericht der ersten Instanz, dass die spanischen Gesundheitseinrichtungen im Leistungsbereich keine wirtschaftliche Aktivität ausübten.

---

757 Schlussanträge des Generalanwalts *Maduro* vom 10.11.2005, C-205/03, Slg. 2006, I-6295 – Federación Española de Empresas de Tecnología Sanitaria / Kommission.

758 *EuG*, Urt. v. 04.03.2003, T-319/99, Slg. 2003, II-357 – Fenin.

759 Zu diesen Maßstäben vgl. *EuGH*, Urt. v. 17.02.1993, C-159/91 u.a., Slg. 1993, I-637 – Poucet und Pistre.

760 A.a.O.

761 Vgl. *Weiß*, in: Calliess/Ruffert, EGV Art. 81 Rn. 30; *Emmerich*, in: Immenga/ Mestmäcker, Art. 81 EG, Rn. 28.

b) Der vom Generalanwalt verwendete Maßstab

Maduro[762] führte zunächst einleitend aus, warum das Handeln des Staates und seiner Einheiten grundsätzlich nicht dem Wettbewerbsrecht unterworfen sei. Der Staat handele nicht in erster Linie als Marktteilnehmer. Eine seiner Hauptaufgaben bestehe darin, Verteilungsmechanismen einzurichten. Dabei folge das staatliche Handeln nur dem Ziel der Solidarität, die Logik des Marktes sei ihm fremd. Der Staat unterliege jedoch dem Erfordernis der Kohärenz: Er dürfe dem Markt nur dann bestimmte Tätigkeiten entziehen, wenn dies dazu diene, das Solidaritätsprinzip durchzuführen und Verteilungspolitiken zu organisieren. Die Solidarität dürfe nicht nur ein Vorwand sein. Führe er daher Marktelemente ein und führe dies dazu, dass das Prinzip der Solidarität nicht mehr überwiege, verletze der Staat das Kohärenzprinzip und seine Einheiten seien durch das Wettbewerbsrecht zu kontrollieren. Habe der Staat ein Monopol errichtet, so sei anhand geeigneter Indikatoren zu prüfen, ob die Tätigkeit so organisiert sei, dass sie überwiegend Solidaritätserfordernissen entspricht, oder ob sie nicht vielmehr einer auf Kapitalmehrung gerichteten Marktlogik folge. Sei es für die fragliche Einrichtung unmöglich, ohne staatlichen Zuschuss eine ausgeglichene Bilanz zu erreichen, so werde dies ein Indiz dafür sein, dass Solidarität vorliege.

Das reiche aber nicht aus. Unabhängig davon, um welchen Bereich es sich handele, könne der Staat mehr oder weniger Solidarität umsetzen. Es müsse daher ein gewisser Grad der Solidarität erreicht werden, der im Versicherungsbereich nach den bekannten EuGH Kriterien: Zwangsmitgliedschaft, Beiträge relativ zum Einkommen sowie Leistungen nach Bedarf zu einem ausreichenden Grad der Solidarität führe.

Anders aber sei im Fall Fenin zu verfahren. Auch hier müsse zwar der Solidaritätsgrad bestimmt werden, der im Verhältnis zwischen den Krankenversicherungen und den Versicherten herrsche. Generalanwalt Maduro hielt aber die Kriterien der Poucet und Pistre Entscheidung nicht für maßgeblich, da sich das dort verwendete Kriterienbündel nur für die Bestimmung des Grades der Solidarität für die verpflichtende Mitgliedschaft in Gesundheitssystemen und die Bereitstellung einer Sozialversicherung eigne, aber nicht für die Bereitstellung von Gesundheitsleistungen aufgrund einer solchen Sozialversicherung.[763]

---

762 Schlussanträge des Generalanwalts *Maduro* vom 10.11.2005, C-205/03, Slg. 2006, I-6295 – Fenin.

763 Seine erste Frage bezog sich daher grundsätzlich auf das Verhältnis von Grundfreiheiten und Wettbewerbsrecht, ob nämlich die Bereitstellung einer Dienstleistung einmal wirtschaftlicher Natur und einmal nicht wirtschaftlicher Natur i.S. des EG Vertrags sein könne: Im Kontext der Dienstleistungsfreiheit wirtschaftlicher Natur und im Zusammenhang mit dem Wettbewerbsrecht nicht wirtschaftlicher Natur. Diese Frage bejahte er mit den unterschiedlichen Zielrichtungen der Rechtsinstitute. Dies drückt die Besorgnis darüber aus, dass nicht nur das Wettbewerbsrecht auf die Tätigkeit der Krankenversicherung keine Anwendung finden könne, falls man die Beziehungen als nicht wirt-

Gehe es um die Bestimmung des Solidaritätsgrades bei der Erbringung eines Dienstes durch die Krankenkassen, seien dafür andere Parameter maßgeblich: Freier Zugang zu diesem Dienst und Unentgeltlichkeit des Zugangs. Als entscheidendes drittes Kriterium, ob eine solche Tätigkeit wirtschaftlich sei (und damit eine Ausnahme vom Wettbewerbsrecht erst nach Art. 106 Abs. 2 AEUV in Betracht komme) benannte er, ob die medizinische Behandlung nur von einer staatlich kontrollierten Einrichtungen erbracht werde könne, die verpflichtet sei, jeden Patienten unentgeltlich zu behandeln. Stünde dies privaten Einrichtungen nicht zu, dann bleibe keine Marktlogik übrig und die Tätigkeit folge allein dem Solidaritätsprinzip.

Um zu entscheiden, ob die Handelnden eine wirtschaftliche Aktivität ausübten, fragte er somit danach, ob in dem Markt auch private Anbieter konkurrierend solche Angebote zur Verfügung stellten oder dort nur öffentliche Einrichtungen tätig waren. Es kam danach darauf an, ob auch private Einrichtungen die Versorgung mittrugen oder ob die Solidarität bei der Versorgung dominierte.[764]

Aus den Ausführungen des Generalanwalts ist zu folgern, dass er dann von einer wirtschaftlichen Betätigung ausginge, falls wirtschaftlicher Wettbewerb durch Private eine charakteristische Eigenschaft der Bereitstellung von Gesundheitsleistungen sei.[765]

In eine ähnliche Richtung scheint auch der EuGH im Fall AOK-Bundesverband zu weisen, wenn auch nicht ausdrücklich. Er stellt in seiner Begründung zunächst auf den Begriff der vom Staat auferlegten überwiegenden Solidarität ab, denn die im Krankenversicherungssektor vorhandenen Wettbewerbselemente reichten nicht aus, um Marktverhältnisse zu schaffen. Es wird in diesem Urteil aber ausdrücklich die Möglichkeit offen gelassen, dass die in Rede stehenden Einrichtungen wie Unternehmen handeln, wenn sie „Geschäftstätigkeiten ausüben, die keinen sozialen … Zweck haben“.[766] Die Argumentation, dass trotz „Wettbewerbs“ dann kein Wettbewerbsrecht Anwendung finden solle, wenn die Solidarität das System dominiere, ist also auch in der Entscheidung AOK-Bundesverband[767] zu finden.

In beiden Fällen wurde aber nicht deutlich gemacht, wie viel Wettbewerb bzw. wie viel private Konkurrenz zur Anwendung des Wettbewerbsrechts führen würde.

---

schaftlich einstufte, sondern auch die Dienstleistungsfreiheit, von der aber die sozialen Tätigkeiten aber grundsätzlich erfasst werden sollten. Schlussanträge des Generalanwalts *Maduro* vom 10.11.2005, C-205/03, Slg. 2006, I-6295 – Fenin.

764 Zum Kriterium des Wettbewerbs mit Privaten vgl. auch *Lübbig*, in: Loewenheim/Meessen/Riesenkampff, Art. 82 EGV, Rn. 22.

765 *Krajewski/Farley*, European Law Review, 2007, 111 (114).

766 Urt. v. 16.03.2004, C-264/01 u.a., Slg. 2004, I-2493, Rn. 58 – AOK-Bundesverband.

767 *EuGH*, Urt. v. 16.03.2004, C-264/01 u.a., Slg. 2004, I-2493, Rn. 56 – AOK-Bundesverband.

c) *Bewertung*

Der EuGH selbst hat sich in der Rechtssache Fenin aus anderen Gründen nicht mehr konkret damit auseinandergesetzt, wie die Wirtschaftlichkeit des Handelns auf dem Angebotsmarkt zu bestimmen ist. Überzeugender als die pauschalen Ausführungen des EuG erscheint jedenfalls die Begründung des Generalanwalts. Der EuG lässt dagegen Differenzierungen vermissen, die aber notwendig wären, um der Rechtsprechung für die Zukunft eine tragfähige Grundlage zu geben. Denn gerade die umstrittene (s.u.) These der Verknüpfung vom Nachfrage- und Angebotsmarkt bei Beurteilung des wirtschaftlichen Handelns auf dem Nachfragemarkt lässt eine pauschale Analyse wie die des EuG als nicht mehr ausreichend erscheinen.

Aber auch die Begriffswahl des Generalanwalts und des EuGH lässt Raum für Interpretation. Der Begriff der wirtschaftlichen Aktivität auf der Angebotsseite wird sibyllinisch und die Ergebnisse bei seiner Verwendung werden schwer vorhersagbar. Bis zu welchem Punkt dominiert die Solidarität, ab wann wird das System vom Marktwettbewerb geprägt? Zu Recht geht der Appell an den EuGH, das Maß an Wettbewerb zu umschreiben, welches erlaubt ist.[768]

Obwohl das weder vom Generalanwalt noch von den Instanzen so deutlich gesagt wird, wird die Schwelle zum Wettbewerb vorliegend als Schwelle der wettbewerblichen Risikoselektion gesehen. Ist die Risikoselektion nur unerwünschter und in den Folgen begrenzter Nebeneffekt eines Systems, in dem der Gesetzgeber einige Wettbewerbselemente eingeführt hat, ohne die Solidarität aufgeben zu wollen, reicht dies für die Annahme eines Marktwettbewerbs nicht aus.

Hat er dagegen bewusst private Anbieter zugelassen, die nicht innerhalb des solidarischen Systems „funktionieren" oder den Krankenkassen Marktinstrumente in die Hand gegeben, die eine Risikoselektion verursachen können, so führt das zu einer Unternehmenseigenschaft der Krankenversicherungen, denn hier entsteht ein Wettbewerb auf Kosten der Solidarität. Die sog. Logik des Marktes würde dabei Preise als Kennziffern für Qualität und Leistung einsetzen, wobei auf dem bereitgestellten Markt ein Wettbewerb entstünde um die Erlangung des besten Preis-Qualitäts-Mixes zwecks Kapitalvermehrung - mit der Folge einer sog. Risikoselektion.

d) *Schlussfolgerung*

Geht man mit hier vertretener Ansicht davon aus, dass die Bewertung des Gesundheitssystems vor allem vom Einsatz der Risikoselektion oder einer starken Nachfragebezogenheit als Wettbewerbselement abhängt, so wurde bereits in § 8

768 *Krajewski/Farley*, European Law Review, 2007, 111 (114).

sowie beim Merkmal des „nichtgewerblichen Handels" im Vergaberecht (§ 10 III 1.) dargelegt, dass diese trotz Einführung von Wettbewerbselementen keine Folge der Reformen im deutschen Gesundheitssystem sind und höchstens in Randbereichen als ungewollte Nebenfolge auftreten.

Mit den Worten des Generalanwalts *Maduro* hat der Gesetzgeber das Kohärenzprinzip beachtet. Er hat die Tätigkeit der Krankenversicherung im Sinne einer angestrebten Verteilungspolitik Einrichtungen übertragen, die allein den Erwägungen der Solidarität verpflichtet sind und sie damit einer hinreichenden Marktlogik entzogen. Er hat, anders gesprochen, keinen echten Marktwettbewerb zugelassen, dessen Kennzeichen und Folge eine Risikoselektion wäre.

Dabei kann die Behandlung zwar nicht nur unentgeltlich von staatlich kontrollierten Einrichtungen erbracht werden, wie es *Maduro* scheinbar zwingend fordert. Denn die Krankenkassen müssen sich in der Regel sogar privatwirtschaftlich handelnder Leistungserbringer bedienen.[769]

Maduro scheint jedoch eher zu meinen, dass das gesamte Verteilungssystem nicht marktmäßig bzw. anhand von „Kapitallogik" organisiert ist. Dies ist durch die Einbindung der Leistungserbringer in das Kollektivvertragssystem auch nicht der Fall (vgl. § 1), weshalb die Leistungen unentgeltlich erbracht werden können. Da in Deutschland der Verteilungsmechanismus der korporativen Koordination zwischen Ärzten und Krankenkassen herrscht, bestehen hier keine Marktprinzipien. Daran ändert auch die Einführung der Selektivverträge nichts. Wie bereits ausgeführt wurde, ist auch auf dieser Grundlage eine Risikoselektion nach wie vor nicht möglich (vgl. § 8).

Die Versicherten haben somit freien und unentgeltlichen Zugang zur ärztlichen Versorgung mit Arzneimitteln, womit auch dieses Kriterium *Maduros* erfüllt sein dürfte. Nicht zuletzt ist das von ihm genannte Indiz erfüllt, dass die Krankenkassen erhebliche Mittel vom Staat zur Funktionsfähigkeit erhalten - ohne staatlichen Zuschuss also keine Bilanz erreichen könnten, die die weitere wirtschaftliche Existenz zuließe.

Für den sozialen und solidarischen Charakter der GKV sind dabei folgende Merkmale wesentlich:

- Pflichtversicherung (§ 5 SGB V),
- Umlagefinanzierung (§ 220 SGB V),
- einkommensabhängige Beiträge (§ 3 Satz 2 SGB V),
- von der Beitragshöhe unabhängige gesetzlich festgelegte Leistungen,
- Familienlastenausgleich (§§ 3 Satz 3, 243 Abs. 2 Satz 2 SGB V),
- Solidarausgleich unter den Krankenkassen (§§ 266, 267 ff. SGB V).[770]

---

769 Vgl. § 140 SGB V, vgl. nur *Ebsen*, in: von Maydell/Ruland/Becker, Sozialrechtshandbuch, § 15, Rn. 53.

770 *Knispel*, SozSich 2008, 110 (112).

Zweifel an der Aufrechterhaltung des notwendigen „hohen Grades der Solidarität“ können aber bestehen, sofern Krankenkassen die durch die Rabatte ersparten Aufwendungen (oder auch die günstiger nachgefragten Arzneimittel) im Rahmen von Zusatzversicherungen verwenden, die nach dem Kapitalisierungsprinzip strukturiert sind und hinsichtlich derer sie im Wettbewerb mit privaten Krankenversicherern stehen. Hier kommt ein wirtschaftliches Handeln in Betracht und die nach Art. 106 Abs. 2 AEUV vorgeschriebene Abwägung wäre vorzunehmen.

e) Zwischenergebnis

1. Folgt man dem hier so bezeichneten „upstream/downstream-approach“ (Akzessorietätsthese) des Europäischen Gerichtshofes, sind die Krankenkassen in der momentanen Regulierungssituation nicht als wirtschaftlich handelnde Einheiten und damit nicht als Unternehmen zu betrachten, wenn sie Rabattverträge anbahnen oder abschließen. Ausgangspunkt für die Bestimmung der Unternehmenseigenschaft ist dabei nach wie vor, ob eine wirtschaftliche Tätigkeit vorliegt. Diese bemisst sich aber nicht allein anhand der Analyse der Tätigkeit auf dem Markt, dessen Gegenseite die Verletzung der Wettbewerbsvorschriften gerügt hat. Nach dem upstream/downstream-approach ist vielmehr eine Gesamtschau beider Märkte vorzunehmen, auf dem die staatlichen Einheiten tätig sind.
2. Zunächst ist zwischen dem Markt, auf dem die Krankenkassen mit den pharmazeutischen Unternehmern Rabattverträge abschließen und dem Markt, auf dem sie mit anderen Krankenkassen um den Abschluss von Krankenversicherungen bzw. Versicherte konkurrieren, zu unterscheiden.
3. Der Markt, auf dem die Krankenkassen mit den pharmazeutischen Unternehmen Rabattverträge abschließen, weist dabei, isoliert betrachtet, wettbewerbliche Strukturen im Sinne des Wettbewerbsrechts auf: Es findet trotz der umfassenden Regulierung ein im Kern freies Handeln um den richtigen Preis-Qualitäts-Mix statt – im Sinne eines Restwettbewerbs, der als zu kontrollierender Wettbewerb anerkannt ist. Folgt man der Formulierung, die Wettbewerb als ein komplexes System von Marktprozessen kennzeichnet, das aufgrund der Freiheit, daran teilzunehmen und innerhalb dieser Marktprozesse nach eigenem Plan tätig zu werden, entsteht,[771] so sind diese Elemente erkennbar. Die Krankenkassen und die pharmazeutischen Unternehmen sind frei darin, ob sie an den Rabattverträge teilnehmen und wie sie es tun.
4. In dem Bereich, auf dem die Krankenkassen mit anderen Krankenkassen um Versicherte konkurrieren, findet trotz wettbewerblicher Elemente, die

771 *Hoppmann*, Wirtschaftsordnung und Wettbewerb, 1988, S. 298; ders., Fusionskontrolle, 1972, S. 11; *Mestmäcker/Schweitzer*, § 2 Rn. 74.

dieser aufweist, kein wirtschaftlicher Wettbewerb statt, bei dem es im Kern um die optimale Aushandlung des Preis-Qualitäts-Mixes geht - mit Risikoselektion und starker Nachfragebezogenheit. Ein solcher Wettbewerb soll im Interesse einer solidarischen Vollversicherung ausgeschaltet bleiben. Der Wettbewerb wird anhand anderer Merkmale geschürt, was aber (noch) nicht zu einer Beurteilung eines Wettbewerbs im wettbewerblichen Sinne führen kann. Hier fehlen auch die gerade genannten Merkmale des „echten“ Wettbewerbs. Die Krankenkassen sind nicht frei darin, ob sie den Versicherten die Kern-Leistungen zu einem bestimmten Preis anbieten und können in diesem Zusammenhang auch keinen eigenen Plan verfolgen. Die Leistungserbringer, über die die Arzneimittelversorgung erfolgt (Arzt bzw. Apotheker), sind in dieses System einbezogen. Die Nachfragebezogenheit gleicht - vor allem aufgrund der Intransparenz des Systems für die Patienten - noch nicht der eines privaten Versicherers.

5. Diese Bereiche sind nach der These gemeinsam zu betrachten: Obwohl also der Markt, auf dem die Krankenkassen eigentlich Rabattverträge abschließen, ein wirtschaftliches Handeln aufweist, kommt diese Gesamtbetrachtungslehre bzw. Akzessorietätsthese zum Ergebnis, dass die eigentliche Motivation der Krankenkassen nicht wirtschaftlich ist, da im downstream-Bereich kein wirtschaftliches Handeln besteht.
6. Die Krankenkassen sind bei der Durchführung von Rabattverträgen unter den oben genannten Prämissen folglich keine Unternehmen im Sinne des EU-Wettbewerbsrechts. Im Folgenden soll auf die Begründung für diese Rechtsprechung näher eingegangen werden.

2. *Der upstream-downstream-approach*

Der eigentlich überraschende Akzent im Fall Fenin war jedoch die These, dass eine Einrichtung des spanischen Gesundheitssystems nun gerade wegen des fehlenden wirtschaftlichen Handelns bei der Weitergabe der Güter auch auf der Nachfrageseite nicht als Unternehmen zu betrachten war, wenn sie medizinische Güter von Unternehmen kaufte.

Denn auch wenn Einrichtungen solidarisch eine Versicherung anboten, wurden sie doch – nach bisher vorherrschender Meinung – als wirtschaftlich handelnder Käufer für verschiedene Güter auf Nachfragemärkten tätig. Eine Gesamtbetrachtung der Tätigkeit, wie sie etwa im Vergaberecht erfolgt (vgl. § 3, B. Vergaberecht), wurde nicht vorgenommen.

Es bestand somit die gleiche Ausgangslage wie im Fall der Rabattverträge, bei denen eine Nachfragetätigkeit am Markt vorliegt, die Angebotstätigkeit gegenüber den Versicherten jedoch nicht durch einen Markt geprägt ist (vgl. eingehend § 2).

Anders als bisher die nationalen Gerichte und Behörden innerhalb der Mitgliedstaaten[772] hielten es die Kommission, der Europäische Gerichtshof erster Instanz, der Generalanwalt und schließlich auch der EuGH aber nicht für ausreichend, dass die Gesundheitseinrichtungen auf wirtschaftliche Art und Weise auf dem Nachfragemarkt auftraten, um als sie als Unternehmen zu bewerten.

Der EuG (Gerichtshof erster Instanz) führte dazu aus[773]: „Was dabei den Begriff der wirtschaftlichen Tätigkeit kennzeichnet, ist nicht die Einkaufstätigkeit als solche, sondern das Anbieten von Gütern oder Dienstleistungen auf einem bestimmten Markt.“[774] Bei der Beurteilung der Art der Tätigkeit sei der Kauf der Erzeugnisse nicht von dessen späterer Verwendung durch den Käufer zu trennen. Der wirtschaftliche oder nichtwirtschaftliche Charakter der späteren Verwendung des erworbenen Erzeugnisses bestimmt daher zwangsläufig den Charakter der Einkaufstätigkeit.

a) Begründung für diese Rechtsprechung

Außer der Stellungnahme von GA *Maduro*[775] sind vor allem die Argumente aus der Literatur für diese Rechtsprechung interessant.

aa) Die Begründungslinie der Gleichsetzung von Endverbraucher und staatlicher Stelle

Der Generalanwalt[776] führte aus, dass das essenzielle Charakteristikum einer wirtschaftlichen Betätigung die Teilnahme auf einem Markt sei. Diese Marktteilnahme erfordere eine aufeinander bezogene Beziehung des Einkaufs und des Verkaufs von Gütern. Diese Beziehung mache es unmöglich, den einen Teil des Austauschs unter die Wettbewerbsregeln zu stellen, den anderen jedoch nicht. Er führte die Entscheidung des EuGH im Fall Pavlov[777] an, nach der nur die Tätigkeit der Zwischenhändler in die wirtschaftlich Sphäre fielen, nicht aber die Endabnahme der Güter durch die Verbraucher. Diese bewege sich außerhalb des Einflusses des Wettbewerbsrechts. Der Einkauf von Gütern durch die SNS und

---

772 Nachw. bei *Van de Gronden*, E.C.L.R. 2004, 87 (90 f.).

773 *EuG*, Urt. v. 04.03.2003, T-319/99, Slg. 2003, II-357 – Fenin, Rn. 37; vgl. auch *Van den Gronden*, E.C.L.R. 2004, 87 (92).

774 Dabei wurde an dieser Stelle verwiesen auf: Das Urteil des Gerichtshof vom 18. Juni 1998 in der Rechtssache C-35/96, Kommission/Italien, Slg. 1998, I-3851, Rn. 36, und Urteil Consiglio Nazionale degli Spedizionieri Doganali/Kommission, zitiert in Rn. 35 u. 36.

775 Schlussanträge des Generalanwalts *Maduro* vom 10.11.2005, C-205/03, Slg. 2006, I-6295 – Fenin.

776 GA *Maduro*, a. a. O.

777 *EuGH*, Urt. v. 12.09.2000, C-180/98 bis C-184/98, Slg. 2000, I-6451, EuZW 2009, 290-296 – Pavlov u.a.

der späteren nicht wirtschaftlichen Verwendung sei vergleichbar zum Endverbrauch dieser Güter und fiele daher nicht in die wirtschaftliche Sphäre.

Dem wird von anderer Seite[778] beigepflichtet, es sei paradox, wenn Einrichtungen, die bezüglich ihrer Hauptbetätigung nicht als „Unternehmen" anzusehen sind, auf Grund ihres Auftretens am Markt als Käufer automatisch zu Unternehmen würden. Das Kartellrecht, das den Interessen der Endabnehmer und Verbraucher zu dienen bestimmt ist, würde umgekehrt zu einem Schutzinstrument der Anbieter gegen ihre Kunden werden. Es sei auch schwer zu verstehen, welche Art von „Wettbewerb" durch solche Vereinbarungen beschränkt werde.

bb) Die Begründungslinie anhand des Sinn und Zwecks des Vergaberechts

Weiter hätte nach dieser Ansicht[779] die Anwendung von Art. 82 EG a.F. (jetzt Art. 102 AEUV) auf nichtkommerzielle Käufer, wie den Staat beim Kauf von Waffen oder beim Bau öffentlicher Straßen, eigene unerwartete Konsequenzen, nicht zuletzt die gleichzeitige Anwendung von Wettbewerbs- und Vergabevorschriften. Der Generalanwalt selbst hatte dazu ausgeführt, dass bei Auslegung des Wirtschaftlichkeitsbegriffs nach dem ausschließlichen Kriterium der negativen Auswirkung auf ein Unternehmen, wie es von Fenin vorgebracht worden war, die praktische Wirksamkeit der Regeln über die Vergabe öffentlicher Aufträge verringert würde.[780]

cc) Die ökonomische Begründungslinie

Dabei wird auch von Befürwortern der Rechtsprechung und den Gerichten selbst ausdrücklich anerkannt, dass die Nachfrage großer Mengen von Gütern zu einer bedeutenden Marktmacht führen könnte. Auch könne diese Situation zu einem Monopson (Monopol auf der Nachfrageseite) führen. Eine mögliche Schutzwürdigkeit der Unternehmen wurde also durchaus erkannt. Die Existenz eines Monopsons sei unter diesen Voraussetzungen aber keine ernste Bedrohung des Wettbewerbs, da es nicht notwendigerweise einen Einfluss auf den Angebotsmarkt haben müsste. Ein Monopsonist hätte keine Interessen, seine Verkäufer so unter Druck zu setzen, dass sie den Nachfragemarkt verlassen müssten. Für diese Argumentation wird in der Literatur angeführt, dass sie sich im Fall Fenin als zutreffend erwiesen habe. Obwohl einige Fenin-Mitglieder Schwierigkeit gehabt hätten, hätte keiner von ihnen den Markt verlassen. Und dies hätte dem spanischen Sozialversicherungsträger auch keine Vorteile auf dem Angebotsmarkt

---

778 *Gippini-Fournier/Mojzesowicz*, in: Loewenheim/Messen/Riesenkampff, EGV Art. 81 Rn. 48.

779 *Gippini-Fournier/Mojzesowicz*, in: Loewenheim/Messen/Riesenkampff, EGV Art. 81 Rn. 49.

780 Schlussanträge *GA Maduro* in C-205/03, Slg. 2006, I-6295 – Fenin, Rn. 65.

verschafft, so dass eine solche Entwicklung von vornherein nicht in seinem Interesse gelegen hätte.[781]

b) Bewertung und Kritik

Gegen die Flexibilisierung des Unternehmensbegriffs wird vor allem eingewendet[782], die Herausnahme der Sozialversicherungsträger aus dem Wettbewerbsrecht hätte auch im Rahmen des Art. 106 Abs. 2 AEUV erfolgen können.[783] Dies hätte den Vorteil einer weitgehenden Sicherheit bei der Anwendung des Wettbewerbsrechts gehabt und das Konzept des Unternehmensbegriffs nicht zum Gegenstand einer Abwägung zwischen ungewissen Größen werden lassen. Dieser Kritik ist beizupflichten. Die drei Begründungslinien für die Rechtsprechung überzeugen dagegen nicht.

aa) Gleichsetzung von Krankenkassen und Versicherten bei der Nachfrage?

Zutreffend ist, dass die Endverbraucher nicht dem Wettbewerbsrecht unterfallen. Die Nachfrage durch Endverbraucher wird nicht als wirtschaftliche Tätigkeit angesehen, obwohl sie zweifellos eine marktmäßige Tätigkeit darstellt, weil die Wettbewerbsregeln zum Schutz des Endverbrauchers bestimmt sind und weil von dem Nachfrageverhalten des Endverbrauchers typischerweise nicht diejenigen Wirkungen ausgehen, die einen Schutz der Marktgegenseite erforderlich machen.[784]

Um den Staat als Endverbraucher einzustufen, müsste er entweder mit einem privaten Nachfrager vergleichbar sein, der erworbene Güter konsumiert. Oder er müsste mit dem Bürger eine Art untrennbare „Nachfrageeinheit" bilden, die sinnvollerweise nur als Endverbraucher betrachtet werden kann.

In den überwiegenden Fällen einer Nachfragetätigkeit des Staates trifft keine der beiden Möglichkeiten zu, dazu sogleich (1).

Im Sozialversicherungssystem lassen sich dagegen Ansatzpunkte für eine Nachfrageeinheit Krankenkasse/Versicherter erkennen. So fällt auf, dass gerade im Bereich solcher Güter wie Arzneimittel die Krankenkassen Produkte nachfragen, die sie in gleicher Form an den Bürger weitergeben, was den Eindruck

---

781 *Krajewski/Farley*, European Law Review, 2007, 111 (121).

782 Zu Kritik im Bezug auf die Festbeträge mit umfassenden Nachweisen *Natz*, S. 102 ff. Für eine umfassende Darstellung der Argumente gegen die Rechtsprechung des EuGH vgl. vor allem *Kluckert*, Diss., S. 355 ff., insb. S. 373 f.

783 *Koenig/Kühling*, ZHR 2002, 656 (667); *Koenig/Engelmann*, EuZW 2004, 682 (683); *Roth*, GRUR 2007, 645 (651); *Kling/Thomas*, § 1, Rn. 40.

784 *EuGH*, Urt. v. 12.09.2000, C-180/98 bis C-184/98, Slg. 2000, I-6451, EuZW 2009, 290-296 – Pavlov u.a.; *Roth*, FS Bechtold, S. 393 (403); *ders.*, in: FK-KartR, Art. 81 Abs. 1 Grundfragen Rn. 22.

erweckt, die Krankenkasse handele unmittelbar für den Bürger, könne mit ihm also gleichgestellt werden, vgl. dazu (2).

(1) Keine Gleichstellung des Staates mit einem Endverbraucher bei der Nachfrage

Die öffentliche Hand fragt für den Bürger üblicherweise Güter nach, die sie nicht in gleicher Form weiterveräußert, sondern in andere Güter „umwandelt", die als öffentliche Güter normalerweise auf einem Markt nicht gehandelt würden. Der Staat handelt somit also nicht als Endverbraucher, sondern mit dem Ziel der Wertschöpfung[785].

Solche Umwandlungen in öffentliche Güter erfolgen z. B. im Bereich der Nachfrage nach Dienstwaffen für die Polizei (Umwandlung in das Gut „öffentliche Sicherheit", welches wiederum bereitgestellt wird), Feuerwehrlöschzügen (Umwandlung in das Gut „Brandschutz"), Bau von Straßen (Umwandlung in das Gut „öffentliche Sicherheit und Leichtigkeit des Straßenverkehrs"[786]), Betriebsmitteleinkauf der Behörden (Umwandlung in das Gut „effiziente Verwaltungstätigkeit").

Sichtbar wird die selbstständige Nachfragetätigkeit durch den deutlichen Unterschied zwischen nachgefragtem Gut und nachfolgendem Angebot an den Bürger. So werden die nachgefragten Güter in der Regel gerade nicht unmittelbar an den Bürger weitergegeben (was am Beispiel der Dienstwaffen besonders deutlich wird).

Auch wenn der Staat z. B. Abschleppleistungen nachfragt, so gibt er diese Abschleppleistung nicht in dieser Form an den Bürger weiter, als wäre dieser der Nachfrager. Hier würde sich der polizeipflichtige Bürger in den meisten Fällen sogar dagegen verwehren, selbst das Abschleppen als Nachfrager erwirkt zu haben, es besteht in diesen Fällen meist sogar ein entgegenstehender Wille bezüglich des „für" den Bürger nachgefragten Gutes.

Eine Gleichsetzung der öffentlichen Hand mit dem Bürger erscheint hier nicht überzeugend. Denn der Staat fragt die Güter nicht unmittelbar für den Bürger nach, sondern wandelt diese zunächst - teilweise aufgrund komplexer sozialrechtlicher Vorgaben, die für den Versicherten höchst intransparent sind - um und ist damit weder als Endverbraucher, noch als Nachfrageeinheit mit dem Bürger zu betrachten. Er ist alleiniger Nachfrager der Güter.

---

785 *Roth*, FS Bechthold, S. 393 (404).

786 Vgl. § 1 Fernstraßengesetz.

(2) Die Gleichstellung der Krankenkassen mit dem Bürger bei der Nachfrage nach Gesundheitsleistungen?

Ein Unterschied zwischen den geraden geschilderten Nachfragefällen und der Nachfragetätigkeit der Krankenkassen im Gesundheitssystem nach Gesundheitsgütern wie Arzneimitteln liegt darin, dass diese in der nachgefragten Form genauso wieder an den Patienten abgegeben werden, wobei jedes nachgefragte Gut auch prinzipiell nur für einen Patienten bestimmt ist, also eine Ausschlusswirkung gegeben ist, die einem öffentlichen Gut gerade fehlt.

Somit besteht im Gegensatz zu der üblichen staatlichen Nachfragetätigkeit eine besondere Verbindung zwischen Nachfrage- und Angebotsmarkt, ein „link", der näher betrachtet werden soll.

Da Arzneimittel fast im gleichen Moment, in dem sie von der Krankenkasse nachgefragt werden, auch an die Versicherten abgegeben werden - und zwar in der Apotheke -, erscheint die Nachfrage tatsächlich als Nachfrage des Bürgers (bzw. des Arzte für den Patienten). Denn es erfolgt scheinbar keine Umwandlung in ein öffentliches Gut, die Krankenkassen erwerben die Arzneimittel nicht - vorübergehend - für sich selbst, sondern unmittelbar für den Patienten.

Dennoch ist die Vergleichbarkeit mit der üblichen staatlichen Nachfragetätigkeit gegeben. Die Umwandlung in ein öffentliches Gut erfolgt ohne sichtbaren Akt, aber durch Bereitstellung in Form der Sachleistung durch die Krankenkassen. Die Prozedur vollzieht sich durch die Bereitstellung im Rahmen des öffentlichen Gutes „solidarisches Sozialversicherungssystem". Arzneimittel sind somit für sich genommen zwar keine öffentlichen Güter, ihre Bereitstellung im Rahmen einer gesetzlichen Krankenversicherung ist dagegen sehr wohl ein öffentliches Gut, und die private Bereitstellung würde nach überwiegender Ansicht hinsichtlich des Fehlens der Solidarität ganz andere Ergebnisse produzieren.[787]

Die Trennung zwischen Krankenkassennachfrage nach Arzneimitteln und Bereitstellung der Sachleistung fällt aber äußerlich betrachtet schwerer als in anderen Bereichen, wo eine sichtbare Umwandlung in ein öffentliches Gut erfolgt.

Insofern scheint die These, dass man zwischen der wirtschaftlichen Nachfrage und dem solidarischen Angebot bei Gütern kaum differenzieren kann, vor allem auf Gesundheitsgüter zu passen.

Dabei kann man berechtigterweise folgende Fragen stellen:

- Wenn Nachfrage durch die Krankenkassen und Angebot an die Versicherten in der Apotheke (oder bei anderen Leistungserbringern) „in einem Akt" geschehen, kann dann für diesen Moment gleichzeitig von einer wirtschaftlichen und einer solidarischen Willensrichtung der Krankenkassen gesprochen werden?

---

787 Vgl. § 4.

- Oder handeln diese bei der Nachfrage nach Arzneimitteln nicht „nur“ solidarisch ganz im Sinne ihres Versicherten, mit dem sie insofern eine Einheit bilden?

Dieser Gedanke ist gleichlaufend mit der Frage, ob die Krankenkassen im selben Moment nach Marktlogik und nach Solidaritätsprinzipien handeln können, die im Fenin Urteil offensichtlich eine entscheidende Rolle spielte.

Die Nachfrage nach einem Arzneimittel und die Abgabe dieses Arzneimittels (bzw. anderer Gesundheitsgüter) fallen mitunter in einer „juristischen Sekunde“ zusammen. Dieser Moment ist die Abgabe des Arzneimittels durch den Apotheker an den Versicherten. Es erscheint vordergründig tatsächlich merkwürdig, hier vom Handeln nach zwei verschiedenen Ordnungsprinzipien im selben Moment auszugehen.

Die engen Verbindungen, die durch den upstream/downstream-approach durch die europäischen Instanzen im Unternehmensbegriff manifestiert wurden, bestehen somit tatsächlich und stellen keine Erfindungen der europäischen Instanzen dar.

(3) Haltung der Instanzen unter dieser Prämisse

Als Zwischenergebnis ist damit festzuhalten: Betrachtet man die Nachfrage nach Gesundheitsgütern durch den Staat, so ist die Feststellung, dass der Ankauf nicht von der Weiterverwendung zu trennen ist, im Bereich der Gesundheitsgüter und auch der Arzneimittel gar nicht so abwegig, wie man im ersten Moment meinen könnte. Auch eine Gleichstellung von Versicherten und Krankenkassen als ein Nachfrager erscheint dann durchaus vertretbar. Wenn in den genannten Fällen der Güterbeschaffung durch die gesetzliche Krankenversicherung der Zeitpunkt der Nachfrage mit dem Zeitpunkt des Angebots an den Versicherten koinzidiert, so dass er nicht mehr zu trennen wäre, so könnte man auch annehmen, dass die Nachfrage der Krankversicherungsträger der öffentlich-rechtlichen Natur des Angebots folgt und damit nicht als wirtschaftliches Handeln gelten könnte.

Nach dieser Sichtweise läge auch die öffentlich-rechtliche Qualifikation einer solidarisch handelnden Krankenkasse näher, denn welche Gedanken der Marktlogik könnten eine Krankenkasse umtreiben, die das Gut im nächsten Moment solidarisch abgeben muss und dabei keinen für sich persönlich nutzbaren Gewinn erzielt? Eine mögliche Interessenidentität hätte der EuGH aber zumindest ausführlich begründen müssen.

Wenn man also unterstellt, dass die Europäischen Instanzen ernsthaft von einer untrennbar engen Verknüpfung von wirtschaftlicher Nachfrage und hoheitlicher solidarischer Regulierung ausgegangen wären, weil das Handeln nach zwei Ordnungsprinzipien in einem Moment nicht möglich sei, waren sie tatsächlich gut beraten, äußerst zögerlich vorzugehen, bevor sie eine Nachfragetätigkeit als wirtschaftlich einstuften. Unter dieser Prämisse hätten sie aus ihrer Sicht nämlich gleichzeitig zwangsläufig auch in den solidarischen und nicht wettbewerblich organisierten Angebotsbereich und damit in die nationale Souveränität bezüglich der Organisation des Gesundheitswesens eingegriffen. Dieser Vorwurf hätte zumindest nahe gelegen.

(4) Bewertung

Die unvermeidlich enge Verknüpfung von Leistungsrecht und Leistungserbringerrecht erscheint grundsätzlich nicht abwegig und entspricht sogar der ständigen Rechtsprechung des Bundessozialgerichts.[788]

Die Schlussfolgerung daraus, dass diese Bereiche nicht voneinander zu trennen seien und aus diesem Grund keine getrennten Regelungsmuster in diesen Bereich mehr vorherrschen könnten, so dass Krankenkassen und Versicherte als Nachfrageeinheit zu betrachten seien, erweist sich dagegen als kaum haltbar.

Gerade aus sozialrechtlicher Sichtweise, die einer unbedachten Anwendung des Wettbewerbsrechts sicher nicht das Wort reden möchte, wurde eine Gleichsetzung der Krankenkassen mit den Versicherten bisher nicht für möglich gehalten.[789] Es sei zu beachten, dass die Organisation der GKV als Vorsorgesystem durch Versicherungspflicht und Beitragsfinanzierung die Krankenkassen zu wirtschaftlichen Mittlern zwischen den realen Leistungserbringern und den realen Endabnehmern mache.[790] Eine Verbrauchereigenschaft der Krankenkassen sei dagegen nur bei einem steuerfinanzierten nationalen Gesundheitssystem anzunehmen, in welchem die Gesundheitsleistungen als echte Sachleistungen durch staatliche Stellen erbracht werden. Ein solche unmittelbare Sachleistung durch Eigeneinrichtungen ist den Krankenkassen in den meisten Fällen jedoch nicht erlaubt, vgl. § 140 SGB V.[791] Der unmittelbare wirtschaftliche Vorgang erfolgt zwischen Leistungserbringern und Versichertem und nicht zwischen Krankenkassen und Versicherten, weshalb die Rechtsprechung in diesem Punkt das Leistungsverhältnis überbewertet. Entnimmt man den Ausführungen des Generalanwaltes *Maduro* jedoch, dass diese Wertung tatsächlich nur für solche Krankenkassen mit Eigeneinrichtungen gilt, so würden zumindest die deutschen Krankenkassen nach dieser Einschätzung weiterhin als Unternehmen gelten können. Da aber nur *Maduro* diese Differenzierung angesprochen hat und selbst

---

788 In der sozialgerichtlichen Rechtsprechung hat dieses Phänomen unter anderem im sog. Rahmenrechtskonzepts durchgesetzt. Der Arzt darf die Therapie mit Rechtskraft zum Inhalt der Sachleistung bestimmen, obwohl dafür eigentlich die Krankenkassen die Rechtsmacht hätten. Leistungsrecht und Leistungserbringungsrecht (also Angebot und Nachfrage nach Gesundheitsgütern) seien nicht streng voneinander zu trennen, sie seien unvermeidlich miteinander verknüpft, vgl. § 1.

789 Vgl. grundlegend *Ebsen*, ZfS 2000, 298 (311).

790 *Ebsen*, a.a.O.

791 Siehe dazu §§ 1 und 2 dieser Arbeit.

aus seiner Formulierung diese Konsequenz nicht zwingend abzuleiten ist, ist jedoch davon auszugehen, dass im Fall der deutschen Krankenkassen ebenso geurteilt würde.

Damit wird das Verhältnis zwischen Versicherten und Krankenkassen aber willkürlich, ohne sachliche Rechtfertigung, überbetont und die möglichen Gefahren für die Nachfrager werden einfach übergangen.

Die nähere Analyse des deutschen Gesundheitssystems zeigt eindeutig, dass die Gleichstellung von Versicherten und Krankenkassen nicht haltbar ist. Wie unter § 1 gezeigt wurde, ist es z. B. möglich, dass die Krankenkassen Verordnungen gegen sich gelten lassen müssen, die sie selbst aus wirtschaftlichen Gründen nicht notwendig befürwortet hätten, was gegen eine Gleichstellung der Interessen von Versicherten und Krankenkassen in jedem Einzelfall spricht. Wie gezeigt, tritt dieser Fall vor allen bei kostspieligen Arzneimitteln mit (potenzieller) innovativer Wirkung auf. Problematisch bei dieser Gleichsetzung ist damit, dass sie außer Acht zu lassen scheint, dass die gesetzlichen Krankenversicherungen einen gegenüber den Endverbrauchern eigenständigen - oder sogar konträren - Willen bilden können.[792] Dies gilt, anders als im gerade aufgeführten Beispiel, auch zu Lasten der Versicherten: Nicht jedes Arzneimittel, welches der Versicherte aufgrund der Rabattverträge erhält, wird sein wunschgemäßes (-weil bisher verwendetes-) Arzneimittel sein. Dieser Fall tritt vor allem bei Festbetragsarzneimitteln auf, für die die Rabattverträge unmittelbare Wirkung zeitigen[793].

Trotz der äußerlich, zeitlich und sachlich eng zusammenhängenden Nachfrage nach Arzneimitteln und ihrer Abgabe kann daher die Sicht, dass eine Trennung hier nicht vorgenommen werde könne, die Krankenkasse also bei der Nachfrage und beim Angebot nicht nach zwei verschiedenen Ordnungsprinzipien handeln könne, nicht überzeugen.

Dies zeigt auch der Blick auf das deutsche Sozialrecht. Gemäß § 69 SGB V, der in Abgrenzung zu vorherigen Vorschriften zum Leistungsrecht im SGB V das Leistungserbringerrecht einleitet, ist eine solche Trennung nicht nur theoretisch möglich, sondern in Gesetzesform vollzogen und wird in Deutschland im Wettbewerbsrecht und Sozialrecht seit langem praktiziert.[794]

Dass die Krankenkassen in einem Moment wirtschaftlich, im nächsten aber schon sozialrechtlich und damit solidarisch handeln, ist kein Widerspruch, wenn man die ausgeprägten und unterschiedlichen Regelungsmuster (Leistungsrecht vs. Leistungserbringungsrecht) für das Nachfragverhalten und das Angebotsverhalten betrachtet. Dafür reicht es nicht, nur den Moment der Nachfrage und der

---

792 Vgl. *Mand/Münnich*, in: Voit (Hrsg.), Bewerten und Verhandeln im Arzneimittelmarkt, S. 132.

793 Vgl. § 3.

794 Was natürlich kein Argument gegen das „Prinzip an sich" bietet.

Weitergabe der Arzneimittel zu betrachten. Nur der Blick auf das gesamte sozialrechtliche Regelungsgefüge macht deutlich, wie sehr die Nachfrageseite wirtschaftlich und die Angebotsseite solidarisch geprägt sein kann, was geradezu zwingend zu einer rechtlich getrennten Behandlung beider Bereiche führen muss.

Dies führt zu der Vermutung, dass eigentlicher Grund für die Rechtsprechung der Versuch war, sich aus der notwendigen komplexen Analyse der mitgliedstaatlichen Gesundheitssysteme herauszuhalten, bei der man ohnehin „nur verlieren“ konnte, weil man in jedem Fall mit politischer Kritik zu rechnen hatte.

Die Gleichstellung von Endverbraucher und staatlicher Stelle überzeugt jedenfalls weder in den „klassischen“ staatlichen Nachfragebereichen noch im Gesundheitswesen.

bb) Vergaberechtliche Argumentationslinie

Es beweist großes Vertrauen in das Vergaberecht, dass man meinte, sich bei der Argumentation hilfsweise auf dieses Rechtsregime zurückbeziehen zu können, so dass trotz Ausschluss des Wettbewerbsrechts keine Schutzlücken offen bleiben würden. Dieser Gedanke zeigt insofern einen großen Unterschied zur historischen Situation in Deutschland auf, wo das Vergaberecht lange Zeit nicht oder zumindest nur als Haushaltsrecht, welches nicht bieterschützend war, existierte. Eine solche Argumentation wäre also den nationalen Kartellbehörden lange Zeit gar nicht möglich gewesen. Bis zu diesem Punkt scheint die Argumentation aus europäischer Sicht verständlich.

Der Schutz durch das Vergaberecht ist insoweit auch nicht von der Hand zu weisen. Denn die Anwendung des Vergaberechts verhindert nicht nur eine Diskriminierung. Auch eine treuwidrige Ausnutzung des Vertragspartners wird durch die verpflichtende Einbeziehung der VOL/B[795] wesentlich erschwert. Ob diese unmöglich ist und dann nicht doch des Schutzes des Wettbewerbsrechts bedarf, ist damit aber noch nicht gezeigt. Die Behauptung, dass es zu großen Schwierigkeiten bei der parallelen Anwendung beider Rechtsgebiete käme, wird von dieser Ansicht auch nicht durch Hinweise auf etwaige Probleme bei der Rechtsprechung untermauert.

Nicht überzeugend scheint dagegen der Versuch, das Vergaberecht dogmatisch so stark „aufzuladen“, dass es sogar zwingend die Auslegung des Unternehmensbegriffs und damit den Anwendungsbereich des Kartellrechts mitbestimmten könnte.

795 Vgl. dazu die Erörterungen im Rahmen des materiellen Vergaberechts, § 10.

(1) Vergaberecht und Kartellrecht

Das Wettbewerbsrecht und die Grundfreiheiten sind nebeneinander anwendbar[796] und beide Regime zielen nach herkömmlicher Ansicht auf offene Märkte bei unverfälschtem Wettbewerb[797] (wobei die „Zielfrage" im Kartellrecht auch auf politischer Ebene mittlerweile sehr umstritten ist[798]). Das Vergaberecht lässt sich wiederum als Konkretisierung der Grundfreiheiten und des Diskriminierungsverbots verstehen und ist demgemäß auszulegen.[799] Auch Kartellrecht und Vergaberecht stehen somit grundsätzlich als nebeneinander anwendbare Rechtsregime zur Verfügung. Zudem wirkt es nicht überzeugend, die Reichweite des Primärrechts (AUEV) anhand des Sekundärrechts (Richtlinien zum Vergaberecht) bestimmen zu wollen.[800]

(2) Auslegung des Begriffs des nicht gewerblichen Handelns

Zudem lässt sich anhand der Auslegung des Begriffs des „nicht gewerblichen" Handelns im Vergaberecht[801] zeigen, dass eine solche aufeinander bezogene Auslegung zwischen Wettbewerbsrecht und Vergaberecht nach der aktuellen Rechtsprechung nicht durchgeführt wird.

Würde das Vergaberecht als speziellere Norm zum Kartellrecht beim Nachfrageverhalten geprüft, müsste sich an dem Begriff des „nicht gewerblichen Handelns" entscheiden, ob das Kartellrecht oder das Vergaberecht Anwendung findet. Wäre das Handeln gewerblich, dann müsste folglich das Kartellrecht eingreifen, das Handeln dort als wirtschaftlich beurteilt werden. Bei der Behandlung des Vergaberechts wurde festgestellt, dass das Vergaberecht keine Anwendung mehr findet, sobald die Krankenkassen gewerblich handeln. Hierfür war eine Gesamtbetrachtung der öffentlichen Stelle notwendig. Im Rahmen des Kartellrechts wurde gesagt, dass das Kartellrecht nur dann Anwendung findet, sofern die Krankenkassen wirtschaftlich handeln. Setzt man die Begriffe der Gewerblichkeit und der Wirtschaftlichkeit gleich, so kommt man dahin, dass die Anwendung des Vergaberechts und des Wettbewerbsrechts für die gleiche Nachfragetätigkeit ausgeschlossen ist. Die unterschiedliche Auslegung dieser Begriffe durch die Rechtsprechung zeigt jedoch, dass dies nicht möglich ist.

---

796 *EuGH*, Urt. v. 19.02.2002, C-309/99, Slg. 2000, I-6451, Rn. 45 ff., 119 ff. – Wouters.

797 *Roth*, FS Bechthold, S. 393 (407) m.w.Nw.

798 Hierauf musste vorliegend nicht näher eingegangen werden.

799 *EuGH*, C-199/85, Slg. 1987, 1039 – Kommission/Italien; *Koenig/Haratsch*, NJW 2003, 2637 (2638); *Rittner/Dreher*, Europ. u. dt. Wirtschaftsrecht, § 30, Rn. 5 ff.; insb. zum Wettbewerbsbegriff *Niebuhr*, in: Niebuhr/Kulartz/Kus/Portz, Kommentar zum Vergaberecht (2000), § 97 Rn. 7 ff.; *Schlegel*, SGb 2007, 701 (710) mit Verweis auf *Sormani-Bastian*, Vergaberecht und Sozialrecht, Diss. 2006, S. 36 ff.

800 Ähnlich Roth, FS Bechthold, S. 393 (406).

801 Vgl. die ausführliche Erörterung in § 3, Vergaberecht.

Die unterschiedlichen Maßstäbe, die hier von der Rechtsprechung angelegt werden, führen zu einer Überschneidung der Rechtsgebiete, die hinzunehmen ist und nicht „hinweggeredet" werden kann. Beide scheinen eine Art Gesamtbetrachtung des Handelns der untersuchten Institution vorzunehmen, aber:

- Maßstab für ein wirtschaftliches Handeln im Kartellrecht scheint der Grad der Solidarität des Systems bzw. ein darauf aufbauendes Kohärenzprinzip zu sein. Ein „wenig" Marktwettbewerb würde daher ausreichen, würde das Kohärenzprinzip bereits verletzen. Indiz dafür, dass der Nachfragwettbewerb doch Gegenstand der Kontrolle sein könnte, wenn der EuGH eine Schutzbedürftigkeit annimmt, sind seine eigenen Einschränkungen: Als „Schlupflöcher" bleiben insofern: Die wertende Betrachtung, wann die notwendige Verbindung („link" zwischen Angebots- und Nachfragebereich) besteht und der Grad der Solidarität im Leistungsbereich (ab wann besteht ein „Restwettbewerb"?).
- Maßstab für die Annahme eines gewerblichen Handels scheint ein voll entwickelter Marktwettbewerb zu sein, der jede marktfremde Rationalität ausschließt. Die Hürden für einen Ausschluss des Vergaberechts lägen dann immer noch weitaus höher als jene für die Nichtanwendung des Kartellrechts.

Obwohl, wie es Generalanwalt *Maduro* formuliert, wünschenswert sein mag,[802] eine gewisse Kongruenz der Auslegung der europäischen Rechtsbegriffe zu erzielen, scheint dies momentan nach dem Willen des Gesetzgebers nicht möglich zu sein und kann erst Recht nicht als Argument dafür herhalten, das Kartellrecht durch eine vergaberechtliche Argumentation auszuschließen. Es muss eine funktionale Argumentation im Vordergrund stehen.

Gestützt wird dieses Ergebnis dadurch, dass auch im Rahmen anderer gesetzgeberischer Anliegen davon ausgegangen wurde, dass die Regelungen für das öffentliche Auftragswesen sowohl für wirtschaftliche als auch für nicht wirtschaftliche Tätigkeiten Anwendung finden.[803] Es ist auch nicht möglich, Tätigkeiten a priori entweder als wirtschaftlich oder als nicht wirtschaftlich im Sinne des Europäischen Rechts zu klassifizieren, zumal die Unterscheidung für jeden Bereich des gemeinschaftsrechtlichen Marktrechts - etwa für das Wettbewerbsrecht einerseits, die Niederlassungsfreiheit andererseits - anders aussieht und die

802 *Maduro*, a.a.O. unter Verweis auf K. Mortelmans, Towards convergence in the application of the rules on free movement and competition?, CMLRev 2001, 613; Nr. 22 der Schlussanträge des GA Van Gerven bzgl. C 145/88 – B & Q; EuGH, Urt. v. 18.07.2006, C-519/04, Slg. 2006, I-6991, Rn. 42 - Meca-Medina u. a./Kommission.

803 *Schulte*, ZFSH/SGB 2007, 13 (18) unter Verweis auf *Europäische Kommission*, Grünbuch zu Dienstleistungen von allgemeinem Interesse, KOM (2003) 270 endg., S. 17 Rn. 43, „Die Gemeinschaftsregeln bezüglich des öffentlichen Vergabewesens gelten auch für Waren und Dienstleistungen, die von öffentlichen Stellen zur Erbringung von wirtschaftlichen und nichtwirtschaftlichen Dienstleistungen erworben wurden".

Abgrenzungen sich auch mit der Zeit ändern.[804] Der Europäische Gerichtshof hat sich zu dieser Problematik - einer umfassenden Untersuchung zufolge - in zahlreichen Urteilen jeweils für einzelne gemeinschaftsrechtliche Rechtsbereiche und unter Berücksichtigung der spezifischen Charakteristika der Aktivitäten, die Gegenstand des jeweils zugrunde liegenden Rechtsstreits waren, geäußert.[805]

cc) Ökonomische Argumentationslinie

Bei der ökonomischen Argumentation ist zum einen auf die ökonomische Theorie einzugehen und zum anderen darauf zu achten, welche Rolle sie bei der Auslegung eines rechtlich-normativen Begriffs wie dem des Unternehmens im Sinne des AEUV spielen kann.

(1) Gefahren eines Monopsons

Tatsächlich ist ein deutlicher Unterschied zwischen dem möglichen Verhalten der Krankenkassen und einem ‚normalen' Unternehmen mit Nachfragemacht auszumachen:

Der marktmächtige Nachfrager auf einem ‚regulären' Markt wird bei bestehendem Wettbewerb im downstream-Bereich trotz des geringeren Einkaufspreises seine Waren zu dem eigentlichen Marktpreis verkaufen, mithin seine Einsparungen nicht an den Kunden weitergeben und damit seinen Gewinn steigern.[806]

Besteht zusätzlich kein Wettbewerb auf der Anbieterseite, so ist in diesen Fällen sogar zu beobachten, dass der Nachfrager eine geringere Menge des Gutes einkauft, diese aber zu höheren Preisen verkauft, um einen größeren Gewinn zu erzielen.[807]

Der erste Erfahrungssatz (Nichtweitergabe von Vorteilen) passt deshalb schwer auf die Situation der Krankenkassen, weil diese Einsparungen oder zusätzliche Gewinne gem. §§ 242 Abs. 2 SGB V über Prämienzahlungen bzw.

---

804 *Schulte*, ZFSH/SGB 2007, 13 (18) unter Verweis auf *Europäische Kommission*, Grünbuch zu Dienstleistungen von allgemeinem Interesse, KOM (2003) 270 endg., S. 17 Rn. 43.

805 *Schulte*, ZFSH/SGB 2007, 13 (18) unter Verweis auf *Europäische Kommission*, Grünbuch zu Dienstleistungen von allgemeinem Interesse, KOM (2003) 270 endg., S. 17 Rn. 43.

806 *Mand*, Buying power and Section 2 of the Sherman Act, S. 16, http://www.uni-marburg.de/fb01/lehrstuehle/zivilrecht/mand/mand_vortraege/seminar_paper_buying_power.

807 *Mand*, Buying power and Section 2 of the Sherman Act, S. 17, http://www.uni-marburg.de/fb01/lehrstuehle/zivilrecht/mand/mand_vortraege/seminar_paper_buying_power.

gem. 220 Abs. 2 S. 2 SGB V[808] über Beitragsermäßigungen an die Versicherten weiterzugeben haben. Als Selbstverwaltungskörperschaften dürfen sie Beiträge von vornherein nur erheben, insoweit sie diese zur Erfüllung ihrer Pflichtaufgaben benötigen.[809]

Der zweite Erfahrungssatz ist auch schwerlich vorstellbar, da die Krankenkassen nicht die Möglichkeit haben, weniger Güter nachzufragen und zudem kein darauf bezogener Markt-Wettbewerb zwischen ihnen besteht.

Interessanterweise spricht also die ökonomische Argumentationsweise in diesem Fall nicht notwendig für eine Anwendung des Wettbewerbsrechts. Denn das Nachfrageverhalten der GKV entspricht nicht dem klassischen ökonomischen Modell der Gefahren durch ein Monopson.

Dieses klassische Modell sieht die Gefahren in der Profitmaximierung in Folge eines niedrigeren Einkaufsvolumens. Da es sich im vorliegenden Fall aber um sog. „Alles oder nichts“ - Angebote der Krankenkassen handelt, weil dieselbe Menge zu niedrigeren Preisen nachgefragt wird, ist kurzfristig nicht von einer Verringerung der Gesamtwohlfahrt auszugehen. Daher kann zumindest kurzfristig von einer Verschiebung von Vorteilen weg von den pharmazeutischen Unternehmern zu den Versicherten auszugehen sein.

Langfristig könnte dagegen aber auch unter dieser Prämisse ein Wohlfahrtsschaden eintreten, was das Argument der mangelnden Schutzwürdigkeit der Unternehmen auf lange Sicht in Frage stellt.[810] Damit überzeugt die ökonomische Begründungslinie in diesem Fall keineswegs damit, die Auslegung des Wettbewerbsrechts überzeugender steuern zu können. Ob die Krankenkassen aufgrund ständiger Gesundheitsreformen eine Planungssicherheit haben, die einen solche Schaden durch langfristige Eigeninteressen verhindern könnte, ist zweifelhaft.

808 Wobei sich § 220 Abs. 2 S. 2 SGB V auf die Festlegung des durchschnittlichen Zusatzbeitrags nach § 242a bezieht, also umgekehrt auf eine Beitragssatzerhöhung bei Mehrausgaben.

809 Dies folgt mittelbar aus § 220 SGB V, auch wenn sich das Kostendeckungsprinzip nun auf die Festsetzung des allgemeinen Beitragssatzes nach § 241 Abs. 1 SGB V bezieht. Mit § 30 Abs. 1 SGB IV besteht eine zwingende Eingrenzung der sonst vorgesehenen wettbewerblichen Möglichkeiten. Die Versicherungsträger dürfen nur Geschäfte zur Erfüllung ihrer gesetzliche vorgeschriebenen oder zugelassenen Aufgaben führen und ihre Mittel nur für diese Aufgaben sowie die Verwaltungskosten verwenden. Sonstige Aktivitäten (§ 194 Abs. 1a SGB V) bedürfen jeweils einer spezifischen Ermächtigungsgrundlage. Gewinne hat eine Krankenkasse kann die Krankenkasse in Prämienzahlungen umzulegen (§ 242 SGB V). Vgl. bereits § 1, Motive der Krankenkassen zum Abschluss von Rabattverträgen, und § 2, Wettbewerb zwischen den Krankenkassen.

810 Dazu Mand, Buying Power and Section 2 of the Sherman Act, Mimeo 2007, abrufbar unter: http://www.uni-marburg.de/fb01/lehrstuehle/zivilrecht/mand/mand_vortraege/seminar_paper_buying_power.

(2) Bedeutung ökonomischer Analysen für die Auslegung des Unternehmensbegriffs

Selbst wenn eine ökonomische Analyse zu einem bestimmten Zeitpunkt zur rechnerischen vollkommenen Vorteilhaftigkeit des Ausschlusses des Wettbewerbsrechts über den Unternehmensbegriffs käme, ist es sehr zweifelhaft, ob solche Berechnungen den Ausschlag für die Beurteilung des Wirtschaftlichkeitsbegriffs geben sollten.[811] Denn Berechnungsmethoden der Ökonomie können sich ändern. Die Anwendung einer Norm von einer potenziell wandlungsfähigen ökonomischen Analyse abhängig machen zu wollen, kann - vor allem im Anwendungsbereich einer Norm - erhebliche Rechtsunsicherheit erzeugen. Der Begriff des Unternehmens ist in erster Linie eine rechtlich-normative Kategorie und keine ökonomische. Ebenso wie beim Missbrauchsbegriff sollte auch die Kommission bei einer „Ökonomisierung" des Unternehmensbegriffs möglichst zurückhaltend zu Werke gehen.

Die Rechtswissenschaft als - im Vergleich zur Ökonomie - viel ältere Wissenschaft lehrt zudem, dass es dogmatisch sinnvoll ist, Streitigkeiten nicht an mehreren Stellen einer Norm zu führen, weil es insofern zu Überlappungen bei der Argumentation führen kann. Die Argumentation dieser Fragen dürfte daher allenfalls im Rahmen des Art. 106 AUEV erfolgen, wo sie ohnehin (erneut) vorzunehmen wäre - eine doppelte Erörterung ist aber ebenso dogmatisch fragwürdig wie ineffizient.

Sieht man in der Entscheidung Fenin auch die Tendenz, bestimmte Ziele (Verbraucherwohlfahrt, vorliegend der vermeintliche Schutz der Versicherten) durch das Wettbewerbsrecht zu verfolgen, ist zudem die erhebliche Kritik an einem solchen „effect based approach", der die Anwendung des Wettbewerbsrechts von seinen Auswirkungen abhängig macht, zu beachten.

Gegen diesen lässt sich anführen, dass die Wirkungen einer konkreten Verhaltensweise auf dem Markt bzw. Wettbewerb vielfach kaum zu ermitteln sind. Zudem wäre dann nicht mehr ein wirtschaftliches Handeln Maßstab für die Einstufung als Unternehmen, sondern das potenzielle Interesse, welches die Krankenkassen als Agenten ihrer Versicherten bei diesem Einfluss verfolgen. Dieses Interesse und die daraus folgende ökonomische Bewertung wäre ausschlaggebend bei der Beurteilung der Einkaufstätigkeit.[812] Der Anwendungsbereich des Wettbewerbsrechts würde dann nicht bestimmt davon, ob eine wirtschaftliche Tätigkeit besteht oder nicht, sondern von einer Interessenabwägung.[813] Auf der

---

811 Vgl. zum Streit um den „more economic approach" u.a. *Zimmer*, in: Immenga/Mestmäcker, Einl. C. Rn. 28; *Kling/Thomas*, 1.Teil, § 1, Rn. 40, jew. m.w.Nw.

812 Vgl. *Van de Gronden*, E.C.L.R. 2004, 87 (92). In Bezug auf den more economic approach ähnlich *Immenga*, ZWeR 2008, 3 (13 f.), der vom Vorzug von ökonomischen Wirkungsanalysen vor Tatbestandsmerkmalen spricht.

813 *Baudisch*, European Law Reporter (ELR) 2007, 20 (22).

einen Waagschale befänden sich die Gefahren, die aus der Vermachtung der Nachfrageseite (und der daraus folgenden Abhängigkeit der Anbieter) resultieren und auf der anderen Waagschale das Interesse der Mitgliedstaaten, frei über die Ausgestaltung der nationalen Systeme der sozialen Sicherheit zu entscheiden und notwendigerweise damit verbundene Maßnahmen zum Erhalt ihrer Funktionsfähigkeit zu treffen.

Ob sich ein solcher effects-based approach und das Ziel, Rechtssicherheit zu gewährleisten, miteinander in Einklang bringen lassen, muss kritisch hinterfragt werden. Als praktisches Beispiel für die Schwierigkeit einer Heranziehung einer rein ökonomischen Argumentation sei an die hier erörterten Argumente zu erinnern: Mit diesen können letztlich beide Positionen gestützt werden, je nachdem, ob man die langfristigen oder kurzfristigen Folgen betrachtet. Sie führen also nicht zu einem klaren Streitentscheid.

Hinzugefügt sei der Kritik an dieser Entwicklung, dass aufgrund der langen Erfahrung der Beurteilung von Lebenssachverhalten, die Juristen haben[814], immer eine Vermutung dafür spricht, dass mit den herkömmlichen Methoden eine sinnvollere Lösung gefunden wird, solange ökonomische Thesen nicht eindeutig das Gegenteil beweisen. Eine freie Argumentation anhand ökonomischer Thesen müsste danach ein Rückschritt sein.

Letztlich bleibt aber die Vermutung, dass die ökonomische Argumentation *Maduros* ohnehin kaum mehr eine Hilfsbegründung für die Rechtsprechung darstellte.

c) *Zwischenergebnis*

Die vergaberechtliche und die ökonomische Argumentationslinie greifen berechtigte Kritikpunkte im Rahmen der kartellrechtlichen Bewertung auf. Sie sind aber, aufgrund ihrer Qualität als Kritikpunkte, die sozusagen „von außen" an das vom Gesetzgeber geschaffene selbstständige Rechtsgebiet des Kartellrechts herangetragen werden, von ihrem Gewicht her nicht geeignet, die Auslegung dieses Rechtsgebiets dominierend zu bestimmen, da dies die Arbeit des Gesetzgebers vorwegnehmen würde.

Dagegen wäre das Argument der Gleichstellung der Krankenkassen mit den Versicherten als „aus dem Kartellrecht selbst" stammendes Argument durchaus geeignet, die Auslegung des Unternehmensbegriffs zu tragen. Diese Gleichstellung kann jedoch aus den oben genannten Gründen nicht überzeugen. Vielmehr bleibt die Vermutung, dass eher ein vorauseilender Respekt vor den Gesundheitssystemen der Mitgliedstaaten (vgl. Art. 168 Abs. 7 S.1 u. 2 AEUV) Grund für die Rechtsprechung war, die im Ergebnis somit eine unverständliche Über-

814 Die Ökonomie als Wissenschaft ist viel jünger als die Rechtswissenschaft.

bewertung der Verhältnisse zwischen Krankenkassen und Versicherten zur Grundlage des Wirtschaftlichkeitsbegriffs macht.

Bei der Auslegung des Begriffs des wirtschaftlichen Handels können somit weder der Ansatz einer (weit verstandenen) Doppelqualifikationslehre noch der upstream/downstream-approach vollständig überzeugen. Beide Positionen stellen Extreme dar, die bestimmte berechtigte Argumente ausblenden. Insofern gilt auch hier: Die Extreme berühren sich.[815]

Letztlich scheint daher die vernünftige Lösung die durch den Gesetzgeber in § 69 SGB V vorgegebene zu sein. Die Anwendung der Prinzipien sowohl des Privatrechts (Verweis auf das GWB) als auch des öffentlichen Rechts (SGB) auf Einzelverträge (und nicht auf Kollektivverträge oder sonstige hoheitliche Maßnahmen) durch dasselbe Gericht, damit es nicht zu widersprechenden Entscheidungen kommen kann. Ob dieses Gericht nun der Sozialgerichtsbarkeit oder der Zivilgerichtsbarkeit angehört, ist dabei eine nachrangige, politisch zu entscheidende Frage.

III. Zwischenergebnis

1. Grundsätzlich ist für die Unternehmenseigenschaft der Krankenkassen bei ihrer Nachfragetätigkeit zu prüfen, ob sie auf einem Markt tätig werden, sich also marktmäßiger Instrumente bedienen. Die Krankenkassen bedienen sich durch Abschluss und Durchführung der Rabattverträge solcher marktmäßigen Instrumente, wären danach als Unternehmen im Nachfragemarkt einzustufen.
2. Die Beurteilung des Nachfragemarktes reicht nach Meinung des europäischen Instanzenzugs aber nicht aus, um festzustellen, ob dort eine wirtschaftliche Tätigkeit vorliegt. Es ist nach dieser Rechtsprechung zudem noch danach zu fragen, ob die nachgefragten Güter wiederum auf einem Markt angeboten werden. Sei dies nicht der Fall, sei auch die Tätigkeit bei der Nachfragetätigkeit nicht wirtschaftlich. Ob eine wirtschaftliche Tätigkeit auf dem Angebotsmarkt stattfindet, richtet sich nach hiesiger Interpretation der Rechtsprechung danach, ob die eingeführten Wettbewerbselemente zwischen den Krankenkassen in gewissem Umfang eine Auswahl nach Krankheitsrisiko zulassen.
3. Der upstream-downstream-approach überzeugt wegen seiner unbegründeten Überbetonung der Verhältnisse auf dem Angebotsmarkt für die Beurteilung der Wirtschaftlichkeit auf dem Nachfragemarkt nicht, ob-

815 „Ces extrémités se touchent". Stellvertretend als Urheber für dieses Sprichwort, welches sich für das „gesunde Mittelmaß" ausspricht, sei Blaise Pascal (1623-1662) genannt, obwohl das Sprichwort häufig verwendet wurde, vgl. dazu *Backes*, Politische Extreme: eine Wort- und Begriffsgeschichte von der Antike bis in die Gegenwart, 2006, S. 94 f.

gleich gerade im Gesundheitsbereich deutliche Verbindungen zwischen diesen Bereich festzustellen sind. Das einzige Argument, welches das Ergebnis tragen könnte, ist die Gleichsetzung von Versicherten und Krankenkassen. Diese Gleichstellung ist jedoch nicht überzeugend. Sie beruht auf der nicht belegten Behauptung, dass sich beide Bereich nicht voneinander trennen ließen.

Der wahre Grund der Entscheidung besteht daher möglicherweise darin, sich die Analyse zu ersparen, in den einzelnen nationalen Gesundheitssystemen die Trennung zwischen einzelnen Verteilungsinstrumenten vornehmen zu müssen und damit - positiv gewendet - in einem Respekt vor der komplexen gesundheitlichen Regulierung der einzelnen Mitgliedstaaten.

4. Die bisherige nationale Rechtsprechung vertrat dagegen für die marktmäßige Nachfragetätigkeit des Staates allgemein und für die Krankenkassen (sog. Doppelqualifikationslehre) im Besonderen, dass diese als wirtschaftliche Unternehmen handeln.
5. Sowohl die enge Auslegung des Unternehmensbegriffs durch die europäischen Instanzen als auch die (extensive) Doppelqualifikationslehre stellen Extrempositionen zur Feststellung der Unternehmenseigenschaft dar, die beide nicht überzeugen können. Sie sind beide zu sehr auf das jeweils angestrebte Ziel fixiert und lassen dabei das Kriterium des wirtschaftlichen Handelns im Nachfragemarkt nahezu gänzlich außer Acht.
6. Die Auslegung des Wirtschaftlichkeitsbegriffs sollte sich wieder auf die Ermittlung einer Markttätigkeit anhand einer Analyse des Verteilungsmechanismus konzentrieren und andere Tätigkeitsbereiche dabei nicht in die Betrachtung mit einfließen lassen. Dies bedeutet nicht, dass solche Kriterien nicht später in einer Abwägung gemäß Art. 106 AUEV auftauchen müssten. Gerade hier wäre eine entsprechende Abwägung vorzunehmen. Für die Rabattverträge hieße das, dass aufgrund der marktmäßigen Mechanismen im Nachfragebereich die Krankenkassen hinsichtlich dieser als Unternehmen einzustufen wären.
7. Die Auslegung des Wirtschaftlichkeitsbegriffes sollte somit weiterhin geprägt sein vom Bestehen einer wirtschaftlichen Tätigkeit auf dem Nachfragemarkt. Weder darf dieses wirtschaftliche Handeln mit Blick auf den Angebotsmarkt für irrelevant erklärt werden (EuGH), noch sollte jedwede Auswirkung auf den Nachfragemarkt, etwa durch Normsetzung, für wirtschaftliches Handeln erklärt werden (extensive Doppelqualifikationslehre). Richtig erscheint demgegenüber die in § 69 SGB V vorgegebene Auslegung des Wirtschaftlichkeitsbegriffs, der eine entsprechende Anwendung des Wettbewerbsrechts nur auf Einzelverträge und nicht auf sonstige Verteilungsmechanismen (= wirtschaftliche Tätigkeit) mit Rücksicht auf das Sozialrecht vorsieht. Die Anwendbarkeit des Wettbewerbs-

rechts und des Vergaberechts auf der Nachfrageseite wird bei Einzelverträgen zugelassen, die Entscheidung über die damit zusammenhängenden Fragen des Sozialrechts aber in die Hände einer Gerichtsbarkeit gelegt und diese damit verpflichtet, sowohl zivilrechtliche als auch öffentlich-rechtliche Regelungsmuster bei der Entscheidung zu beachten. Ob der Gesetzgeber dabei der Sozialgerichtsbarkeit oder der Zivilgerichtsbarkeit die Entscheidung in die Hände legt, erscheint zweitrangig. Durch § 69 SGB V werden sowohl die Nachteile der EuGH Rechtsprechung (keine Kontrolle durch das Wettbewerbsrecht) und der extensiven Doppelqualifikationslehre (Gefahr der ungewollten Kontrolle öffentlich-rechtlicher Maßnahmen durch Zivilgerichte sowie Rechtswegzersplitterung) vermieden.

8. Krankenkassen sind nach dieser Rechtsprechung z. B. dann als Unternehmen einzustufen, wenn sie Rabattverträge über Arzneimittel abschließen (upstream) und die Arzneimittel auf der Grundlage von Zusatzversicherungen an die Patienten abgeben (downstream), denn hier konkurrieren sie in der Regel mit privaten Versicherern, agieren also (hinreichend) marktmäßig im Leistungsbereich. Das sog. (solidarische) Kohärenzprinzip wäre insofern nicht eingehalten und würde die Krankenkassen zu Unternehmen machen. Ansonsten unterliegen die Krankenkassen bei der Ausschreibung von Rabattverträgen keiner Kontrolle durch das Europäische Kartellrecht.

§12 Nationales Kartellrecht in Verbindung mit § 69 SGB V

§ 69 SGB V regelte vor dem AMNOG die entsprechende Anwendung der Vorschriften des Verbots der missbräuchlichen Ausnutzung einer marktbeherrschenden Stellung (§ 19 GWB), der Diskriminierung bzw. unbilligen Behinderung (§ 20 GWB) und des Boykotts (§ 21 GWB) unter Berücksichtigung des Versorgungsauftrags der Krankenkassen, schloss aber sonstige kartellrechtliche Normen aus.[816]

Der Gesetzgeber hatte die vorher umstrittene[817] weite Bereichsausnahme (vgl. Wortlaut „ausschließlich" in § 69 Abs. 1 S. 1 SGB V) bestätigt[818] und durch die entsprechende Anwendung zudem die Prüfung, ob es sich um ein Unternehmen handelt oder nicht, umgangen[819]. Die Begrifflichkeit der „entsprechenden Anwendung" wurde nach der Begründung des Vermittlungsausschusses zum GKV-WSG gerade deswegen gewählt, da eine unmittelbare Anwendung der Vorschriften nicht möglich sei, da die Krankenkassen weder nach deutschem noch nach europäischem Recht die Begriffsmerkmale, die von der Rechtsprechung an ein Unternehmen gestellt würden, erfüllten. Dennoch sei es Wille des Gesetzgebers, auch ohne Unternehmenseigenschaft der Krankenkassen, dass die Rechtsfolgen der §§ 19 bis 21 GWB auch für die Krankenkassen gelten sollten.[820]

Diese Begründung war insofern missverständlich, da, wenn die Krankenkassen nur die Rechtsfolgen des GWB treffen sollten, überhaupt keine Tatbestandsmerkmale der §§ 19-21 GWB mehr zu prüfen wären. Da ausweislich der Gesetzesbegründung das Ziel der Anwendung aber die Verhinderung der Ausübung unzulässiger Nachfragemacht nach den §§ 19-21 GWB sein sollte, durfte man den Wortlaut bzgl. der „Rechtsfolgen" nicht überbewerten. Damit handelte es sich hier um eine partielle Rechtsfolgenverweisung: Die Unternehmenseigenschaft war nicht zu prüfen, die sonstigen Voraussetzungen der §§ 19-21 GWB dagegen sehr wohl.[821]

---

816 *Lübbig/Klasse*, A&R 2009, 51 (52). Zum Verhältnis des § 69 SGB zum Kartellrecht und ob dieser Ausschluss konstitutiv oder deklaratorisch ist vgl. *Möschel*, in: Immenga/Mestmäcker, § 19 GWB, Rn. 261 ff.

817 Nw. bei Roth, GRUR 2007, 645 (648 f.).

818 Zur Kritik an dieser Konzeption vgl. *Gassner*, NZS 2007, 281 (283 f.).

819 Kritisch zu Notwendigkeit der Klarstellung, dass die Krankenkassen der Missbrauchsaufsicht unterfallen, *Lübbig/Klasse*, A&R 2009, 51 (52 f.).

820 Gesundheitsausschuss in Drs. 16/4242 v. 01.02.2007.

821 Allg. Meinung: *OLG Düsseldorf*, Beschl. v. 22.10.2008, VergabeR 2009, 176 (180) – ESP I; *Gassner*, NZS 2007, 281 (283 f.); *Lübbig/Klasse*, A&R 2009, 51 (52); *Möschel*, in: Immenga/Mestmäcker, § 19 GWB, Rn. 261 ff.; Roth, GRUR 2007, 645 (648 f.).

Durch das AMNOG wurden nun möglichst umfassend die Regelungen des Gesetzes gegen Wettbewerbsbeschränkungen samt der Zuständigkeitsnormen auf Vereinbarungen zwischen Krankenkassen und Leistungserbringern für entsprechend anwendbar erklärt. An der oben beschriebenen partiellen Rechtsgrundverweisung hat sich insofern nichts geändert.

Dies ist europarechtlich zulässig. Zwar verbietet Art. 3 Abs. 2 der VO 1/2003 (Kartellverfahrensordnung) den Mitgliedstaaten, EU-kartellrechtskonforme Vereinbarungen durch die „Anwendung einzelstaatlichen Wettbewerbsrecht" zu untersagen. Art. 3 Abs. 2 S. 2 bestimmt jedoch, dass den Mitgliedstaaten durch diese Verordnung nicht verwehrt wird, in ihrem Hoheitsgebiet strengere innerstaatliche Vorschriften zur Unterbindung oder Ahndung einseitiger Handlungen von Unternehmen zu erlassen oder anzuwenden.[822] So ist jedenfalls die Anordnung der entsprechenden Anwendung der Normen des GWB zulässig.[823] Aus Art. 3 Abs. 2 VO/2003 i. V. mit der Rechtsprechung des EuGH zur Unternehmenseigenschaft von Krankenversicherungsträgern zu folgern, dass ein allgemeines Verbot für den Gesetzgeber bestünde, das Wettbewerbsrecht in Gebieten wie dem Sozialrecht als Steuerungsmittel einzusetzen, würde schon der nationalen alleinigen Kompetenz für die Regelung des Gesundheitswesens gem. Art. 168 Abs. 7 S. 1 und 2 AEUV widersprechen. Eine europarechtskonforme Auslegung muss also zur Zulässigkeit der Verwendung der GWB §§ im Sozialrecht führen.[824]

I. § 1 GWB[825]

Erfasst werden nur solche Vereinbarungen und abgestimmten Verhaltensweisen die - dies ist ein aus dem europäischen Wettbewerbsrecht entwickelter Grundsatz - eine Beschränkung des Wettbewerbs bezwecken oder bewirken.[826]

1. Horizontalvereinbarungen

Auch die Einkaufskooperationen der Krankenkassen im Bereich der Rabattverträge sind durch das AMNOG in den Blick der Kartellbehörden gerückt. Eine

822 Vgl. im Einzelnen *Aicher/Schuhmacher/Stockenhuber/Schroeder*, in : Grabitz/Hilf, EU-Kommentar, EG Art. 81 Rn. 48 ff.

823 Vgl. nur *Möschel*, JZ 2007, 601 (604).

824 Vgl. *Säcker/Kaeding*, MedR 2012, 15 (15 f.).

825 Bei der ersten Fassung dieser Untersuchung bestand noch kein Verweis auf die §§ 1 ff. GWB. Insofern sind die Ausführungen kürzer gehalten, als andere Teile dieser Untersuchung. Dies korrespondiert mit dem Untersu-chungsgegenstand, der sich auf die rechtliche Bewertung der Verteilungsmechanismen konzentrierte.

826 Horizontalleitlinien der *EU-Kommission*, ABl. 2001 Nr. C 368/13 Rn. 7; Abl. EU 2011 Nr. C 11/1, Rn. 200 ff.; *Holzmüller*, NZS 2011, 485 (489); in Bezug auf die Rabattverträge *Schweitzer/Becker*, WRP 2012, 382 (386).

Kooperation bei der Nachfrage wird grundsätzlich erst dann als wettbewerbsbeschränkend angesehen, wenn die sog. Spürbarkeitsschwelle erreicht ist, also spürbare negative Auswirkungen auf dem Nachfragemarkt oder einem nachgelagerten Verkaufsmarkt erwiesen oder wahrscheinlich sind.[827] Rechtspraktisch sind solche Auswirkungen erst anzunehmen, wenn die gebündelte Nachfragemenge mehr als 15% des Gesamtmarktvolumens ausmacht.[828]

Wenn aber einmal im Einzelfall von einem solchen Volumen ausgegangen werden kann,[829] so können gemeinsame Ausschreibungen nach Auffassung des Bundeskartellamts weiterhin zulässig sein, wenn durch die Bildung von Gebietslosen die Konzentration von Marktmacht verhindert wird.[830] Das Bundeskartellamt hat insoweit bisher nur die Ausschreibung von sieben statt zuvor fünf Regionallosen verlangt. Erhebliche praktische Auswirkungen sind insoweit momentan fraglich. Das Vergaberecht bietet augenscheinlich auch aus Sicht der Praxis umfassenden Schutz und bedarf keiner weiteren Korrektur durch § 1 GWB. Ein Anspruch der Bieter auf Loslimitierung folgt aus dem Kartellrecht nicht.[831]

2. *Vertikalvereinbarungen*

Da § 1 nicht nur Vereinbarungen und abgestimmte Verhaltensweisen zwischen Wettbewerbern erfasst, sondern auch sog. Vertikalverträge, könnte auch in Bezug auf Rabattverträge einzelner Krankenkassen ein Verstoß gegen das Kartellrecht vorliegen. Als Anwendungsbeispiel im Bereich der Selektivvereinbarungen wird der Fall genannt,[832] dass Wettbewerbsverbote oder Ausschließlichkeitsbindungen in den Rabattverträgen vereinbart werden. Freigestellt sind solche Vereinbarungen nach § 2 GWB, soweit der Marktanteil beider Vertragsparteien unter 30 % bleibt und die Dauer der Exklusivbindung 5 Jahre nicht überschreitet.[833] Ob bei Vereinbarungen einzelner Krankenkassen über einzelne

---

827 *Holzmüller*, a.a.O.; Fuchs, in: Immenga/Mestmäcker, § 2 GWB Rn. 166 f. sowie Rn. 176 ff., *Nordemann*, in: Loewenheim/Meessen/Riesenkampff, § 2 GWB Rn. 86, 95, 100, 102.

828 Vgl. dazu die Horizontalleitlinien der Kommission, a.a.O.

829 Vgl. insoweit die Beispielsrechnung sogleich unten unter „Marktmacht auf dem relevanten Markt".

830 Stellungnahme des Bundeskartellamts vom 27.09.2010 zum Gesetzesentwurf des AMNOG, abrufbar unter: http://www.bundeskartellamt.de/wDeutsch/download/pdf/Stellungnahmen/100930_AMNOG_Stellungnahme.pdf; *Holzmüller*, NZS 2011, 485 (489).

831 *Schweitzer/Becker*, WRP 2012, 382 (386) unter Verweis auf *Röbke*, NZBau 2010, 346 (351); vgl. insoweit auch die Ausführungen zu 19 ff. GWB.

832 *Holzmüller*, NZS 2011, 485 (489).

833 Art. 3 Verordnung (EU) Nr. 330/2012, ABl. 2010 Nr. L 102/1; die Vertikalleitlinien der Kommission, ABl. 2010 Nr. C 130/1; *Holzmüller*, a.a.O.

Wirkstoffe solche Marktanteile erreicht werden, ist fraglich.[834] Veranlasste eine regional starke Krankenkasse einen „wichtigen" Leistungserbringer, nicht mit anderen Krankenkassen zusammenzuarbeiten, so könnte dies kartellrechtlich problematisch sein.[835] Soweit ersichtlich sind solche Fälle aber noch nicht bekannt geworden.

II. §§ 19 ff. GWB

Als bedeutsam für Rabattverträge könnten das Verbot der missbräuchlichen Ausnutzung einer marktbeherrschenden Stellung (§ 19 GWB), das Diskriminierungs- und Behinderungsverbot nach § 20 Abs. 1 und 2 GWB sowie das ebenso dem Verbot einer unbilligen Behinderung unterfallende Verbot des Nachfragemissbrauchs[836] (§ 20 Abs. 3 GWB) sein.[837]

Eine einzelne Krankenkasse wird dabei, auch auf regional abgegrenzten Märkten, selten eine marktbeherrschende Stellung einnehmen,[838] wobei der Ausgangspunkt der Untersuchung regelmäßig der Marktanteil ist, für den auch eine Vermutungsregelung für eine marktbeherrschende Stellung ab einem Drittel Marktanteil in § 19 Abs. 3 GWB besteht.

Die gemeinsame Ausschreibung durch mehrere AOKen könnte aber den Tatbestand der Marktbeherrschung durch eine Gruppe von Unternehmen gem. §19 Abs. 2 S. 1 GWB erfüllen. Gem. § 19 Abs. 2 S. 2 GWB sind zwei oder mehr Unternehmen marktbeherrschend, wenn zwischen ihnen ein wesentlicher Wettbewerb nicht besteht und sie in ihrer Gesamtheit die Voraussetzungen von § 19 Abs. 2 S. 1 GWB erfüllen.

1. Kein wesentlicher Wettbewerb

Kein wesentlicher Wettbewerb besteht nach den dafür vom EuGH formulierten strengen Voraussetzungen nur, wenn die Reaktionsverbundenheit der Unternehmen sehr groß ist, was wiederum der Fall ist, wenn Markttransparenz, Koordinierungsdisziplin und kollektivvertragliche Unabhängigkeit bestehen.[839] Diese

---

834 Vgl. die Beispielsrechnung sogleich unten unter „Marktmacht auf dem relevanten Markt".

835 *Holzmüller*, a.a.O.; unter Verweis auf BT-Drs. 17/1418, S. 6; *Jansen/Johannsen*, PharmR 2010, 576 (580).

836 Vgl. auch *Knispel*, SozSich 2008, 110 (111).

837 Zum Nachfragemissbrauch allgemein, siehe *Bechtold*, GWB, § 19 Rn. 5, 20, § 20 Rn. 57; *K. Westermann*, in: MüKo GWB, § 20 Rn. 49, 106 ff.; *Scharen*, in: Willenbruch/ Bischoff, Vergaberecht, § 126 GWB Rn. 77 ff.

838 Vgl. nur *Lübbig/Klasse*, A&R 2009, 51 (54).

839 *EuGH*, Urt. v. 16.03.2000, C-395/96 u.a., Slg. 2000, I-1365, Rn. 35 - Compagnie maritime belge/Kommission; *EuGH*, Urt. v. 27.04.1994, C-393/92, Slg. 1994, I-1477, Rn.

Voraussetzungen dürften zumindest bei den Verbänden der Krankenkassen erfüllt sein. Entscheidend ist dabei vor allem, dass die Struktur der Landesverbände gemäß der §§ 207 SGB V ff. als Rechtspersönlichkeiten gerade auf ein vollkommen einheitliches Handeln als Landesverband ausgerichtet ist. Per gesetzlicher Anordnung sollen die Krankenkassen und ihre Verbände sowohl innerhalb einer Kassenart als auch kassenübergreifend miteinander eng zusammenarbeiten (§ 4 Abs. 3 SGB V).

Es müsste zudem mindestens eine überragende Marktstellung bestehen. Dafür müsste eine Gesamtschau aller relevanten Umstände ergeben, dass das Unternehmen „einen überragenden (einseitigen) Verhaltensspielraum bei der Entwicklung von Marktstrategien oder auch beim Einsatz einzelner Aktionsparameter" besitzt.[840] Zunächst ist dazu der sachlich und räumlich relevante Markt abzugrenzen.

2. *Marktabgrenzung*

Bei der Abgrenzung des sachlich relevanten Marktes geht es darum, alle Produkte oder Dienstleistungen zusammenzufassen, die zueinander in einem Wettbewerbsverhältnis stehen.[841] Ausgangspunkt der sachlichen Marktabgrenzung ist die Bekanntmachung der Kommission über die Definition des relevanten Marktes aus dem Jahre 1997[842]. Sie stellt bei der Definition des Marktes auf die Nachfragesubstituierbarkeit (Bedarfsmarktkonzept) und die Angebotssubstituierbarkeit (Produktions- bzw. Angebotsumstellungsflexibilität) ab.[843] Im GWB wie im EU-Kartellrecht wird zwischen Angebots- und Nachfragemärkten differenziert.[844] Um den sachlich relevanten Angebotsmarkt zu ermitteln, wird zumeist das Bedarfsmarktkonzept herangezogen.[845] Danach sind diejenigen Leistungen demselben sachlichen Markt zuzurechnen, die sich nach ihren Eigenschaften, ihrem wirtschaftlichen Verwendungszweck und ihrer Preislage so nahestehen,

---

43 – Almelo; *EuGH*, Urt. v. 31.03.1998, C-68/94 u.a., Slg. 1998, I-1375, Rn. 221 – Frankreich u.a./Kommission; *Mestmäcker/Schweitzer*, § 16 Rn. 40.

840 *BGH*, Urt. v. 03.07.1976, WuW/E BGH 1435 (1439); *Kling/Thomas*, § 18 Rn. 40 mit weiteren Nachweisen.

841 *Kling/Thomas*, § 9 Rn. 115.

842 EG-ABl. 1997 Nr. C 272/5.

843 Dem folgt die Spruchpraxis des *EuGH*, Urt. v. 15.02.1979, C-85/76 Slg. 1979, 461 – Hoffmann-LaRoche/Kommission; Urt. v. 09.11.1983, C-322/81 – Michelin/ Kommission.

844 *Möschel*, in: Immenga/Mestmäcker, § 19 GWB Rn. 40; Götting, in: Loewenheim/ Meessen/Riesenkampff, § 19 GWB, Rn. 25; *Kling/Thomas*, § 9 Rn. 116, § 14, Rn. 40.

845 Obwohl diese in der Rechtspraxis zum GWB eine weniger bedeutende Rolle spielen als im EG-Kartellrecht, ist auf die ergänzende Heranziehung von quantitativen Methoden hinzuweisen (z.B. Kreuzpreiselastizität, SSNIP-Test oder Preiskorrelationsanalysen), *Kling/Thomas*, § 14, Rn. 40.

dass die Marktgegenseite sie als für die Deckung eines bestimmten Bedarfs geeignet in berechtigter Weise abwägend miteinander vergleicht und als gegeneinander austauschbar ansieht.[846] Neben dem Bedarfsmarktkonzept kann auch die sog. Angebotsumstellungsflexibilität berücksichtigt werden. Dies meint die Fähigkeit von Anbietern bzw. Nachfragern, durch geringfügige Änderungen ihrer Produktion oder Nachfrage auf dem relevanten Markt aktiv zu werden. Sofern eine Umstellungsflexibilität in diesem Sinne nicht vorliegt, kann von benachbarten Angebots- oder Nachfragemärkten jedenfalls ein Substitutionswettbewerb auf den relevanten Markt ausgehen, der im Rahmen der Marktbeherrschungsprüfung zu berücksichtigen ist.[847]

Bei der Beurteilung der Nachfragemacht kommt es nach der sog. Spiegelbildtheorie[848] auf die Substitutionsfähigkeit des nachgefragten Produkts oder der Leistung nicht an.[849] Zum sachlich relevanten Markt gehören vielmehr alle Absatzwege, die aus Sicht der Anbieter austauschbar sind (sog. Nachfragemarkt). Aus ihrer Sicht müssen dann Absatzalternativen zur Verfügung stehen, also beim Absatz ihrer Produkte (Waren oder Dienstleistungen) Ausweichmöglichkeiten zur Verfügung stehen.[850]

a) Relevanter Markt

Die Krankenkassen werden hauptsächlich als Finanziers auf dem Arzneimittelnachfragemarkt tätig, da die meisten Arzneimittel nicht unmittelbar durch sie alloziert werden. Können die Unternehmen keine Rabattverträge abschließen, so können sie weiter Arzneimittel an die Krankenkassen absetzen, sofern diese keinen Einfluss auf den Warenstrom nehmen, was nur in bestimmten Fällen durch eine Lenkungswirkung geschieht. Deshalb sind ihnen die Absatzmöglichkeiten nicht genommen. Die Absatzmöglichkeiten werden ihnen nur in den Fällen genommen, in denen die Krankenkassen Einfluss auf die Arzneimittelverschreibung nehmen, also in den Fällen, in denen die Ärzte ‚Aut-idem' verschreiben und das später verkaufte Medikament nicht ohnehin verschrieben hätten. Dies ist in der Praxis schwer festzustellen.[851]

846 St. Rspr., vgl. *KG* v. 18.02.1969, WuW/E OLG 995 (996) – Handpreisauszeichner; *BGH* v. 05.10.2004, WuW/E DE-R 1355 (1357) – Staubsaugerbeutelmarkt.

847 *Möschel*, in: Immenga/Mestmäcker, § 19 GWB Rn. 40; *Götting*, in: Loewenheim/Meessen/Riesenkampff, § 19 GWB, Rn. 25; *Kling/Thomas*, § 5 Rn. 20.

848 *Bechtold*, GWB, § 19 Rn. 5, 20; *Kling/Thomas*, § 9 Rn. 118 unter Verweis auf *I. Schmidt*, S.55 f. Kritisch gegü. diesem Modell *Rittner/Kulka*, S. 208.

849 *Möschel*, in: Immenga/Mestmäcker, § 19 GWB Rn. 40; Götting, in: Loewenheim/Meessen/Riesenkampff, § 19 GWB, Rn. 25; *Kling/Thomas*, § 5 Rn. 19.

850 *Kling/Thomas*, § 5 Rn. 18, m.w.Nw.

851 Vgl. auch *OLG Düsseldorf*, Beschl. v. 22.10.2008, VergabeR 2009, 176 (180) – ESP I.

Zugrunde gelegt wird bei der sachlichen Marktabgrenzung häufig die Einteilung von Medikamenten in die anatomisch-therapeutisch-chemische Klassifikation. Dabei fasst die 3. Stufe (ATC-3) die Medikamente nach ihren therapeutischen Wirkungen zusammen. Die Kartellbehörden nehmen im Einzelfall jedoch durchaus engere oder weitere Märkte an.[852] Erfolgt bei den Rabattverträgen eine wirkstoffbezogene Ausschreibung, so wird man hier als Markt nur Präparate mit diesem Wirkstoff anzusehen haben.

Räumlich gesehen können die pharmazeutischen Unternehmen ihre Produkte theoretisch in ganz Europa absetzen. Der räumlich relevante Markt wäre somit mindestens der EU-weite Absatzmarkt für einen bestimmten Wirkstoff. Denkbar wäre aber, aufgrund der bisherigen Praxis der Kartellbehörden mit Rücksicht auf die großen Unterschiede in den jeweiligen Gesundheitssystemen, eine beschränktere regionale Einteilung. Dabei könnte beispielsweise der deutsche Arzneimittelmarkt als geografisch relevanter Markt herangezogen werden. Aufgrund der Andersartigkeit des Gutes Arzneimittel dürfte es nicht ausreichen, einen direkten Vergleich zu solchen kleinen regionalen Teilmärkten zu ziehen, die von der Rechtsprechung im Bereich der physikalischen Therapieleistungen[853] oder auch der Krankentransporte[854] gebildet wurden.[855]

b) Marktmacht auf dem relevanten Markt

Die Lenkungswirkung hinsichtlich der Rabattverträge ist geringer als die 40 % Versorgungsanteil,[856] die die AOKen besitzen. Denn als Nachfrager zurechenbar sind ihnen nur solche Arzneimittel, die von Arzt mit Rücksicht auf die Rabattverträge verordnet wurden.

Die Marktbeherrschung kann zwar nur für die einzelnen Arzneimittel ermittelt werden. Als Anhaltspunkte für eine fiktive Krankenkasse ist aber eine Berechnung aufgrund von Durchschnittswerten vorzunehmen. Geht man davon aus, dass die Rabattarzneimittel einen Verordnungsanteil von 25 % am gesamten und 36 % am generikafähigen GKV-Markt erreichen[857] und davon, dass eine fiktive Krankenkasse einen Marktanteil von 40 % hätte, so beliefe sich der

852 *Lübbig/Klasse*, A&R 2009, 51 (54) mit einem Beispiel, bei dem die Kommission für bestimmte Generika von einer Marktabgrenzung nach Wirkstoffen ausgegangen ist, vgl. Fall COMP/M.5295 – Teva/Barr, Rn. 16 ff.

853 *BGH*, Urt. v. 08.05.1990 – Physikalische therapeutische Behandlung, NJW-RR 1990, 1256.

854 *BGH*, Urt. v. 12.03.1991 – Einzelkostenerstattung, NJW 1991, 2963.

855 Vgl. zu einem engeren Teilmarkt für Rettungsdienste auch, *EuGH*, Urt. v. 25.10.2001, C-475/99 – Ambulanz Glöckner.

856 Wert beruht auf *Cassel/Ebsen/Greß/Jacobs/Schulze/Wasem*, Vertragswettbewerb in der GKV, S.183.

857 Werte beruhen auf *Cassel/Ebsen/Greß/Jacobs/Schulze/Wasem*, Vertragswettbewerb in der GKV, S.183.

Marktanteil für Rabattarzneimittel für diese Krankenkasse auf dem generikafähigen deutschen GKV-Markt auf 14,4 %. Eine Marktbeherrschungsvermutung nach § 19 Abs. 3 GWB griffe danach nicht ein, auch weil diese unzweifelhaft feststehen muss und dies aufgrund der Ermittlungsprobleme kaum zu erwarten ist. Anders könnte man die Situation beurteilen, wenn die AOKen zwar 8 Regionallose für das Bundesgebiet vorsehen, sich jedoch - wie häufig geschehen - ein Hersteller in allen Losgebieten durch setzt. Hier könnte es zu höheren Marktanteilen kommen, insbesondere, weil die Rabattverträge mit den Jahren immer mehr von Ärzten und Apothekern beachtet werden (können). Der Präsident des Bundeskartellamtes Mundt sieht hier mögliche Verstöße der AOKen gegen das Kartellrecht.[858] Allerdings ist zu beachten, dass momentan keine Zuständigkeit des Bundeskartellamts für die AOKen besteht.[859] Sollte hier vom Gesetzgeber eine Änderung erfolgen, führt Mundt an anderer Stelle aus, dass er ein Bußgeld nicht für das Mittel der Wahl in diesen Fällen halte. Zudem ist zu beachten, dass die Krankenkassen einer Sanktionierung nach hier vertretener Ansicht in diesen Fällen schon dadurch entgehen können, indem sie die Verträge mit mindestens drei Unternehmer abschließen, da ein Marktanteil dann schwer zu ermitteln wäre. Somit wird die sich die praktische Relevanz dieses Themas wohl in Grenzen halten.

c) Marktstarke Stellung

Dennoch könnte das Diskriminierungs- und Behinderungsverbot Anwendung finden, da auch geringe Marktanteile unter den Voraussetzungen des § 20 Abs. 2 GWB eine Kontrolle der Unternehmen zulassen, zu denen kleinere und mittlere Unternehmen als Anbieter und Nachfrager von Waren und Dienstleistungen in einem Abhängigkeitsverhältnis stehen. Hierbei ist ein relativer Größenbegriff zugrunde zu legen, so dass auch Unternehmen mit absolut hohen Umsätzen im Verhältnis zu ihren Wettbewerbern kleine oder mittlere Unternehmen sein können.[860] Daher können kleinere und mittlere Pharmahersteller im Sinne von § 20 GWB von Krankenkassen abhängig sein, wenn diese sich zu Gemeinschaften zusammenschließen.[861] Dies würde die Anwendbarkeit des § 20 Abs. 1 GWB nach sich ziehen.

Auch hier werden aber meist wieder die erwähnten Probleme im Weg stehen, die Werte unzweifelhaft zu ermitteln. Die kleineren Kassen können die Unternehmen durch niedrigere Rabatte und andere Konditionen locken. Vor allem ist zu beachten, dass der Arzneimittelabsatz in Deutschland hauptsächlich über

858 *Mundt*, Rabattverträge führen zu Oligopolen, Apotheke adhoc v. 25.06.2012.
859 Vgl. *Becker/Kingreen*, NZS 2010, 417 (422 ff.).
860 Merkblatt des Bundeskartellamtes über Kooperationsmöglichkeiten für kleine und mittlere Unternehmen, Stand: März 2007.
861 *Möschel*, JZ 2007, 601 (605).

andere Steuerungsmechanismen (Rechtsverordnungen, Richtlinien, Kollektivverträge) beeinflusst wird, hier also weiter Chancen für die Unternehmen bestehen, ihre Produkte abzusetzen. Zudem bleibt ihnen der europäische Markt als Absatzmarkt unbenommen. Daher wird momentan schwerlich von einer Marktmacht auszugehen sein.

III. Einzelfragen

Sollte man im Rahmen einer Differenzierung bei einzelnen Wirkstoffen doch von einer marktbeherrschenden oder marktstarken Stellung ausgehen, so haben die Krankenkassen bei der Auswahl ihrer Vertragspartner unter den weiteren Voraussetzungen[862] des § 20 Abs. 1 GWB sachlich gerechtfertigt bzw. „nicht unbillig" vorzugehen.

Durch eine an objektiven Kriterien ausgerichtete Ausschreibung könnten die Krankenkassen einer ungerechtfertigten Diskriminierung bereits entgehen.[863] Hier entfaltet daher das Diskriminierungsverbot im Vergaberecht bereits seine Schutzwirkung.[864] Auch Fälle, bei denen die Regelbeispiele des § 19 Abs. 4 GWB einschlägig sind, jedoch kein Verstoß gegen das Vergabeverfahren vorliegt, sind schwer vorstellbar. Eine Abnahmepflicht wird nur dann angenommen, wenn weniger beeinträchtigende Verhaltenspflichten, etwa die Auswahl unter objektiven Auswahlkriterien zu wiederholen, nicht in Betracht kommen.[865]

Hinzu kommt, dass die Bestimmung des Begriffs der ‚sachlichen Rechtfertigung' oder auch der ‚Unbilligkeit' gerade vor dem Hintergrund des sozialrechtlichen Versorgungsauftrags (§ 70 SGB V) in der Praxis Schwierigkeiten bereiten wird. Der Gesetzgeber hat den bisherigen Verweis auf den Versorgungsauftrag in § 69 SGB V zwar gestrichen. Er ging aber davon aus, dass sich die Anwendung bereits aus dem Sozialrecht ergebe[866] und der Grundsatz somit auch weiterhin zu berücksichtigen sei.[867] Die danach erforderliche Bewertung hat zwar auf Grundlage einer Interessenabwägung unter Berücksichtigung der auf die Freiheit des Wettbewerbs gerichteten Zielsetzung zu erfolgen.[868] Hier stellt sich aber die Frage, ob der Versorgungsauftrag der Krankenkassen ein Ziel unter vielen oder ein vor den wettbewerblichen Zielen vorrangig zu behandelndes The-

862 Erforderlich ist die Feststellung einer Behinderung oder Diskriminierung.

863 *Schultz*, NZS 1998, 269 (274).

864 Vgl. Gleichbehandlungsgebot gem. § 97 Abs. 2 GWB.

865 *BGH*, Urt. v. 26.05.1987; *BGH* WuW/E 2399 ff.=BGHZ 101, 72 ff. – Krankentransporte; *Bechtold*, GWB, § 20 Rn. 57.

866 BR-Dr. 484/10 (neu), S. 40.

867 BT-Dr. 17/3698, S. 74; *Säcker/Kaeding*, MedR 2012, 15 (19).

868 St. Rspr.: Z. B. WuW/E *BGH* 2351 (2357) – Belieferungsunwürdige Verkaufsstellen II; WuW/E *BGH* 2584 (2588) – Lotterievertrieb.

ma[869] darstellt. Auf Grund dieser Schwierigkeiten und der häufig fehlenden Marktbeherrschung bzw. der Schwierigkeit, eine Marktbeherrschung festzustellen, hat sich das Kartellrecht bisher nicht als sehr wirkungsvoll in Bezug auf die Rabattverträge erwiesen. Den Schwerpunkt der Kontrolle bildet daher das oben geschilderte Vergaberecht. Dennoch wird im Folgenden auf einzelne Probleme des Missbrauchstatbestands eingegangen.

1. Die Interessenabwägung

Unabhängig von der schwierigen Auslegung der verschiedenen Begriffe ist man sich vom Ergebnis her einig, dass tatsächliche Marktverschließungs- und Verdrängungseffekte verhindert werden sollen, diese also jedenfalls ein missbräuchliches Verhalten darstellen sollen. Während solche Effekte aber einerseits als äußerste Grenze für die Berücksichtigung des Versorgungsauftrags der Krankenkassen im Rahmen des Kartellrechts gesehen werden,[870] wird andererseits im Gegenteil dahin argumentiert,[871] dass dies auch aus dem Sozialrecht selbst folge, welches die Beachtung der Vielfalt der Leistungserbringer fordere. Inwieweit das Sozialrecht die Vielfalt der Leistungserbringer mit den Selektivverträgen zu kombinieren gedenkt, dazu hat der Gesetzgeber im Bereich des Sozialrechts bisher keine Aussage gemacht.

Als Grundsatz des Wettbewerbsrechts, welches aber auch aus den Grundrechten und dem Sozialrecht folgt, wird betont, dass es das geringstmögliche, am wenigsten wettbewerbsschädliche Verhalten vorziehe,[872] und dieser Gedanke mit der Berücksichtigung des Versorgungsauftrags abgewogen.[873] Hieraus werden - zunächst überzeugend - auch umfangreiche Pflichten der Krankenkassen bei einer Einkaufsvereinbarung abgeleitet:

- Die Pflicht zu kurzen Vertragslaufzeiten und regelmäßiger Neuausschreibung,

869 So *Mühlhausen*, SGb 2000, 528 (530f.), ihm folgend *Knispel*, GesR 2008, 181 (183). Entscheidend für die Abwägung im Rahmen der Rechtfertigung für tatbestandliche Verhaltensweisen im Kartellrecht ist, ob der Begriff der „besonderen Berücksichtigung" des Versorgungsauftrags als vorrangige Berücksichtigung zu verstehen ist oder als eine Komponente des Abwägungsprozesses. Davon ausgenommen sind ausdrückliche gesetzlichen Anordnungen des Gesetzgebers, die – da ohnehin zu befolgen – gar nicht Teil des Abwägungsprozesses werden und natürlich deren Konkretisierungen durch die Sozialgerichte. Die übrigbleibenden sozialrechtlichen Abwägungen finden mindestens als eine Komponente neben anderen Einfluss in den Abwägungsprozess. Äußerste Grenze der Berücksichtigung bilden umgekehrt die zwingenden europarechtlichen Vorgaben.

870 So *Lübbig/Klasse*, A&R 2009, 51 (55).

871 In diese Richtung *Mühlhausen*, SGb 2000, 528 (530f.), *Knispel*, GesR 2008, 181 (183).

872 *BGH*, Beschl. v. 22.09.1981, WuW/E 1829 (1838) – Original VW-Ersatzteile II; *BGH*, Urt. v. 07.11.2006, WuW/E DE-R 1951, 1952 f. – Bevorzugung einer Behindertenwerkstatt.

873 *Lübbig/Klasse*, A&R 2009, 51 (55).

- Losteilung und/oder
- Berücksichtigung mehrerer Anbieter.[874]

Zu weit dürfte es hingegen gehen, ein „Bonus-Malus-System" zu verlangen, bei dem der Gebotspreis des Bestbietenden den Preis festlegt, der sodann für alle gilt.[875] Im Rahmen des Vergaberechts bestünde das Problem, dass der Anspruch der Bieter auf Abschluss zum niedrigsten Preis dazu führen würde, dass kein Wettbewerb um die Preise entstehen würde, vielmehr die Bieter eher hohe Gebote abgeben würden, da sie nichts zu verlieren hätten, aber den Preis in die Höhe treiben könnten. Es käme nicht zu Skalenerträgen und nicht zum Preiswettbewerb.

Wenn man aber erlauben sollte, dass wenigstens die niedrigsten, gleich wirtschaftlichen Gebote bei einer Ausschreibung alle mit einem Vertrag zu belohnen sind, so ist dies praktisch schwer vorstellbar, da zwischen den Präparaten hinsichtlich der Wirtschaftlichkeit immer auf irgendeine Weise differenziert werden kann. Geht man dann davon aus, dass zwei Anbieter wirklich das gleiche Angebot vorweisen, dann stellt sich die Frage, ob der Staat einen Anbieter ablehnen kann, um stärkere Skaleneffekte zu erreichen. Dem Vergaberecht selbst ist die Nutzung von Skaleneffekten aber in bestimmtem Maße immanent und daher grundsätzlich zulässig. Deswegen kann ohne weitere Umstände auch im Rahmen des Kartellrechts kein Anspruch auf Zulassung aller günstigen Anbieter entwickelt werden.

In den Niederlanden werden Meistgebote in einem bestimmten Prozentrahmen berücksichtigt:[876] Dies wäre tatsächlich auch in Deutschland eine denkbare Variante, da der Anbieterwettbewerb erhalten würde. Ob dies aber tatsächlich zwingend ist, ist angesichts der gerade erwähnten typischen Konstellation im Vergaberecht, die dort bereits so gut wie möglich rechtlich erfasst wurde, fraglich. In der Diskussion sollten somit eher die Ausschreibungsbedingungen und die Vertragslaufzeit stehen.

2. *Ausschreibungsbedingungen und Vertragslaufzeit*

Die Missbräuchlichkeit der Bevorzugung einzelner Anbieter hängt entscheidend von der Laufzeit der Verträge und den Ausschreibungsbedingungen ab.[877] Werden die Laufzeiten nicht zu lange gewählt und die Ausschreibungsbedingungen verhältnismäßig gestaltet, so müssen ausgeschlossene Firmen keine Marktverdrängung befürchten. Hier sind insbesondere Sortimentsverträge problematisch,

---

874 *Lübbig/Klasse*, A&R 2009, 51 (55).

875 So *Möschel*, JZ 2007, 601 (605), vorsichtiger in der Formulierung *Lübbig/Klasse*, A&R 2009, 51 (55).

876 Vgl. *European Commission*, Pharmaceutical Sector Inquiry, Preliminary Report, DG Competition Staff Working Paper, 28. November 2008, S. 124 f.

877 Vgl. *Schütze*, A&R 2009, 253 (255); *Lübbig/Klasse*, A&R 2009, 51 (55).

die kleineren Firmen nicht erlauben, die betreffende Nachfrage zu befriedigen, auch nicht durch einen Zusammenschluss kleinerer Anbieter. Auch zu enge Ausschreibungskriterien können Firmen benachteiligen, die grundsätzlich wettbewerbsfähig wären.

Das Stichwort des Zusammenschlusses der Anbieter wirft das weitere Problem der angebotsseitigen Wettbewerbsbeschränkungen etwa durch Bietergemeinschaften der pharmazeutischen Industrie auf. Diese Frage korreliert mit der gerade angesprochenen Gestaltung der Ausschreibungsbedingungen. Vom BGH wird als Kriterium für die ausnahmsweise[878] Zulässigkeit von Kooperationen denn auch benannt, dass es in der konkreten Situation für ein Unternehmen aus tatsächlichen oder wirtschaftlichen Gründen zumindest kaufmännisch unvernünftig wäre, sich als selbstständiger Anbieter dem Wettbewerb zu stellen, während bei einem gemeinsamen Auftreten am Markt diese Hinderungsgründe entfallen. Dies wird aus Gründen mangelnder Kapazität und Sortimentsbreite der Fall sein.[879] Allein ein wirtschaftlicheres Ergebnis rechtfertigt aber noch keine Bietergemeinschaft, insofern sind strenge Maßstäbe an die kaufmännische Vernunft zu stellen.[880]

3. Kartellrechtliche Zukunft der Regulierung von Rabattverträgen

Momentan spielt das Kartellrecht eine untergeordnete Rolle bei der Kontrolle der Rabattverträge. Soweit, durch das Vergaberecht erzwungen, keine Sortimentsverträge, sondern wirkstoffbezogene Verträge abgeschlossen werden, können sich auch Mittelständler noch behaupten, wenn sie auch mehr und mehr unter Druck geraten.[881] Kurz bis mittelfristig wird deshalb, solange die großen Nachfrager keine Präferenz für einzelne Anbieter zeigen, von einem sog. „Betrand'schen Preiswettbewerb" ausgegangen. Danach besteht ein intensiver Preiswettbewerb, der den Marktpreis bis auf die Grenzkosten sinken lässt.[882] Längerfristig könnten sich allerdings friedliche Koexistenzen zwischen wenigen verbleibenden Anbietern einstellen (mit entsprechenden Absprachen),[883] so dass den Krankenkassen eine Gegenmacht gegenüberstände.[884] Es wird in Zukunft weiterhin - das AMNOG macht hier den Anfang - darauf geachtet werden müs-

---

878 Grundsätzlich unterfallen diese Art. 81 EG.

879 *Lübbig/Klasse*, A&R 2009, 51 (56).

880 *Lübbig/Klasse*, A&R 2009, 51 (56) verweisen auf die Leitlinien der Kommission zur Anwendbarkeit von Art. 81 EG-Vertrag auf Vereinbarungen über horizontale Zusammenarbeit, ABl. Nr. C3/2 v. 6. Januar 2001, Rn. 143.

881 *Greß/Klaucke/Kötting/May/Wasem*, Gutachten zur Preisregulierung, S. 12.

882 A.a.O., S. 18.

883 A.a.O., S. 18 f.

884 Die Diskussion ist - wie so viele Regulierungsansätze im Gesundheitswesen - nicht neu: Vgl. nur *Salje*, NJW 1989, 751 (754) unter Verweis auf *Galbraith*, American Capitalism: The Concept of Countervailing Power, 1952, S.118.

sen, diese Absprachen mithilfe der Vorschriften des europäischen oder deutschen Kartellrechts zu unterbinden, oder ein neues Erstattungskonzept zu implementieren, welches die Entstehung zu enger Oligopole von vornherein verhindert.

Teil 4
Zusammenstellung der wichtigsten Ergebnisse und einige Anwendungsbeispiele

[Einzelheiten zu den Rabattverträgen]

1. Als die Vorschrift des § 130a Abs. 8 SGB V im Jahre 2003 in Kraft trat, wurde keine Bibliothek zu Makulatur[885]. Die Öffentlichkeit war nicht sonderlich interessiert. Und auch die Fachkreise wussten mit dieser Vorschrift mangels Anreizen der pharmazeutischen Unternehmer, Rabattverträge abzuschließen, zunächst wenig anzufangen. Das änderte sich durch die Einführung verschiedener flankierender Anreizmechanismen durch das GKV-Wettbewerbsstärkungsgesetz im Jahre 2007.
2. Die Rabattverträge stellen eine Besonderheit im Preisrecht für Arzneimittel dar. Hier modifizieren sie die sonst strikte Regulierung durch das AMG in Form von Einheitspreisen und Rabattverboten auf den Handelsstufen. Die Krankenkassen dürfen vom offiziellen Preis abweichen und zahlen über den Rabatt einen „inoffiziellen", weil Dritten nicht näher bekannten, Preis für das Arzneimittel. Es existieren damit für Rabattarzneimittel zwei Preise: Offizielle Listenpreise anhand der Lauer-Taxe und inoffizielle Preise zugunsten der Krankenkassen, die Rabattverträge abschließen.
3. Die Rabattverträge gem. § 130a Abs. 8 SGB V entfachen einen Wettbewerb um die größtmögliche „inoffizielle" Unterschreitung der Festbeträge, da die Festbetragsdifferenz als Mindestrabatt vorgeschrieben ist. Einen Wettbewerb um die größtmögliche Senkung der Listenpreise verstärken sie nicht.
4. Bei Risk-Share-Verträgen, die durch das AMNOG ausdrücklich für zulässig erklärt wurden, wird es den Krankenkassen nicht in erster Linie um die Erzielung eines Rabattes gehen, da eine solche Intention Risk-Share-Vereinbarungen von vornherein unzulässig machen würde. Vielmehr müssen sie von der erwünschten Wirksamkeit des Arzneimittels im Wege einer Prognose ausgehen. Es handelt sich von der Konstruktion her damit nicht um einen Rabatt, sondern um einen Zahlungsaufschub zugunsten der Krankenkasse, bei dem die vollständige Zahlung unter der aufschiebenden Bedingung geleistet wird, dass der Therapieerfolg in der gewünschten Form eintritt.

---

885 Vgl. *Julius Hermann von Kirchmanns Werk* „Die Wertlosigkeit der Jurisprudenz als Wissenschaft", erschienen im Jahre 1848, 1990 neu hrsg. von Klenner.

5. Rabattverträge entfalten ihre durch sozialrechtliche Regelungen geschaffenen Wirkungen in den Fällen, in denen ein direkter Wirtschaftlichkeitsvergleich zwischen Präparaten vorgenommen werden kann, da keines der Arzneimittel einen eindeutigen therapeutischen Vorteil hat. Eine solche Verordnungssituation wird vorliegend als „primär preisorientierte Verordnung beschrieben".
   Auf der (vorgeschalteten) Ebene der hier so bezeichneten Verordnungssituation der „rein nutzenorientieren Verordnung", die durch den Arzt vorgenommen wird, und die (auf der ärztlichen Ebene) schon „an sich" als wirtschaftlich eingestuft wird, entfalten die geschaffenen Anreizmechanismen und damit auch die Rabattverträge keine Wirkung. Die Krankenkassen unterliegen insoweit einem Kontrahierungszwang bei der Nachfrage.
6. Die meisten Rabattverträge bauen daher auf dem System der Aut-idem-Regelung und dem System der Festbeträge auf. Fallen Arzneimittel unter diese Regelungen, welche in der Mehrzahl der Fälle direkte Wirtschaftlichkeitsvergleiche bei Ärzten bzw. Preisvergleiche bei Apothekern veranlassen, wird statt eines Wirtschaftlichkeitsvergleich mit anderen Arzneimitteln das Arzneimittel derjenigen Firma verschrieben bzw. abgegeben, welche mit der Krankenkasse einen Rabattvertrag abgeschlossen hat. Ein derartiger Wirtschaftlichkeitsvergleich (eine „primär preisorientierte Auswahlentscheidung") kann in der Regel dann vorgenommen werden, wenn die Arzneimittel in eine Festbetragsgruppe eingeordnet sind. Dies gilt auch für Gruppen von Patentarzneimitteln. Sind die Gruppen dagegen inhomogen, dürfte ein direkter Vergleich (und damit ein rabattbedingter Austausch) in bestimmten Fällen allerdings schwerfallen.
   Dadurch wird eine Lenkung der Nachfrage zugunsten der Firma erzeugt, die den Rabattvertrag abgeschlossen hat und die Steigerung geht zu Lasten der Firmen, die keinen Rabattvertrag über das austauschbare Präparat geschlossen haben.
7. Grundsätzlich anders verhält es sich bei Arzneimitteln, die nicht anhand von Festbetragsgruppen oder sonstigen Therapiehinweisen des GBA einen unmittelbaren verordnungsauslösenden Wirtschaftlichkeitsvergleich zulassen, insbesondere bei solchen Wirkstoffen, die eine therapeutische Verbesserung („Zusatznutzen") bedeuten.
   Zwar werden auch hier Rabattverträge abgeschlossen. Die Verordnung dürfte aber gerade auf der therapeutischen Vorteilhaftigkeit beruhen (vorliegend auch nutzenbasierte Auswahlentscheidung genannt), folglich nicht auf der Grundlage einer preisbasierten Auswahlentscheidung vorgenommen werden. Man kann hier vermuten, dass eine Verordnung, so-

fern sie erfolgt, mit Sicherheit auch ohne Rabattvertrag erfolgt wäre. Die Krankenkasse strebt in solche Fällen auch keine (unbezahlbare) Bündelung der Nachfrage zugunsten des im Vergleich zu herkömmlichen Therapien meist kostspieligeren Arzneimittels an, sondern nur eine Kostenbegrenzung bezüglich einer im Arzt-Patient-Verhältnis getroffenen und von ihr zu akzeptierenden Entscheidung. Der Kontrahierungszwang tritt somit in den Vordergrund. Es handelt sich im eigentlichen Sinne um eine reine Preissetzung durch den Abschluss eines Rahmen-Rabattvertrags. Die Motive auf Seiten der pharmazeutischen Unternehmer für solche Verträge sind unterschiedlich (vgl. dazu unten das Merkmal der „Entgeltlichkeit").

Dabei handelt es sich (zukünftig) vor allem um solche Arzneimittel, für die ein Bewertungsverfahren nach § 130b SGB V durchgeführt und ein Zusatznutzen festgestellt wurde. Der Arzt hat sich dann nach dem Zusatznutzen zu richten und erst in zweiter Linie nach den Kosten. Die Kosten-Nutzenbewertung hat vielmehr schon auf der höheren, korporativen Ebene (mit dem Ergebnis einer Preisfestsetzung gem. § 130b SGB V) stattgefunden.

Diese Arzneimittel unterliegen bei Feststellung eines Zusatznutzens keinem Festbetragssystem mit entsprechender Konkurrenzsituation, sondern dem Erstattungsbetragssystem gem. § 130b SGB V, und haben trotz ihrer höheren Kosten Vorrang bei der Verordnung. Man kann hier in der Regel von einer primär rein nutzenorientieren Verordnung ausgehen.

Inwieweit ein echter Wirtschaftlichkeitsvergleich bei solchen Arzneimitteln erfolgen kann, die keinen Zusatznutzen haben, aber auch nicht in eine Festbetragsgruppe eingeordnet werden können - was ebenso im Bewertungsverfahren nach § 130b SGB V festzustellen ist -, hängt von der Vergleichbarkeit mit anderen Arzneimittel aus Sicht des Arztes im Einzelfall ab. Entscheidend dürften hier die Bewertungen sein, die in den Therapiehinweisen durch den Gemeinsamen Bundesausschuss für das Arzneimittel vorgenommen wurden und die Verwertbarkeit dieser Informationen im Einzelfall. Ob die § 35a Absatz 1 Satz 7 bestimmte zweckmäßige Vergleichstherapie eine solche Vergleichbarkeit bietet, kann nur im Einzelfall entschieden werden.

8. Auch wenn sog. Risk-Share-Verträge abgeschlossen werden, die die vollständige Bezahlung der Arzneimittel vom Therapieerfolg abhängig machen, liegt kein steuernder Rabattvertrag im eigentlichen Sinne vor. Denn die Krankenkasse darf nicht darauf „wetten", dass die Therapie nicht wirkt und sie daher den Rabatt erhält. Als Vertragszweck kommt hier in Betracht, dass die Krankenkasse im für sie unerwarteten Fall mangelnder

Therapiewirkung ihre Kosten für das Arzneimittel begrenzt, dessen Verordnung für sie ungleich teurer war. Bei Therapieerfolgen kann es in diesen Fällen sogar zu Mehrkosten im Vergleich zu einer herkömmlichen Verordnung kommen, was die Bezeichnung „Rabattvertrag" fragwürdig macht.

9. Die durch das AMNOG vorgesehene Möglichkeit, abweichend von der Abgabe eines Rabattarzneimittels gegen Kosterstattung ein anderes Arzneimittel zu erhalten, wird die Wirkung der Rabattverträge nicht erheblich beeinflussen.
10. Die dezentralen Rabattvereinbarungen nach § 130c SGB V fußen auf den zentralen Erstattungsvereinbarungen gemäß § 130b SGB V, die man auch als zentrale Rabattverträge bezeichnen kann. Durch eine solche Vereinbarung kann eine Vereinbarung nach § 130b ergänzt oder abgelöst werden. Die Norm bezieht sich somit nur auf § 130b und ist für die dort genannten Vereinbarungen lex specialis zu § 130a SGB V, was aus dem Wortlaut und der Gesetzesbegründung hervorgeht.

[Gründe für die Einführung der Rabattverträge]

11. Die Rabattverträge sollten sog. Wirtschaftlichkeitsreserven durch einen Wettbewerb bei der Nachfrage nach Arzneimitteln durch die Krankenkassen erzeugen. Insgesamt wollte man, trotz schlechten Erfahren hinsichtlich der Kostensenkung während der letzten Jahrzehnte, weiter an der Regulierung der Nachfrageseite festhalten und nicht, wie in anderen europäischen Staaten, unmittelbar in die Preispolitik der Hersteller selbst eingreifen, weil man davon die Hemmung von Innovationen im Gesundheitswesen befürchtete. (Diesbezüglich ist jedoch mittlerweile ein Paradigmenwechsel durch das AMNOG erfolgt.)

a) Daher wollte man auch Mittel vermeiden, die - wie Positivlisten - bestimmte Arzneimittel grundsätzlich von der Versorgung ausschlössen. Die den Rabattverträgen wohl zugrunde liegende Idee kasseninterner Positivlisten, bei der die Kassen einen Katalog von grundsätzlich zu erstattenden Arzneimittel festsetzen sollen, wurde nicht gewählt. Darauf basierende Rabattverhandlungen hatten bereits ein Vorbild in den USA, dort freilich unter den Vorzeichen und Nachteilen eines privatwirtschaftlichen Gesundheitssystems. Eine schon eingeführte Regelung zu einer nationalen Positivliste wurde 2004 wieder abgeschafft.
b) Die neue Lösung sollte aber nicht nur den Arzneimittelmarkt flexibel und die Preise niedrig halten, sondern (scheinbar) paradoxerweise gleichzeitig die offiziellen Arzneimittelpreise nicht verändern, die von den pharmazeutischen Unternehmen gemeldet werden und in der sog. Lauer-Taxe

gelistet und frei zugänglich sind. Denn die Absicht der freien Preisbildung zur Innovationssteigerung stand von je her in gewisser Friktion mit Regelungen anderen EU Staaten, die vor allem die Angebotsseite innerstaatlich durch Referenzpreise stark regulierten. Insbesondere, wenn diese die Preise mit prozentualem Abschlag einfach an die Preise anderer Staaten ankoppeln, wobei die offiziellen Listenpreise in anderen Staaten zur Grundlage genommen werden, entsteht der innerstaatlich unerwünschte Effekt, dass die Entwicklungskosten nicht von allen mitgetragen werden. Eine Folge davon ist auch der sog. Parallelhandel, den man innerstaatlich aus dem Grund vermeiden möchte, weil davon aus hiesiger Sicht weniger die Krankenversicherungen als vielmehr die Parallelhändler profitieren.

c) Eine flexible Verhandlungslösung über Rabattverträge inklusive unterstützender Anreize in Verbindung mit weiterhin grundsätzlich offener Verschreibungsfreiheit mit Hinweisen und Empfehlungen seitens des Gemeinsamen Bundesausschusses setzte zwar eine komplexe Regulierung voraus, sollte dafür aber den heterogenen Zielen gerecht werden.
   - Es sollte kein starres Ausschlussprinzip bestehen, sondern die Unternehmen sollten sich immer wieder neu um Rabattverträge bewerben und die Ärzte sollten Arzneimittel, soweit sie vorteilhaft wären, auch ohne Rabattvertrag weiter verordnen können.
   - Gleichzeitig sollte der Preis der Arzneimittel für die Krankenkasse gesenkt werden, ohne dass die pharmazeutischen Unternehmer die offiziellen Listenpreise senken müssten. Damit sollte es trotz der Preissenkung nicht zur Absenkung des Referenzpreises in anderen Länder kommen. Dies kann die einigermaßen komplexe Regelung der Rabattverträge erklären.

[Rabattverträge und die Allokationsmechanismen für Arzneimittel]

12. *Markt vs. Solidarität.* Wettbewerb und Solidarität im Gesundheitswesen schließen sich nicht aus. Begrifflich gegenüberzustellen sind aber die Prinzipien des Marktes und der Solidarität. Echte Marktmechanismen könnten ein Zurückdrängen des Solidaritätsprinzips bewirken. Derartige Funktionsbedingungen herrschen im Verhältnis zwischen Kassen und Versicherten aber (noch) nicht.
13. *Marktelemente im Angebots- und Nachfragebereich.* Das Verhältnis zwischen Krankenkassen und Versicherten ist (noch) nicht dominierend von Marktelementen geprägt. Dagegen kann man im Verhältnis zwischen den Krankenkassen und pharmazeutischen Unternehmen von einem Rabatt-

vertragsmarkt sprechen, auf dem Marktmechanismen eine wichtige Rolle spielen.

14. *Die korporative Koordination als herkömmlicher Verteilungsmechanismus.* Trotz der Beeinflussungsmöglichkeit der Krankenkassen durch die Rabattverträge ist das Verhältnis der Krankenkassen zu den Ärzten und Apothekern immer noch stark durch die Kollektivverträge zwischen den Verbänden der Krankenkassen und den Verbänden der Apotheker und Ärzte und durch die Regelungen des Gemeinsamen Bundesausschusses (GBA), eines korporativen Gremiums, geprägt. Die Krankenkassen sind für die verordneten Arzneimittel dabei einem Kontrahierungszwang unterworfen.
Diese Regelungsmuster lassen sich unter dem Begriff der korporativen Koordination zusammenfassen. Verordnet ein Arzt ein Arzneimittel, welches er auf der Basis der Therapieempfehlungen des Gemeinsamen Bundesausschusses und der bestehenden Rahmenverträge für das einzig vertretbare Präparat hält, so kann diese Entscheidung dem Mechanismus der korporativen Koordination zugerechnet werden, also einem Zusammenlaufen der Informationen verschiedener Institutionen, die durch den Arzt bewertet und zu einer Entscheidung im Einzelfall verwendet werden. Die Krankenkasse kann eine solche Entscheidung grundsätzlich nicht beeinflussen oder rückgängig machen, sie ist insoweit reiner Financier, erfüllt von den drei Funktionen eines Nachfragers (finanzieren, disponieren, konsumieren) nur eine.
15. *Der Markt-Preis-Mechanismus als neuer, konkurrierender, Entscheidungs-Mechanismus.* Die Einführung der Rabattverträge und der Anreizmechanismen führte auf der Nachfrageseite zu einem komplizierten Mischsystem aus Preiswettbewerb der Krankenkassen bei gleichzeitiger Geltung der herkömmlichen korporativen Koordination. Denn im Rahmen der Rabattverträge verhandelt die Krankenkasse über den Preis, was eindeutig ein Marktverhalten ist. Es bestehen somit zwei konkurrierende Verteilungsmechanismen für Arzneimittel auf der Nachfrageseite. Ein Markt-Preismechanismus und die herkömmliche korporative Koordination.
16. *Die Überlagerung der Verteilungsmechanismen.* Die Verteilungsmechanismen sind nicht trennscharf abzugrenzen, der Markt-Preis-Mechanismus kann auch innerhalb der korporativen Gremienentscheidung eine Rolle spielen und umgekehrt. Der Markt-Preis-Mechanismus kann z.B. in den Dienst der korporativen Koordination treten. Der dominierende Verteilungsmechanismus zeichnet sich aber dadurch aus, dass er die Letztentscheidung über die Zuteilung des Arzneimittels trifft. Ent-

scheidend für die Einstufung als Nachfrager erscheint die in dieser Entscheidung zum Ausdruck kommende Dispositionsmacht über ein Gut, nicht die Finanzierung oder die Konsumierung.

17. *Die Krankenkassen als Nachfrager von Rabattarzneimitteln.* Rabattverträge über Festbetragsarzneimittel (bzw. solche Arzneimittel, die eine preisbasierte Auswahlentscheidung ermöglichen) können dabei eher einem Markt-Preis-Mechanismus zugeordnet werden, bei der die Auswahlentscheidung der Krankenkasse zuzurechnen ist. Denn die Entscheidung der Ärzte und Apotheker kann der Krankenkasse dann als eigene zugerechnet werden. Die Krankenkasse ist mehr als ein Finanzierer.
    Verträge über therapeutisch vorteilhafte Arzneimittel ohne direkte Preisvergleichsmöglichkeit lassen sich eher der herkömmlichen korporativen Koordination auf Grundlage der Kollektivverträge zuordnen. Eine Zurechnung an die Krankenkassen scheidet mangels disponierendem Einfluss normalerweise aus.
    Damit lassen sich Krankenkassen bei bestimmten Rabattverträgen als echte disponierende Nachfrager bezeichnen, bei anderen Rabattverträgen sind sie dies wiederum nicht. Die Nachfrageentscheidung ist dann vor allem Ärzten, Patienten und den Gremien der korporativen Koordination zuzurechnen. Die Krankenkassen müssen die Arzneimittel aufgrund des Kontrahierungszwangs bezahlen, der dann als Merkmal in den Vordergrund tritt.

[Warenverkehrsfreiheit und Transparenzrichtlinie]

18. Eine Krankenkasse ist unmittelbar - als Teil der mittelbaren Staatsverwaltung - den Grundfreiheiten unterworfen und kann sich nicht insoweit nicht durch den Verweis auf Fehler des Gesetzgebers (z.B. hinsichtlich der Anreizmechanismen, soweit diese im Ergebnis zu einer Diskriminierung führen) „exkulpieren“.
    Die sozialrechtlichen Anreizmechanismen zur Wirkung der Rabattverträge sind ihr zuzurechnen. Sie aktiviert diese, von ihr intendierte und gesetzlich angeordnete Folgen sind weitgehend identisch.
    Im spezielleren Vergaberecht und Kartellrecht können die aus diesen Regimen folgenden Grundsätze, insbesondere der Transparenzgrundsatz, als Auslegungshilfen dienen. Aus der Warenverkehrsfreiheit sowie ggf. aus der entsprechenden Anwendung der Transparenzrichtlinie ist vor allem das Gebot für die Krankenkassen abzuleiten, die Rabattverträge transparent zu vergeben und sich bei der Auswahl der Arzneimittel an objektiven und sachlichen Kriterien, wie sie z. B. durch die Festbetragsgruppen und die Arzneimittelrichtlinien samt Therapiehinweisen des Gemeinsa-

men Bundesausschusses zur Verfügung stehen, zu orientieren. Dadurch können sie einer Sanktionierung durch eine extrem weite Auslegung der Transparenzrichtlinie durch den EuGH entgehen. Diese Leitlinien sind bei der Auslegung des insoweit spezielleren Vergaberechts und Kartellrechts zu beachten. Sie spielen dort eine eigenständig Rolle, wo das Vergaberecht keine Anwendung findet.

[Vergaberecht]

19. *Krankenkassen als öffentliche Auftraggeber.* Die Krankenkassen sind nach dem funktionalen Auftraggeberbegriff öffentliche Auftraggeber gem. § 98 GWB, wenn sie Rabattverträge abschließen.
20. *Nichtgewerblichkeit der Krankenkassen als öffentliche Auftraggeber.* Sie handeln insbesondere nichtgewerblich im Sinne des § 98 GWB. Nichtgewerblich handeln die Krankenkassen, weil sie beim Abschluss der Rabattverträge den Funktionsbedingungen des Marktes nicht in Gänze ausgesetzt sind.

    Dabei ist, anders als dies teilweise getan wird, primär auf das Verhältnis zu den Versicherten abzustellen (Leistungsbereich), da nur die dort bestehende vollständige Nachfragebezogenheit eine hinreichende Marktlogik erzeugen könnte. Der Wettbewerb auf dem Nachfragemarkt kann immer nur so stark sein, wie er auf dem Angebotsmarkt induziert wird. Ein Blick allein auf den Nachfragebereich reicht daher nicht aus. Es findet hier sozusagen eine Gesamtbetrachtung statt, wie sie seit der Rechtssache Fenin durch die Europäischen Instanzen auch im Kartellrecht vorgenommen wird.

    Die bestehenden Verwerfungen im System reichen nicht aus, die Solidarität im System der insoweit gleich einem Monopol zusammengefassten Krankenkassen entscheidend zurückzudrängen. Auch dürfte zumindest zu vermuten sein, dass der Wettbewerb aus Sicht der Versicherten zu intransparent ist, als dass die Funktionslogik des Marktes aufgrund einer starken Nachfragebezogenheit vollumfänglich wirken könnte. Dafür erscheinen die Unterschiede zu einem privaten Versicherer (noch) zu groß. Dass die Krankenkassen in Zukunft einer hinreichenden Marktlogik unterliegen könnten, erscheint aber nicht abwegig. Sollten sich die Krankenkassen beim Abschluss der Rabattverträge marktlogisch verhalten, wäre das Vergaberecht ausgeschlossen. Die Befürworter eines solchen Ausschlusses müssten aber überzeugende Argumente für ein hinreichend marktlogisches Verhalten im Leistungsbereich liefern. Dies tun sie, soweit ersichtlich, bisher nicht.

    Solange die Funktionslogik des Marktes aber nicht hinreichend dargelegt ist, besteht nach der EuGH Rechtsprechung eine Vermutung für die Nichtgewerblichkeit.

21. Ob die *Rabattverträge als öffentliche Aufträge* im Sinne des § 99 GWB anzusehen sind, hängt von der Art der Arzneimittel ab, die Gegenstand der Rabattvereinbarung sind.

22. *Entgeltlichkeit der Rahmenvereinbarungen bzw. der Einzelabrufe.* Die weite Auslegung des Begriffs der Entgeltlichkeit überzeugt: Jeder geldwerte Vorteil ist davon umfasst. Vielfältige Motive können auf Seiten der pharmazeutischen Unternehmer hierbei eine Rolle spielen. Dies führt zur Entgeltlichkeit der Rahmenvereinbarung und zur Entgeltlichkeit der durch sie ausgelösten Einzelabrufe.
Abgestellt werden kann hier auf die in der Regel erhöhte Absatzchance, die ein Rabattvertrag für das Unternehmen bietet. Sie ergeben sich aus den sozialrechtlichen Anreizmechanismen, die durch die Krankenkassen - ihr funktional zurechenbar (vgl. § 9) - aktiviert werden.
Daneben kann man auch auf sonstige Vorteile der Unternehmer durch einen Rabattvertrag abstellen, etwa durch werbewirksame Effekte. So werben die Unternehmer in Fachzeitschriften mit abgeschlossenen Rabattverträgen, wohl um damit auf ein (vermeintliches) Qualitätskriterium ihrer Produkte hinzuweisen.
Die Entgeltlichkeitskomponente dürfte in einigen Sonderfällen von Rabattverträgen (vgl. hierzu § 3 III, Motivation der pharmazeutischen Unternehmer) variieren. Auch ein sog. „Spill-over-Effekt“, der erst nach Ablauf eines Rabattvertrages zum Tragen kommt, dürfte nach der weiten Auslegung des Begriffs zu einer Entgeltlichkeit führen. Spill-over-Effekt meint dabei ein „Überschwappen“ der Vorteile aus den Rabattverträgen, z. B. indem einige Kunden an die bisher verordneten Medikamente aus Compliance-Gründen gebunden sind, wie dies bis jetzt häufig beim Wechsel von der stationären in die ambulante Behandlung zu beobachten ist. Nach Auslauf des Rabattvertrages kann das Unternehmen auf einen solchen Spill-over-Effekt in einen „Nach-Rabattvertragsmarkt“ hoffen. In Abgrenzung zum Merkmal der Beschaffung (dazu unten) können sogar solche rabattvertragsbedingten Vorteile unter das Merkmal der Entgeltlichkeit gefasst werden, die berufsrechtswidrig durch eine fehlerhafte Auswahl durch Arzt oder Apotheke zustandekommen, sofern diese aus unzulässigen Gründen Rabattvertragspräparate vorziehen und diese Fehler regelmäßig und systembedingt passieren. Denn anders als beim Merkmal der Beschaffung (dazu unten) ist eine unmittelbare Zurechnung des Verhaltens nicht notwendig. Eine mittelbare Zurechnung für sozialrechtlich und „systembedingt“ möglicherweise falsch gesetzte Anreize

dürfte im Sinne eines weiten Entgeltsbegriffs ausreichen.
Selbst die reine Bestärkung des Entschlusses des Arztes, ein Arzneimittel zu verordnen, dürfte zu einer Entgeltlichkeit durch die gesetzten Anreize führen. In diesen Fällen hätte der Arzt die Verordnung - aus Nutzengesichtspunkten - ohnehin vorgenommen, wird aber zusätzlich durch finanzielle Anreize zu seiner Verordnung bestärkt. Denn allein die „geistige Beschäftigung" des Arztes mit diesem Produkt in Koppelung mit finanziellen Anreizen könnte einen positiven Effekt auf den Bekanntheitsgrad des Produktes aus Sicht der Ärzte haben, der betriebswirtschaftlich als Vorteil „verbucht" werden könnte.
Letztlich dürfte schon rein betriebswirtschaftlich eine Vermutung bestehen, dass die Rabattverträge seitens der Unternehmer nicht aus altruistischen Motiven abgeschlossen werden. Bedenkt man die Kosten, die durch eine Teilnahme an einer Ausschreibung oder an einem Verhandlungsverfahren entstehen, so wird kein Rabattvertrag ohne eine vom Unternehmer erwartete Gegenleistung zustandekommen - eine solche ist somit jedenfalls zu vermuten.
Ob tatsächlich ein hinreichender lenkender Einfluss der Krankenkasse auf die Allokationsentscheidung hinsichtlich der Arzneimittel besteht, ist dagegen keine notwendige Voraussetzung für die Entgeltlichkeit (vgl. dazu das Merkmal der Beschaffung). Sonst würden die (nachvertraglichen) Spill-over-Effekte nicht zu einer Entgeltlichkeit führen. Liegt ein lenkender Effekt vor, ist dies allerdings ein unwiderlegbares Indiz für eine Entgeltlichkeit (z.B. wegen der Austauschverpflichtung durch die Apotheker im Bereich der wirkstoffgleichen Arzneimittel).

23. *Unzulängliche Begründung der Entgeltlichkeit.* Die neuere vergaberechtliche Rechtsprechung verkürzt die Problematik allerdings teilweise in unzulässiger Weise, indem sie allein auf das Entgelt seitens der Krankenkasse für die (vermeintlich) auf der Rahmenvereinbarung beruhenden „Einzelverträge" abstellt - also nur auf das Entgelt für das Arzneimittel, welches an die Apotheke fließt. Dies kann nicht überzeugen, weil dies nichts darüber aussagt, ob ein solcher Einzelvertrag durch den Rahmenvertrag oder auf andere Weise ausgelöst wurde und es daher an der Begründung eines Zusammenhangs zwischen „Rabatt" und Entgelt fehlen lässt. Im Einzelnen:
Dass ein solcher Einzelvertrag nur mit der Apotheke zustande kommt und das Entgelt an die Apotheke gezahlt wird, spricht für sich genommen nicht gehen diese These, da insofern von einem Vertragsabruf im funktionalen Sinn ausgegangen werden kann (dazu unten).
Das Abstellen auf das Entgelt wäre aber nur dann zutreffend, wenn die

Zahlung des Entgelts vom Abschluss des Rabattvertrages abhängt.
Die Zahlung der Krankenkassen erfolgt aber aufgrund des gesetzlichen Leistungsanspruchs des Versicherten und damit unabhängig vom Bestehen eines Rabattvertrags.
Erfolgt aber die Bezahlung und damit der Einzelabruf vollkommen unabhängig von dem Bestehen eines Rahmenvertrages und löst dieser im eigentlichen Sinne keine Einzelabrufe aus, so kann es sich begrifflich schon nicht um einen Rahmenvertrag handeln. Für einen unbefangenen Betrachter ist der Zusammenhang zwischen entgeltlichem Einzelabruf und Rahmenvertrag daher keineswegs selbstverständlich.
Es muss daher begründet werden, dass mitunter ausgerechnet durch den Rahmenvertrag Einzelabrufe ausgelöst wurde. Dies ist nicht, wie durch diese Rechtsprechung konkludent behauptet, bei allen Einzelabrufen der Fall.
Der Rabattvertrag wirkt sich nicht auf Zahlung „an sich“ aus oder legt diese Zahlung fest, sondern nur auf die höhere Wahrscheinlichkeit des Zustandekommens eines solchen Vertrages. Realisiert sich im Einzelfall die höhere Absatzchance nicht, so besteht keinerlei Zusammenhang zwischen dem sog. Einzelabruf und dem Rabattvertrag. Die Entgeltlichkeit eines Einzelabrufs liegt daher nicht in jedem Fall vor, sondern nur, wenn sich in ihm eine erhöhte Absatzchance realisiert. Eine Entgeltlichkeit kann daher nur in Vorteilen gesehen werden, die für den Unternehmer gerade durch den Abschluss eines Rahmenvertrages bestehen.
Anders gesagt folgt der Zusammenhang zwischen dem Rahmenvertrag und dem Entgelt für den Einzelvertrag allein aus dem Differenzbetrag, also dem Rabatt, den das Unternehmen an die Krankenkasse auf Grund der Rabattverträge zu zahlen hat und aus nichts anderem. Auf diesen Rabatt kann aber nicht abgestellt werden, denn dieser fließt vom Unternehmen an die Krankenkassen und nicht umgekehrt. Abgestellt werden kann insofern nur auf die erhöhte Absatzchance.
Nimmt man mit der oben zitierten Rechtsprechung eine Entgeltlichkeit des Einzelabrufs auch in den Fällen an, in denen kein Zusammenhang zwischen dem Rabattvertrag und dem Einzelabruf besteht, sich also keine erhöhte Absatzchance oder sonstige Vorteile realisieren, so verlöre das Merkmal der Entgeltlichkeit jegliche Abgrenzungsfunktion. Es würde ad absurdum (Zirkelschluss) geführt: Jede Zahlung ohne Bezug zu einem Vertrag könnte dann zur Entgeltlichkeit eines Vertrages führen, ohne Rücksicht darauf, ob die Hauptleistung zu wohltätigen oder sonstigen Zwecken erfolgte. Zugespitzt erscheinen die Rabatte der pharmazeutischen Unternehmen bei dieser Begründung als Schenkung, da für sie kein

Grund zu bestehen scheint (da das Entgelt für das Arzneimittel ohnehin gezahlt wird). Dies würde gerade gegen eine Entgeltlichkeit sprechen. Mindestbegründungsaufwand sollte daher der Hinweis auf die erhöhten Absatzchancen eines Unternehmens sein, evtl. unter Rückgriff auf die sozialrechtlichen Anreizmechanismen. Auch in einem Rahmenvertrag muss abstrakt eine Entgeltlichkeit festgelegt sein (§ 4 Abs. 1 VOL/A EG spricht „insbesondere" vom „Preis"). Dies spricht zusätzlich gegen eine isolierte Betrachtung der Entgeltzahlung durch die Krankenkasse.

24. *Rabattverträge als Rahmenvereinbarungen. Rahmenvereinbarung und Einzelabruf.* Die Subsumtion unter den Begriff der entgeltlichen Rahmenvereinbarung gem. § 4 VOL/A EG ist keine hinreichende Begründung, um den Rabattvertrag als öffentlichen Auftrag einzustufen. Es kommt als notwendige Voraussetzung darauf an, ob hierdurch eine Nachfrage in Form von vielen einzelnen Lieferaufträgen ausgelöst wird, von denen mindestens einer die Kriterien eines „öffentlichen Auftrags" erfüllt. Entscheidend ist also die Bewertung des *Einzelabrufs* als öffentlicher Auftrag. Rahmenverträge sind nur ausschreibungspflichtig, solange es die zugrundeliegenden Einzelabrufe sind, wobei - aufgrund der potentiell diskriminierenden Wirkung, die das Vergaberecht verhindern soll - bereits *ein* möglicher ausschreibungspflichtiger Einzelabruf die Ausschreibungspflicht auslöst. Durch einen Rahmenvertrag werden im Regelfall hunderte bis tausende Einzelabrufe ausgelöst.

25. *Mindestvoraussetzung eines Einzelabruf im funktionalem Sinne.* Beim Einzelabruf eines Arzneimittel kommt es zu einem Vertrag zwischen Krankenkasse und Apotheke. Ein Vertrag zwischen Krankenkassen und pharmazeutischem Unternehmer wird nicht geschlossen. Einen solchen Vertragsschluss zu fingieren, entspräche nicht dem Willen der Parteien, die insoweit auf die Regulierung vertrauen können. Man kann hier jedoch von einem Vertrag (bzw. Einzelabruf) im funktionalen, vergaberechtlichen, Sinn sprechen.

    Neben einem funktionalen (verhaltensbezogenen) Auftraggeberbegriff (persönlicher Anwendungsbereich des Vergaberechts) besteht wegen des effet utile, also der möglichst effektiven Umsetzung der europäischer Richtlinien, ein funktionaler (erfolgsbezogener = „auftragsgleiche Wirkung") Auftragsbegriff (sachlicher Anwendungsbereich des Vergaberechts).

    Erforderlich ist für einen Einzelabruf daher nicht, dass es sich um einen privatrechtlichen Vertrag handelt. Auch muss es sich nicht um einen Auftrag im rechtlichen Sinne nach nationalen Kriterien handeln.

    Ein Auftrag im funktionalen (erfolgsbezogenen) Sinne, der einem Auftrag im rechtlichen Sinne gleichkommt, reicht aus, da er die gleiche Wirkung hat.

Der Grundsatz des effet utile gebietet hier eine funktionale Betrachtungsweise, nach der auch durch einen Vertrag ausgelöste Reglementierungen, die im Ergebnis die gleiche Wirkung wie ein „Einzelabruf im Rechtssinne" haben, als öffentlicher Auftrag zu bewerten sind, sofern die Leistungen nicht auf gesetzlicher Grundlage erfolgen und durch einen Vertrag ausgelöst werden.

Dafür sind die staatlicherseits geschaffenen Anreizmechanismen in die Betrachtung mit einzubeziehen. Die Krankenkassen als Teil der mittelbaren Staatsverwaltung sind selber an die Grundfreiheiten gebunden (siehe dazu bereits oben) und müssen sich die sozialrechtlichen Anreizmechanismen als eigene zurechnen lassen, da die durch die Krankenkassen intendierten Folgen und die durch die Rabattverträge aktivierten gesetzlichen Anordnungen weitgehend identisch sind.

Wird durch einen Rahmen-Rabattvertrag ein Einzelabruf ausgelöst, so liegt ein Vertrag (Einzelabruf) im funktionalem Sinne zwischen Krankenkasse und pharmazeutischem Unternehmer vor.

26. *Einzelabruf; Beschaffung; diskriminierende Auswahlentscheidung.* Für einen Einzelabruf, insbesondere für einen Einzelabruf im nur funktionalen Sinne, bedarf es aber eines positiv festzustellenden Beschaffungselements. Dies setzt eine mögliche diskriminierende, ihr zurechenbare Auswahlentscheidung der Vergabestelle voraus.

27. *Die Auswahl- bzw. Entscheidungsmöglichkeit als Element der Beschaffung.* Es muss eine zumindest theoretische Entscheidungsmöglichkeit bzw. Auswahlmöglichkeit des Beschaffers (bzw. des für die Entscheidung beauftragten Dritten) zwischen verschiedenen Vertragspartnern oder Produkten bestehen, da sonst denknotwendig keine unzulässige Diskriminierung (gegen die das Vergaberecht eingesetzt wird) vorliegen kann.

    Besteht ein Kontrahierungszwang der Krankenkasse, weil sie (z.B. im Hilfsmittelbereich) mit allen möglichen Anbietern einen Vertrag abschließen muss, findet das Vergaberecht daher nach überzeugender Meinung in Rechtsprechung und Literatur keine Anwendung, sofern ein anderweitiges transparentes Verfahren vorgegeben ist und eingehalten wird. Dies steht mit den Vorgaben des EuGH zu Konzessionen im Einklang. Eine Auswahlmöglichkeit besteht also grundsätzliche dann nicht, wenn der Beschaffer gesetzlich oder vertraglich einem Kontrahierungszwang unterliegt.

    An den (freiwilligen) vertraglichen (im Abgrenzung zum transparenten, gesetzlichen) Kontrahierungszwang sind dabei strenge Anforderungen zu stellen, die verfahrensbezogen und materiell jede Diskriminierung von vornherein ausschließen. Sind die fraglichen Klauseln intransparent, besteht schon aus diesem Grund die Vermutung einer möglichen Diskriminierung und die Ausschreibungspflicht wird ausgelöst.

28. *Auswahlmöglichkeit der Krankenkassen im Fall der Rabattverträge.* Ebenso dürfte aber konsequenterweise dann kein öffentlicher Auftrag vorliegen, wenn die Krankenkasse keine hinreichende Einflussmöglichkeit durch einen Rabattvertrag auf den (Dritten) Arzt oder Apotheker nehmen kann und auch insofern einem Kontrahierungszwang hinsichtlich eines einzigen, durch einen selbständigen und unabhängigen Dritten ausgewählten, Produktes unterliegt. Auch hier droht keine - der Krankenkasse zurechenbare - Diskriminierung.
Dies ist nach hier vertretener Ansicht der Fall bei einer primär nutzenorientierten Auswahlentscheidung, weil in solchen Fällen, wie bereits oben beschrieben, der Abruf von Arzneimittel durch die Krankenkassen einem Kontrahierungszwang gleicht. Der Abruf wird durch den Mechanismus der korporativen Koordination gesteuert und ist den dort dominierenden Institutionen zurechenbar. Die Krankenkasse tritt dann nicht als Nachfrager mit Dispositionsmacht auf.
Dafür war zunächst näher auf das Zurechnungskriterium einzugehen, welches es im Vergaberecht zulässt, die Auswahlentscheidung eines - unabhängigen und rechtlichen selbstständigen - Dritten einer Vergabestelle als eigene Allokationsentscheidung zuzurechnen.

29. *„Beschaffung" und die zurechenbare Auswahl durch Dritte.* Sollen Dritte die Auswahl einer Ware zugunsten einer Verwaltungseinheit vornehmen, so muss ein hinreichender Einfluss auf die Entscheidung des Dritten gegeben sein, der diese Allokationsentscheidung als Entscheidung der Verwaltungseinheit erscheinen lässt („Zurechenbarkeit der Allokationsentscheidung"). Die Krankenkasse muss mit anderen Worten als disponierender Nachfrager der Arzneimittel in Erscheinung treten.
Andernfalls ist - soweit möglich - nur der Dritte als öffentlicher Auftraggeber zu behandeln, da die Allokationsentscheidung ihm zuzurechnen ist. Die evtl. Bestärkung einer bereits gefallenen Allokationsentscheidung eines Dritten ist keiner Beschaffung durch diese Verwaltungseinheit gleichzusetzen.
Die Krankenkassen lassen die Auswahl durch selbständige freiberuflich tätige Dritte (Ärzte und ggf. Apotheker) vornehmen.
Voraussetzung für eine Zurechnung der Auswahlentscheidung für Rabattarzneimitteln sind

a) neben hinreichenden Anreizmechanismen (die regelmäßig zu vermuten sind und u.a. zu einer Entgeltlichkeit des Rahmenvertrags führen - insofern ist das weit auszulegende Merkmal der Entgeltlichkeit „Teil des Beschaffungsbegriffs“)
b) die Möglichkeit einer primär preisbasierten und daher zurechenbaren Auswahlentscheidung durch den Dritten.

Denn Rabattverträge wirken nur auf der Ebene der vergleichenden Preisentscheidung - sie setzen nicht bereits auf Ebene primär nutzenorientierten Auswahl eines Arzneimittels an. Eine vorrangig an therapeutischen Merkmalen orientierte Auswahlentscheidung reicht daher für eine Zurechnung nicht aus.

Wann es nach diesen Kriterien zu einer zurechenbaren primär preisbasierten Auswahlentscheidung kommt, ist nur bei Ärzten fraglich, während dies bei Apothekern im Fall der Möglichkeit eines Austauschs immer gegeben ist (Stichwort: Importarzneimittel, vgl. Fallgruppe unten), da diese keine therapeutische Entscheidung treffen dürfen. Daher führt jede Auswahlentscheidung der Apotheker, nicht aber jede Auswahlentscheidung der Ärzte zu einer der Krankenkasse zurechenbaren Auswahlentscheidung.

Kann bei Arzneimitteln eine primär preisbasierte Auswahlentscheidung vorgenommen werden, so ist wiederum auch die andere (oben genannte) Voraussetzung a) - die tatsächliche Wirkung der Anreizmechanismen - zumindest in einem Fall zu vermuten.

Denn durch einen Rahmenvertrag werden hunderte bis tausende Einzelabrufe ausgelöst. Dass es in diesem Fall nicht wenigstens einmal zu einer (potentiell diskriminierenden) Auswahlentscheidung mit Rücksicht auf die gesetzten Anreize kommt, die der Krankenkassen zuzurechnen sind, erscheint unwiderlegbar.

Besteht also auch nur in *einem* denkbaren Fall eine Einflussmöglichkeit der Krankenkassen durch die Möglichkeit einer preisbasierten Auswahlentscheidung und daher eine Diskriminierungsmöglichkeit, wird der Rahmenvertrag ausschreibungspflichtig. Der Schwierigkeit, dies im Einzelfall festzustellen, ist mit Vermutungsregeln zu begegnen.

30. *Die Anwendung von Vermutungsregeln bezüglich der Feststellung der Art der Auswahlentscheidung im Einzelfall.* Geht man vom entscheidenden Merkmal einer preisbasierten Auswahlentscheidung aus, stellt sich allerdings das Problem, dass im teilweise komplexen Verordnungsprozess (vgl. § 2) nicht immer nachvollzogen werden kann, wann eine preisbasierte Auswahlentscheidung erfolgt und wann nicht.

Eine „Kapitulationserklärung“ ob dieser Unaufklärbarkeit auf der ärztlichen Ebene mit der Folge, dass „gefahrenbasiert“ jeder Rabattvertrag auszuschreiben sei, ist jedoch - anders als dies die wohl herrschende Meinung tut - nicht abzugeben.

Für bestimmte Gruppen von Arzneimittel dürften insoweit typische Geschehensabläufe vorliegen, die auf der streitigen Verfahrensebene zu (widerleglichen) Vermutungen führen. Auf der Ebene der ärztlichen Verschreibung ist daher mit - widerleglichen - Vermutungsregelungen zu arbeiten.

Besteht bei Abschluss eines Rahmen-Rabattvertrags die Vermutung, dass es in mindestens einem Fall zu einer primär preisbasierten Auswahl durch den Arzt kommt, so führt dies als Einzelabruf im funktionellen Sinn zu einer Ausschreibungspflichtigkeit des Rahmen-Rabattvertrages. Wie oben gezeigt reicht eine einzige mögliche diskriminierende Auswahlentscheidung aus, um den Rahmen-Rabattvertrag zu einem ausschreibungspflichtigen öffentlichen Auftrag zu machen.

Hierzu *Beispiel 1:* Dieses Verschreibungsverhalten wird sich vor allem dann zeigen, wenn die therapeutische Vergleichbarkeit wissenschaftlich und transparent belegt ist, also bei Arzneimitteln im Bereich der Festbetragsgruppen.

Eine solche Entscheidung setzt auf Seiten des Arztes die therapeutische Vergleichbarkeit mehrerer Arzneimittel und die Erkenntnis voraus, dass keines dieser Arzneimittel den anderen Arzneimittel eindeutig therapeutisch überlegen ist.

In diesem Fall wird er sich für das Arzneimittel entscheiden, welches das wirtschaftlichste unter den verfügbaren Präparaten ist. Dies ist mitunter schwer zu beurteilen (vgl. § 3). Insofern wird er auf die Therapiehinweise des GBA bzw. die Festbetragsgruppen zurückgreifen.

Durch die Wahl eines Rabattarzneimittels kann er schneller zu einer Verordnung finden und sich insofern von mitunter komplexen Wirtschaftlichkeitserwägungen befreien. Er wird dabei von entsprechenden Computerprogrammen unterstützt, so dass eine entsprechende rabattorientierte Auswahl zumindest in einigen Fällen zu vermuten ist.

In solchen Fällen besteht daher die Vermutung, dass es in mindestens einem Fall zu einer Verordnung eines Arzneimittels mit Rücksicht einen Rabattvertrag kommt.

Nach hier vertretener Auffassung ist hingegen eine solche Auswahlentscheidung der Krankenkasse *nicht* zuzurechnen, die durch den Arzt primär nutzenorientiert aufgrund eines Alleinstellungsmerkmals des Arzneimittels im Einzelfall vorgenommen wird und durch die Apotheke nicht mehr abänderbar (Ausnahme: Stichwort Importarzneimittel, vgl.

unten die Fallgruppe 3) ist.
Hierzu *Beispiel 2:* Ein Arzneimittel ist aufgrund eines Zusatznutzens das einzig therapeutisch sinnvolle Arzneimittel im Verordnungsfall und es hat keine Parallelimportkonkurrenten, durch die es in der Apotheke ausgetauscht werden könnte.
Eine solche primär nutzenorientierte Verordnung findet statt, wenn der Arzt im Einzelfall von einem therapeutischen Vorteil des Arzneimittels gegenüber allen anderen Arzneimitteln ausgeht.
Bei einer primär nutzenorientierten Verordnung orientiert sich der Arzt zwar allgemein am Wirtschaftlichkeitsgrundsatz, dies ist jedoch kein spezifisches Charakteristikum der Rabattverträge. Er nimmt keinen direkten Preisvergleich vor, der Nutzen ist insofern vorrangig zu beachten. Eine solche Verordnung erfolgt unabhängig von den Anreizen durch Rabattverträge, denn diese können auf die Nutzenbewertung von Arzneimittel keinen entscheidenden Einfluss nehmen.
In diesen Fällen besteht die (widerlegliche) Vermutung, dass es in keinem Fall zu einer Verordnung nur auf der Grundlage des Bestehens eines Rabattvertrages kommt. Die Verordnung erfolgt unabhängig davon, ob ein Rabattvertrag besteht.
Bestärkt ein Rabattvertrag dabei lediglich eine getroffene Entscheidung, führt dies nicht zu einer „Beschaffung" durch die Krankenkasse.
Da eines der notwendigen Merkmale einer Zurechenbarkeit - die preisbasierte Auswahlentscheidung - nicht vorliegt, ändert die Stärke der Anreizmechanismen - anders als mitunter argumentiert wird - dann nichts an der Feststellung, dass keine Beschaffung vorliegt.
Denn allein die Bestärkung einer bereits gefassten Allokationsentscheidung lässt diese nicht als „Allokationsentscheidung der Verwaltungseinheit" erscheinen. Sie bringt die Krankenkasse nicht in die Rolle eines disponierenden Nachfragers. Vielmehr hat sie dann die ihr herkömmlich in der korporativen Koordination zugedachte Rolle eines reinen Finanzierers, der einem Kontrahierungszwang unterliegt. Ein solcher Kontrahierungszwang steht einer zurechenbaren Auswahlentscheidung und daher dem Merkmal der Beschaffung entgegen.
Solche Verordnungen erfolgen vor allem dann, wenn die Arzneimittel nicht in Festbetragsgruppen eingeteilt sind und ein sog. Zusatznutzen festgestellt ist, also insbesondere auch bei Rabattverträgen über Arzneimittel mit Zusatznutzen gemäß § 130c SGB V.

31. *Zusammenfassend: Zusammenhang zwischen Rahmenvertrag und funktionellem Einzelabruf auf Basis der Vermutungsregelung.* Findet danach eine preisbasierte Auswahlentscheidung durch Arzt oder Apotheker statt,

spricht eine tatsächliche Vermutung für das Vorliegen einer der Krankenkasse zurechenbaren preisbasierte Entscheidungsmöglichkeit und damit für einen Einzelabruf im funktionalen Sinne, der den Rahmenvertrag ausschreibungspflichtig macht. Fällt in der Regel eine rein therapiebasierte Auswahlentscheidung, sprich eine tatsächliche (widerlegliche) Vermutung gegen das Vorliegen eines öffentlichen Auftrags, da mangels Beschaffung kein Einzelabruf im funktionellen Sinn stattfindet und damit der Rahmenvertrag nicht ausschreibungspflichtig ist.

32. *Verfahrensbezogene Konsequenzen / Fallgruppen.* Ob eine preisbasierte Auswahlentscheidung stattfindet, ist dabei im Einzelfall mitunter schwer festzustellen. Der Schwierigkeit, die hinreichende Einflussmöglichkeit im Einzelfall zu ermitteln kann auf der verfahrensrechtlichen Ebene aber wirksam mit entsprechenden Vermutungsregelungen begegnet werden, wie die unten aufgeführten Fallgruppen zeigen.

a) *Fallgruppe 1 (Arzneimittel in homogenen Festbetragsgruppen).* Es dürfte regelmäßig eine Vermutung für eine solche Dispositionsmacht (eine preisbasierte Auswahlentscheidung zugunsten der Krankenkasse) bestehen, wenn ein Rabattvertrag ein Arzneimittel betrifft, bei denen aus Sicht des Arztes ein einfacher therapiebezogener Preisvergleich stattfinden kann, wie dies in den meist Fällen von Arzneimitteln zutrifft, die in einer homogenen Festbetragsgruppe miteinander vergleichbar sind. (Im Fall des verpflichtenden Austausch eines wirkstoffgleichen Arzneimittels durch den Apotheker bedarf es insofern keiner Vermutung, vielmehr besteht aufgrund der Austauschverpflichtung Gewissheit über einen Austausch auf der Grundlage eines Rahmen-Rabattvertrags.)

   Damit besteht in diesen Fällen ein öffentlichen Auftrag. Dies betrifft alle Arzneimittel in homogenen Festbetragsgruppen. Die Vermutung für eine Auswahlentscheidung im Einzelfall zugunsten der Krankenkasse dürfte von dieser kaum zu widerlegen sein.

b) *Fallgruppe 2 (Arzneimitteln in inhomogenen Festbetragsgruppen bzw. Arzneimittel außerhalb der Gruppen ohne Zusatznutzen/therapeutische Verbesserung).* Für solche Arzneimittel, die nicht in eine Festbetragsgruppe eingeteilt werden können, obgleich sie keinen Zusatznutzen haben, und für Arzneimittel in inhomogenen Festbetragsgruppen ist nicht in jedem Fall von der Möglichkeit einer preisbasierten Auswahlentscheidung auszugehen.

   Es dürfte allerdings eine Vermutung für eine preisbasierte Auswahlentscheidung in mindestens einem Fall eines Einzelabrufs aufgrund der Informationen bestehen, die den Ärzten durch die Therapiehinweise des GBA und andere Gremienempfehlungen vorliegen. Denn der Arzt wird in der Regel von keinem besonderen „Zusatznutzen“ ausgehen und ein solcher somit keinen Ausschlag für eine Verordnung geben, da dieser dem Arzneimittel offiziell abgesprochen wurde. Insofern liegt im Regelfall auch hier ein öffentlicher Auftrag vor.

Die jeweilige Krankenkasse könnte daraus resultierende Vermutung für eine Auswahlentscheidung allerdings widerlegen, indem sie darlegt, dass für den Arzt keine direkte Vergleichsmöglichkeit zu anderen Arzneimittel besteht (beispielsweise aufgrund einer besonders einfachen Anwendung als Alleinstellungsmerkmal des Arzneimittels, die alle Patienten bevorzugen) und er eine Ersetzung nicht vornehmen würde. Eine solche Darlegung wird u.a. auf Grundlage der Therapiehinweise des GBA zu geschehen haben.

c) *Fallgruppe 3 (Originalarzneimittel mit Reimport-Konkurrenten).* Solche Patentarzneimittel, die einen echten Zusatznutzen haben und damit unter die Regelung des § 130c SGB V fallen, verschaffen den Krankenkassen dann eine hinreichende Dispositionsmacht, falls diese Reimport-Konkurrenten haben. Zwar erfolgt die Verordnung aus Sicht des Arztes aufgrund des Zusatznutzens. Da die Apotheke aber zur vorrangigen Abgabe des rabattierten Arzneimittels verpflichtet ist, falls ein Reimport-Präparat verfügbar ist, fällt auf dieser Ebene eine rabattvertragsorientierte Auswahlentscheidung. Es liegt ein öffentlicher Auftrag vor. Etwas anderes gilt, wenn kein Parallelimport denkbar ist (vgl. die letzte Fallgruppe unten).

Die Krankenkasse kann die Vermutung nicht damit widerlegen, indem sie vorbringt, dass das Reimport-Arzneimittel kein „Bewertungsverfahren“ durchlaufen hätte. Ob ein Rabattvertrag über das Importarzneimittel nur gemäß § 130a Abs. 8 SGB V geschlossen werden kann, weil es das Bewertungsverfahren nach § 130b nicht durchlaufen hat, die Krankenkasse aber einen Vertrag gemäß § 130c SGB V schließen möchte, ist für die preisbasierte Auswahlentscheidung und damit für das Vorliegen eines öffentlichen Auftrags irrelevant. Dieses Argument kann von der Krankenkassen nicht gegen das Vorliegen eines öffentlichen Auftrags eingewendet werden. § 130c SGB V und § 130a Abs. 8 SGB V stehen insoweit gleichberechtigt nebeneinander. Sie stehen nur für ein und dasselbe Arzneimittel in einem Derogationsverhältnis.

Auch die mitunter problematische Frage der Lieferfähigkeit spielt im Rahmen der Einstufung als öffentlicher Auftrag keine Rolle, sondern wird im materiellen Vergaberecht entschieden. Sie kann bei der Frage der potentiellen preisbasierte Auswahlentscheidung nicht eingewandt werden.

Ob die Krankenkasse dann tatsächlich ausschreiben muss, richtet sich dann u.a. nach der Norm des § 3 Abs. 4 lit c) EG-VOL/A oder auch nach der problematischen Frage der tatsächlichen Lieferfähigkeit des Parallelimporteurs. Diese Fragen werden dann in einem entsprechenden Verfahren zu problematisieren sein. Das Vorliegen eines öffentlichen Auftrags dürfte in diesen Fällen hingegen unzweifelhaft bzw. nicht zu widerlegen sein.

d) *Fallgruppe 4 (§ 130c SGB V - Originalarzneimittel mit Zusatznutzen ohne Reimport-Konkurrenten).* Solche Patentarzneimittel, die einen echten Zusatznutzen, aber keine Konkurrenten haben, verschaffen der Krankenkasse üblicherweise keine Dispositionsmacht.

Denn aufgrund ihrer Vorteilhaftigkeit hätte sie der Arzt ohnehin ausgewählt. Auf die therapeutische Bewertung haben die Rabattverträge keinen Einfluss. Hier tritt der Kontrahierungszwang der Krankenkassen in den Vordergrund. Welche Motive die pharmazeutischen Unternehmer auch immer mit dem Abschluss eines solchen Rabattvertrages verfolgen, für die Krankenkassen sind diese in diesem Moment ein reines Kostensenkungsinstrument.

Die Beschaffung erfolgt nicht durch sie, sondern folgt dem Mechanismus der korporativen Koordination. Es besteht hier eine Vermutung dafür, dass kein öffentlicher Auftrag besteht.

Diese Vermutung kann der klagende Mitbewerber dadurch erschüttern, indem er einen Anwendungsfall vorträgt, in der der Arzt trotz des Zusatznutzens eine Wahlmöglichkeit zwischen dem rabattierten Patentarzneimittel und einem anderen Arzneimittel sieht, bspw. weil das Konkurrenz-Arzneimittel andere Vorteile hat, die den Zusatznutzen im Einzelfall aufwiegen, oder weil nicht in jedem Anwendungsgebiet, welches Gegenstand des Rahmen-Rabattvertrags ist, ein Zusatznutzen besteht.

An einen Vortrag zur Erschütterung der Vermutung sind mit Rücksicht auf die möglichst umfassende Wirkung des Vergaberechts keine allzu hohen Anforderungen zu stellen. Ein Beweis ist nicht erforderlich, denn eine Beweislastumkehr zu Lasten des Unternehmers darf nicht erfolgen. Wird die Vermutung erschüttert, liegt ein öffentlicher Auftrag vor. Die Krankenkasse hat dann ggf. im materiellen Vergaberecht darzulegen und zu beweisen, dass - z.B. - ein Verhandlungsverfahren in Betracht kam.

e) *Auswirkung in der Praxis für die 4. Fallgruppe.* Die 4. Fallgruppe soll einen Perspektivwechsel ermöglichen, der zur Sprache bringen soll, dass die sozialrechtliche Regulierung nicht nahtlos auf das Vergaberecht passt. In der Praxis dürfte dieser Perspektivwechsel, folgt man ihm inhaltlich oder nicht, keine Auswirkungen haben. Den Krankenkassen ist jedenfalls zu empfehlen, die Vorschriften des Vergaberechts analog anzuwenden bzw. zumindest ein transparentes Verfahren vorzusehen, welches europarechtlich Grundlage des Handelns der Verwaltung sein muss. In diesen Fällen kann ggf. § 3 Abs. 4 lit c) EG-VOL/A (ggf. analog) einschlägig sein, also ein Verhandlungsverfahren ohne Ausschreibung zulässig sein. Die Krankenkassen müssen die Vorschriften dann aber nicht wortwörtlich anwenden, sondern jeweils dem Sinn und Zweck der Warenverkehrsfreiheit entsprechend und „im Geist" der Transparenzrichtlinie.

33. Zusammenstellung der Argumente für ein Entscheidungselement innerhalb des Beschaffungsbegriffs und das Erfordernis einer primär preisbasierten Auswahlentscheidung im Rahmen des funktionellen Einzelabrufs. Für ein eingrenzendes Kriterium einer „Auswahlentscheidung" im Rahmen des Beschaffungsbegriffs sprechen:
    - Das Vergaberecht will nur diskriminierende Entscheidungen verhindern. Ohne eine Auswahlentscheidung droht keine diskriminierende Entscheidung. An einer zurechenbaren Auswahlentscheidung der Krankenkasse fehlt es im Fall eines „dispositionsfeindlichen" Kontrahierungszwangs. Ein solcher besteht, wenn die Entscheidung für eine Arzneimittel primär nutzenorientiert getroffen wird. Denn die Krankenkasse kann in solchen Fällen durch die Rabattverträge keinen steuernden Einfluss ausüben.
    - *Eine Warenbeschaffung ist ohne hinreichende Dispositionsmacht nicht vorstellbar.* Sie würde dem Begriff „Beschaffung" widersprechen. Setzt jemand Anreize für den Absatz eines Produktes, ohne selbst über die Nachfrage zu entscheiden, handelt es sich dabei gewöhnlich um eine Werbeagentur oder einen Vergeber von Konzessionen. Funktionieren die Krankenkassen als Konzessionisten, die zwar die Produkte finanzieren müssen und deshalb die Kosten senken wollen, aber keine hinreichende Einflussmöglichkeit auf die Produkte haben, so unterliegen sie nicht dem Vergaberecht, sondern der Transparenzrichtlinie und den Grundfreiheiten. Die reine Preissetzung für Produkte ist noch keine Nachfrage. Dem Vergaberecht unterliegt dann der Arzt als Entscheider, dieser ist aber kein öffentlicher Auftraggeber. Die Erstellung von Richtlinien durch den Gemeinsamen Bundes-

ausschuss lässt diesen nicht zum öffentlichen Auftraggeber werden. Das Vergaberecht läuft dann „ins Leere“.

- Die Krankenkasse muss die Kosten für das Arzneimittel im System der korporativen Koordination übernehmen, ohne ein Veto einlegen zu dürfen. Die Nachfrage erfolgt aufgrund eines Kontrahierungszwangs. Der Rahmen-Rabattvertrag ist damit ein reiner Kostensenkungsvertrag, nicht aber ein Beschaffungsvertrag. Hier besteht der Anreiz auf Seiten der Krankenkasse für den Abschluss eines Vertrages in der Möglichkeit, die Kosten der zu akzeptierenden Entscheidung Dritter möglichst zu senken, keinesfalls jedoch in einer Mengenausweitung zugunsten eines Herstellers (wie bei klassischen Rabattverträgen).
  Denn der flächendeckende Einsatz neuartiger Arzneimittel wäre finanziell kaum tragbar. Deutlich wird im Gegensatz zu klassischen Rabattverträgen daher, dass der Wille der Krankenkasse in diesem korporativ und kollektivvertraglich geprägten System keine dominierende Rolle spielt. Die Krankenkasse setzt hier keinen ursprünglichen Anreiz, sondern verstärkt allenfalls schon gefallene Entscheidungen, was einer reinen Kostensenkungsmaßnahme ohne Nachfragecharakter gleichkommt.
- *Beim konkretisierenden Einzelabruf handelt es sich um keinen Auftrag im rechtlichen Sinn.* Die Einstufung als Auftrag im funktionalen Sinn verlangt, will man die Eingrenzungsfunktion des Merkmals im Hinblick auf die Rahmenverträge nicht vollständig aufgeben, gewisse Mindestvoraussetzungen. Nach dem effet utile muss dieser zumindest eine der Krankenkasse zurechenbare Wirkung eines Auftrags im rechtlichen Sinn haben, da eine weite Auslegung nur im Hinblick auf die Grundfreiheiten erfolgen darf. Dies setzt voraus, dass die Krankenkasse eine hinreichende Dispositionsmacht hat. Ansonsten würde auch kein erkennbarer Zusammenhang zwischen einem „Rahmenvertrag“ und einem Einzelabruf bestehen. Auch der Begriff des „Rahmen“-Vertrags (Rahmen wofür?) würde dann die Auslegungsgrenze des „möglichen Begriffsinhalts“ überschreiten.
- Hier die Grenze des öffentlichen Auftrags zu sehen, dafür spricht auch, dass die Warenverkehrsfreiheit einer bevorzugten Behandlung innovativer und nützlicher Arzneimittel nicht entgegensteht, da nach Rechtsprechung des EuGH und der Konkretisierung der Kommission keine Diskriminierung vorliegt, solange die Wirtschaftlichkeit bei der Verschreibung als Kriterium genutzt wird. Dies ist durch die umfassende Bewertung durch den GBA der Fall. Wurde daher die hier ge-

wählte Auslegung aufgrund des *effet utile* gewählt, um eine bestmögliche Entfaltung der Grundfreiheiten zu erreichen, muss diese Auslegung spätestens dann ihre Grenze finden, in der eine Verletzung der Grundfreiheiten denkmöglich nicht mehr vorliegen kann.

- *Im Vergaberecht muss die erbrachte Leistung auf vertraglicher Grundlage erbracht werden.* Leistungen, die auf Grund von Gesetzen, Verordnungen, Gründungsstatuten etc. erbracht werden, unterfallen dem Kartellvergaberecht nicht. Das Vergaberecht will nur marktrelevante Beschaffungsvorgänge erfassen. Eine primär nutzenbasierte Auswahlentscheidung ist dem Verteilungsmechanismus der korporativen Koordination zuzurechnen. Dieser Verteilungsmechanismus übernimmt die Bewertung und Entscheidung aus Sicht des Nachfragers. Sie stellt sich in diesem Fall nicht in den Dienst eines von der Krankenkasse aktivierten Markt-Preis-Mechanismus. Eine primär nutzenorientierte Auswahlentscheidung führt daher zu einem Kontrahierungszwang auf Grundlage der korporativen Koordination und ähnelt somit der Beschaffung auf gesetzlicher Grundlage.
- Auch in der Gesetzesbegründung zum AMNOG zu § 130b SGB V[886] wird die Terminologie der Auswahlentscheidung verwendet. Mit der Vereinbarung eines Erstattungsbetrags sei keine Auswahlentscheidung zugunsten einzelner Arzneimittel verbunden. Sie habe ebenso wenig verordnungslenkende Wirkung wie die Festsetzung von Festbeträgen. Ausschreibungspflichtig seien diese Vereinbarungen daher nicht. Richtig ist, dass die Erstattungsbeträge tatsächlich keine Auswahlentscheidung der Ärzte erlauben, die einer bestimmten Krankenkassen als diskriminierende Auswahlentscheidung zurechenbar wären und zwar unabhängig davon, welche Anreize auf die Ärzte wirken. Das liegt daran, dass es sich um Kollektivverträge handelt. Sie bewirken eine Preisfestsetzung und haben keinen Beschaffungscharakter.
- Ähnlich wie Verträgen nach § 130b Abs. 8 SGB (reine Preissetzung) kann die nutzenbasierte Auswahlentscheidung des Arztes nicht einer Krankenkasse, sondern dem Arzt und allen Gremien der korporativen Koordination zugerechnet werden. Der Mechanismus der korporativen Koordination benutzt insofern zwar Elemente des Markt-Preis-Mechanismus für die Entscheidungsfindung. Die Entscheidung ist aber dem „Kollektiv“ als Nachfrager zuzurechnen, nicht einer einzelnen Krankenkasse.

886 BT-Drs. 17/3211 zu Nr. 17 (§ 130b).

- Die dem Erfordernis der Auswahlentscheidung entgegengesetzte These, der Gesetzgeber habe europarechtlich ohnehin zwingend einen Handlungsspielraum für die Krankenkassen zu schaffen, überzeugt nicht. Sie ist mit Art. 168 Abs. 7 AEUV nicht vereinbar, der allein den Mitgliedstaaten die Entscheidung überlässt, ob sie ihr Gesundheitssystem wettbewerblich ausgestalten oder nicht.
- *Die hier vertretene Eingrenzungsfunktion des Begriffs verträgt sich mit der Systematik des Vergaberechts.* Sie läuft insbesondere nicht der Vorschrift des § 3 Abs. 4 lit c) zuwider, da sie nicht dessen Regelungsbereich betrifft. Der Widerspruch, dass dieses Merkmal nicht eingrenzend wirken könne, weil § 3 Abs. 4 lit c) EG-VOL/A eine ausdrückliche Regelung zu mangelnder Konkurrenz vorsehe, ist nur ein scheinbarer. Gemäß § 97 GWB beschaffen öffentliche Auftraggeber Leistungen im Wettbewerb. Das Vergaberecht geht also davon aus, dass es hinsichtlich aller Beschaffungen einen Markt mit mehrere Anbietern gibt, so dass ein Wettbewerb zu unterstellen ist. Aufgabe des § 3 Abs. 4 lit c) EG-VOL/A ist es daher, hier eine Korrektur vorzunehmen, falls nur ein Anbieter in Betracht kommt und in diesen Fällen ein Verhandlungsverfahren zuzulassen. Keineswegs enthält aber § 97 GWB eine Vermutung dahin, ob überhaupt eine Warenbeschaffung vorliegt. Dies ist bereits beim Begriff des öffentlichen Auftrags zu prüfen.
- *Keine Umkehrung der Darlegungs- und Beweislast im Rahmen der Vermutungsregelung.* Die Darlegungs- und Beweislast bezüglich eines therapeutischen Alleinstellungsmerkmals von Arzneimitteln aus Sicht der Verkehrskreise, die im Rahmen des Beschaffungsbedarfs bzw. des § 3 Abs. 4 lit c) EG-VOL/A zu klären ist und mitunter komplexe pharmarechtliche Fragen aufwirft (dazu unten V.), wird durch die oben aufgestellten Vermutungsregelungen nicht dem pharmazeutischen Unternehmer auferlegt. Dies wäre auch unzulässig, da im materiellen Vergaberecht diese Beweislast gerade der Krankenkasse aufgebürdet wird (vgl. unten zum materiellen Vergaberecht). Die Anforderung an eine Erschütterung der Vermutung ist weit niedriger anzusetzen und erfordert nur eine schlüssige Darlegung. Erfolgt diese, hat die Krankenkasse wieder die volle Darlegungs- und Beweislast, so dass im Zweifelsfall von einem öffentlichen Auftrag auszugehen ist. Es geht nicht um eine positive Klärung eines therapeutischen Alleinstellungsmerkmals im Einzelfall, sondern nur um den typisierten Ausschluss von Verordnungsvorgängen, auf die Rabattverträge aus berufsrechtlichen Gründen in der Regel keinen disponierenden Einfluss

haben. Es reicht die schlüssige Darlegung, dass ein Austausch in Betracht kommt, beispielsweise durch die Anführung der Möglichkeit eines Parallelimports oder dadurch, dass der Rabattvertrag auch über Anwendungsgebiete eines Arzneimittels geschlossen wurde, in denen es kein Alleinstellungsmerkmal aufweist.

- *Das Kriterium der Auswahlentscheidung im Rahmen des Beschaffungsbegriffs beugt einer Vermischung der beiden Begriffe „Beschaffung“ und „Entgeltlichkeit“ vor.* Zudem hat das so verstandene Merkmal Auswahlentscheidung den Vorteil, eine bessere Abgrenzung der „sozialrechtlichen Anreize“ (Entgeltlichkeit) vom Merkmal der „Warenbeschaffung“ zu ermöglichen.

  Regelmäßig werden die zahlreichen Wirkungen der Rabattverträge aufgezählt, um deren Bewertung als öffentliche Aufträge zu rechtfertigen.

  Dass die sozialrechtlichen Anreize bestehen, darin sind sich auch alle Beobachter einig. Eine Auflistung der regulatorischen Anreize zu Abgabe von Rabattarzneimitteln für Ärzte, Apotheker und Patient ist ein notwendiges, aber kein hinreichendes Kriterium, die Rabattverträge als Öffentliche Aufträge zu einzustufen.

  Die sozialrechtlichen Anreize allein, dies wird damit deutlich, machen einen Rabattvertrag noch nicht zum öffentlichen Auftrag. Allgemein gesprochen: Gesetzliche Anreize gegenüber Dritten *allein* führen nicht zu einer vergaberechtlich relevanten Beschaffung zugunsten einer Verwaltungseinheit. Sie führen nur zu einer Entgeltlichkeit.

  Wie oben gesagt, ist neben Auflistung der Anreize in jedem Fall auf die Möglichkeit einer preisbasierten Auswahlentscheidung einzugehen und auf dieser Basis, ggf. unter Anwendung von Beweislastregeln, das Vorliegen oder Nichtvorliegen eines Öffentlichen Auftrags festzustellen.

  Die Anforderungen an das Merkmal der Beschaffung sind also im Fall der Rabattverträge strenger als an die „Entgeltlichkeit“ eines solchen Vertrags. Eine Entgeltlichkeit führt nicht automatisch zu einer „Beschaffung“. Ist umgekehrt das Merkmal der Beschaffung (aufgrund der hinreichenden Beeinflussung der Allokationsentscheidung durch die staatliche Einheit) erfüllt, ist jedenfalls auch das Merkmal der Entgeltlichkeit gegeben.

34. *Möglichkeit eines Verhandlungsverfahrens.* Kommt man zu dem Ergebnis, dass ein Rabattvertrag als öffentlicher Auftrag einzustufen ist, so ist weiter zu prüfen, ob nicht ausnahmsweise eine direkte Vergabe im Verhandlungsverfahren möglich ist. Die Krankenkassen können Aufträge

gem. § 3 Abs. 4 lit. c) VOL/A EG im Verhandlungsverfahren ohne Teilnahmewettbewerb vergeben, wenn der Auftrag wegen des Schutzes von Ausschließlichkeitsrechten, z.B. Patentrechten, nur von einem bestimmten Unternehmen durchgeführt werden kann. Dabei sind an die Art des Patentes strenge Anforderungen zu stellen, die tatsächlich eine Einzigartigkeit der Versorgung ergeben. Besteht die theoretische Möglichkeit von Reimporten, scheidet eine solche Möglichkeit von vornerein aus. Die Krankenkassen haben dann die Konkurrenten ggf. im Vergabeverfahren als nicht leistungsfähig auszuschließen.

35. *Die Laufzeit der Verträge* darf 2 Jahre nicht überschreiten. Die nur einschränkende Anwendung des § 4 VOL/A EG, der vier Jahre vorsieht, ist sozialrechtlich durch das AMNOG gem. § 69 Abs. 2 S. 5 i.V. mit § 130a Abs. 8 SGB V möglich, da § 4 VOL/A EG nach ihrer Formulierung nur „nach oben hin" (d.h. mehr als 4 Jahre) zwingend ist.
36. Die gesetzlich vorgegebenen detaillierten Regelungen der Allgemeinen Vertragsbedingungen (VOL/B) sind grundsätzlich gemäß § 11 VOL/A EG zum Vertragsgegenstand solcher Rabattverträge zu machen, die öffentliche Aufträge darstellen. Zusätzliche Allgemeine Vertragsbedingungen dürfen der VOL/B nicht widersprechen (§ 11 S. 2 VOL/B). Somit besteht bei „AGB-Regime", welches spezieller als die (dann nur subsidiär anzuwendenden, vgl. § 69 SGB V) BGB-Regeln ist.
37. Dass durch *Mehrpartnerverträge* den Bietern per se kein unzumutbares Risiko im vergaberechtlichen Sinn aufgebürdet wird, dürfte zutreffen. Die Argumentation des *OLG Düsseldorf* überzeugt. Entscheidender Gesichtspunkt ist: Die Auswahl der Apotheker ist bereits an hinreichend detaillierte Vorgaben gebunden. Berufsrechtswidriges Verhalten selbständiger und unabhängiger Leistungserbringer hingegen, welches diese Vorgaben missachtet, kann der Krankenkasse nicht zugerechnet werden. Rechtswidriges Handeln bewirkt sozusagen eine „Unterbrechung des Zurechnungszusammenhangs". Auch eine Kontrollpflicht wird in der Regel daher nicht ausgelöst. Es erscheint ggf. angebracht, in den Kollektivverträgen zwischen Krankenkassen und Apothekern entsprechende Präzisierungen zu formulieren, falls es zu einer sog. Sogwirkung zugunsten eines Anbieters kommen könnte. Diesen Fällen kann vergaberechtlich nicht begegnet werden.
38. Wird der Schwellenwert bei den Aufträgen nicht erreicht oder sind die Verträge aus anderen Gründen nicht ausschreibungspflichtig, so haben sich die Krankenkassen vor allem an Art. 3 GG und den Grundfreiheiten zu orientieren. Das aus den Grundfreiheiten folgende Transparenzgebot ist für jeden Vertragsabschluss - unabhängig, ob dem Vergaberecht unter-

fallend oder nicht - zwingend. Auch die Grundsätze der Selbstbindung der Verwaltung können in einer Pflicht zur Anwendung vergaberechtlicher Grundsätze münden.

Die Beachtung aller Kriterien, die auch der Arzt bei seiner Verschreibung berücksichtigen muss, insbesondere der Richtlinien des Gemeinsamen Bundesausschusses dürfte zu einer zulässigen Vergabe führen, sofern die notwendige Transparenz eingehalten wird. Es ist der Krankenkasse rechtlich und wirtschaftlich nicht möglich und daher auch nicht von ihr zu verlangen, weitergehende Kosten-Nutzen-Bewertungen von Arzneimitteln vorzunehmen.

[Europäisches Kartellrecht]

39. Grundsätzlich ist für die Unternehmenseigenschaft der Krankenkassen bei ihrer Nachfragetätigkeit zu prüfen, ob sie auf einem Markt tätig werden, sich also marktmäßiger Instrumente bedienen.

Die Krankenkassen bedienen sich durch Abschluss und Durchführung der Rabattverträge solcher marktmäßigen Instrumente, wären danach als Unternehmen im Nachfragemarkt einzustufen.

Die Beurteilung des Nachfragemarktes reicht nach Meinung des europäischen Instanzenzugs aber nicht aus, um festzustellen, ob dort eine wirtschaftliche Tätigkeit vorliegt. Es ist nach dieser Rechtsprechung zudem noch danach zu fragen, ob die nachgefragten Güter wiederum auf einem Markt angeboten werden. Sei dies nicht der Fall, sei auch die Tätigkeit bei der Nachfragetätigkeit nicht wirtschaftlich.

Nach der EuGH Rechtsprechung im Fall Fenin ist also eine Gesamtbetrachtung des Nachfrage- und des Angebotsbereichs vorzunehmen. Entscheidend ist danach, ob sich die Krankenkassen im Angebotsbereich nach solidarischen Prinzipien und nicht nach Marktbedingungen richten. Dies dürfte aus Sicht des EuGH gegenwärtig auch beim Abschluss und bei der Durchführung von Rabattverträgen zutreffen.

Mit den Worten des Generalanwalts *Maduro* hat der Gesetzgeber insofern das Kohärenzprinzip beachtet. Er hat die Tätigkeit der Krankenversicherung im Sinne einer angestrebten Verteilungspolitik (Stichwort: Korporative Koordination, vgl. oben) Einrichtungen übertragen, die vor allen den Erwägungen der Solidarität verpflichtet sind und sie damit einer hinreichenden Marktlogik entzogen. Er hat, anders gesprochen, keinen hinreichenden Marktwettbewerb zugelassen, dessen Kennzeichen und Folge eine Risikoselektion und eine Nachfragebezogenheit wäre.

Die Krankenkassen sind unter dieser Prämisse keine Unternehmen im

Sinne der Art. 101 ff. AEUV, wenn sie Rabattverträge abschließen und durchführen.

40. Der upstream-downstream-approach überzeugt wegen seiner *unbegründeten* Überbetonung der Verhältnisse auf dem Angebotsmarkt für die Beurteilung der Wirtschaftlichkeit auf dem Nachfragemarkt nicht, obgleich gerade im Gesundheitsbereich deutliche Verbindungen zwischen diesen Bereichen festzustellen sind. Das einzige Argument, welches das Ergebnis tragen könnte, ist die Gleichsetzung von Versicherten und Krankenkassen. Diese Gleichstellung ist jedoch nicht überzeugend. Sie beruht auf nicht belegten Behauptung, dass sich beide Bereich nicht voneinander trennen ließen. Diese Trennung wird seit Jahrzehnten durch das Sozialrecht und die Sozialgerichte rechtspraktisch vollzogen.
    Der wahre Grund der Entscheidung besteht daher möglicherweise darin, sich die Analyse zu ersparen, in den einzelnen nationalen Gesundheitssystemen die Trennung zwischen einzelnen Verteilungsinstrumenten vornehmen zu müssen und damit - positiv gewendet - in einem Respekt vor der komplexen gesundheitlichen Regulierung der einzelnen Mitgliedstaaten.
41. Sowohl die enge Auslegung des Unternehmensbegriffs durch die europäischen Instanzen als auch die (extensive) Doppelqualifikationslehre stellen Extrempositionen zur Feststellung der Unternehmenseigenschaft dar, die beide nicht überzeugen können. Sie sind beide zu sehr auf das jeweils angestrebte Ziel fixiert und lassen dabei das Kriterium des wirtschaftlichen Handelns im Nachfragemarkt nahezu gänzlich außer Acht.
42. Die Auslegung des Wirtschaftlichkeitsbegriffs sollte sich wieder auf die Ermittlung einer Markttätigkeit anhand einer Analyse des Verteilungsmechanismus konzentrieren und andere Tätigkeitsbereiche dabei nicht in die Betrachtung mit einfließen lassen. Dies bedeutet nicht, dass solche Kriterien nicht später in einer Abwägung gemäß Art. 106 AUEV auftauchen müssten. Gerade hier wäre eine entsprechende Abwägung vorzunehmen. Für die Rabattverträge hieße das, dass aufgrund der marktmäßigen Mechanismen im Nachfragebereich die Krankenkassen als Unternehmen einzustufen wären.
43. Die Anwendbarkeit des Wettbewerbsrechts und des Vergaberechts auf der Nachfrageseite wurde bei Einzelverträgen gem. § 69 SGB V zurecht vorgesehen und die Entscheidung über die damit zusammenhängenden Fragen des Sozialrechts in die Hände *einer* Gerichtsbarkeit gelegt sowie diese damit verpflichtet, sowohl zivilrechtliche als auch öffentlichrechtliche Regelungsmuster bei der Entscheidung zu beachten. Insbesondere mangels überzeugender Begründung des EuGH, die Krankenkassen

vom Kartellrecht auszunehmen, war diese Entscheidung zum Schutz der pharmazeutischen Unternehmen wohl zutreffend.
Ob der Gesetzgeber dabei der Sozialgerichtsbarkeit oder der Zivilgerichtsbarkeit die Entscheidung in die Hände legt, erscheint zweitrangig. Durch § 69 SGB V werden sowohl die Nachteile der EuGH Rechtsprechung (keine Kontrolle durch das Wettbewerbsrecht) und der extensiven Doppelqualifikationslehre (Gefahr der ungewollten Kontrolle öffentlich-rechtlicher Maßnahmen durch Zivilgerichte sowie Rechtswegzersplitterung) vermieden.

44. Überschneidungen von Vergaberecht und Kartellrecht sind hinzunehmen. Nach der neueren Rechtsprechung des EuGH im Fall Fenin findet - ebenso wie im Vergaberecht - eine Gesamtbetrachtung der Marktmechanismen auf der Angebots und Nachfrageseite statt. Es ist aber zu vermuten, dass die Marktmechanismen im Angebotsbereich für die Nichtanwendung des Vergaberechts stärker ausgebildet sein müssen als es für die Anwendung des Kartellrechts erforderlich ist.
Beispielhaft ausgedrückt könnte wohl bereits eine überwiegende Marktprägung der Krankenkassen im Verhältnis zu den Versicherten die Unternehmenseigenschaft der Krankenkassen auf der Nachfrageseite hervorrufen, aber wohl erst eine 100 % Marktprägung die Krankenkassen vom Vergaberecht befreien, wenn also „jede marktfremde Rationalität" ausgeschlossen ist. Würden die Rabattverträge also zur Bedienung von privaten Zusatzversicherungen genutzt, könnte dies zur parallelen Anwendung des (Europäischen) Kartell- und Vergaberechts führen.

45. Krankenkassen sind nach der akzessorischen Betrachtung des EuGH beim Abschluss von Rabattverträgen z. B. dann als Unternehmen einzustufen, soweit diese im Rahmen von sog. „Zusatzversicherungen" (Versicherungsprodukte über den gesetzlichen Leistungskatalog hinaus) eingesetzt werden, soweit sie dabei in einen Wettbewerb mit Privaten Versicherern eintreten. Hier dürfte - aufgrund der möglichen Verwerfungen hinsichtlich eines Wettbewerbs um positive Risiken sowie einer hinreichend transparenten Nachfragebezogenheit - eine hinreichende Inkohärenz zu einem solidarischen System bestehen, welches die Krankenkassen zu Unternehmen im EU-Kartellrecht machte.

Schriften zum Handels- und Wirtschaftsrecht

Herausgegeben von Michael Kling, Herbert Leßmann und Ralph Backhaus

Band 1 Thomas Häuser: Die Eigenmittel der Kreditinstitute und mögliche Erweiterungen. 2000.

Band 2 Susanne Koch: Schutz vor kommerzieller Markenverunglimpfung durch das Markengesetz. 2001.

Band 3 Andreas Lachmann: Haftungs- und Vermögensfolgen bei Sitzverlegung ausländischer Kapitalgesellschaften ins Inland. 2000.

Band 4 Markus Fischer: Die freie Benutzung beim Schreiben künstlerischer Literatur. 2001.

Band 5 Frank Zingel: Ausbietungsgarantien. Rechtliche Probleme eines Kreditsicherungsmittels. 2001.

Band 6 Stephan Marienfeld: Konzernproblematiken bei der Publikumspersonengesellschaft. Dargestellt an den Beispielen der Mehrheitsentscheidungen, des Beirates und der Treuhandkonstruktion. 2001.

Band 7 Tobias Menzel: Werbebeschränkungen im Sport. Eine wettbewerbsrechtliche Untersuchung verbandsrechtlicher Werbebeschränkungen am Beispiel des DFB. 2002.

Band 8 Thomas Ullrich: Unternehmensmitbestimmung in der kapitalistischen Kommanditgesellschaft auf Aktien. 2002.

Band 9 Sebastian Jungermann: Der Beweiswert elektronischer Signaturen. Eine Studie zur Verläßlichkeit elektronischer Signaturen und zu den Voraussetzungen und Rechtsfolgen des § 292a ZPO. 2002.

Band 10 Axel Schilder: Schadensersatz bei Durchbrechung der Bindung an obligatorische Vertragsofferten. Eine vergleichende Untersuchung zum BGB und zum UN-Kaufrecht (CISG). 2003.

Band 11 Götz Wied: Gewinnversprechen von Versandfirmen. Rechtfertigung, Auslegung und Anwendungsprobleme des § 661a BGB. 2003.

Band 12 Timo Elsner: Die laufende Kontrolle der Tochtergesellschaften durch die Verwaltung der Muttergesellschaft. Eine Konkretisierung der aktiengesetzlichen Grundlagen. 2004.

Band 13 Elmar Mand: Das Recht der Kabelweitersendung. Kabelweiterleitung von Rundfunkprogrammen im Lichte des § 20 b UrhG. 2004.

Band 14 Thorsten Schaefer: Normenkonkurrenz beim Schutz von Marken und geschäftlichen Bezeichnungen. 2005.

Band 15 Frank Fricke: Zivilrechtliche Folgen von Verstößen gegen das SchwarzArbG. 2005.

Band 16 Christine Bunzel: Der Ersatz vergeblicher Aufwendungen im modernisierten Schuldrecht. 2007.

Band 17 Christian Severin: Auflassungsvormerkung und Eingriffsschutz. Zur Frage, ob dem Inhaber eines vormerkungsgesicherten Eigentumsverschaffungsanspruchs Sanktionsschutz gegen faktische Einwirkungen auf das vormerkungsbelastete Grundstück zukommt. 2008.

Band 18 Young-Jong Yi: Zur Strukturreform der koreanischen börsennotierten AG vor dem Hintergrund des deutschen und des US-amerikanischen Aktienrechts. 2008.

Band 19 Sandra Löwer: Inhaltskontrolle von Nutzungs- und Leistungsbeziehungen zwischen dem Idealverein und seinen Mitgliedern. 2008.

Band 20 Sandra Mießner: Providerhaftung, Störerhaftung und Internetauktion. 2008.

Band 21 Alexander W. Schilling: Passivlegitimation im gewerblichen Rechtsschutz und Urheberrecht. Die Bestimmung des Anspruchsgegners des urheber-, marken- und wettbewerbsrechtlichen Unterlassungsanspruchs anhand von Verkehrspflichten. 2010.

Band 22 Florian Mizdalski: Zur restriktiven Auslegung der Urheberschranken vor dem Hintergrund von Art. 5 GG. 2011.

Band 23 Isabel Reingardt: Das Schriftformerfordernis nach § 550 BGB. 2013.

Band 24 Manuel Diller: Der Interessenausgleich zwischen Eigentümern und Urhebern. Unter besonderer Berücksichtigung von Religionsgemeinschaften als Eigentümer urheberrechtlich geschützter Werke. 2013.

Band 25 Christian Matthias Moers: Dezentrale Arzneimittelrabattvereinbarungen. Der Selektivvertrag zwischen markt- und staatsförmigen Allokationsmechanismen. 2013.